Marlies Fischer-Zillinger
Claudia Weissauer

Der korrekte SITZ des Reiters

Fehleranalyse und Korrektur

Müller Rüschlikon

Einbandgestaltung: R2 I Ravenstein, Verden

Titelfotos: CAVALLO/Rädlein

Zeichnungen: Marlies Fischer-Zillinger

ISBN 978-3-275-02068-3

Postfach 103743, 70032 Stuttgart
Ein Unternehmen der Paul Pietsch Verlage GmbH & Co. KG

1. Auflage 2019

Sie finden uns im Internet unter www.mueller-rueschlikon-verlag.de

Gesamtleitung: Claudia König
Lektorat: Karin Ottemann
Innengestaltung: Kerstin Diacont
Druck und Bindung: Conzella Verlagsbuchbinderei, 85609 Aschheim
Printed in Germany

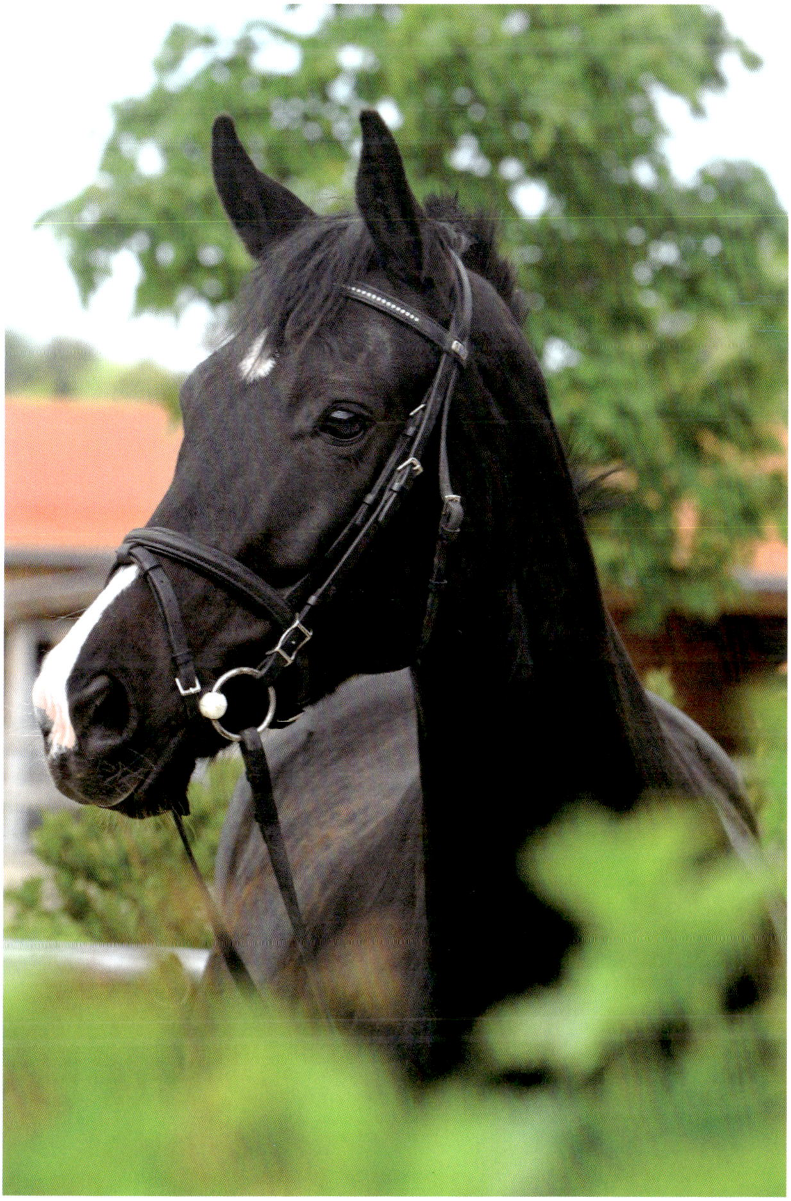

Foto: Siegbert Altenhofer, Pferdefotografie

Einleitung

Viele Reiter kommen im Laufe ihrer Ausbildung an einen Punkt, an dem sich Fortschritte nicht mehr oder nur noch sehr langsam einstellen. Das beeinträchtigt die Motivation und die Freude am Reiten, vor allem, wenn sie merken, dass ihnen die üblichen Anleitungen im Rahmen der konventionellen Reitstunden nicht weiterhelfen. Die Ursachen dafür liegen in der Regel in einem fehlerhaften Sitz. Denn aus diesem heraus kann selbst ein noch so bemühter Reiter die Anforderungen, die das Reiten insgesamt oder einzelne Lektionen an ihn stellen, gar nicht erfüllen. Sind dagegen die Grundlagen des Sitzes gesichert, ergibt sich alles Weitere (fast) von allein – sogar die hohen Lektionen. Der Sitz ist also gewissermaßen das ABC des Reitens. Er ist die Basis, auf der die gesamte reiterliche Ausbildung aufbaut. Das bedeutet auch: Kommt es im weiteren Verlauf – ganz gleich auf welchem Niveau – zu Problemen, muss der Reiter immer zu dieser Basis zurückkehren, wenn er auf längere Sicht Erfolg haben will.

Als Reitlehrerin und als Krankengymnastin haben wir zusammen ein Konzept entwickelt, in dem wir mit Hilfe von Videoanalysen Reitern Fehler aufzeigen, sie die Ursachen ihrer Probleme erkennen lassen und ihnen Anleitungen und Hilfestellungen geben, um diese zu lösen. All das haben wir in diesem Buch zusammengestellt. Sie finden darin eine Vielzahl von praktischen Übungen auf dem Boden, dem Gymnastikball, dem Holzpferd und auf dem Pferd an der Longe und im freien Reiten, wobei wir verschiedene Hilfsmittel verwenden, die Ihnen helfen, Ihr Körper- und Bewegungsgefühl zu schulen. Dazu geben wir Ihnen eine Reihe von inneren Bildern und Erste-Hilfe-Tipps an die Hand, die beim Reiten verblüffend schnell und effektiv zum Erfolg führen können.

Wir haben bewusst alltäglich in den Reitstunden auftauchende Situationen herausgegriffen, um Ursachen und Wirkungen von Reitproblemen aufzuzeigen. Bewegungsanleitungen und -korrekturen können auf dem Pferd häufig nur sehr schwer oder gar nicht umgesetzt werden. Das liegt unter anderem daran, dass der Reiter falsche, bereits verinnerlichte Bewegungsmuster als richtig wahrnimmt. Mit unseren Übungen und Anregungen möchten wir ihm helfen, diese Wahrnehmung zu verändern und so zu einem neuen Körperbewusstsein zu finden. Wie dies in der Praxis aussieht, können Sie auf unserer DVD »Die Körpersprache des Reiters«, die bei wehorse erschienen ist, sehen.

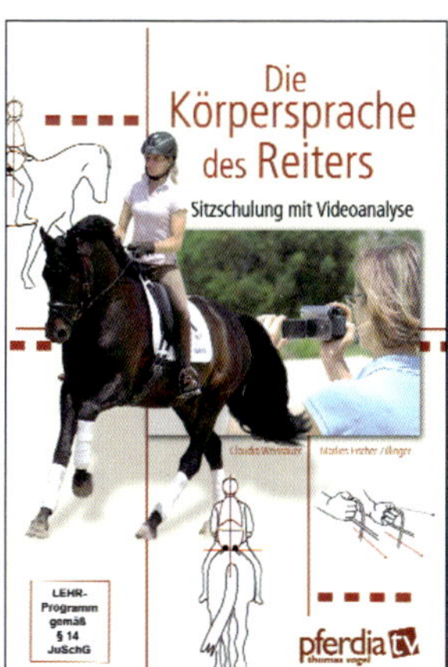

Das Buch richtet sich ausdrücklich an alle Reiter. Denjenigen, die noch in den Anfängen stecken, möchten wir helfen, ihr Fundament auf einer korrekten Basis aufzubauen. Und denen, die schon seit vielen Jahren oder Jahrzehnten dabei sind, versprechen wir: Sie werden viel Neues über sich und Ihren Sitz und letztendlich – durch Ihr neues Reitgefühl – auch über Ihr Pferd erfahren. Reiterliches Grundwissen setzen wir voraus und greifen es nur dort auf, wo es zum Verständnis notwendig ist. Mit diesem Buch möchten wir auch praktisch tätigen Reitlehrern neue Anregungen geben. Sie werden darin Übungsvorschläge finden, die sich einfach in den Reitunterricht einbauen lassen und dem Reiter helfen werden, seine Wahrnehmung und sein Bewegungsgefühl zu verbessern.

Sie halten also ein Buch aus der Praxis für die Praxis in der Hand. Mit ihm möchten wir Ihnen einen Ratgeber zur Seite stellen, der von nun an Ihre reiterliche Ausbildung begleiten soll. Sie werden sehen: Sich mit den Feinheiten einer Bewegung zu beschäftigen, sie zuerst am eigenen Körper und dann auch im Bewegungsspiel mit dem Pferd zu erleben, schärft Ihre Sinne und damit Ihr Einfühlungsvermögen. Sie werden Ihre eigenen Bewegungen und die Ihres Pferdes plötzlich sensibler wahrnehmen und dadurch in der Lage sein, Ihre Hilfen feiner zu dosieren und gezielter einzusetzen. Und das ist es schließlich, was gutes Reiten ausmacht: die Harmonie des Reiters mit dem Pferd. Wir hoffen, Ihnen auf diese Weise zu noch mehr Freude mit Ihrem Pferd und an dieser herrlichen Sportart zu verhelfen.

Marlies Fischer-Zillinger & Claudia Weissauer
www.koerpersprache-des-reiters.de

1 Der richtige Sitz

Der richtige Sitz ist die Grundvoraussetzung für gutes Reiten. Denn nur über ihn können Sie auf die Bewegungen des Pferdes reagieren und sinnvoll mit Ihrem Gewicht einwirken. Viele Reiter wissen zwar, wie der richtige Sitz auszusehen hat, spüren aber aufgrund fehlender Körperwahrnehmung nicht, wie sie ihn erreichen können. Wir wollen uns in diesem Kapitel daher genauer mit dem Sitz des Reiters befassen und Ihnen anhand von typischen Sitzfehlern zeigen, worauf es bei der Sitzkorrektur ankommt.

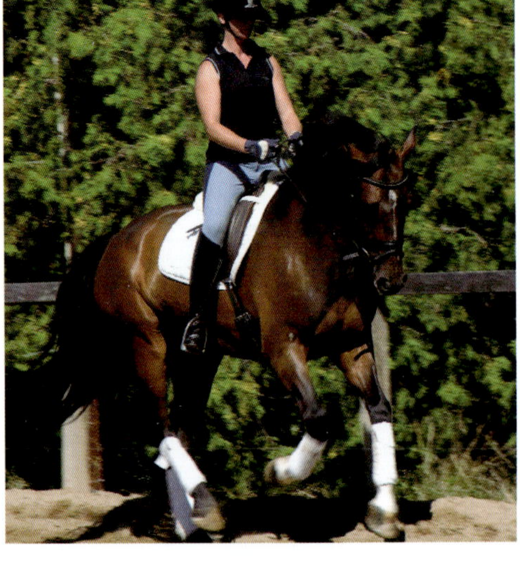

Der Reitersitz

In den beiden Abbildungen sehen Sie die schematischen Zeichnungen eines Reiters. Diese sollen Ihnen die einzelnen Körperabschnitte und ihre Ausrichtung zur Senkrechten verdeutlichen.

Die Zeichnungen zeigen einen Reiter, der aufrecht über seinen Sitzbeinknochen sitzt, wobei sich die Fersen senkrecht darunter einordnen (siehe dazu die Übung: »Wo sind meine Sitzbeinhöcker?« in diesem Kapitel). Sein Körper befindet sich im Lot, das Becken in der so genannten Mittelstellung. Um diese Stellung zu erreichen, müssen Sie etwas hinter dem tiefsten Punkt der Sitzbeinknochen sitzen.

Der natürliche Schwung der Lendenwirbelsäule nach vorne bleibt dabei erhalten. Diesen Sitz sollten Sie einnehmen können, ohne sich dabei zu verspannen. Dafür muss Ihr Hüftgelenk beweglich genug sein, damit das Bein möglichst lang am Pferdebauch anliegen kann. Für den optimalen Kontakt der Beininnenseite zum Pferd müssen Sie Ihr Bein etwas nach innen drehen bzw. den Muskelbauch des Oberschenkels von innen nach hinten schieben. Gleichzeitig müssen Sie im Hüftgelenk beweglich genug sein, um mit den Beinen den Pferdekörper umschließen zu können.

Verkürzen Sie die Steigbügel so weit, dass Sie Ihre Beine ohne Anstrengung locker in ihnen ruhen lassen können. Erzwingen Sie auf keinen Fall ein langes Reiterbein. Viele Reiten nehmen gerne beide Beine aus den Steigbügeln heraus, um die Hüftgelenke zu dehnen. Doch Vorsicht: Wenn die Muskulatur im Hüftgelenk nicht ausreichend nachgeben kann, wird der Reiter dabei in ein Hohlkreuz gezogen. Besser ist es, die Beine einzeln aus den Steigbügeln zu nehmen. So kann die Dehnung wirklich am jeweiligen Hüftgelenk ankommen und die Ausweichbewegung in ein Hohlkreuz wird verhindert. Hilfreich ist auch die Übung zur Dehnung der vorderen Hüftgelenksmuskulatur, die auf Seite 79 beschrieben wird.

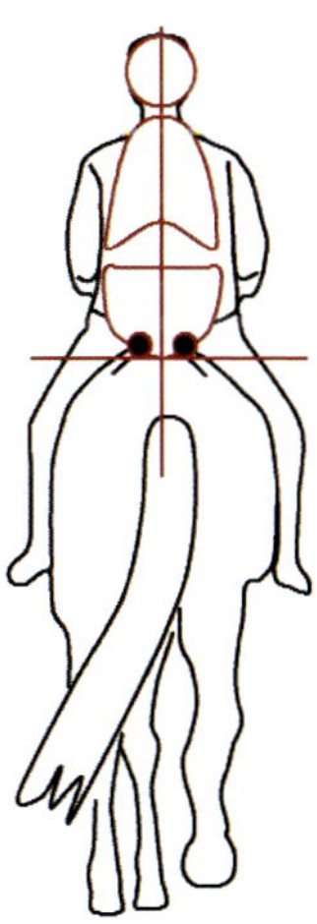

Reiter von hinten und von der Seite

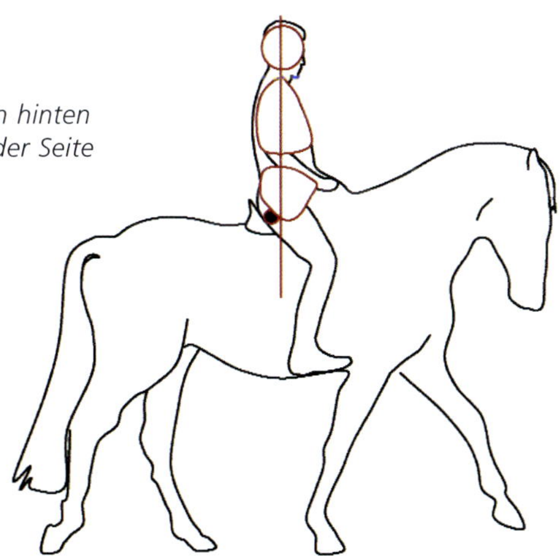

Der Sitz des Reiters in der Bewegung

Sobald sich das Pferd bewegt, erhöhen sich die Anforderungen an Ihren Sitz. Jetzt müssen Sie die Bewegungen des Pferdes mit Ihrem Körper aufnehmen. Solange Sie jedoch Ihren Sitz auf dem Pferd aktiv halten müssen und Ihre Gelenke noch nicht genügend losgelassen sind, werden Sie nicht harmonisch mit den Bewegungen des Pferdes mitschwingen können. Die Losgelassenheit, die der Reiter bei seinem Pferd erreichen möchte, muss er auch selbst haben. In schnelleren Gangarten kommen außerdem oft Gleichgewichtsprobleme hinzu. Das kann zu einer erhöhten Spannung im Körper führen, um nicht vom Pferd zu fallen. Unter diesen Bedingungen die nötige Losgelassenheit und Beweglichkeit zu erreichen, stellt noch höhere Anforderungen an den Reiter.

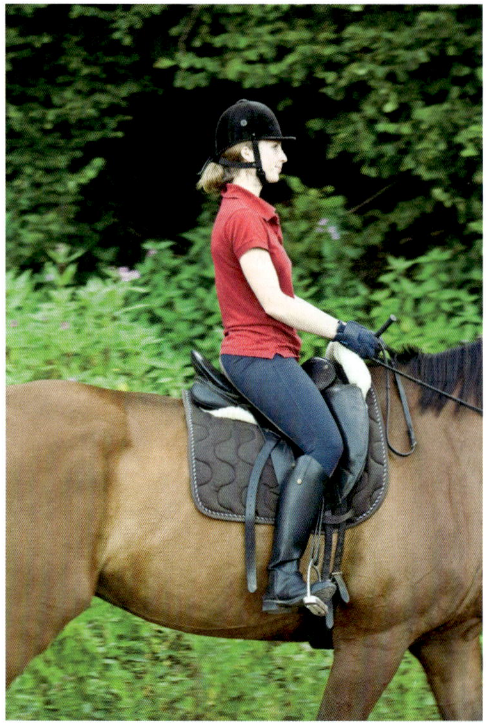

Steigbügellänge: Die Steigbügel dürfen nicht zu lang sein, denn bei einem zu langen Bein geht die Beweglichkeit im Hüftgelenk verloren.

Die Bedeutung des Sattels für den Sitz

Der Sattel spielt für den Sitz eine ganz wesentliche Rolle. Sie werden gleich verstehen, warum das so ist. Um einen guten Sitz zu ermöglichen, muss er zunächst einmal zwei Kriterien erfüllen: Er muss zur Anatomie des Reiters passen – denn jeder Reiter hat einen anderen Körperbau. Und er muss korrekt auf dem Pferd liegen. Das bedeutet vor allem, sein Schwerpunkt, also die tiefste Stelle des Sattels, muss sich etwa in der Mitte der Sitzfläche befinden. Nur dann kann der Reiter ausbalanciert sitzen.

Reiten bedeutet Bewegung – nicht nur für das Pferd! Ein losgelassener Sitz und eine differenzierte Einwirkung sind nicht möglich, wenn der Sattel den Reiter in seiner Beweglichkeit einschränkt. Er muss allen Gelenken genügend Spielraum geben, damit der Reiter geschmeidig den Pferdebewegungen folgen kann. Als problematisch anzusehen sind daher die bei Dressurreitern sehr verbreiteten Sättel mit tiefem Sitz und großen Kniepauschen: Rutscht der Reiter zu tief in die Sitzfläche hinein, wird er dazu verleitet, sein Becken nach hinten zu kippen und in den Sattel hinein zu schieben. Die Beckenbeweglichkeit geht damit verloren und häufig ist auch eine rückwärtswirkende Hand die Folge. Dicke Pauschen fixieren die Oberschenkel, so dass die Beine nicht mehr locker aus dem Hüftgelenk nach unten federn können. Der Reiter wird in seinem

Gleichgewicht gestört, er klemmt die Beine ans Pferd, der Bewegungsfluss geht verloren.

Denken Sie immer daran: Reiten ist eine dynamische Sportart. Der Sattel soll Sie nicht stabilisieren, sondern Bewegung zulassen. Ein zu großer Sattel ist daher auch weniger problematisch als ein zu kleiner. Lassen Sie sich also nicht täuschen, wenn Sie das Gefühl haben, in einem Sattel, der wenig Spielraum lässt, »stabiler« sitzen zu können. Ein Sattel kann niemals aus einem schlechten Reitersitz einen guten zaubern. Sehr wohl aber kann er Sitzfehler begünstigen.

Die natürliche Aufrichtung im Sitz

Um den richtigen Sitz zu erlernen, möchten wir zunächst Ihr Bild vom eigenen Körper schulen.

Bei jedem Bauwerk ist das Fundament für die Senkrechte äußerst wichtig. Wenn die ersten Steine schief stehen, wird der Turm nach oben aus dem Lot geraten. Dasselbe trifft auf den menschlichen Körper zu. Unser Fundament für die Senkrechte bildet unsere Unterlage. Auf einem schiefen Stuhl müssen Sie den Fehler im Fundament durch Gewichtsverschiebungen im Körper ausgleichen.

Auf einem schiefen Pferd passen Sie sich entweder unbewusst dieser Schiefe an, oder Sie gleichen sie aus. Dazu müssen Sie jedoch die Senkrechte spüren können. Erst wenn Sie Ihre eigene Senkrechte kennen, werden Sie überhaupt feststellen können, wann Sie das Pferd aus dem Lot bringt.

Viele Menschen empfinden es als anstrengend, aufrecht zu sitzen. Die Anforderung: »Setz dich gerade hin« wird sofort mit einem unangenehmen Körpergefühl verbunden. Dies beruht auf der Erfahrung, dass gerades Sitzen etwas mit einem starren, gehaltenen Zustand zu tun hat. Dabei ist dem überhaupt nicht so. Wenn Sie Ihre Körperabschnitte im Lot übereinander aufbauen, dann ist dies mit sehr wenig Kraftanstrengung verbunden.

Senkrecht zu sitzen ist ein bewegter Zustand. Sie führen unmerklich kleinste Bewegungsausschläge aus, Ihr Körper pendelt selbstständig hin und her, so dass die Muskulatur fortwährend zwischen Anspannen und Entspannen wechselt. Diese aktive Form des Sitzens ist viel angenehmer, als wenn Sie in sich zusammengesunken verharren.

Um aufrecht sitzen zu können, müssen sich das Gewicht von Becken, Brustkorb und Kopf senkrecht übereinander ausrichten. Die Basis dieses Turmes wird vom Becken gebildet. Die einzelnen Gewichte sind durch die Wirbelsäule beweglich miteinander verbunden.

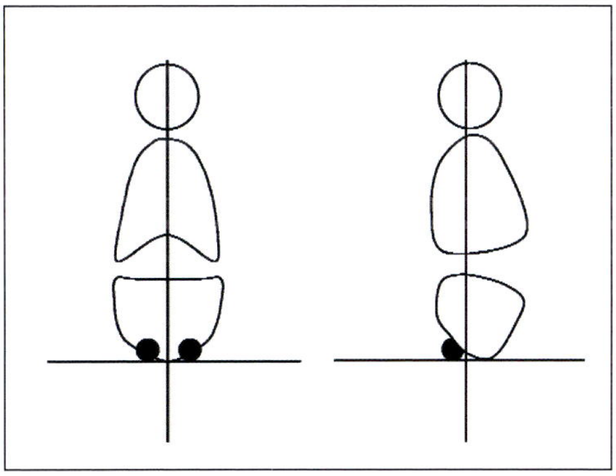

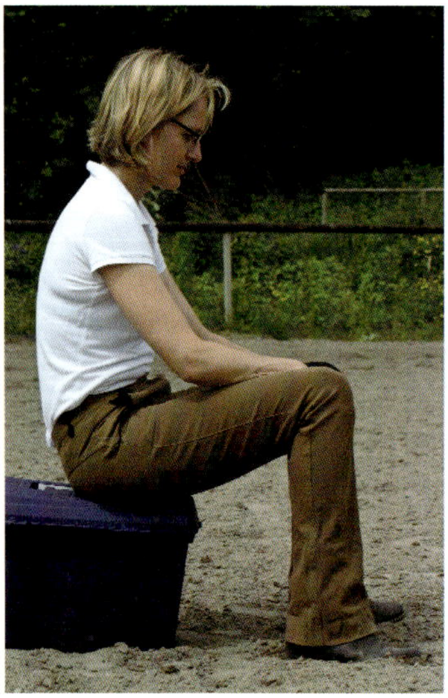

Maximale Beugung auf niedrigem Hocker

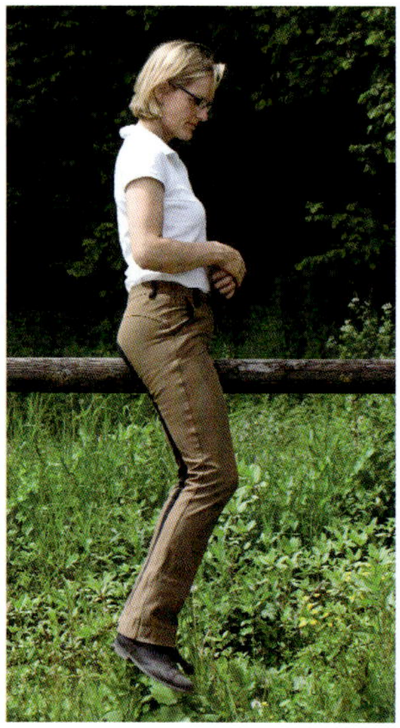

Sitz auf einem Balken – Beine hängen frei

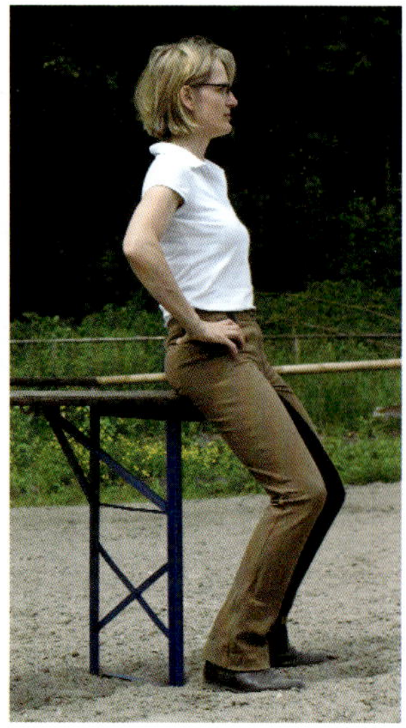

Sitz etwas über Kniehöhe

Der richtige Sitz ist neben dem Lot innerhalb des Körpers abhängig von der Stellung der Beine. Um diese Einflüsse spüren zu können, probieren Sie verschiedene Sitzpositionen aus, wie auf dieser Seite oben zu sehen ist.

Im ersten Bild (links) wird der aufrechte Sitz durch die starke Beugung in den Hüftgelenken erschwert. Hier kann sich das Becken nur schwer in der Senkrechten ausrichten. Das Gleiche geschieht mit einem Reiter im Stuhlsitz.

Im zweiten Bild (mitte) »ziehen« die frei hängenden Beine am Becken. Wenn das Hüftgelenk eine Bewegungseinschränkung in der Streckung aufweist, oder die Beugemuskulatur zu stark unter Spannung steht, wird das Becken durch das Gewicht der Beine in Richtung Spaltsitz gezogen. Auch in dieser Position hat das Becken kein freies Bewegungsspiel.

Im dritten Bild (rechts) ist die aufrechte Sitzposition mit freier Beckenbeweglichkeit möglich. Das Hüftgelenk hat durch die leicht erhöhte Sitzfläche genügend Bewegungsspielraum. Die Sitzfläche ist hier etwas höher als die Kniehöhe. Die Wirbelsäule kann sich darüber ohne muskuläre Anstrengung aufbauen. Die Gewichte von Becken, Brustkorb und Kopf finden bei ausgeglichenem Muskelspannungszustand selbstständig die Senkrechte. Diese Sitzposition ist immer wieder die Ausgangsstellung bei den anschließenden Übungen in diesem Buch und wird als »Ausgangsstellung auf dem Übungsstuhl« bezeichnet.

Übung: Wo sind meine Sitzbeinhöcker?

Setzen Sie sich auf den Übungsstuhl. Kippen Sie Ihr Becken vor und zurück, kreisen Sie auf der Sitzfläche. Dabei werden Sie merken, dass Sie in der Bewegung über harte Knochen rollen. Setzen Sie sich nun auf Ihre Hände. Wenn Sie jetzt das Becken weiter vor- und zurückkippen, spüren Sie die harten Knochen noch deutlicher auf Ihrer Hand. Das sind die Sitzbeinhöcker.

1. Wenn Sie Ihr Becken ganz nach hinten kippen, werden Sie spüren, wie diese Sitzbeinknochen nach vorne verschwinden. Sobald Sie Ihr Becken wieder nach vorne kippen, kommen diese in Ihre Hand zuruck. Wenn Sie das Becken noch weiter nach vorne kippen und in ein Hohlkreuz fallen, verschwinden die Sitzbeinknochen nach hinten.

2. Spielen Sie ein wenig mit der Lage dieser Knochen in Ihrer Hand, damit Sie ein Gespür dafür bekommen. Suchen Sie sich den Punkt heraus, wo Sie genau senkrecht auf diesen Knochen sitzen.

3. Nun kippen Sie das Becken leicht nach hinten, so dass die Sitzbeinhöcker etwas nach vorne wandern. Sie sitzen so ein klein wenig hinter dem höchsten Punkt. In dieser Stellung befindet sich Ihr Becken in der aufrechten Sitzposition, wobei sich die Lendenwirbelsäule entspannt darüber aufbaut. Eine leichte Schwingung der Lendenwirbelsäule nach vorne ist dabei normal. Sitzen Sie zu weit vorne, spannt sich die Lendenwirbelmuskulatur an und Sie haben damit die Schwingung Ihrer Lendenwirbelsäule nach vorne verstärkt. Die übermäßige Verstärkung dieser normalen Schwingung nach vorne wird dann als Hohlkreuz bezeichnet.
Die übrige Wirbelsäule kann sich über einem Hohlkreuz nicht mehr physiologisch aufbauen, sondern sie setzt sich nach oben in einer Verstärkung fort.

4. Wiederholen Sie die Übungen ein- bis dreimal, diesmal aber ohne Hände. Achten Sie auf die Sitzbeinhöcker!

Der aktive Sitz

Beim »Anspannen des Kreuzes« bringt man sein Gewicht nach hinten in den Sattel. Diesen Bewegungsauftrag kann man in vielen verschiedenen Variationen ausführen. Aber was ist eigentlich damit gemeint?

Wenn Sie zuerst Ihr Becken nach hinten unten kippen, haben Sie den ersten richtigen Impuls dafür eingeleitet **(Zeichnung 1)**. Auf dem Stuhl sitzend brauchen Sie dazu weniger Kraft, denn das Becken kann mit der Schwerkraft nach hinten unten sinken. Dazu müssen Sie nur die Muskelspannung in der Lendenwirbelsäule verringern, indem Sie Ihr Steißbein beim Ausatmen nach unten sinken lassen. Dabei sollten Sie die Bewegung des Beckens vom Brustkorb trennen. Ihr Brustkorb bleibt aufgerichtet und ruhig im Lot.

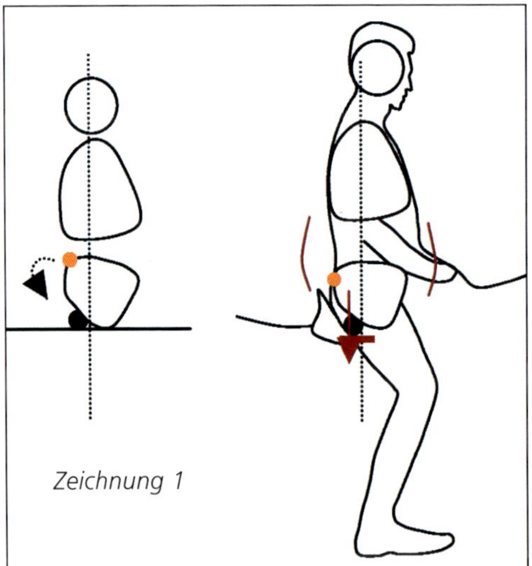

Zeichnung 1

In **Zeichnung 2** zeigt der orange Punkt, wie sich die Stellung des Beckens dabei verändert. Die rote Linie zeigt den vermehrten Druck, der dabei unter dem Sitzbeinknochen entsteht. Dieses isolierte Kippen des Beckens nach hinten unten ist auf dem Pferd in unterschiedlichen Formen gefordert. In ruhigeren Gangarten reicht es, wenn Sie das Becken mit der Schwerkraft sinken lassen.

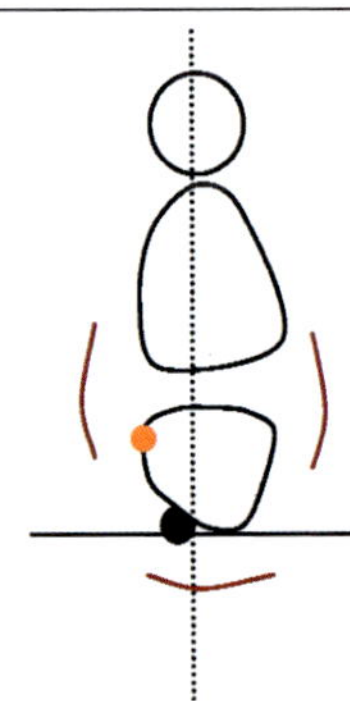

Zeichnung 2

Bei halben Paraden im Trab oder Galopp müssen Sie diese Beckenlage aktiv herstellen. Hier ist ein Spannungsaufbau im unteren Bauch- und Rückenbereich erforderlich. Sie schienen Ihr Becken mit Hilfe der Bauch-, Rücken- und Beckenbodenmuskulatur. Je harmonischer Sie sich mit dem Pferd bewegen können, desto feiner wird diese Beckeneinwirkung ausfallen. Diese Spannungserhöhung sollte jederzeit wieder in einen durchlässig, mitschwingenden Sitz übergehen können. Ihr Kontakt zum Sattel bleibt durchgängig flächig erhalten.

Der richtige Sitz im Sattel wird dabei jederzeit frei und spielerisch hergestellt. Wenn Sie jedoch diesen Bewegungsspielraum nicht haben und somit das Becken nicht in die gewünschte Position kippen können, müssen Sie sich anderweitig behelfen. Dies führt unweigerlich zu Sitzfehlern.

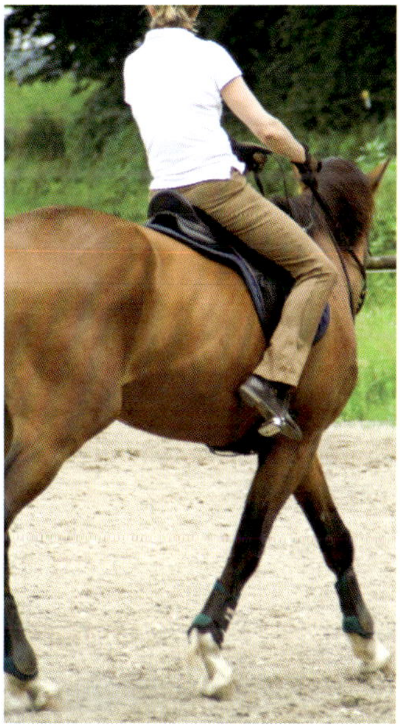

Die Reiterin »klemmt« aus dem Sattel – Becken und Bein werden fest.

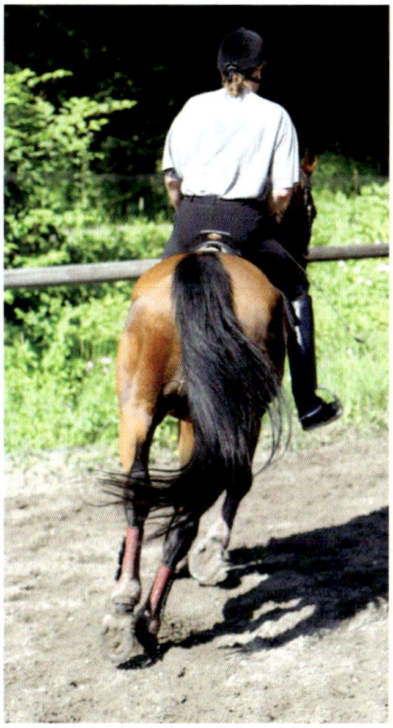

Der Unterschenkel kann nicht mehr weich anliegen – er steht ab und wird unruhig.

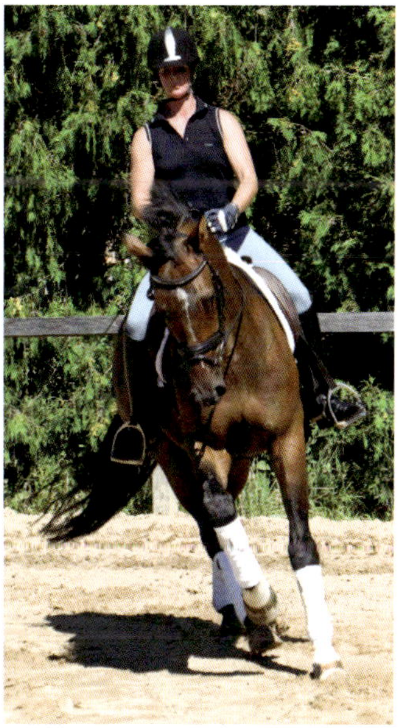

Mitschwingender Sitz mit anliegenden Beinen.

Auf den Bildern links und Mitte auf dieser Seite sehen Sie diese »Hilfsmechanismen«. Warum ist das nicht erlaubt? Der Reiter zieht das Becken in die gewünschte Richtung, indem er die Oberschenkel an das Pferd klemmt oder das Gesäß anspannt.

In beiden Fällen wird das Hüftgelenk in seinem Bewegungsfluss blockiert. Der Sattelkontakt wird weniger flächig, Sie sitzen nicht mehr tief im Sattel, sondern auf dem Sattel. Ihre Einwirkungen werden damit unklarer, Ihr Sitz wird unsicherer und Sie bekommen vermehrte Gleichgewichtsprobleme. Um nicht in größere Schwierigkeiten zu kommen, müssen Sie jetzt die Spannung im Körper erhöhen und sich am Pferd mit den Beinen fixieren. Durch den verstärkten Druck der Oberschenkelinnenseite ans Pferd können die Unterschenkel nicht mehr weich anliegen. Der Sitz wird in sich fest und der Kontakt vom Becken kann nicht erhalten bleiben.

Probieren Sie diese Hilfsmechanismen einmal in Ruhe auf dem Pferd aus und erleben Sie, was dabei passiert. Sie zwicken sich aus dem Sattel, der satte Kontakt zum Sattel geht verloren. Es entsteht ein Spalt im Übergang vom Schambein zum Oberschenkel. Ihre Hüftgelenke werden gleichzeitig blockiert und undurchlässig.

Übung: Beckenbeweglichkeit bei aufgerichteter Brustwirbelsäule

Aufrechter Sitz

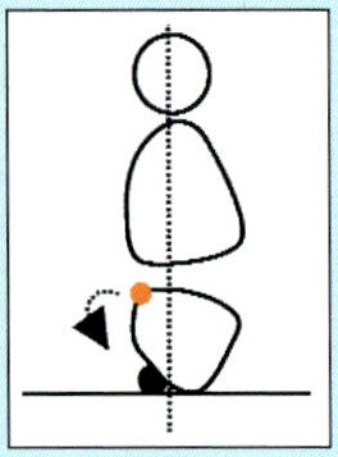

Tiefes Einsitzen

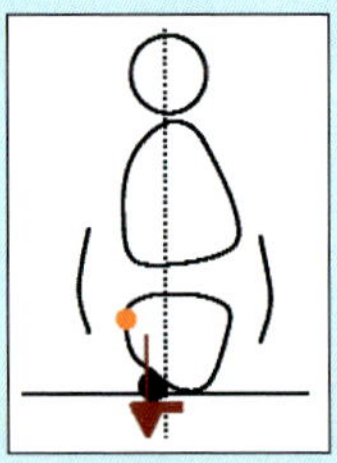

Vorübung:

Sie sitzen auf der vorderen Kante Ihres Übungsstuhles. Beginnen Sie mit dem Becken nach vorne und hinten zu kippen. Dabei können Sie Ihre Hände seitlich an das Becken anlegen, um die Kippbewegung noch besser wahrnehmen zu können. Sie sitzen einmal vor den Sitzbeinhöckern, einmal dahinter. Wenn die Bewegung ungehindert in der Wirbelsäule weiterlaufen darf, dann sitzen Sie entweder in einer deutlichen Rundung des Rückens oder in Überstreckung.

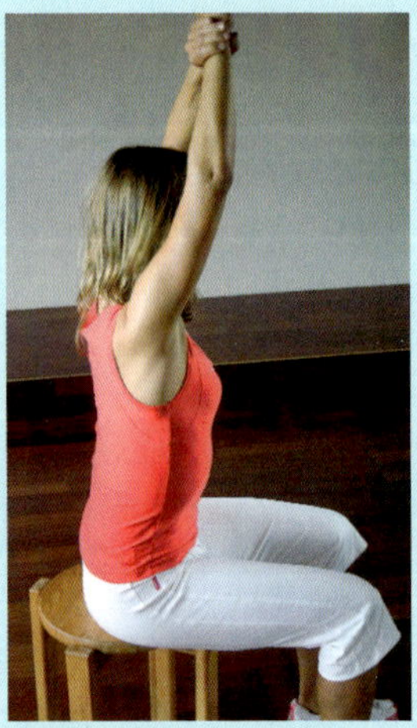

Übung:

Die linke Hand umfasst das rechte Handgelenk von oben. Sie zieht nach oben, nahe am Gesicht vorbei in Richtung Decke. Die rechte Hand lässt sich von der linken Hand mitnehmen. Hören Sie nicht auf, mit Ihrer linken Hand nach oben zu ziehen. Ihr Brustkorb wird dabei mit nach oben angehoben, so dass die untere Brustbeinspitze nach vorne oben wandert. Dabei können Sie frei und ungehindert in den aufgefächerten Brustkorb atmen. In der Vorstellung hängen Sie sozusagen an Ihrer nach oben weiterstrebenden linken Hand. Lassen Sie nun das Becken nach hinten unten sinken, ohne den Zug der linken Hand zu reduzieren. Spielen Sie etwas mit der Beckenstellung. Kippen Sie das Becken vor und zurück. Diese Bewegung soll nur vom Becken bis zur Brustwirbelsäule reichen, aber nicht weiter. Ihre Brustwirbelsäule wird durch den Zug der linken Hand nach oben fixiert. Als Nächstes verringern Sie den Zug der Hand, behalten dabei aber die Ruhe im Brustkorb bei, obwohl Sie Ihr Becken weiter nach vorne und hinten kippen können.

Übung: ... auf dem Holzpferd

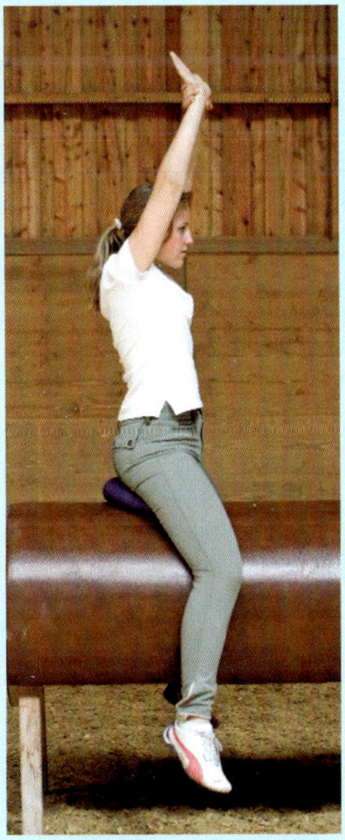

Die vorher gezeigte Übung wird jetzt auf dem Voltigierbock durchgeführt, auf dem der Reiter eine reitähnliche Ausgangsstellung einnehmen kann.

Schieben Sie sich ein Ballkissen unter das Becken, so dass sie mittig darauf sitzen. Nun üben Sie die Beckenbeweglichkeit nach hinten unten. Ihre Beine liegen locker am Voltigierbock an und Ihr Gesäßmuskel ist absolut entspannt. Achten Sie auf die Beine, die weiterhin am Voltigierbock anliegen sollen. Erhöhen Sie auf keinen Fall den Druck Ihrer Beine. Ihr Ziel ist es, dass Ihr Becken ohne Beteiligung der Beine frei schwingen kann.

Wenn Sie dies schon etwas geschmeidiger hinbekommen und Ihr Becken nach hinten unten kippen können, dann können Sie als Nächstes beginnen, mit dem Becken auf dem Ballkissen zu kreisen. Wie in der vorherigen Übung fixieren Sie Ihren Brustkorb, indem Sie die Hände nach oben ziehen lassen. Nun kippen und kreisen Sie erneut Ihr Becken, wie oben beschrieben.

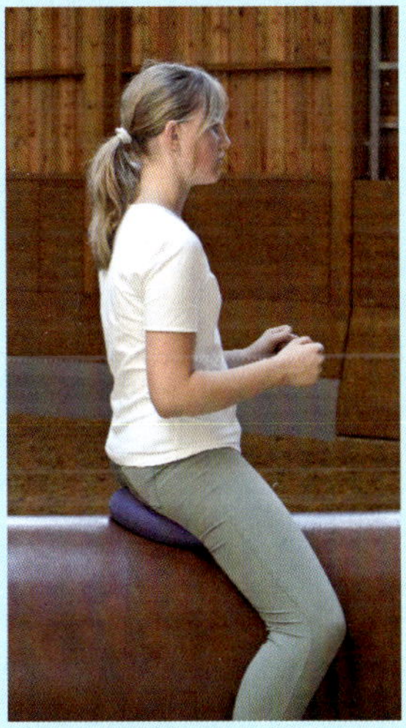

Jetzt können Sie dies erneut ohne Arme probieren. Richten Sie sich von der unteren Brustbeinspitze her auf, wobei die Atmung ungehindert fließen soll. Die Hände tragen Sie vor Ihrem Körper. Versuchen Sie in dieser Aufrichtung erneut, Ihr Becken spielerisch auf dem Ballkissen hin und her zu kippen. Erst wenn Sie dies können, ist es sinnvoll, an der Aufrichtung auf dem Pferd zu arbeiten.

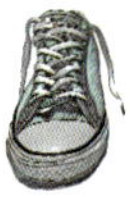

Übung: Das Becken, die Wurzel meiner Senkrechten

1. Wir beginnen damit wieder auf einem Übungsstuhl: Setzen Sie sich in der Ausgangsstellung auf die vordere Hälfte der Sitzfläche, und stellen Sie die Füße mehr als hüftbreit davor, so dass sie unter Ihren Knien stehen.

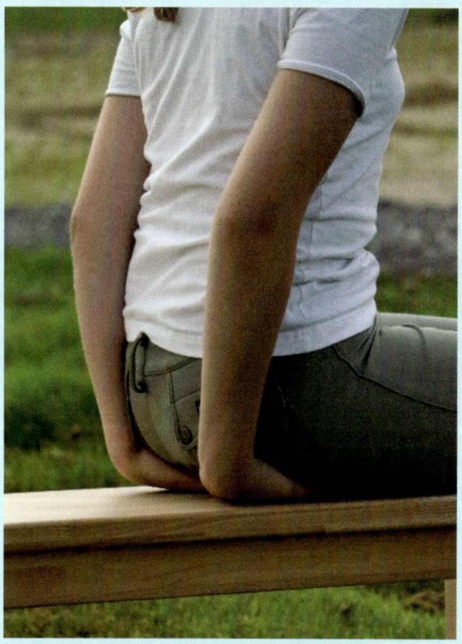

Setzen Sie sich auf Ihre Hände. Ihre Handinnenflächen zeigen nach oben. Jetzt können Sie beim Kippen Ihres Beckens die Sitzbeinhöcker sehr deutlich an Ihrer Handfläche spüren. Wann sitzen Sie direkt senkrecht darauf, wann setzen Sie sich vor die Sitzbeinhöcker und wann dahinter? Für diese Belastungsveränderungen müssen Sie das Becken kippen. Die Hüftgelenke und die Lendenwirbelsäule müssen diesen Bewegungsausschlag zulassen.

Erspüren Sie, dass Sie die Sitzbeine nur kombiniert bewegen können. Wenn das eine Sitzbein abhebt, senkt sich das andere. Sie können nur beide entweder nach vorne oder nach hinten kippen.

***2. Setzen Sie sich mittig auf die Sitzbeinhöcker** (siehe dazu die Übung: Wo sind meine Sitzbeinhöcker?). Bleiben Sie in der aufrechten Sitzposition Ihres Beckens (ohne Hände unter dem Becken). Beide Sitzbeinknochen sind gleich schwer belastet. Probieren Sie nun aus, wie Sie Ihren Körper darüber senkrecht ausrichten können. Wackeln Sie ein wenig mit dem Brustkorb hin und her. Verschieben Sie den Brustkorb dabei seitlich und von vorne nach hinten. Ihr Bezugspunkt ist dabei die untere Brustbeinspitze. Sie müssen den Brustkorb so langsam verschieben, dass Sie spüren können, was sich dabei tut. Wenn Sie über die Mitte nach rechts schieben, verändert sich der Druck Ihres Beckens.*

Achtung: Häufig zieht ein Reiter als Fehlhaltung eine Schulter nach unten. Dies wirkt sich direkt auf das Becken aus. Genauso zeigt sich eine Gewichtsverlagerung im Becken häufig in einer Schiefhaltung der Schulter.

Wenn Sie eine Schulter zur Seite hin absenken, neigen Sie den Brustkorb dabei zur Gegenseite und verändern damit ebenfalls den Druck des Beckens. Prüfen Sie dies, indem Sie dazu wieder die Hände unter die Sitzbeinknochen schieben. Die Verschiebung des Brustkorbes zur Seite spüren Sie deutlich unter dem Sitzbein auf dieser Seite.

***3.** Versuchen Sie die Brustkorbverschiebung nach vorne und hinten. Dabei ist auch eine Gewichtsverlagerung unter den Sitzbeinen zu spüren. Durch die Verschiebung nach vorne wird das Becken ebenfalls nach vorne verschoben, was Sie mit den Händen unter den Sitzbeinen spüren können. Verschieben Sie den Brustkorb nach hinten, gerade so, als würden Sie ihn nach hinten unten absinken lassen. Spüren Sie, wie Ihr Becken dabei nach hinten wegkippt?*

Variieren Sie die Pendelbewegungen des Brustkorbes nach vorne, hinten und zur Seite. Spüren Sie dabei, wann Sie die Senkrechte überschreiten. Mit der Zeit können Sie unterscheiden, wann Sie zu einer Seite verschoben sitzen und wann Sie Ihren Brustkorb genau senkrecht über dem Becken ausgerichtet haben.

Der Kopf und die Schultern ruhen in der Senkrechten auf dem Brustkorb. Um jedoch ein Gefühl für die Kopfhaltung zu bekommen, haben wir Ihnen dazu Übungen im Kapitel über die Beweglichkeit des Reiters zusammengestellt.

Übung: Der schiefe Turm von Pisa

Diese Übung ist ein Vorschlag für Reiter, die mit dem Problem der Vor- oder Rücklage kämpfen. Dazu gibt es eine Aufgabe aus der Krankengymnastik, die sich der schiefe Turm von Pisa nennt. Diese Übung können Sie auf einem Stuhl machen, sehr eindrucksvoll ist sie aber auf dem Voltigierbock. Wir erklären die Übung auf dem Voltigierbock, da sie hier »reitähnlicher« ist und die Folgen im Körper noch deutlicher werden.

1. Setzen Sie sich auf den Voltigierbock mit lang nach unten hängenden Beinen. Wenn Ihre Hüftgelenke zu wenig Spielraum für diese Ausgangsstellung haben, wird Ihr Becken durch den Zug der Beine nach vorne gekippt. In diesem Fall brauchen Ihre Füße eine Unterstützung, so dass das Beingewicht nicht mehr am Becken zieht. Befestigen Sie dazu Steigbügel am Voltigierbock, oder stellen Sie Ihre Füße auf Hockern ab. Bewegen Sie Becken und Brustkorb spielerisch, wie in der vorherigen Übung beschrieben. Dadurch finden Sie besser in die Ausgangsstellung zu dieser Übung, mit der Sie in aufgerichteter Sitzposition beginnen.

Der schiefe Turm von Pisa

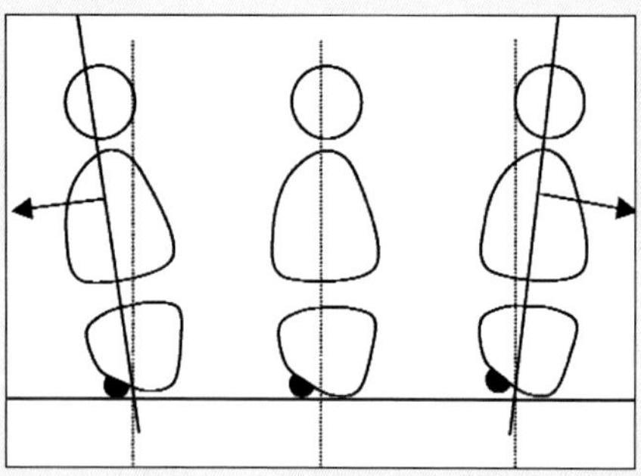

Wie in der Abbildung zu sehen ist, neigen Sie jetzt Ihre Körperlängsachse nach vorne und hinten. Achten Sie darauf, dass Sie beim Nach-hinten-Neigen nicht in der Wirbelsäule einsinken. ***Der Abstand von der unteren Brustbeinspitze zum Bauchnabel sowie vom Bauchnabel zum Schambein sollte bei dieser Übung gleich groß bleiben und nicht verkürzt werden.***

2. Wenn Sie sich nach hinten neigen, müssen Sie sich festhalten, oder die Beine ausgleichend nach vorne bewegen, sonst kippen Sie nach hinten um. Dies kann Ihnen ein Helfer mit seinen Händen an Ihrer Oberschenkelinnenseite verdeutlichen. Dazu legt der Helfer seine Hände zwischen Voltigierbock und Oberschenkelinnenseite. Sobald Sie sich zurückneigen, werden

Sie dort spüren, wie sich der Druck der Oberschenkel nach innen erhöht. Beziehen Sie die Füße in den Steigbügeln nun mit in Ihre Wahrnehmung ein. Drücken Sie dazu die Steigbügel minimal nach unten. Vergleichen Sie die Druckpunkte Ihrer Sitzbeinknochen mit dem Druckpunkt an der Fußsohle. Sie befinden sich annähernd untereinander. Die Basis Ihrer Senkrechten wird nun von Ihren Füßen gebildet, die in den Steigbügeln ruhen, und von der Auflagefläche der Oberschenkelinnenseite und Ihrem Becken.

Neigen Sie den Oberkörper jetzt umgekehrt nach vorne, so werden Sie erneut Druck auf die Oberschenkelinnenseite ausüben müssen. Pendeln Sie nun zwischen Vor- und Rücklage leicht hin und her. Sie sitzen dann korrekt in der Senkrechten, wenn Sie das Eigengewicht Ihres Oberschenkels am Sattelblatt fühlen, aber kein zusätzlicher Druck auf der Oberschenkelinnenseite zu spüren ist. Nur in dieser Stellung können die Beine frei nach unten federn, da sie nicht am Sattelblatt klemmen müssen.

3. Dieses Festhalten am Voltigierbock können Sie nun auch auf dem Pferd am Sattelblatt spüren. Üben Sie den ***»schiefen Turm von Pisa«*** *jetzt auf dem Pferd im Stand und im Schritt. Damit erfühlen Sie am besten, wann Sie senkrecht sitzen. Sie können Ihren Oberkörper nach rechts und links neigen. Immer wenn Sie über die Senkrechte von einer Seite auf dem Weg zur anderen Seite sind, werden Sie mit der Zeit deutlicher spüren, wann Sie senkrecht über Ihren Sitzbeinhöckern sitzen.*

Bei diesen Übungen auf dem Pferd ist die Videoanalyse besonders wertvoll, um den richtigen Bewegungsablauf mit dem dazugehörigen Körpergefühl in Einklang bringen zu können.

Erste Hilfe: *Wenn Sie leicht in Vor- oder Rücklage geraten, hilft Ihnen das Bild des »schiefen Turms von Pisa« dabei, Ihr Gefühl für die Senkrechte schnell wiederzufinden. Diese Gefahr besteht besonders bei* ***Tempoübergängen****.*

Verbessern Sie Ihr Sitzgefühl auf dem Pferd

Am Besten können Sie Ihr Sitzgefühl an der Longe verfeinern. Hier haben Sie die Möglichkeit, sich mit geschlossenen Augen ganz auf Ihre Körperwahrnehmungen zu konzentrieren. Scheuen Sie diese Art der Wahrnehmung nicht, sie wird Ihnen viel bei der Arbeit an Ihrem Sitzgefühl weiterhelfen.

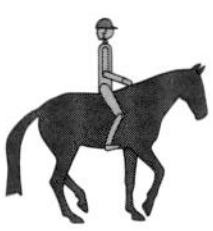

Übung: Sitzgefühl

1. Zunächst sollten Sie im Sattel mit Hilfe der Hände Ihre Sitzbeinknochen spüren. Setzen Sie sich dazu genauso wie in der oben ausgeführten Übung auf Ihre Hände. Kippen Sie Ihr Becken, um darüber die Senkrechte zu finden. Bauen Sie Ihren Brustkorb darüber auf, und spüren Sie, wie Sie aus dem Lot geraten und wann Sie die Senkrechte gefunden haben.

Lassen Sie sich nun auf Ihrem Pferd sitzend an der Longe im Schritt führen. Mit den Händen unter den Sitzbeinknochen können Sie die Übertragung der Pferdebewegung auf das Becken sehr deutlich spüren. Fühlen Sie dabei genau, ob Sie gleichmäßig mitschwingen. ***Versuchen Sie zu erspüren, wann das Pferd mit dem rechten oder linken Hinterbein abfußt.***

2. Anschließend soll Ihr Helfer, der die Longe hält, immer sagen, wann das Pferd rechts hinten abfußt. Versuchen Sie dieses dann zu erspüren. Lassen Sie Ihr Pferd dann von Ihrem Helfer auf einer Geraden führen. Versuchen Sie mit geschlossenen Augen beim Durchparieren zum Stehen herauszufinden, wie Ihr Pferd steht. Sind die Beine des Pferdes geschlossen, fühlt sich das in Ihrem Sitz anders an, als wenn das Pferd mit einem Bein weiter hinten stehen bleibt.
Versuchen Sie nun Ihr Gefühl für die Senkrechte, wie für den Voltigierbock beschrieben, zu schulen. Ihr Sitzgefühl können Sie dann noch weiter verbessern, indem Sie diese Übungen auf verschiedenen Pferden durchführen. Erst wenn Sie die Senkrechte in Ihrem Körper kennen, werden Sie spüren können, wann Sie aus dem Lot geraten und noch viel wichtiger: wodurch Sie aus dem Lot geraten.

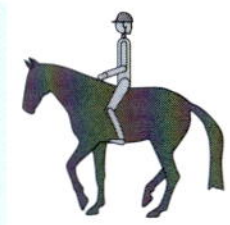

Übung: ... an der Longe mit Voltigiergurt

Diese Übung eignet sich gut für Reiter, die mit der Aufrichtung der Wirbelsäule das Mitschwingen im Becken verlieren. Das Longenpferd trägt bei dieser Übung keinen Sattel, sondern einen Voltigiergurt mit Griffen zum Festhalten und ein Filzpolster auf der Sattellage. Zusätzlich benötigen Sie ein Ballkissen. Der Longenführer sorgt dafür, dass das Pferd vorwärts geht.

1. Setzen Sie sich zunächst ohne Ballkissen auf das Pferd, und lassen Sie sich eine Zeit lang mit geschlossenen Augen im Schritt führen. Sie können sich Sicherheit an den Haltegriffen holen, so dass Sie die Beine nicht zum Festhalten einsetzen müssen. Erfühlen Sie beim Schrittreiten, wie sich die Pferdebewegungen in Ihren Körper übertragen. Es ist wichtig, dass Sie am Anfang keinerlei Bewegungsabsichten haben. Sie sind einfach nur neugierig, was zwischen Ihnen und dem Pferd geschieht und wie Ihr Körper dies aufnimmt. Probieren Sie dies auch im Trab und im Galopp aus.

2. Nun setzen Sie sich mittig auf das Ballkissen, so dass Sie weder eine Tendenz zum Kippen nach vorne noch nach hinten haben.

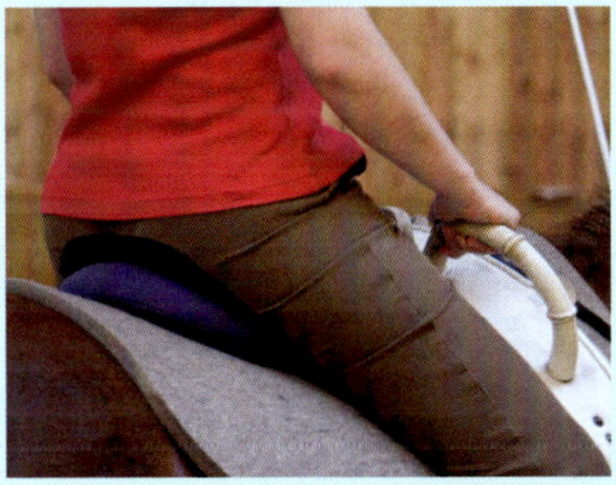

Zuerst einmal sitzen Sie jetzt deutlich wackeliger als zuvor, das ist wichtig für die Übung. Nun lassen Sie sich wieder im Schritt führen und sichern sich dabei mit den Händen an den Haltegriffen. Über das **Ballkissen** spüren Sie die Schwingungen, die das Pferd in Ihrem Körper anregt noch viel deutlicher. Sie müssen dies nur noch zulassen. Dabei ist klar zu spüren, dass die Bewegung direkt unter der Sitzfläche beginnt und sich nach oben kleiner werdend in Ihre Wirbelsäule fortsetzt.

3. Nun reiten Sie wieder ohne Ballkissen an der Longe und gleich im Anschluss auf dem gesattelten Pferd. Versuchen Sie auch jetzt, dieses Gefühl für den Bewegungsursprung in Ihrem Becken zuzulassen. Wechseln Sie zwischen dem Zustand: Ich werde bewegt, ich begleite die Bewegung, ich verstärke die Bewegung, ich bremse die Bewegung.

Erste Hilfe:

Wenn Sie merken, dass Sie in einzelnen Körperteilen oder im ganzen Körper fest werden, hilft Ihnen diese Übung, sich in allen Gelenken wieder dynamisch zu bewegen: Versuchen Sie, in Ihrem Körper unterschiedliche Blockaden aufzubauen und wieder zu lösen. Beißen Sie die Zähne zusammen und drücken dabei die Zunge an den Gaumen. Stellen Sie Ihre Hände fest, blockieren Sie Ihre Schultergelenke oder ziehen Sie den Bauch ein. Halten Sie Ihre Fuß- und Kniegelenke starr. All diese Blockaden werden Sie auch in Ihrem Becken spüren. Sobald das Bewegungsspiel unterbrochen ist, wird die Atmung blockiert. Probieren Sie aus, wie sich der Bewegungsimpuls verändert, wenn Sie sich vom Brustbein her aufrichten. Dabei muss das Schwingen im Becken weiterhin möglich sein. Ist das nicht der Fall, spielen Sie mit der Aufrichtung Ihrer Wirbelsäule. Beginnen Sie in der Haltung, in der Ihr Becken am leichtesten schwingen kann, und richten sich dann minimal auf. Sobald das Becken blockiert, sinken Sie wieder in sich zusammen. Achten Sie dabei auf Ihre Beine. Beginnen Sie nun, das Pferd mit den Unterschenkeln nach vorne zu treiben. Sobald Ihr Becken blockiert, werden Sie wieder passiver.

Übungen: Für einen guten Sattelkontakt

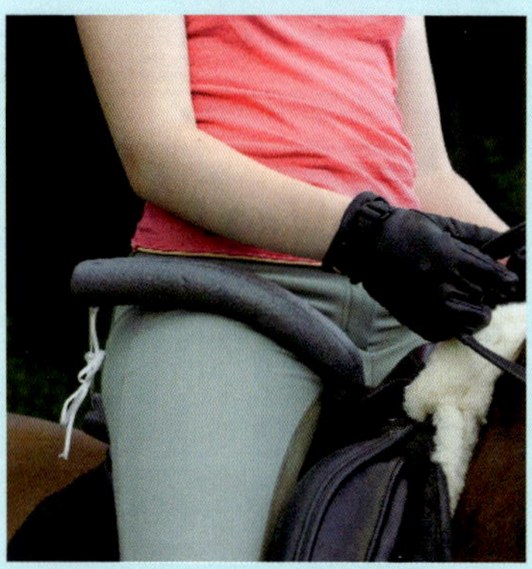

*Dazu benötigen Sie eine **Rohrisolierung** aus Schaumstoff aus dem Baumarkt mit einem Durchmesser von 5 cm. Diese befestigen Sie mit Hilfe eines Hosengummis um einen Oberschenkel, wie auf dem Bild gezeigt.*

Wenn Sie den Gummi mit einer Schleife schließen, können Sie den Schaumstoff jederzeit während dem Reiten unproblematisch abnehmen. Im Sattel sitzend wird der Übergang vom Oberschenkel

→

zum Schambein mit dem Schaumstoff ausgepolstert. Nun können Sie sich beim Reiten auf diesen Abschnitt besonders konzentrieren, so dass Sie ein Gefühl für einen durchgängigen Sattelkontakt bekommen. Sobald Sie mit den Beinen klemmen oder schief im Sattel sitzen, wird der Kontakt zum Schaumstoff weniger. So eignet sich dieses Hilfsmittel auch sehr gut für Reiter, die in der Wendung das Becken zur Seite verschieben.

1. Mit diesem Hilfsmittel können Sie ganze Paraden üben, ohne dabei gleichzeitig mit den Oberschenkeln zu klemmen, oder das Gesäß anzuspannen. Sie merken jetzt, falls der Kontakt nicht mehr flächig vom Schambein über den Schaumstoff zum Oberschenkel verläuft.

2. Wechseln Sie zwischen dem rechten und dem linken Bein. Konzentrieren Sie sich mit Hilfe des Schaumstoffs in den Wendungen auf Ihre Seitenunterschiede. Können Sie in beide Richtungen einen kontinuierlichen satten Kontakt zum Sattel behalten? Probieren Sie das anschließend in Seitengängen.

Übungen: ... beim Schrittreiten

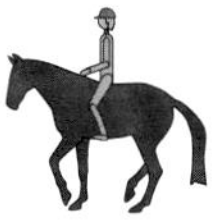

1. Panieren im Sattel

Diese Übung ist eine wichtige **Aufwärmübung**, die Sie immer zu Beginn Ihrer Reitstunde einsetzen können. **Aber auch zwischendurch, wenn Sie merken, dass Sie eine Auflockerung in den Hüftgelenken nötig haben.**

Lenken Sie Ihre Aufmerksamkeit auf Ihre Sitzfläche. Dort wo Sie mit der Haut über die Reithose mit dem Sattel Kontakt haben. Stellen Sie sich vor, Ihr Sattel wäre mit Blattgold ausgelegt. Nun versuchen Sie sich überall dort, wo Sie den Sattel mit Ihrem Becken berühren, mit dem Blattgold zu panieren. Lassen Sie keinen Zentimeter dabei mit Ihrem Gesäß, mit Ihrem Schritt und mit den Oberschenkelinnenseiten aus.

Beschreiben Sie dann kleine Kreise mit Ihrem Becken im Sattel. Betonen Sie mal die rechte Beckenseite, mal die linke. Kreisen Sie von vorne nach hinten und von hinten nach vorne. **Widmen Sie sich vermehrt der Seite, die sich schlechter bewegen lässt.** Lassen Sie dabei Ihre Bewegungen immer geschmeidiger werden, und vermeiden Sie es, mit Kraft zu arbeiten. **Achten Sie darauf, dass sich die Spannung Ihrer Oberschenkel und Ihrer Gesäßmuskulatur nicht erhöht.** Bleiben Sie ganz locker und entspannt.

Erste Hilfe:

Das Panieren im Sattel hilft Ihnen immer wieder dabei, ein Gefühl für den tiefen Sitz zu bekommen und besser »im Pferd« zu sitzen.

2. Bewegen Sie Ihr Becken in alle Richtungen und konzentrieren Sie sich dabei auf den Kontakt zum Sattel. Sie müssen das Becken locker und leicht bewegen und dabei Ihr Bein gleichzeitig weich und lang am Pferd anliegen lassen. Ihr Brustkorb bleibt ruhig über der Senkrechten ausgerichtet, so dass diese kleinen Beckenbewegungen unabhängig von Ihrem Brustkorb geschehen. Dabei können Sie ungehindert tief in den Bauchraum atmen. Die Schultern ruhen weiterhin auf dem Brustkorb, Ihre Armgelenke bleiben durchlässig.

3. Versuchen Sie, sich durch die Spannung der Oberschenkel aus dem Sattel zu zwicken. Spüren Sie, wie sich der Sattelkontakt Ihres Beckens verändert. Gerade am Übergang vom Becken zur Oberschenkelinnenseite geschieht dabei viel. Halten Sie die Spannung über ein paar Pferdelängen und lassen Sie dann ganz bewusst wieder nach. Spüren Sie, wie Ihr Becken wieder tiefer in den Sattel sinken darf? Drücken Sie nur ein Bein gegen das Sattelblatt. Fühlen Sie die Veränderung Ihres Kontaktes zum Sattel?

→

4. Versuchen Sie, sich aus dem Sattel zu heben, indem Sie das Gesäß anspannen. *Der Kontakt zum Sattel wird dadurch »spitzer« und das Becken verliert seine flächige Auflage. Bauen Sie dann diese Wahrnehmungsübung in eine Reitstunde ein, indem Sie bewusst darauf achten, wann Sie sich aus dem Sattel zwicken. Machen Sie im Sattel kleine Kreise mit Ihrem Becken. Sie sollten dabei mit Ihrem Gesäß, der Leiste und dem Schambein überall einmal Kontakt zum Sattel bekommen. Dies können Sie nur, wenn Sie dabei die Hüftgelenke und die Wirbelsäule weich und geschmeidig werden lassen.*

Wenn Sie dazu neigen, die Beine hochzuziehen, hilft Ihnen diese Übung, ein Gefühl für das lange Bein zu bekommen: Ziehen Sie ***beide Knie nach oben*** *und verkürzen Sie so Ihre Beine. Halten Sie diese Verkürzung über ein paar Pferdelängen und lassen Sie sie dann bewusst nach unten sinken, bis sie ganz lang werden und am Becken baumeln.*

Um zu einem ruhigen, mitschwingenden Sitz zu finden, stellen Sie sich vor, Sie sind mit Ihrem Becken über Legosteine, die sich an Ihren Sitzbeinhöckern befinden, mit dem Sattel verbunden. Im Sattel gibt es die passenden Gegenstücke. So behalten Sie einen ruhigen Sattelkontakt.

Achtung: Die Vorstellung, mit dem Gesäß den Sattel auszuwischen, führt zu einer falschen Bewegung. *Wenn Sie dies tatsächlich umsetzen würden, müssten Sie mit dem Gesäß im Sattel rutschen. Sie sollten jedoch im direkten Sattelkontakt eine ruhige Verbindung herstellen können. Die angrenzenden Gelenke federn die Bewegungen ab und leiten sie weiter.*
Beim Auswischen werden die Hüftgelenke und die Lendenwirbelsäule eher fest. Sie sollten jedoch gerade in diesen Gelenken ein gutes Spiel haben, um im Sattel dicht am Pferd bleiben zu können.

Reiten mit dem Sitzkissen – der Weg zum tiefen Sitz

Sicher kennen Sie die Anforderung an den Reiter, »tief im Pferd« zu sitzen. Das ist aber leichter gesagt als getan. Wir möchten Ihnen deshalb ein Hilfsmittel ans Herz legen, das Ihnen auf sehr effektive Weise dabei hilft.

Das Kissen, das wir dafür benutzen, ist im Handel als »Senso Venentrainer« erhältlich. Legt man dieses beim Reiten zwischen sich und den Sattel, werden alle Bewegungen des Pferdes stärker auf den Reiter übertragen. Dadurch fällt es ihm leichter, sich vom Pferd bewegen zu lassen. Er lernt, im Becken zu schwingen und sich gleichzeitig im Brustkorb aufzurichten. Das (bei fast jedem Reiter mehr oder weniger zu beobachtende) Klemmen mit den Beinen am Sattelblatt wird vom Reiter bewusst wahrgenommen und es fällt ihm leichter, sein Bein aus der Hüfte heraus fallenzulassen. Gleichzeitig wird seine Hüfte mobilisiert. Der Lerneffekt ist mit diesem Luftkissen besonders groß, weil Reiter ihre Sitzfehler sofort bemerken und an der Korrektur arbeiten können.

Wenn Sie zum ersten Mal mit dem Kissen reiten, wird sich das zunächst ungewohnt anfühlen. Sie werden jedoch sehr schnell merken, wie sich Ihre Hüfte öffnet und Sie die Position Ihrer Sitzbeinknochen besser wahrnehmen. Es zeigt Ihnen deutlich, ob Ihr Gewicht wirklich auf Ihren Gesäßknochen oder (fehlerhaft) auf den Oberschenkeln ruht, und wie Sie Ihre Balance und das Gefühl für die Mitte besser finden.

Sie können, wenn Sie sich etwas eingewöhnt haben und sicher genug fühlen, mit dem Sitzkissen alles reiten, was sie üblicherweise in einer Dressurstunde trainieren. Leichttraben ist mit ihm allerdings nicht möglich, da es dabei herausrutschen würde. Beim Aussitzen müssen Sie gut nach unten federn, um auf dem Kissen nicht zu stark geworfen zu werden. Im Galopp werden Sie feststellen, wie sich Ihr inneres Bein vom Pferd lösen kann und dadurch der Übergang der inneren Leiste zur Oberschenkelinnenseite offen und entspannt bleibt.

Wenn Sie anschließend wieder ohne das Sitzkissen reiten, werden Sie das Gefühl haben, tiefer im Sattel zu sitzen und besser mit Sattel und Pferd verbunden zu sein. Sie haben nun eine Vorstellung davon, wie sich die Bewegungen des Pferdes auf Sie übertragen. Diese kommen ohne das Kissen nicht mehr so intensiv bei Ihnen an, dafür spüren Sie sie umso deutlicher in Ihren Hüftgelenken.

Reiter, die normalerweise mit dem Gesäß im Sattel schieben, merken nach dem Reiten mit dem Sitzkissen viel besser den Unterschied zwischen

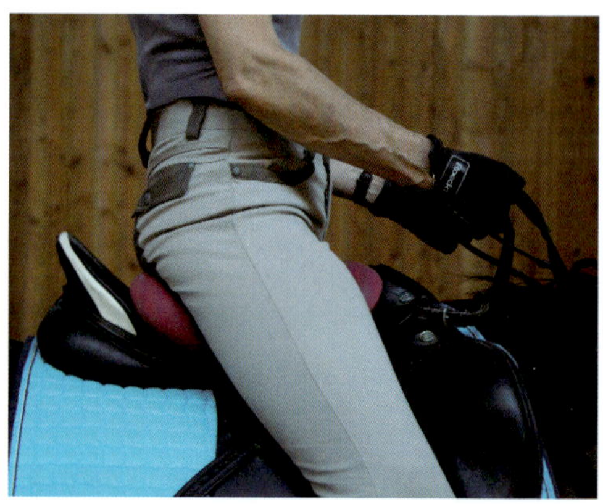

Der Reiter muss mittig auf dem Kissen sitzen, dessen höhere Seite befindet sich hinten. Er darf nach hinten bergab sitzen, aber auf keinen Fall nach vorne in den Spaltsitz geschoben werden!

ihrem gewohnten »Radieren« mit den Sitzbeinknochen auf dem Sattel und dem elastischen Mitschwingen in der Bewegung des Pferderückens.

Wichtig: Lassen Sie sich zu Anfang von einer kompetenten Hilfsperson kontrollieren. So stellen Sie sicher, dass Sie nicht in den Spaltsitz oder ein Hohlkreuz geraten. Bei Reitern, die dazu neigen, im Sattel zu schieben, besteht die Gefahr, dass sich dies auf dem Sitzkissen verstärkt. Auch für sie ist daher das Feedback von unten wichtig. Sie müssen lernen, sich so »klein« zu bewegen, dass der Beobachter diese Nuancen kaum noch sehen kann.

Sie können das Sitzkissen auch für alle mit dem Ballkissen beschriebenen Übungen in diesem Buch verwenden. Besonders geeignet ist es für die Übungen auf dem Pferd. Es hat den Vorteil, dass es auch beim freien Reiten genutzt werden kann. Das Ballkissen liegt dagegen nicht so sicher auf dem Sattel und ist daher nur an der Longe zu verwenden!

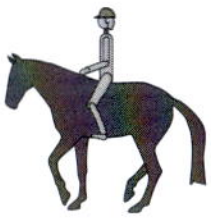

Übungen: ... mit dem Sitzkissen

1. *Probieren Sie aus, wie Sie Ihr Gefühl für die Mitte finden: Durch das Kissen werden Sie in Wendungen leichter nach außen gesetzt. Finden Sie heraus, was Sie tun müssen, um dies zu verhindern und im Gleichgewicht zu bleiben, und üben Sie dies.*

2. *Arbeiten Sie an Ihrer positiven Körperspannung und der Aufrichtung im Oberkörper: Reiten Sie auf der Mittellinie geradeaus. Das ist schwieriger als es sich anhört, denn Ihre Sitzbeinknochen »schwimmen« nun auf dem Luftkissen. Um dennoch über den Sitz einwirken zu können, müssen Ihre Beine lang nach unten fallen und Sie brauchen eine gute und fein abgestimmte Körperspannung. Sie werden sofort bemerken, wenn Sie Ihre Hilfen zu grob, einseitig oder hektisch einsetzen, und lernen so, sie richtig zu dosieren.*

3. *Verbessern Sie Ihre Körperspannung durch das Reiten von Tempounterschieden im Schritt oder Übergängen vom Schritt zum Halten.*

2

Bewegungs-analyse

Seit mehreren Jahren veranstalten wir gemeinsam Kurse für Reiter. Die Kombination von Pferde- und Reitfachwissen durch die Reitlehrerin und die Bewegungsanalyse und das Bewegungsverständnis durch die Körpertherapeutin ergeben dabei eine spannende Mischung. Durch unsere langjährige Zusammenarbeit haben wir ein Schulungskonzept entwickelt, welches für den Reiter recht einfach umzusetzen ist. In diesem Kapitel wollen wir Ihnen die Bausteine dieses Konzeptes vorstellen.

Dieses Konzept umfasst folgende Inhalte:

1. Videoanalyse
2. Beweglichkeitstest
3. Erarbeiten der Lernschritte
4. Erfolgskontrolle

1. Videoanalyse

Haben Sie sich jemals selbst reiten gesehen? Wir meinen nicht die Fotoaufnahmen aus Ihrer Kindheit, als Sie zum ersten Mal auf einem Pony saßen. Natürlich haben Sie sich im Spiegel in der Reithalle schon öfter gesehen und sicher ver-

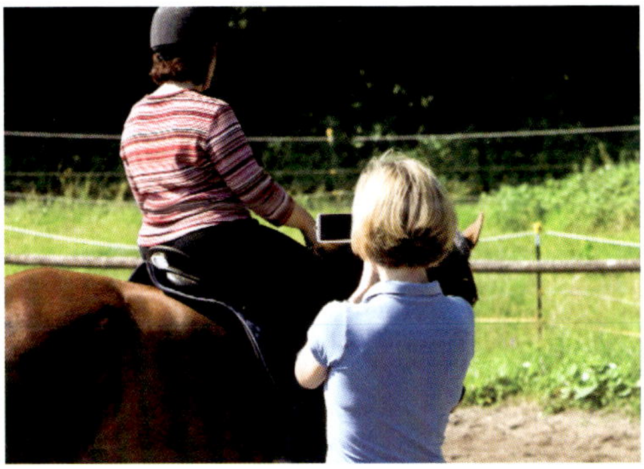

sucht, Ihren Sitz darüber zu korrigieren. Aber hat der Blick in den Spiegel wirklich geholfen, einen Eindruck davon zu bekommen, wie Sie auf dem Pferd sitzen? Und wenn Sie die Augen schließen und sich vor Ihrem inneren Auge reiten sehen, entsteht dann ein korrektes Bild von Ihnen?

Vielleicht wurden Sie schon einmal beim Reiten gefilmt und waren erstaunt darüber, da Sie eigentlich einen völlig anderen Eindruck von sich auf dem Pferd hatten. Sie haben sich auf dem Pferd ganz anders gefühlt, als es der Film zeigt.

Es besteht ein deutlicher Unterschied zwischen der Selbstwahrnehmung und der Wahrnehmung von außen – z.B. durch den Reitlehrer. Diese Kluft – der Reitlehrer korrigiert etwas als falsch, was der Reitschüler ganz anders wahrnimmt – kann durch die Videoaufnahmen geschlossen werden.

Durch die Videoanalyse wird es dem Reiter erst möglich, die Korrekturen des Reitlehrers zu verstehen, sie umzusetzen und seine Reitfortschritte auch zu sehen. Die Videoaufnahme ist eine gute Arbeitsgrundlage für den Reiter, weil er seine Körperwahrnehmung über das äußere Bild korrigieren kann. Er akzeptiert seine Bewegungsprobleme eher, da er sie selbst sieht. Die Motivation, an sich zu arbeiten, ist deutlich höher. Es gelingt dem Reiter schneller, das richtige Bewegungsmuster zu finden. Um dieses Ziel zu erreichen, muss eine sachkundige Kameraführung erfolgen, die Ihre Bewegungsblockaden aufdeckt und zeigt, wie sich diese weiter im ganzen Bewegungsablauf störend auswirken. Die sinnvolle Bewegungskorrektur baut auf einer genauen Videoanalyse mit einem Beweglichkeitstest des Reiters auf.

Was kennzeichnet eine professionelle Videoanalyse?

Eine Videoanalyse beinhaltet weit mehr, als sich selbst im Fernsehen reiten zu sehen. Der Reiter wird im Laufe einer normalen Reitstunde gefilmt. Dabei kommt es darauf an, ihn bei verschiedenen Aufgabestellungen zu zeigen. Dieses Vorgehen ist aussagekräftiger, als ihn eine eigene Aufgabe extra für die Aufnahme reiten zu lassen.

Eine Reitstunde umfasst einen längeren Zeitraum, so dass der Reiter in seiner **Aufwärmphase**, dann in seiner **optimalen Bewegungszeit** und anschließend in der Phase der **Ermüdung** bei nachlassender Konzentration gefilmt wird. Diese verschiedenen Leistungsphasen zeigen unterschiedliche Bewegungsbilder.

Zum Beispiel wird eine anfängliche Verspannung mit einem unbeweglichen und starren Bewegungsbild erst im Laufe einer Reitstunde abgebaut. In der Ermüdungsphase kann aus dieser Unbeweglichkeit eine Instabilität im Oberkörper werden. Wenn ein Reiter mit solch einem Bewegungsbild in einer kurzen Aufnahme gefilmt wird, ist dagegen auf dem Film nur ein Bewegungsabschnitt und nicht der Reiter in seinem Gesamtbild gezeigt. Fortgeschrittene Reiter, bei denen im äußeren Bewegungsbild wenige Fehler erkennbar sind, werden auf **verschiedenen** Pferden gefilmt. Erst über den Vergleich auf unterschiedlichen Pferden können wir in der Videoanalyse erkennen, ob die Bewegungsmuster des Reiters durch das Pferd bestimmt werden oder sein typisches Reiterbild zeigen.

Tipps für die Kameraführung

Bei Filmaufnahmen ist darauf zu achten, dass der Blickwinkel der Kamera variiert. Sie sehen vom Zirkelmittelpunkt aus den Reiter von der Seite, jedoch nicht von hinten oder im diagonalen Blickwinkel. Sie können vom Zirkelmittelpunkt aus erkennen, ob der Reiter nach hinten oder nach vorne fällt und ob er genügend nach unten und nach oben in seinen Gelenken durchfedert. Sie sehen aber nicht, ob der Brustkorb seitlich verschoben oder verdreht wird. Für diese Bewegungsbetrachtung müssen Sie außerhalb des Zirkels stehen, um den Rücken des Reiters in seinen seitlichen Abweichungen aufzeichnen zu können. Bei den Aufnahmen ist weiterhin darauf zu achten, dass der Reiter weit genug herangezoomt wird, um die Bewegungen in den einzelnen Gelenken erkennen zu können. Beachten Sie, dass die meisten Reiter erst einmal angespannter reiten, wenn sie zum ersten Mal gefilmt werden. Lassen Sie dem Reiter etwas Zeit, sich an diese Situation zu gewöhnen.

Tipps für den Reiter

Der Reiter sollte für die Filmaufnahmen anliegende Kleidung tragen. Schlabberpullis und überlange Jacken verhindern eine exakte Analyse des Bewegungsablaufes. Damit Sie später im Film Ihre Beckenbeweglichkeit erkennen können, sollte Ihr Oberteil unter dem Hosenbund enden und somit die Hüftgelenke frei lassen. Bedenken Sie, dass Sie sich mit der Farbe Ihres Oberteils vom Hallenhintergrund absetzen. Meist sind die Lichtverhältnisse in einer Reithalle für Filmaufnahmen nur bedingt geeignet. Tragen Sie deshalb keine schwarze Kleidung.

Bearbeiten des Filmes

Die Nachbearbeitung des Filmes ist für eine effektive Videoanalyse Grundbedingung, damit der Reiter seine Bewegungsmuster erkennen und begreifen kann. Das Filmmaterial wird zunächst auf die aussagekräftigsten Szenen gekürzt. Die Filmlänge beträgt etwa 10 Minuten. Die Sequenzen, die einen Fehler besonders gut darstellen, werden in Zeitlupe wiederholt. Viele Bewegungsmuster zeigen sich erst in der Zeitlupe.

Analyse des Bewegungsmusters

In der Zeitlupe kann man zum Beispiel einen unruhigen Rücken genau betrachten: In welchen Abschnitten bewegt der Reiter zu viel? Wo bleibt er unbeweglich? Liegt die Ursache tatsächlich in der Wirbelsäule, oder ist die Bewegungsstörung im Becken zu finden?

Die fachliche Kompetenz ist für die anschließende Analyse der Bewegungsfehler notwendig.
Nur mit einem geschulten Auge kann erkannt werden, wo der Ursprung verschiedener Bewegungsstörungen liegt. Dies muss mit Hilfe der Zeitlupe so herausgearbeitet werden, dass auch der Reiter erkennen kann, wo seine Probleme liegen. Für eine optimale Bewegungsschulung muss der Reiter sein Bewegungsmuster selbst erkennen.

Zum besseren Verständnis ein Beispiel

Auf dem Video ist ein Reiter im ausgesessenen Trab mit **unruhigem Schultergürtel** zu sehen.

Der Kopf schwingt nach vorne, während der obere Brustkorb nach hinten schwingt. Warum macht er das?

Nicht immer liegt die Ursache einer Bewegung dort, wo sie sich manifestiert. Um die Überbeweglichkeit am Übergang von der Brustwirbelsäule zur Halswirbelsäule begreifen zu können, müssen wir den ganzen Reiter betrachten. Bei genauerem Hinsehen fällt auf, dass das Becken nicht in der Bewegung mitschwingen kann, sondern festgehalten ist.

Durch diese Starre im Becken kommt es zu einer Überbeweglichkeit im Bereich des Schultergürtels. Dieses Beispiel macht auch deutlich, dass für die Bewegungsanalyse ein Wissen um die Komplexität der Bewegungszusammenhänge notwendig ist. Jede Bewegungsanalyse muss einen Beweglichkeitstest beinhalten. Die Überprüfung der Beweglichkeit ist ein wichtiger Teil bei der Suche nach den Ursachen einer Bewegungsstörung.

2. Der Beweglichkeitstest

Im Anschluss finden Sie einen Beweglichkeitstest, den wir speziell für Reiter zusammengestellt haben. Mit dieser Bewegungsprüfung können Sie schnell und unkompliziert Ihre Beweglichkeit testen. Die Übungen finden Sie genauer beschrieben im Kapitel: »Die Beweglichkeit des Reiters.« Der Beweglichkeitstest zeigt uns die einzelnen Gelenkbeweglichkeiten und die Bewegungsabläufe des Reiters am Boden. Erst mit diesem Bewegungstest können wir genauer feststellen, ob der Bewegungsfluss des Reiters durch eine Bewegungseinschränkung gestört wird.

Die Beweglichkeit des Hüftgelenks:

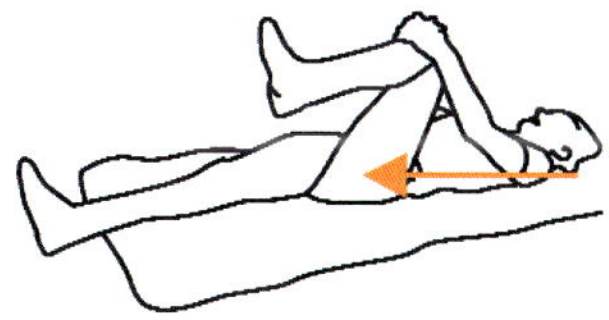

Hüftbeugung

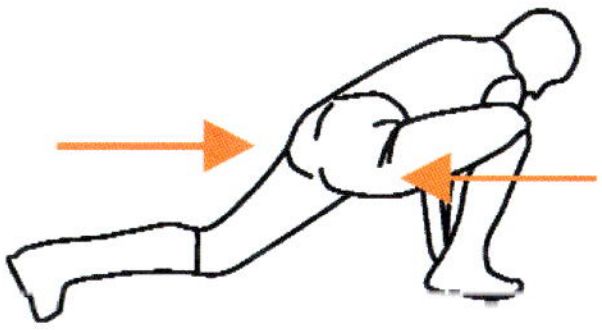

Hüftstreckung bei gleichzeitiger Hüftbeugung des gegenseitigen Hüftgelenkes

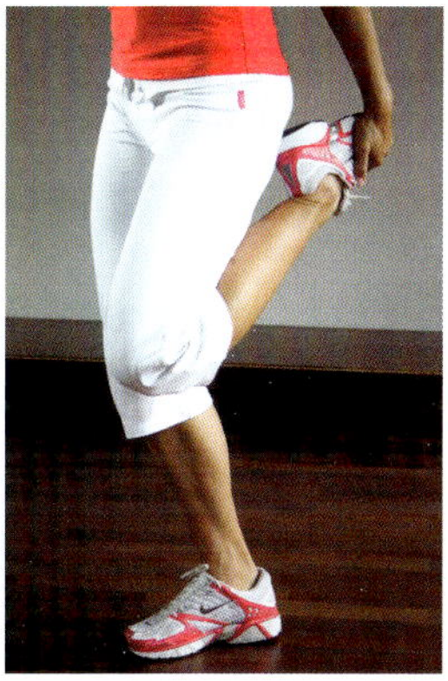

Das Hüftgelenk muss die Beweglichkeit in die Hüftstreckung zulassen.

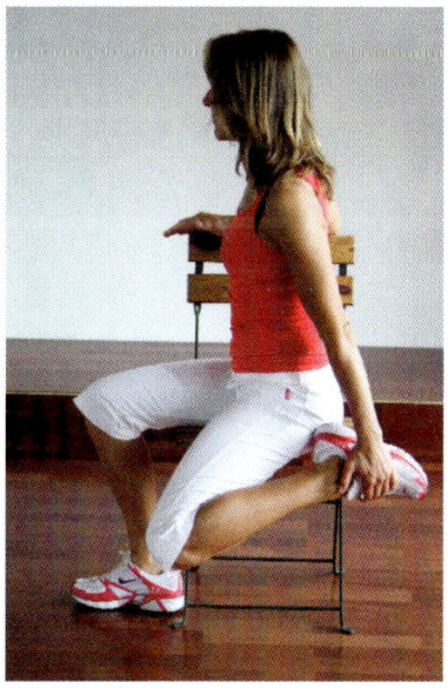

Dehnfähigkeit der Hüftbeuger bis über das Knie.

Die Beweglichkeit des Hüftgelenks:

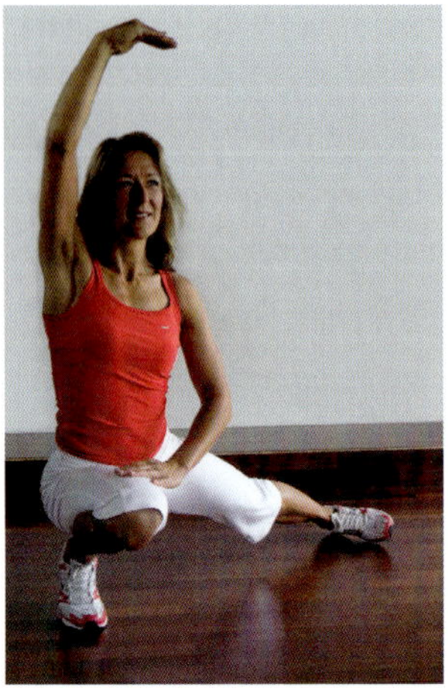

Dehnfähigkeit der Muskulatur an der Oberschenkelinnenseite (Adduktoren).

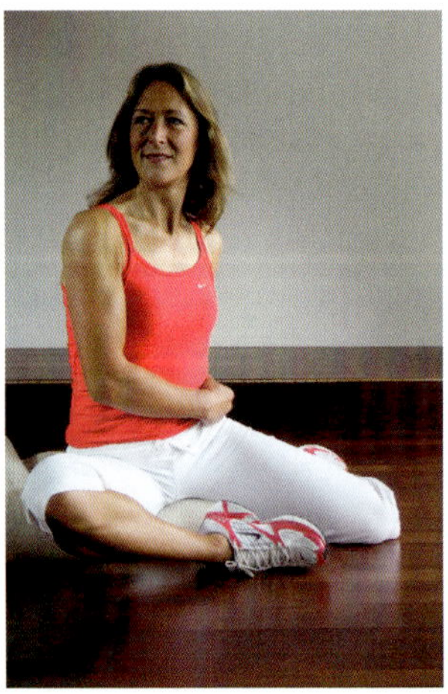

Testen Sie die Beweglichkeit der Hüftgelenke in der Drehfähigkeit.

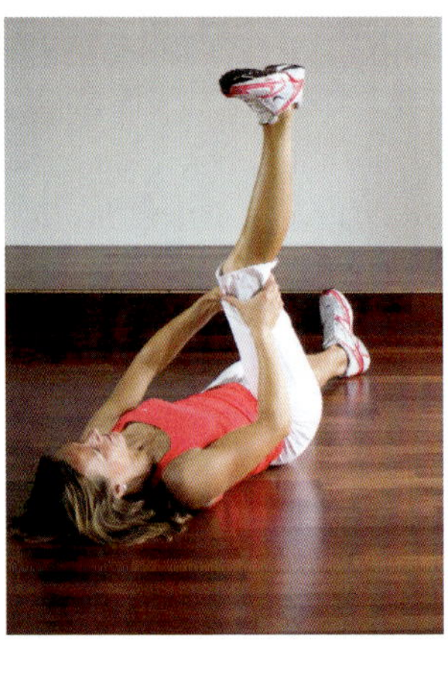

Testen Sie die Dehnfähigkeit des rückwärtigen Oberschenkels.

Die Beweglichkeit der Wirbelsäule:

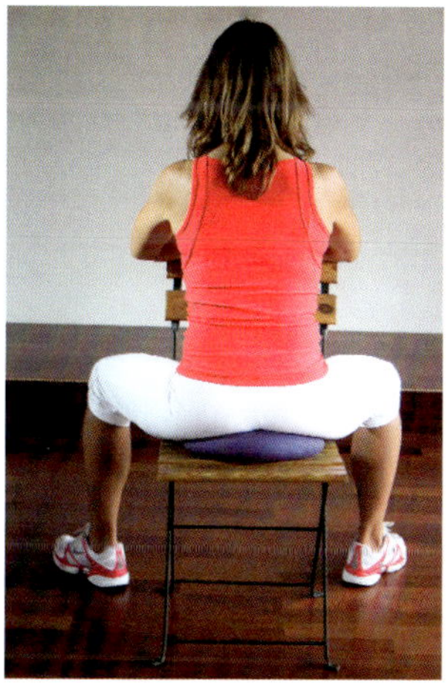

Setzen Sie sich auf einen Stuhl, stützen Sie sich mit den Ellbogen auf die Stuhllehne und lehnen Sie Ihren Brustkorb auf den Unterarmen an. Nun sollten Sie das Becken nach vorne und hinten kippen können.

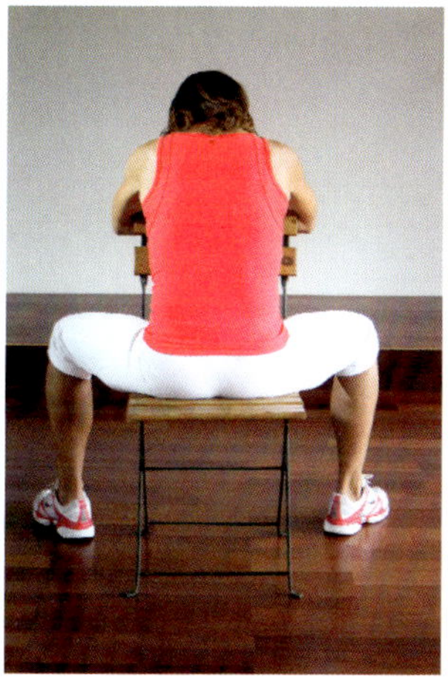

Kippen Sie Ihr Becken auf dem Stuhl von einer Seite auf die andere. Die seitliche Beweglichkeit der Lendenwirbelsäule sollte in beide Richtungen gleich gut möglich sein.

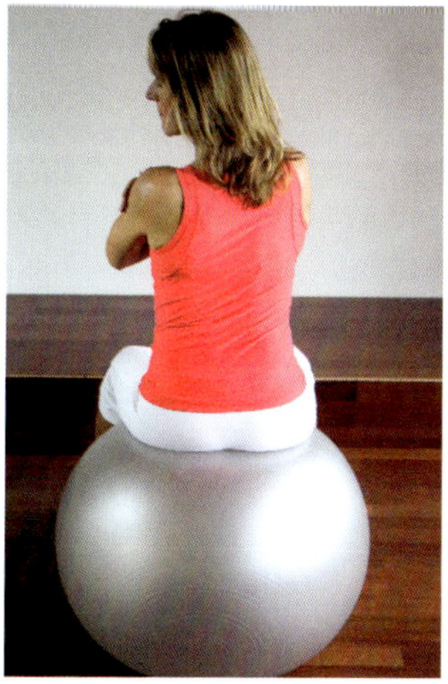

Legen Sie Ihre Hände jeweils auf die gegenüberliegende Schulter. Ihre Brustwirbelsäule bleibt dabei aufgerichtet. Nun drehen Sie ohne jegliche Gewichtsveränderung des Gesäßes den Brustkorb nach rechts und links. Der Bewegungsausschlag sollte auf beiden Seiten gleich groß sein.

Die Beweglichkeit der Wirbelsäule:

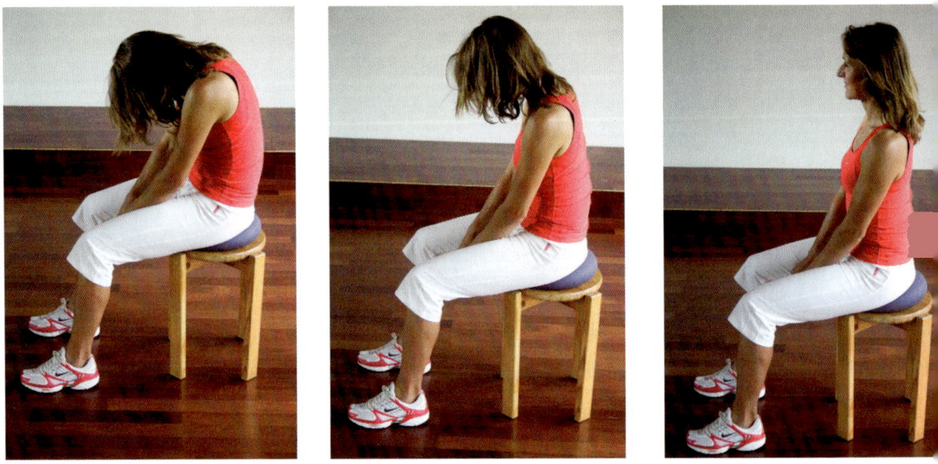

Testen Sie die gesamte Wirbelsäule in ihrem Bewegungsfluss. Setzen Sie sich dazu auf ein Ballkissen und rollen Sie Ihre Wirbelsäule von unten nach oben auf.

Die Beweglichkeit des Schultergelenks:

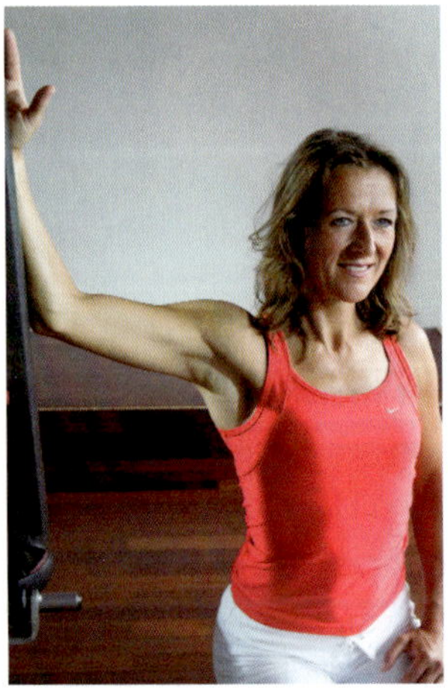

Dehnfähigkeit des großen Brustmuskels testen.

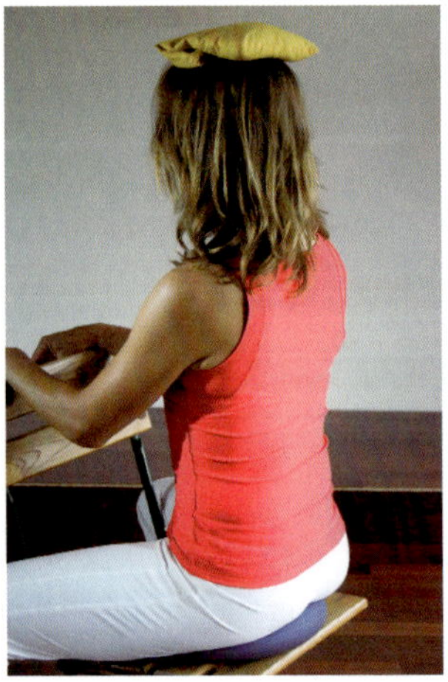

Beweglichkeit der Schulterblätter bei stabiler Brustwirbelsäule überprüfen.

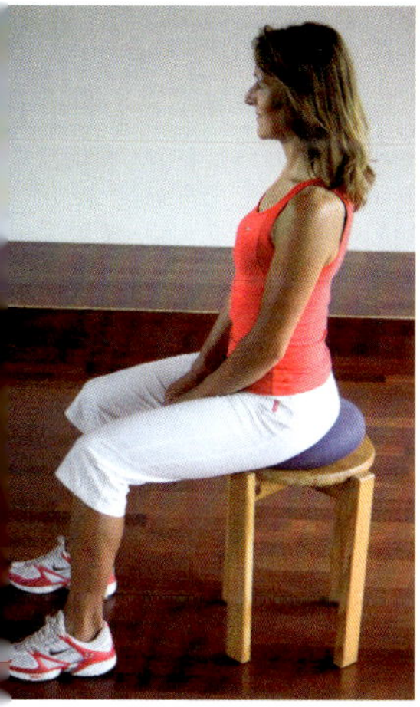

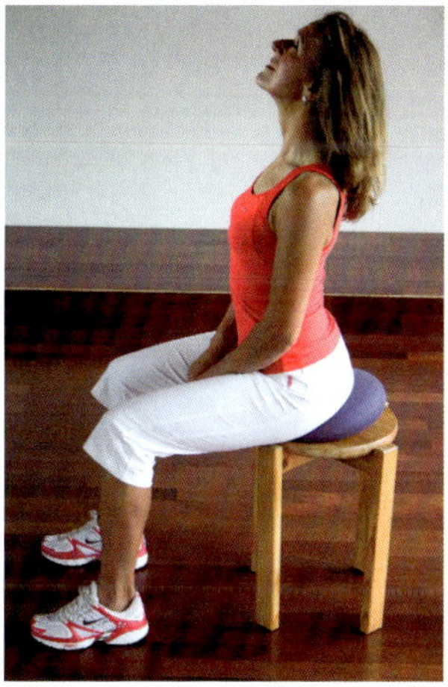

3. Erarbeiten der Lernschritte

Nun geht es darum, dass der Reiter die richtigen Bewegungsabläufe erspüren lernt. In der vorangegangenen Analyse des Filmes und nachfolgenden Bewegungsanalyse hat er seinen Fehler erkannt. Wie er diesen beheben kann, muss er aber noch lernen. Dafür werden zunächst entsprechende Übungen auf dem Boden und auf dem Holzpferd gezeigt, mit deren Hilfe Fehler behoben werden können. Anschließend werden diese neuen Bewegungserfahrungen auf dem Pferd geübt. Dabei kommen sowohl Anleitungen von einer Krankengymnastin als auch von einer Reitlehrerin zum Einsatz. Verschiedene Hilfsmittel unterstützen beim Einüben anderer Bewegungsabläufe. Wie wir dabei vorgehen, sehen Sie in den anschließenden Kapiteln.

4. Erfolgskontrolle

Der Reiter wird nach der Bewegungskorrektur erneut gefilmt, dies ermöglicht es ihm, seine Fortschritte im Film selbst nachzuvollziehen. Sieht ein Reiter im Film seine Erfolge, kann er diese noch besser in seine weitere Arbeit mit einbeziehen, denn jetzt hat er selbst gesehen, dass er auf dem richtigen Weg ist.

Bei späteren Videoaufzeichnungen stellen wir diese Sequenzen solchen aus zurückliegenden Filmen gegenüber. Dadurch wird dem Reiter noch besser veranschaulicht, welche Fortschritte er im Laufe der Zeit gemacht hat.

3

Die häufigsten Sitzfehler

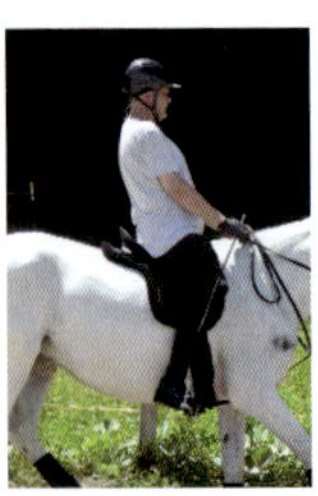
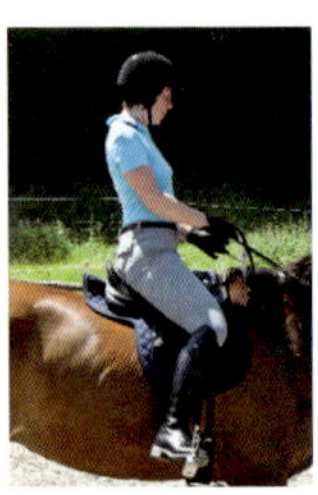
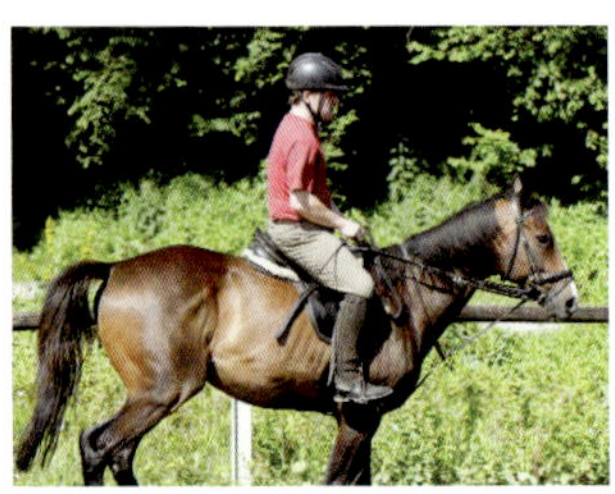
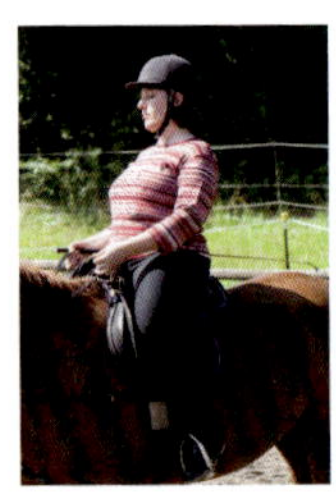
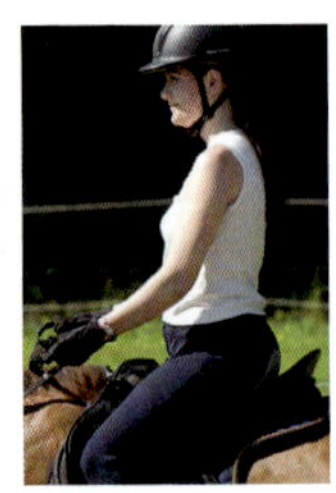

Auf den Fotos sind typische Sitzfehler zu sehen, die wir im Folgenden analysieren werden.
In der täglichen Praxis führen wir diese Bewegungsanalysen mit einer Videokamera durch. Die Videoanalyse hat den Vorteil, dass wir den Reiter in seinen typischen Bewegungsmustern beobachten und ihm diese dann am Bildschirm zeigen können.

1. Reiter in Rücklage

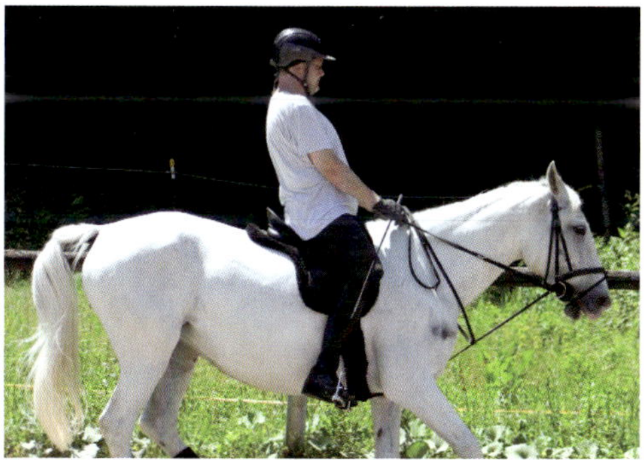

Was sieht man?
Rücklage im gesamten Oberkörper.

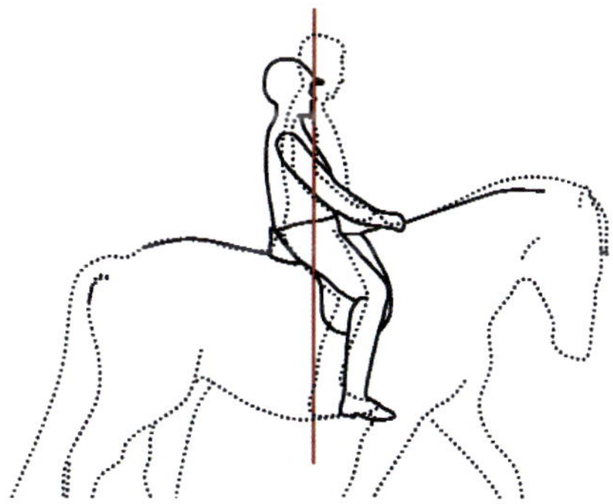

Was sagt der Reiter?
»Ich merke nicht, dass ich in Rücklage bin.«

Bewegungsanalyse

Dieser Reiter gerät nicht immer in Rücklage. Nur beim Durchparieren in langsamere Gangarten fällt er nach hinten, dagegen bleibt er bei Tempowechseln in höhere Gangarten im Lot sitzen. Er weiß nicht, wie er sein Gewicht nach hinten in den Sattel bringen soll und gleichzeitig dabei im Lot sitzen bleiben kann. Entweder rutschen dabei die Beine nach vorne oder sie klemmen vermehrt am Sattelblatt. Der Reiter wird daraufhin in den Armen starr oder hängt am Zügel.

Die Rücklage bei diesem Reiter betrifft den gesamten Rumpf. Mögliche Ursachen:

- Der Reiter hat eine fehlende Bewegungsvorstellung von der Senkrechten (Bild 1).
- Unbeweglichkeit oder zu hohe Spannung im Rumpf, der Reiter kann sein Becken nicht getrennt vom Brustkorb bewegen. Eventuell sind kleine Bewegungen innerhalb der Wirbelsäule nicht möglich.
- Muskelverspannungen
- Die Beine klemmen am Sattelblatt, der Reiter verhindert gleichzeitig die Beweglichkeit im Becken durch eine zu hohe Muskelspannung. Die Bewegung des Pferdes kann dadurch nicht nach unten (in den Beinen) abgefedert werden, der senkrechte Sitz wird erschwert (Bild 2).

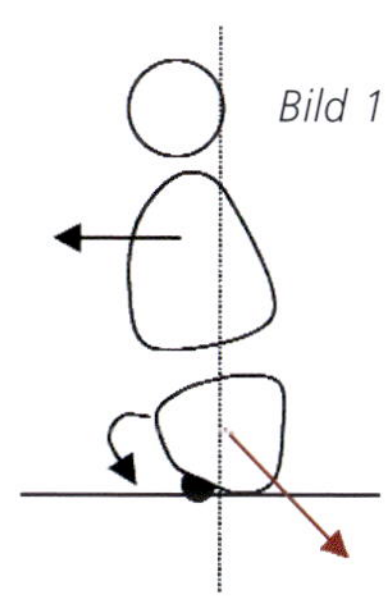

Bild 1

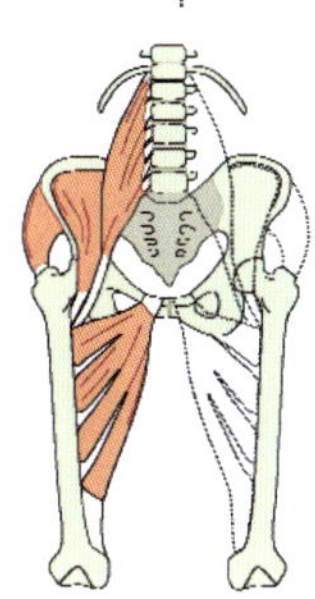

Bild 2

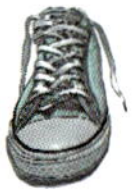

Übungen zur Problemlösung: Bewegungsschulung am Boden

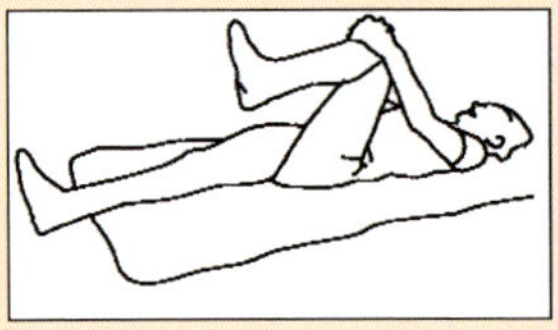

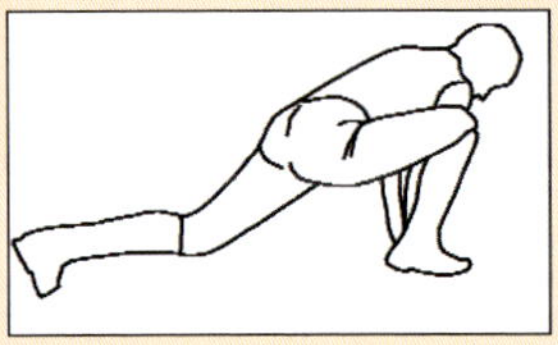

1. Dehnen Sie Ihre Hüftgelenke in der Beugung, der Streckung und in der Abspreizbewegung nach außen. Die Ausweichbewegungen werden bei den ausgewählten Übungen durch die Ausgangsstellung weitgehend verhindert. Dies ist für Menschen mit hoher Muskelspannung und fehlendem Gelenkspiel wichtig, da sie die Ausweichbewegungen bei Dehnübungen weniger ausgleichen können.

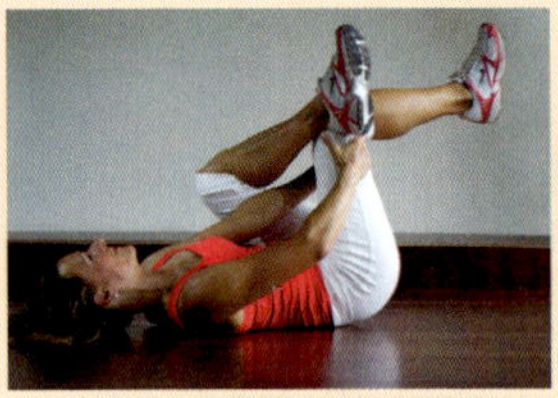

2. Dehnen Sie täglich Ihre Muskulatur, um die Muskelspannung abzubauen und die Beweglichkeit herzustellen.

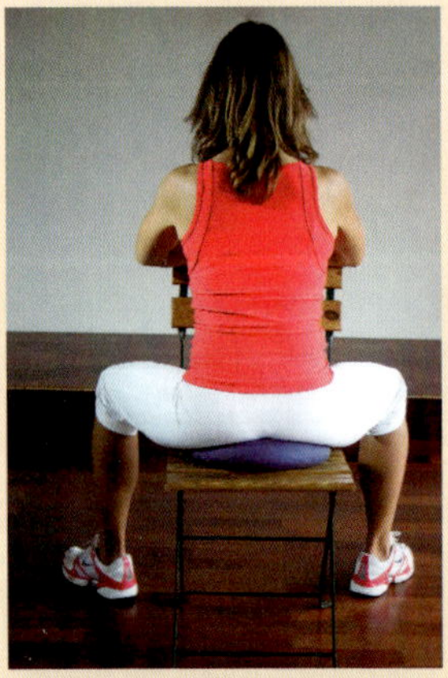

3. Übungen für die Geschmeidigkeit von Bewegungsabläufen.

Ziel dieser Übungen ist es, notwendige Bewegungsabläufe ohne Krafteinsatz zu erlernen.

Die Geschmeidigkeit und der Bewegungsfluss sind dabei besonders wichtig. Es wird das Zusammenspiel von Hüftgelenken, Becken und Wirbelsäule geübt und verfeinert. Dadurch kann ein feineres Gelenkspiel entstehen. Das Bewegungsgefühl für kleine Bewegungen wird geschult, was der Reiter auf dem Pferd braucht, um richtige von falschen Bewegungsabläufen unterscheiden zu können.

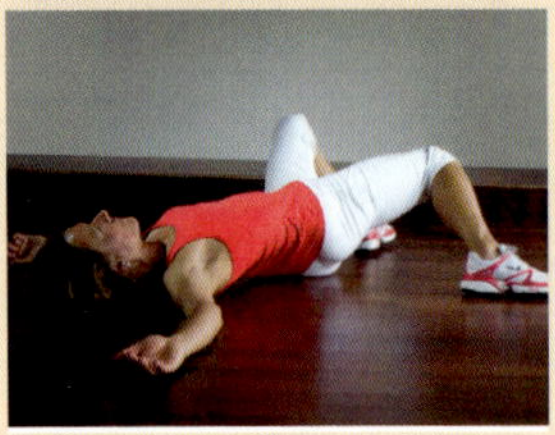

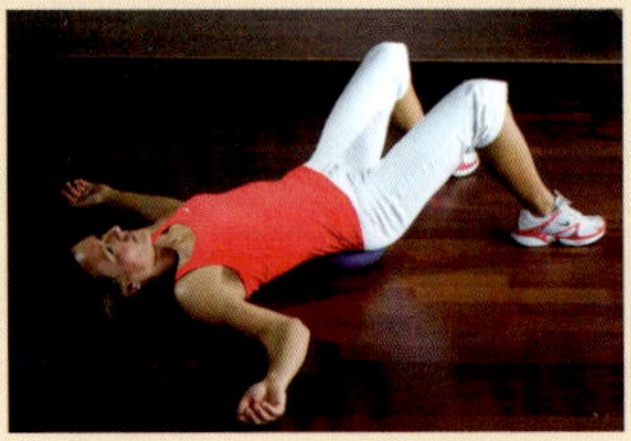

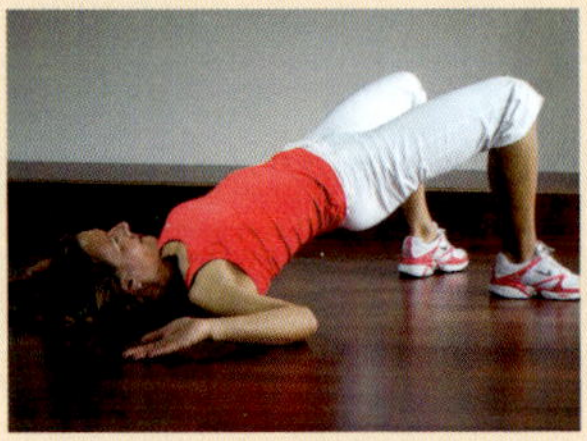

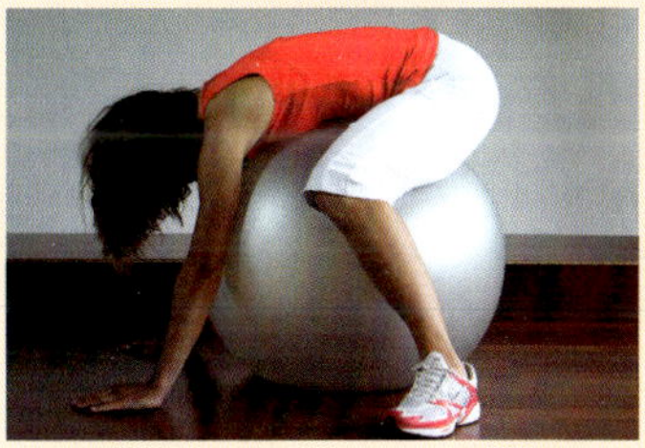
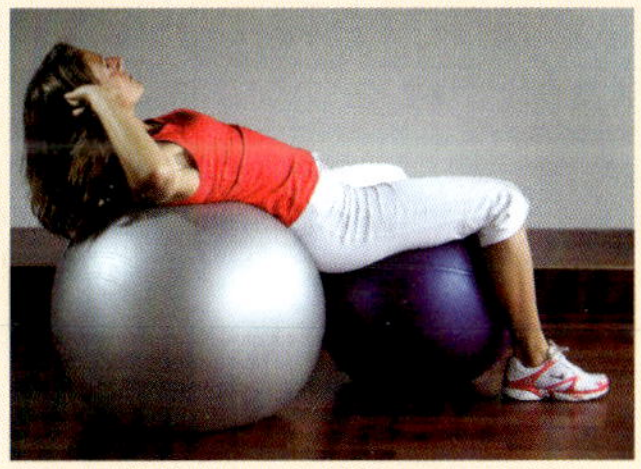
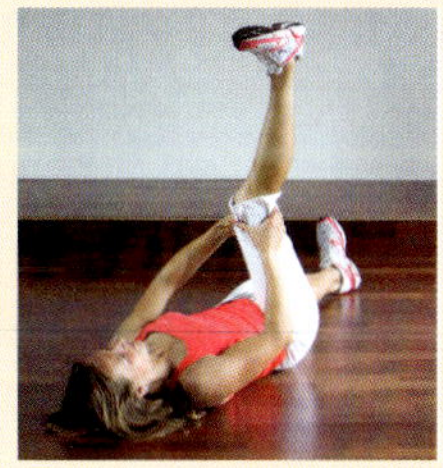

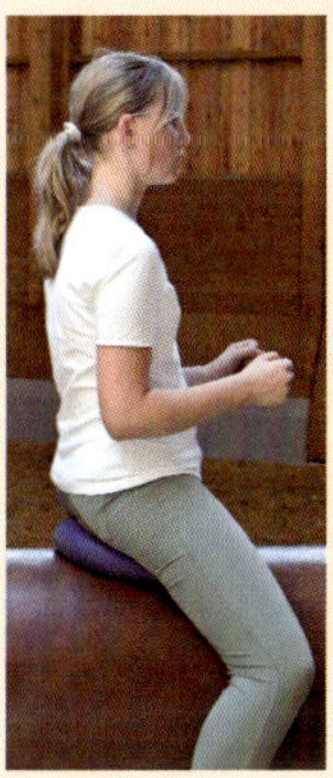
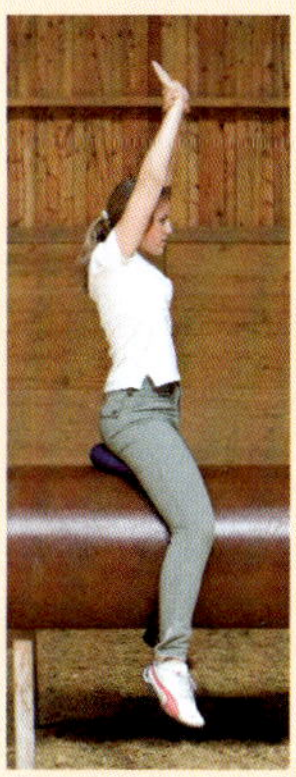
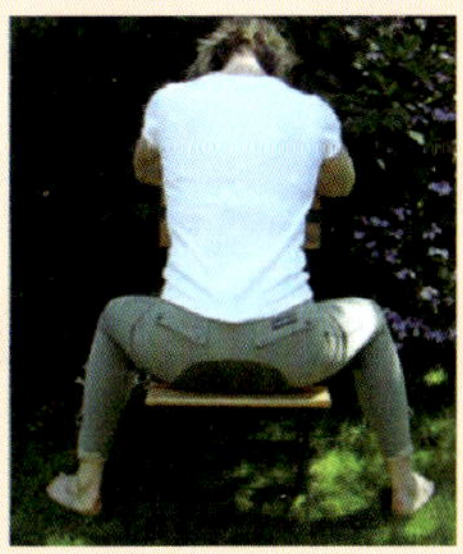

__4.__ Übungen für isolierte Bewegungsabläufe der Wirbelsäule. Die Lendenwirbelsäule muss sich von der Brustwirbelsäule getrennt bewegen können. Üben Sie dies zuerst auf dem Übungsstuhl und im Anschluss daran auf dem Voltigierbock.

__5.__ Übungen für die Wahrnehmung der Senkrechten: Schulen Sie Ihr Gefühl für die Senkrechte mit der Übung »Der schiefe Turm von Pisa« auf dem Übungsstuhl und auf dem Voltigierbock. Achten Sie auf dem Voltigierbock besonders darauf, dass Ihre Beine locker an ihm anliegen und Sie den Druck mit der Oberschenkelinnenseite nicht erhöhen. Üben Sie das tiefe Einsitzen in der Senkrechten auf dem Übungsstuhl und auf dem Voltigierbock.

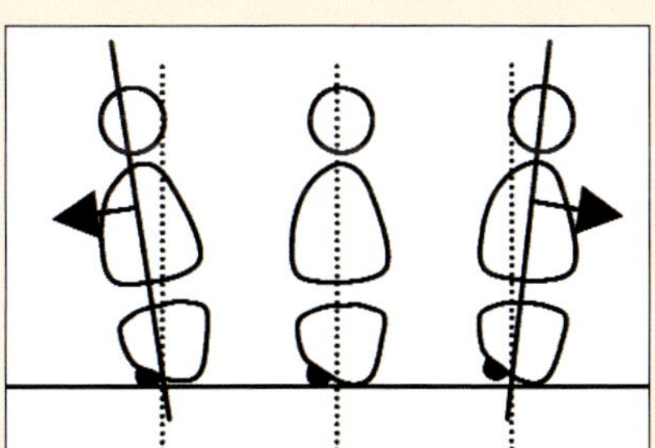
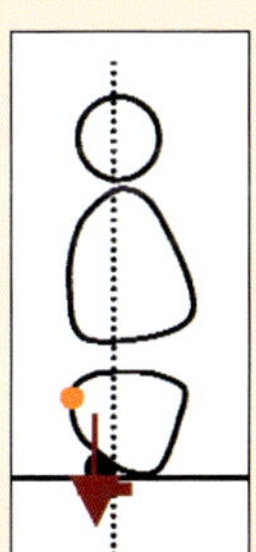

Bei dem Beweglichkeitstest fällt weiter auf, dass der Reiter insgesamt eine hohe Muskelspannung hat. Große Bewegungen kann er leichter ausführen als kleine und feine.

Die Hüftgelenke sind auffallend fest, ein Bewegungsspiel in seinem Becken ist kaum möglich. Zunächst muss die Beweglichkeit in den Gelenken erarbeitet werden. Die Beckenbeweglichkeit ist eine Kombination aus Hüftgelenks- und Wirbelsäulenbewegungen. Für den mitschwingenden Sitz ist eine hohe Geschmeidigkeit von Hüftgelenken und Wirbelsäule erforderlich. Eine zu hohe Muskelspannung, wie wir sie bei diesem Reiter sehen, verhindert dieses feine Bewegungsspiel in den Hüftgelenken und in der Wirbelsäule. Anschließend ist es sinnvoll, an der Geschmeidigkeit der Bewegungsabläufe im Becken und der Wirbelsäule zu arbeiten, um die hohe Muskelspannung herabzusetzen. Es werden dann die isolierten Bewegungsabläufe in der Wirbelsäule eingeübt. Hier soll der Reiter lernen, wie er das Becken vom Brustkorb getrennt bewegen kann. Zuletzt kann dann an der Wahrnehmung für die Senkrechte gearbeitet werde. Hierfür müssen das Bewegungsgefühl auf dem Pferd für die Senkrechte, das tiefe Einsitzen und die Durchlässigkeit der Beine nach unten geschult werden.

An diesem Beispiel zeigt sich deutlich, wie wenig die Anweisung »setz Dich aufrecht hin, geh nicht in Rücklage!« vom Reiter umgesetzt werden kann, da die zugrunde liegenden Fehler die gesamte Statik des Reiters betreffen.

Differenziertes Erspüren von falschen und richtigen Bewegungsabläufen

Wann spüre ich das Falsche?

- Ihr Becken kann nicht schwingen.
- Sie haben kein Gefühl für die Senkrechte.
- Der Druck der Oberschenkel am Sattelblatt nimmt beim Durchparieren zu.
- Die Beine rutschen beim Durchparieren nach vorne.
- Beim Durchparieren werden Ihre Arme starr, Sie hängen am Zügel.

Wann spüre ich das Richtige?

- Die Hüftgelenke können frei schwingen.
- Die Füße ruhen in den Steigbügeln, senkrecht unter dem Becken.
- Das Bein kann nach unten federn.
- Der Druck an der Oberschenkelinnenseite erhöht sich beim Durchparieren nicht.
- Gefühl für die Senkrechte.

Tipps für die Reitstunde

- Immer wieder die Übung: Panieren im Sattel (siehe S. 188). Damit lösen Sie das Becken.
- Im Wechsel: Leichter Sitz, Aussitzen

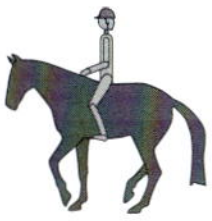

Übungen zur Problemlösung: Hilfestellung auf dem Pferd

1. *Übungen an der Longe für das Gefühl für die Senkrechte: Verbessern Sie Ihre Körperwahrnehmung, indem Sie mit geschlossenen Augen reiten. Wechseln Sie zwischen der Rücklage und dem senkrechten Sitz. Schieben Sie die Füße bewusst nach vorne und finden Sie wieder die Senkrechte unter dem Becken. Machen Sie den »schiefen Turm von Pisa« auf dem Pferd.*

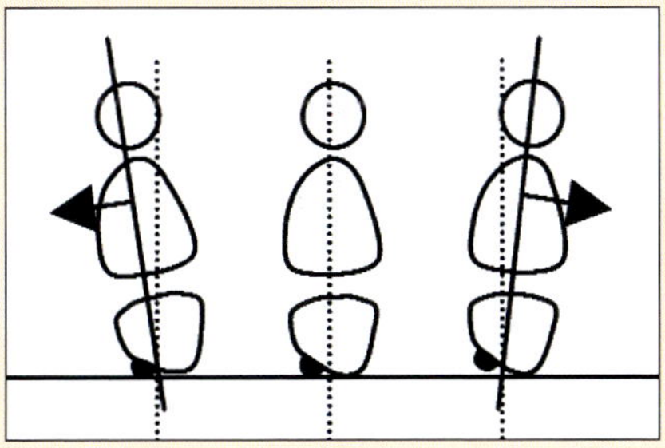

2. *Wechseln Sie zwischen dem leichten Sitz und dem aufrechten Sitz.*

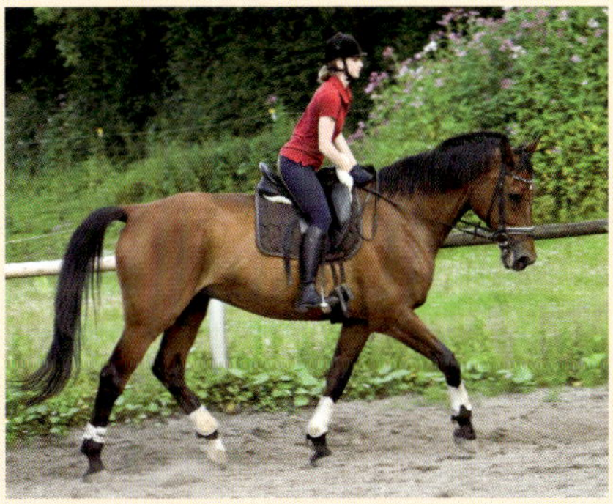

3. *Stellen Sie sich beim Reiten in die Steigbügel und federn Sie in den Gelenken.*

2. Die Wirbelsäule kann nicht schwingen

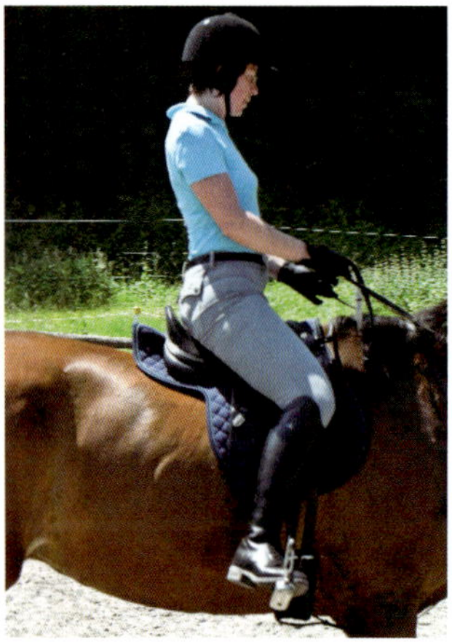

Was sieht man?
Rundrücken, Schultern hängen nach vorne, Kopfwackeln vor und zurück

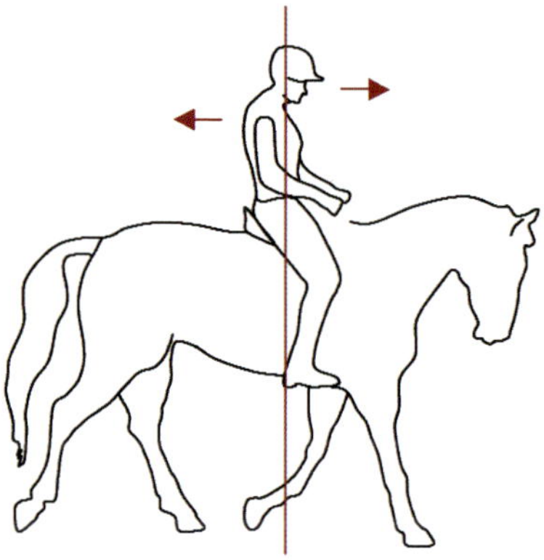

Was sagt der Reiter?
»Mein Schultergürtel ist verspannt, mir tut beim Reiten der Nacken weh.«
»Mein Sitz ist unruhig.«

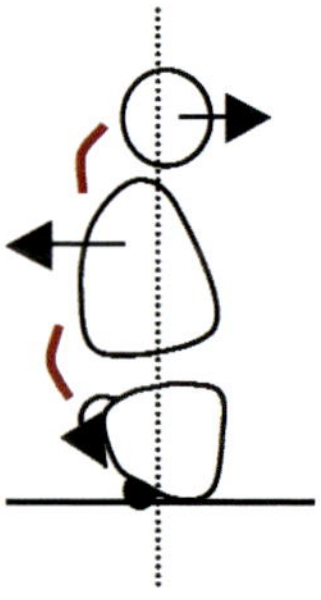

Hier verlässt die Reiterin die Senkrechte. Sie verschiebt ihre Körperabschnitte aus dem Lot nach vorne und hinten. Dies geschieht beim Reiten häufig dann, wenn die Wirbelsäule in sich nicht genug schwingen kann. Das kann zwei Ursachen haben: Entweder ist die Wirbelsäule nicht in der Lage, die Bewegung von unten gleichmäßig nach oben weiterlaufen zu lassen, da einzelne Wirbelsäulenabschnitte unbeweglich sind.

Oder aber das Schwingen der Wirbelsäule ist durch ein blockiertes Becken unmöglich geworden. Dann muss zunächst die genaue Ursache gefunden werden. Über eine Beweglichkeitsprüfung können Sie feststellen, ob Ihre Wirbelsäule in sich beweglich ist und ob die Hüftgelenke in der Bewegung elastisch mitschwingen können. Weist nun die Beweglichkeit in den einzelnen Gelenken keine großen Einschränkungen auf, ist die Ursache für die Instabilität im Bewegungsablauf zu suchen.

Bewegungsanalyse

Die Gelenkbeweglichkeit ist nicht gegeben, die Reiterin kann den stabilen Sitz nicht finden. Sie kämpft vermehrt mit ihrem Gleichgewicht und versucht, die mangelnde Sicherheit mit erhöhter Spannung auszugleichen. Dabei geht die Durchlässigkeit im Bereich von Wirbelsäule und Becken verloren. Auch ein falsch verstandenes Treiben mit erhöhter Dauerspannung in den Beinen lässt das Becken nicht mehr frei schwingen. Die Beine werden am Pferd fixiert und die Wirbelsäule schützt sich vor den Stößen von unten. Diese Hilfsmechanismen können äußerst unscheinbar stattfinden. So versuchen Sie vielleicht mit viel Mühe, den Kopf weniger weit nach vorne zu verschieben, und denken dabei nicht an Ihr festgestelltes Becken. Besonders dann, wenn Sie beim Reiten Schmerzen im Nacken bekommen, ist es scheinbar unlogisch, die Ursache dafür im Bereich des Beckens zu suchen.

Kann der Reiter die Pferdebewegungen in der Wirbelsäule nicht abfedern, führt dies besonders im ausgesessenen Trab zu fehlerhaften Ausgleichsbewegungen, da er sonst hart auf dem Pferd geworfen wird. Dies können wir bei unserer Reiterin beobachten. Um nicht zu stark auf dem Pferd geworfen zu werden, muss sie ihr Gewicht aus der Senkrechten verschieben. Sichtbar wird für den Beobachter dann ein starkes Schwingen der Wirbelsäule, wobei der Brustkorb nach hinten verschoben wird. Der Kopf wird zum Ausgleich nach vorne genommen. Das Becken schiebt auf dem Sattel nach vorne, kann aber in seiner Verbindung zur Wirbelsäule nicht schwingen. Dies ist häufig kaum sichtbar, da der Reiter auf seinem Gesäßmuskel hin und her rutscht.

Wundreiten im Schritt ist ein Zeichen für ein Schieben statt eines Kippens bzw. Schwingens des Beckens. Den Bewegungsauftrag: »Richte Dich mehr auf, schwing nicht so viel im Oberkörper«, kann der Reiter nur schwer umsetzen. Durch eine Aufrichtung wird er wieder »senkrechter« von den Pferdebewegungen getroffen, die er nicht abfedern kann. Er wird somit auf dem Sattel von unten gestoßen.

Zunächst ist es sinnvoll, erst an der Beweglichkeit der Wirbelsäule und der Hüftgelenke zu arbeiten. Anschließend muss Uta dann diese Erfahrungen im selbstständigen Reiten integrieren. Dabei ist auf die Ausgewogenheit von Krafteinsatz und Bewegungsfluss zu achten. Bei einer Unsicherheit durch Gleichgewichtsprobleme wird der Bewegungsfluss durch einen festgehaltenen Sitz gestört oder verhindert. Ebenso wird der mitschwingende Sitz durch zu viel andauernden Krafteinsatz beim Treiben unmöglich.

Sobald der Reiter seine Geschmeidigkeit und Losgelassenheit durch zu viel Krafteinsatz verliert, ist es hilfreich, das Bewegungsgefühl an der Longe erneut aufzufrischen.

Übungen zur Problemlösung: Bewegungsschulung am Boden

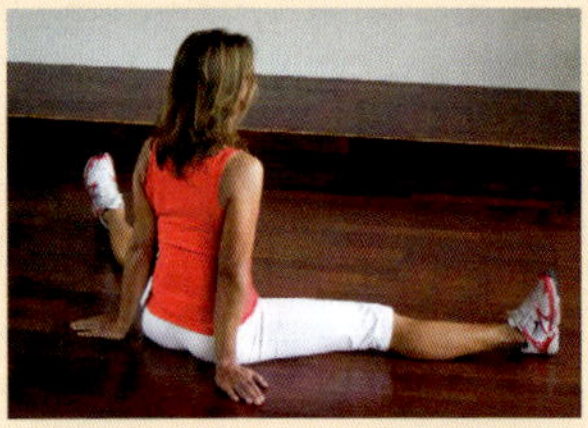

1. Verringern Sie die Spannung der Adduktoren ...

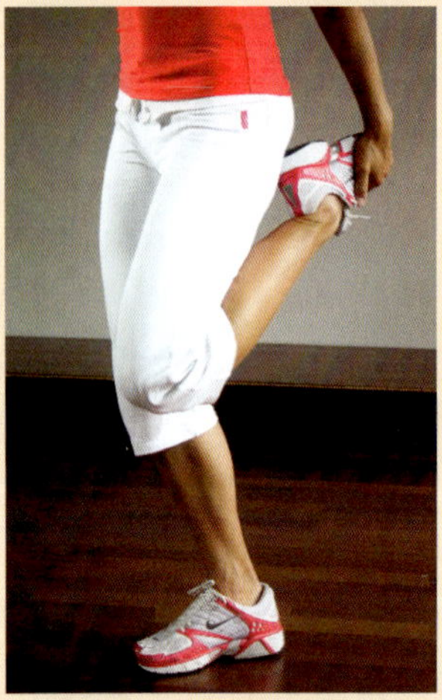

*... und der Beugemuskulatur durch **Muskeldehnübungen** (Bilder links).*

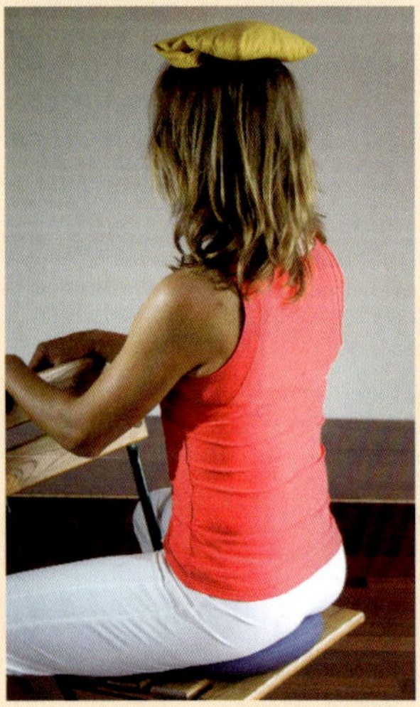

***2. Übung für die Beweglichkeit und Geschmeidigkeit der Wirbelsäule:** Sie sitzen auf einem Ballkissen (Bild unten links). Ein Sandsäckchen auf dem Scheitel gibt Ihnen den Bezug zur Senkrechten. Sie tragen das Säckchen, wie eine afrikanische Wasserträgerin ihren gefüllten Krug auf dem Scheitel balanciert. Ihre Bewegungsaufmerksamkeit sollte an der Kontaktfläche zum Ballkissen sein. Der Bewegungsimpuls findet im untersten Beckenabschnitt statt, so dass die Lendenwirbelsäule nur auf die Bewegung von unten reagiert. Kreisen Sie Ihr Becken, kippen Sie es nach vorne und hinten und tragen Sie dabei das Säckchen sicher auf dem Scheitel. Sie können versuchen, die Bewegung auf Ihrem Ballkissen so groß werden zu lassen, dass sie bis in die Brustwirbelsäule weiterläuft. Mit dieser Übung mobilisieren Sie die Wirbelsäule bei stabilisierter Halswirbelsäule. Dies ist der Bewegungsablauf, den Sie auf dem Pferd benötigen. Die Wirbelsäule wird vom Becken aus nach oben bewegt, wobei der Kopf eine weitgehend stabile Position beibehält.*

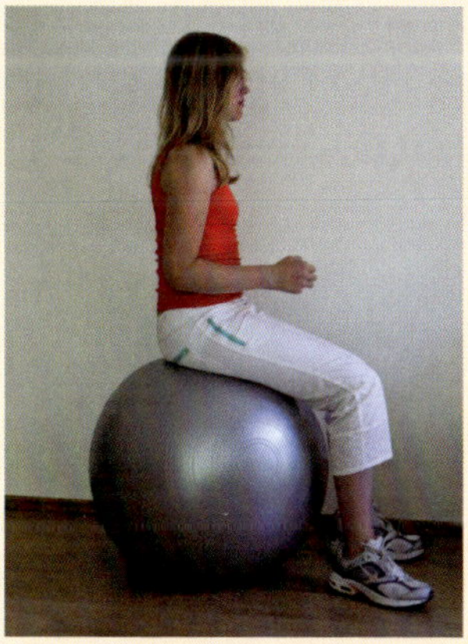

3. Übung für die Durchlässigkeit:

Üben Sie das Aussitzen auf einem Gymnastikball. Federn Sie auf und ab und üben Sie damit die Geschmeidigkeit der Wirbelsäule.

Üben Sie die Beweglichkeit von Becken und Lendenwirbelsäule. Ersetzen Sie Ihren Bürostuhl durch einen Gymnastikball und ein Ballkissen.

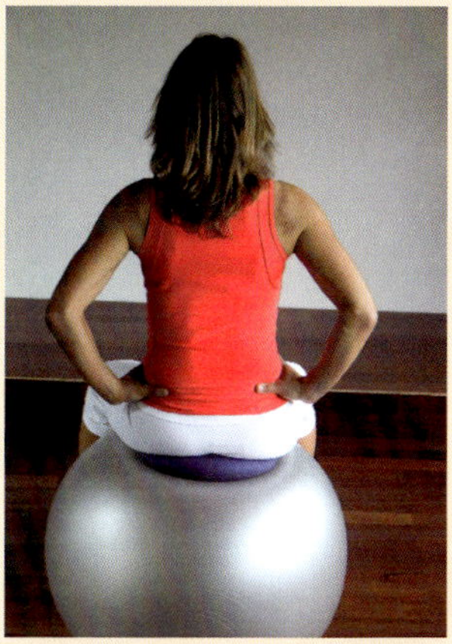

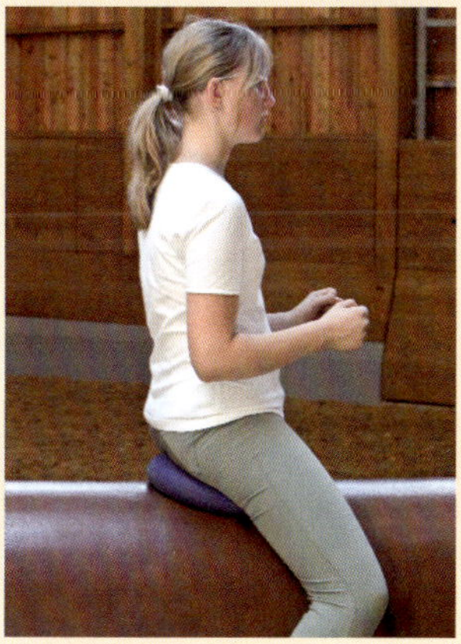

4. Trennen der Bewegung von Becken und Beinen:

Setzen Sie sich dafür auf einen Voltigierbock. Schieben Sie sich ein Ballkissen unter Ihr Becken. Üben Sie die Beckenbeweglichkeit bei weich anliegenden Beinen. Bewegen Sie Ihr Becken mit Hilfe des Ballkissens. Der Druck mit den Beinen gegen den Voltigierbockerhöht sich nicht, das Gesäß bleibt entspannt.

Ein Helfer kann seine Hand zwischen Knie und Voltigierbock schieben. Dadurch spüren Sie besser, wann Sie den Druck mit den Beinen nach innen erhöhen.

Übungen zur Problemlösung: Bewegungsschulung auf dem Pferd

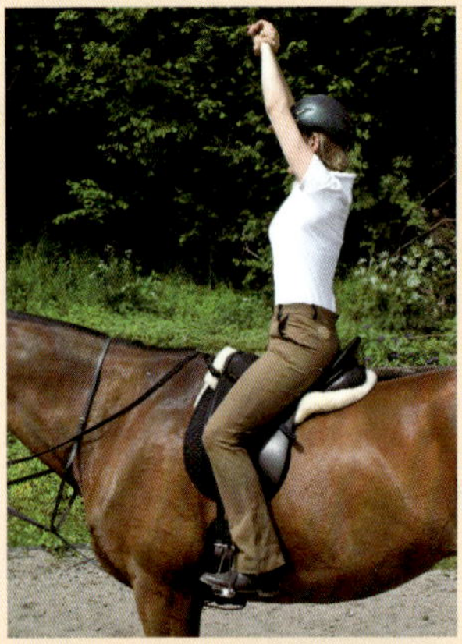

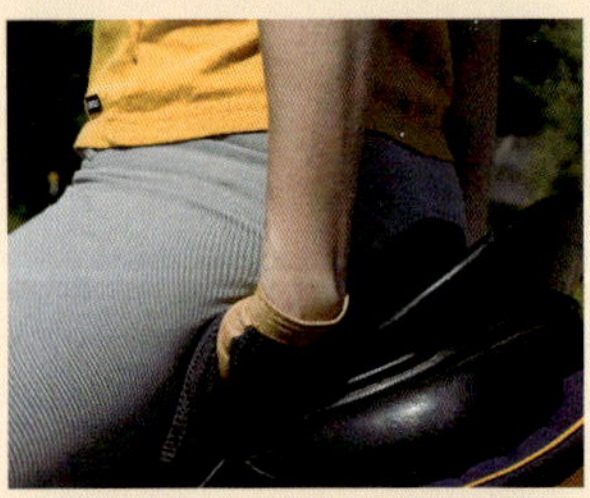

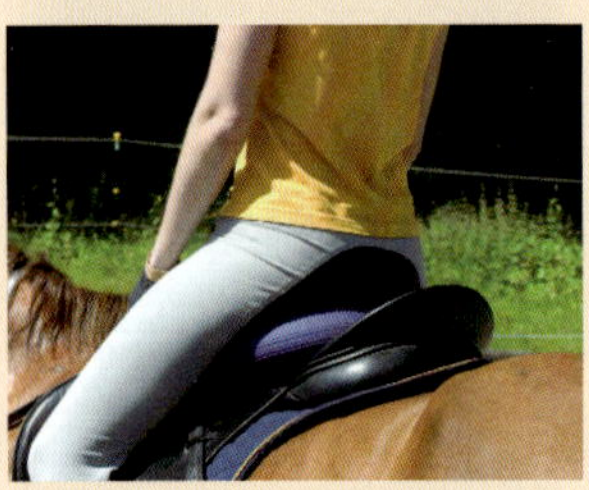

*1. Üben Sie die **Beckenbeweglichkeit** auf dem Pferd bei gleichzeitiger **Aufrichtung des Brustkorbes**.*

*2. Bringen Sie die **Sitzbeinhöcker** in Ihre Wahrnehmung.*

*3. Der **Motor der Bewegung** ist unten. Über das Ballkissen spüren Sie sehr deutlich, wie sich die Bewegungen von unten in Ihren Körper fortsetzen. Siehe dazu auch S.60.*

*4. Üben Sie den Sitz mit **weich anliegenden Beinen**. Die Hand zwischen Oberschenkelinnenseite und Sattelblatt lässt Sie spüren, wenn der Druck dort zu stark wird.*

*5. Beim Einsitzen muss das Bein nach unten durchlässig sein, damit Sie sich mittig in den Sattel setzen können. **Probieren Sie den Unterschied:** Sobald die Beine am Sattelblatt fixiert sind, setzen Sie sich zu weit hinten in den Sattel.*

6. Panieren im Sattel. Erklärung dazu auf Seite 188.

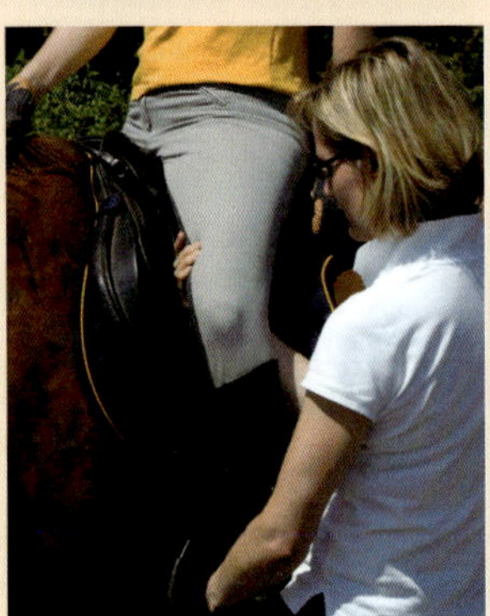

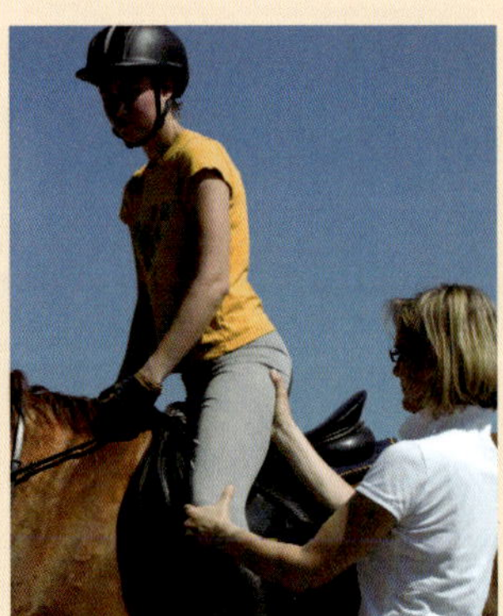

Differenziertes Erspüren von falschen und richtigen Bewegungsabläufen

Wann spüre ich das Falsche?

- Ihr Becken kann nicht schwingen.
- Sie verlieren einen Steigbügel.
- Die Bewegungsaufmerksamkeit ist nicht am Sitz.
- Der Druck der Oberschenkel am Sattelblatt nimmt zu.
- Unruhiges Schwingen im Oberkörper.

Wann spüre ich das Richtige?

- Die Hüftgelenke sind frei schwingend, so dass der Übergang vom Schambein zur Oberschenkelinnenseite anliegen kann.
- Die Füße ruhen in den Steigbügeln, die Fußsohle und die Zehen sind entspannt.
- Das Bein kann im Knie nach unten federn.

Tipps für die Reitstunde

- Immer wieder die Übung: Panieren im Sattel (siehe S. 25). Damit lösen Sie das Becken.
- Im Wechsel: Leichter Sitz, Aussitzen
- Achten Sie darauf, dass Ihre Oberschenkel locker anliegen.
- Reiten Sie mit möglichst wenig Krafteinsatz.

3. Reiter im Stuhlsitz

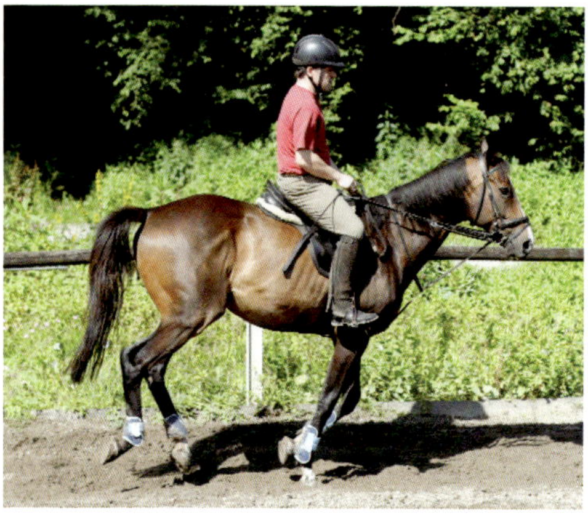

Was sieht man?
Reiter sitzt im Stuhlsitz; Oberkörper ist eingesunken; Schultern hängen nach vorne

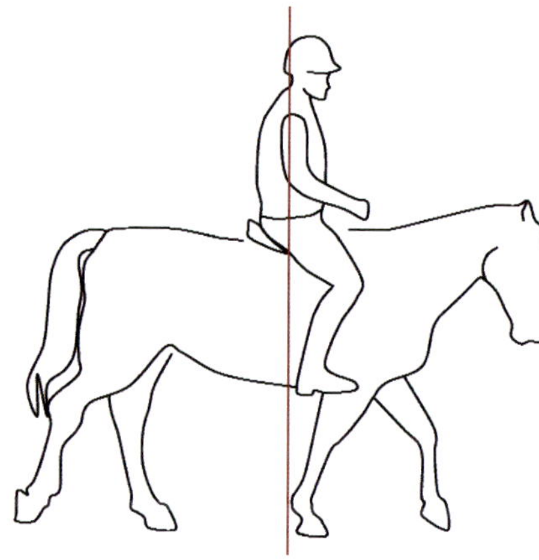

Was sagt der Reiter?
»Mein Pferd geht nicht vorwärts.«

Dieser Reiter sitzt in sich zusammengesunken mit nach hinten gekipptem Becken. Die Brustwirbelsäule ist verstärkt nach hinten gekrümmt, so dass die Schultern ausgleichend nach vorne verschoben sind. Der Reiter hat die Beine zu weit vorne.

Mögliche Ursachen:

- Deutliche Bewegungseinschränkungen der Hüftgelenke (Dehnfähigkeit der inneren Oberschenkelmuskulatur, Streckfähigkeit und Bewegungsspiel in der Beugung).
- Bewegungseinschränkung in der Wirbelsäule.
- Stuhlsitz als Folge von Gleichgewichtsproblemen.
- Beine klemmen am Sattelblatt. Beine werden hochgezogen, da mitschwingender Sitz nicht möglich ist.
- Aufrechter Sitz aufgrund einer Muskelschwäche im Oberkörper nicht möglich.
- Blockierung im gesamten Bewegungsfluss durch Treiben mit zu viel Kraft.

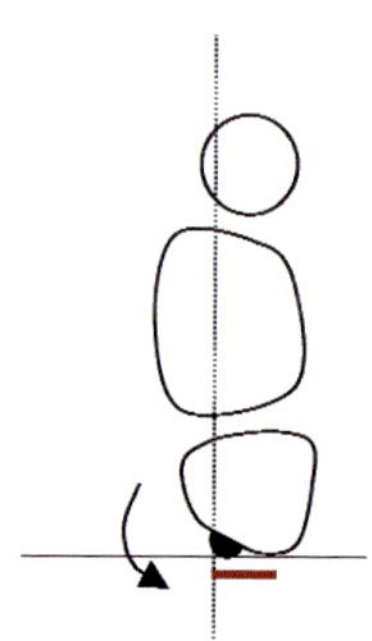

Zusammengesunkene Haltung und gekipptes Becken im Stuhlsitz.

Beim Beweglichkeitstest zeigt der Reiter eine erhöhte Muskelspannung in den Hüftgelenken. Die Beweglichkeit ist jedoch nicht gravierend eingeschränkt. Die Wirbelsäule ist in sich normal beweglich, wobei die Aufrichtung und die Schwingung der Wirbelsäule nach vorne weniger flüssig läuft. Dort sind die kleinen und feinen Bewegungsspiele nicht möglich.

Bei einer eingesunkenen Brustwirbelsäule, wie man sie bei diesem Reiter sehen kann, ist zu erwarten, dass der große Brustmuskel verkürzt ist und die Schulterblätter in ihrer Bewegung wenig gefordert werden. Dies zeigt sich auch bei der Beweglichkeitsprüfung. Der Reiter übt seine berufliche Tätigkeit im Sitzen aus und geht einmal pro Woche zum Reiten. Andere Sportarten betreibt er nicht regelmäßig. Seine normale Sitzhaltung ist wie auf dem Pferd, eingesunken mit nach vorne hängenden Schultern.

Aufgrund des Beweglichkeitstests und den Bewegungsgewohnheiten ist davon auszugehen, dass der Reiter eine muskuläre Schwäche in der Wirbelsäule hat, die ihn immer wieder in der Wirbelsäule zusammensinken lässt. Es ist jedoch noch keine gravierende Bewegungseinschränkung in der Wirbelsäule daraus entstanden. Insgesamt hat er eine hohe Muskelspannung. Die Hüftgelenke sind in ihren Bewegungen wenig geschmeidig. Dies dürfte die Folge seiner sitzenden Tätigkeit ohne Ausgleichssport sein. Wenn er auf dem Pferd sitzt, wäre ihm aufgrund seiner Beweglichkeiten eine aufgerichtete Sitzposition möglich. Der Stuhlsitz resultiert aus einer geringen Muskelaktivität in der Wirbelsäule und seinen Sitzgewohnheiten.

Der Reiter kann sich auf dem Pferd aufrichten, wenn er darauf angesprochen wird. Diese Aufrichtung erreicht er aber nur bewusst; er behält sie sehr kurz bei, wobei er die Lage seiner Beine nicht verändert. Da sie somit weiterhin zu weit vorne liegen, ist die Aufrichtung viel anstrengender, als wenn er sie nach unten rutschen lassen würde. Aufgrund seiner Beweglichkeit in den Hüftgelenken wäre es ihm gut möglich, die Steigbügel etwas zu verlängern. Auf Nachfrage, warum er die Steigbügel so kurz habe, antwortet er, dass er das Reiten so gelernt habe. Er dachte, diese Steigbügellänge sei richtig.

Insgesamt reitet dieser Reiter mit großem Krafteinsatz. Die Unterschenkel üben einen Dauerdruck auf das Pferd aus. Seine Körperhaltung und sein Körpereinsatz wirken jedoch eher verharrend und durch den Stuhlsitz bremsend auf das Pferd. Die Lage seiner Unterschenkel ist zu weit vorne, so dass seine treibenden Hilfen unproduktiv bleiben. Er setzt beim Treiben viel Kraft ein. Dies äußert sich als Dauerspannung des Beins am Pferd. Gleichzeitig versucht er, sein Pferd mit dem Becken vorwärts zu schieben. Bei ihm ist die Ursache in den Bewegungsgewohnheiten und dem untrainierten körperlichen Zustand zu sehen.

Übungen zur Problemlösung: Bewegungsschulung am Boden

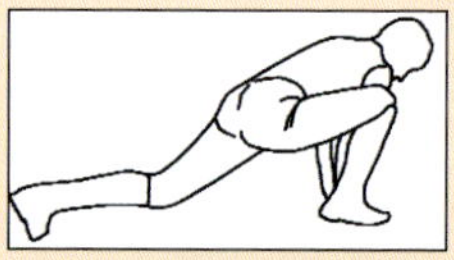

Fördern der Geschmeidigkeit der Bewegungsabläufe:
Dehnen Sie Ihre Hüftgelenke in der Streckung bei gleichzeitiger Beugung im anderen Hüftgelenk.

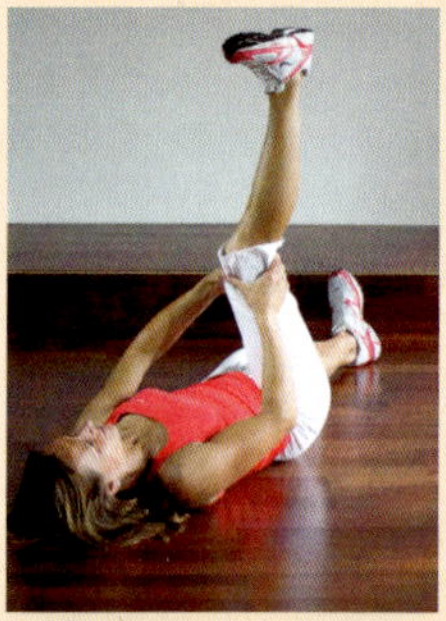

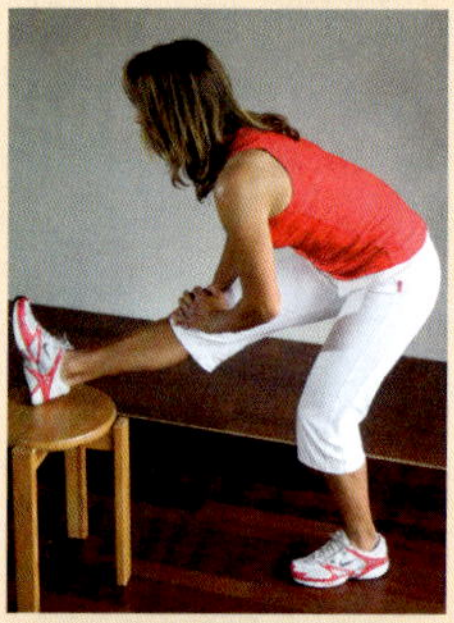

Dehnen Sie die rückwärtige Oberschenkelmuskulatur.

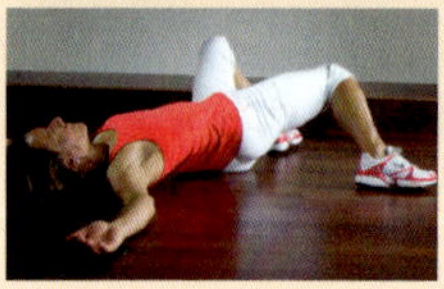

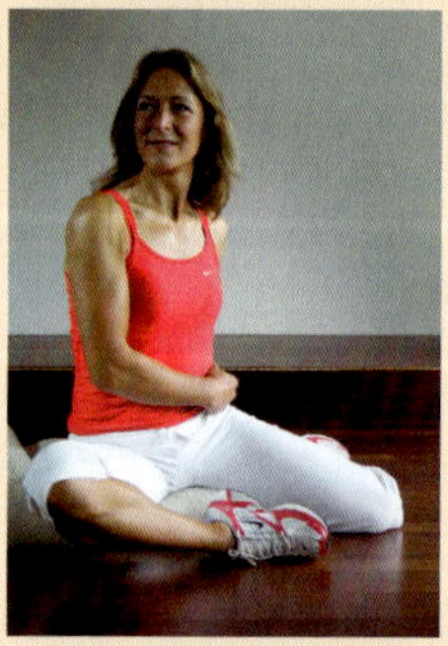

Üben Sie die Geschmeidigkeit der Bewegungsabläufe von Hüftgelenk, Becken und Wirbelsäule.

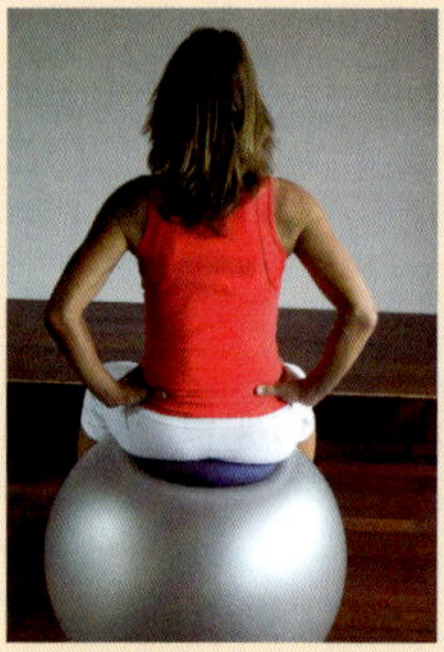

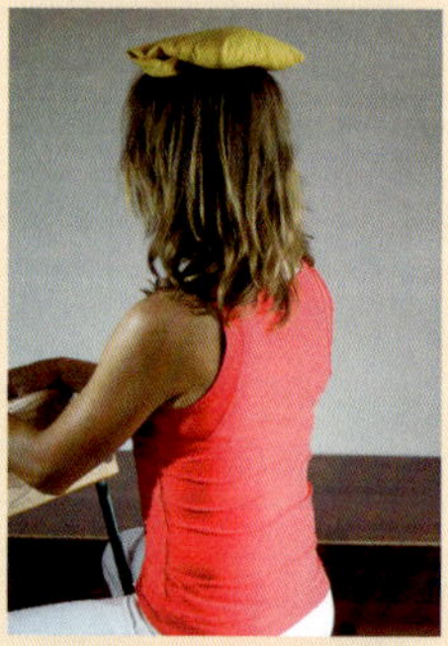

Mobilisieren Sie Ihre Lendenwirbelsäule, indem Sie kleine Bewegungen auf dem Ball machen.

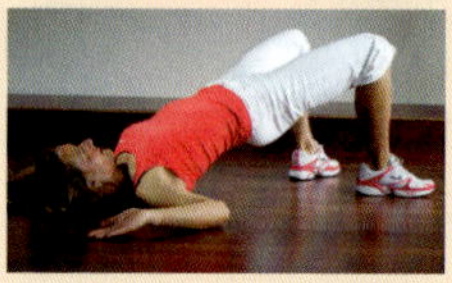

Üben Sie den Bewegungsfluss in der Wirbelsäule.

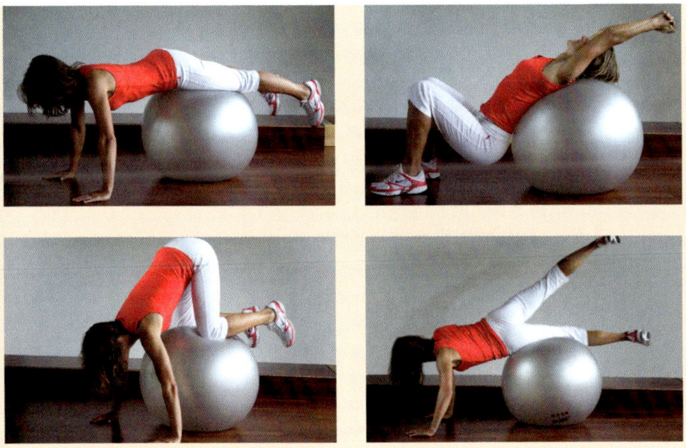

Erarbeiten Sie die Aufrichtung in der Brustwirbelsäule

Fördern Sie die Beweglichkeit und kräftigen Sie die Brustwirbelsäule in der Aufrichtung. Fördern Sie die Aufrichtungsbereitschaft in der gesamten Wirbelsäule.

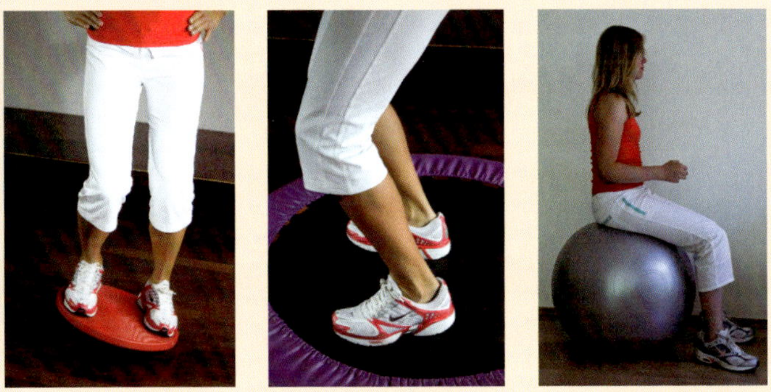

Arbeiten Sie an Ihrer Bewegungsdynamik

Damit aktivieren Sie sich für spontane Bewegungsabläufe.

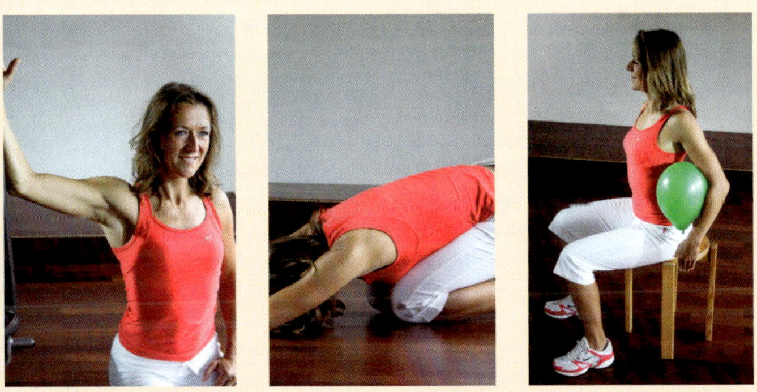

Fördern Sie die Beweglichkeit der Schultern

Dehnen Sie den großen Brustmuskel. Üben Sie die Schulterblattbewegung nach hinten unten …

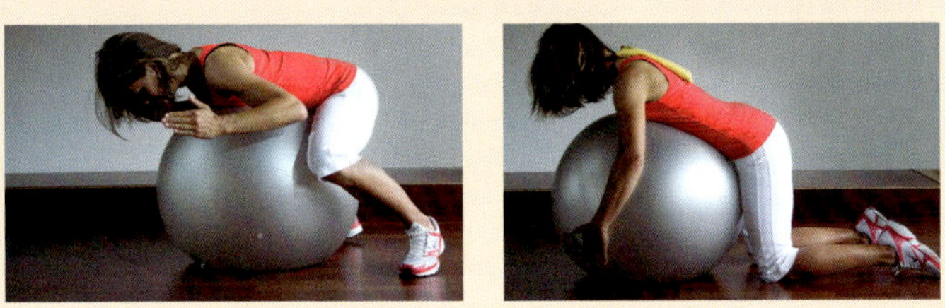

… bei aufgerichteter Brustwirbelsäule.

Übungen zur Problemlösung: Hilfestellung auf dem Pferd

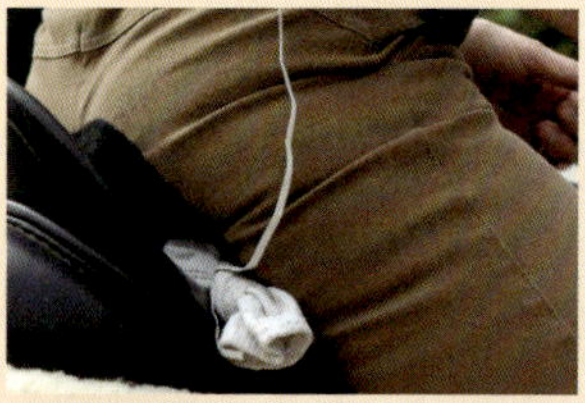

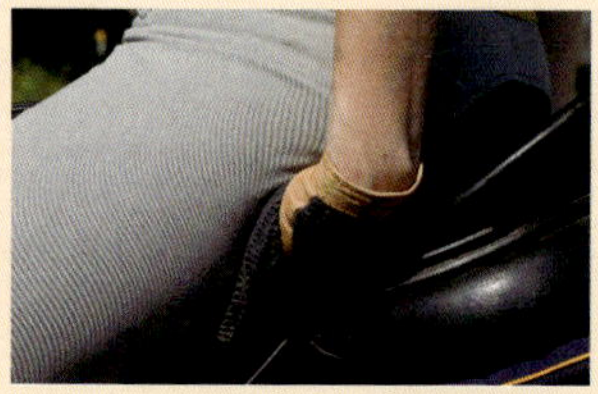

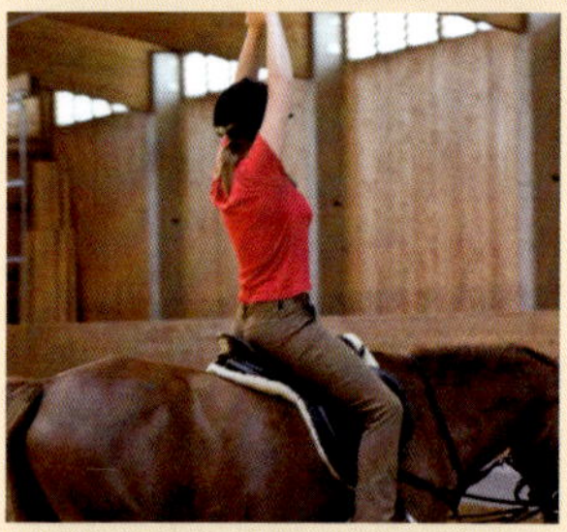

Üben Sie an der Longe das Gefühl für die Sitzbeinhöcker, indem Sie auf einem Tennisball oder einem Handtrainer sitzen oder die Hände unter die Sitzbeinhöcker schieben.

Bei aufgerichteter Brustwirbelsäule kann das Becken frei schwingen.

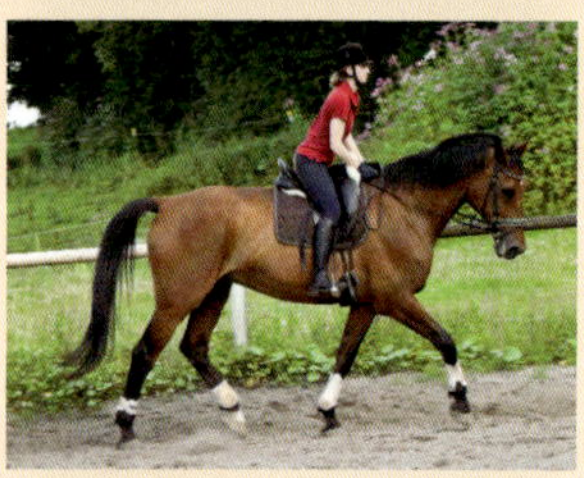

Üben Sie die Durchlässigkeit Ihrer Beine: Lassen Sie im leichten Sitz die Gelenke durchfedern.

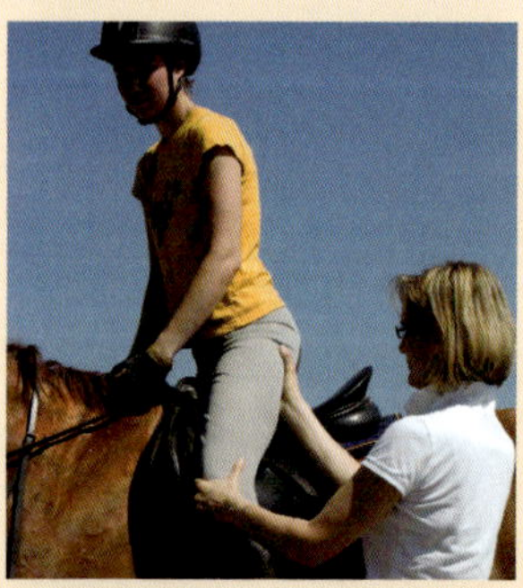

Stellen Sie sich in die Steigbügel und üben Sie das Einsitzen in den Sattel. Dabei rutscht das Gewicht nach unten in Richtung Füße. Das Becken kippt nach hinten unten, wenn die Knie die Bewegung nach unten freigeben.

Reiten Sie nicht mit frei hängenden Beinen. Nutzen Sie die Steigbügel, um Ihre Bein dort abzustellen. Tauschen Sie den Steigbügel mit einem Theraband, damit Sie spüren, wie Ihr Bein nach unten federn kann.

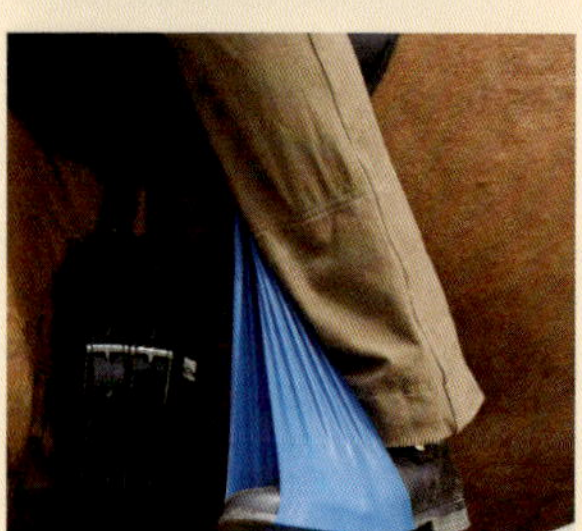

Treiben im leichten Sitz. Hier kann der Reiter nicht mit dem Becken anschieben, sondern muss lernen, wie er seine Unterschenkel effektiv einsetzt.

Differenziertes Erspüren von falschen und richtigen Bewegungsabläufen

Wann spüre ich das Falsche?

- Das Becken bewegt sich kaum.
- Der Druck der Oberschenkel am Sattelblatt ist zu hoch.
- Die Beine rutschen nach vorne.
- Unruhiger Sitz beim Treiben.

Wann spüre ich das Richtige?

- Die Hüftgelenke können frei schwingen.
- Die Füße ruhen in den Steigbügeln, senkrecht unter dem Becken.
- Das Bein kann nach unten federn.
- Ruhiger Sattelkontakt beim Treiben.

Tipps für die Reitstunde

- Ständiger Wechsel vom Entlastungssitz zum leichten Sitz.
- Treiben im leichten Sitz.
- Achten Sie beim Reiten vermehrt auf die Lockerheit im Becken.
- Cavalettiarbeit: um die Reaktionsbereitschaft im Körper zu erhöhen.
- Tempowechsel: Tempo zurückführen und dann deutlich nach vorne reiten.

4. Reiter im Hohlkreuz – Variante 1

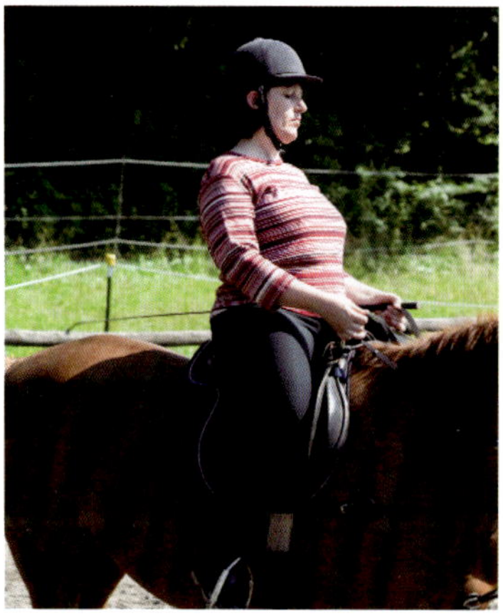

Was sieht man?
Reiterin sitzt im Hohlkreuz – Brustbein überstreckt

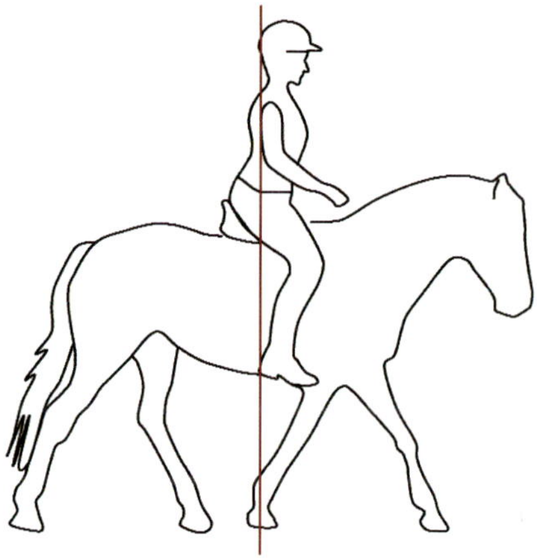

Was sagt der Reiter?
»Aussitzen fällt mir schwer.«

Das Hohlkreuz hat seine stärkste Ausprägung im Übergang der Lendenwirbelsäule zur Brustwirbelsäule. Die Reiterin sitzt zu weit hinten im Sattel und befindet sich in Vorlage. Das Hohlkreuz verstärkt sich in Wendungen.

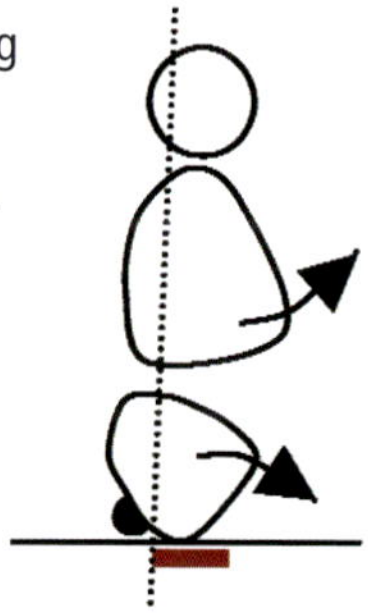

Mögliche Ursachen:

- Deutliche Bewegungseinschränkungen in den Hüftgelenken.
- Spaltsitz als Folge von Gleichgewichtsproblemen.
- Beine klemmen am Sattelblatt.
- Beine werden hochgezogen, da ein mitschwingender Sitz nicht möglich ist.
- Überbeweglichkeit im Übergang der Lendenwirbelsäule zur Brustwirbelsäule.
- Die Reiterin ist mit ihrer Aufmerksamkeit bei ihren Aufgabestellungen, sie ist zu aktiv am Zügel.

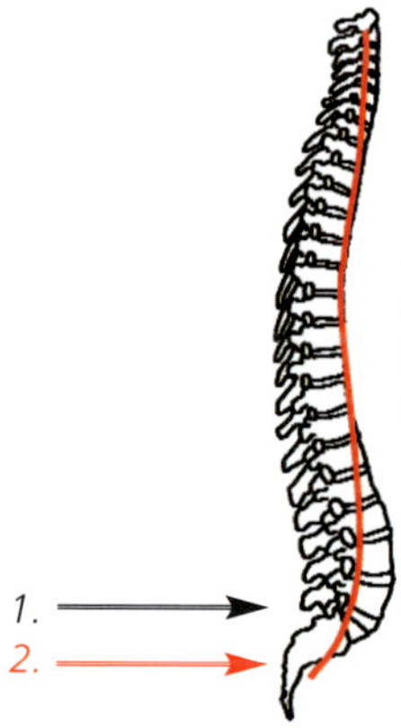

1. Wirbelsäule mit normaler Schwingung.
2. »Hohlkreuz« bei verstärktem Schub der Brustwirbelsäule nach vorne.

Bewegungsanalyse

Weil beim Beweglichkeitstest die Hüftgelenke in der Streckbewegung etwas eingeschränkt sind, ist der Oberschenkelmuskel auf der Beinvorderseite etwas verkürzt. Diese Verkürzung ist jedoch nicht besonders ausgeprägt, so dass sie als Hauptursache für den Sitzfehler nicht in Frage kommt. Die Wirbelsäule ist in sich gut beweglich. Die Reiterin hat eine leichte Überbeweglichkeit am Übergang zwischen Brustkorb und Becken. Bei allen Bewegungsprüfungen der Wirbelsäule, der Hüftgelenke und der Arme fällt auf, dass sie häufig Bewegungen im Rumpf mit einer Aktion im Brustkorb verbindet. Dabei schiebt sie die untere Brustbeinspitze nach vorne oben, die Lendenwirbelsäule wird dadurch mit nach vorne gezogen. Sichtbar wird dies als eine Überaufrichtung in der Wirbelsäule; der flüchtige Betrachter bezeichnet dies auch als Hohlkreuz.

Dieses Bewegungsmuster ist ebenfalls auf dem Pferd zu erkennen. Auch hier schiebt sie häufig die untere Brustbeinspitze nach vorne oben und zieht das Becken nach vorne mit. Dadurch entsteht eine Instabilität des Sitzes, die sie durch eine Vorlage im Oberkörper und vermehrtes Festhalten mit den Oberschenkeln am Sattelblatt ausgleicht. Als Reaktion darauf gerät sie mit dem Gesäß zu weit nach hinten in den Sattel.

Dazu passt die Aussage der Reiterin, dass sie sich am Steißbein häufig wund reitet. Dies geschieht dann, wenn sie das Gewicht in den Sattel bringen will, sich in dieser zurückgesetzten Position mit dem Oberkörper zurücklehnt und dabei hinten den Sattel berührt. Die fest geschlossenen Knie verhindern dabei, dass das Becken schwingen kann und das Reitergewicht tief in den Sattel rutscht.

Wenn sie Kraft beim Treiben einsetzt, vermehrt mit dem Zügel einwirkt oder Probleme in den Wendungen bekommt, wird dieses Bewegungsmuster besonders deutlich. In diesen Situationen geraten die Beine zu weit nach vorne, so dass deren Einwirkungen für das Pferd unklar werden. Somit hat sich ein Teufelskreis entwickelt: Die Reiterin kann mit ihren Körperabschnitten nicht gezielt auf das Pferd einwirken. Sie wird deshalb vermehrt mit der Hand am Zügel tätig und verstärkt ihren Bewegungsimpuls im Brustkorb, wodurch sie mit ihrem Becken noch weniger Kontakt zum Sattel hat. Wenn sich dieses Bewegungsmuster unter erhöhten Anforderungen aufgebaut hat, ist das Aussitzen im Trab nur schwer machbar. Es ist der Reiterin nicht mehr möglich, in ihrer Wirbelsäule auf die Bewegungen des Pferdes geschmeidig zu reagieren. Dies sieht man bei ihr vor allem auf Pferden, die den Reiter im Trab stark werfen.

Bei dieser Reiterin ist die Ursache im Bewegungsablauf und in ihren Bewegungsgewohnheiten zu suchen. Zuerst erarbeiten wir mit ihr den Weg zu einem besseren Sitz über eine Korrektur ihrer Bewegungsmuster. Die Übungsvorschläge für die Probleme im Aussitzen finden Sie im Kapitel »Die Durchlässigkeit des Reiters«.

Übungen zur Problemlösung: Bewegungsschulung am Boden

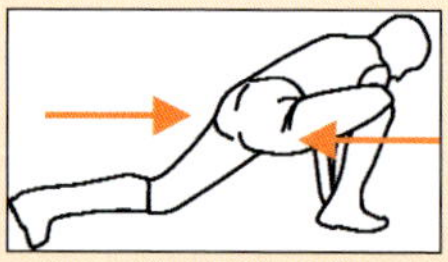

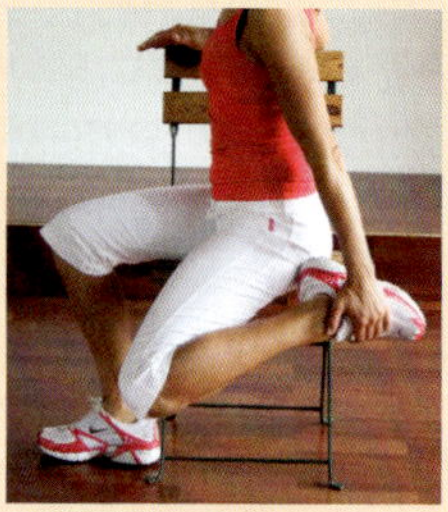

Fördern der Beweglichkeit in den Hüftgelenken
Dehnen Sie Ihre Hüftgelenke in der Streckung. Die Ausweichbewegungen werden bei den ausgewählten Übungen durch die Ausgangsstellung weitgehend verhindert.

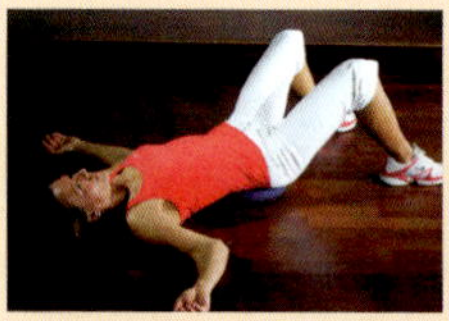

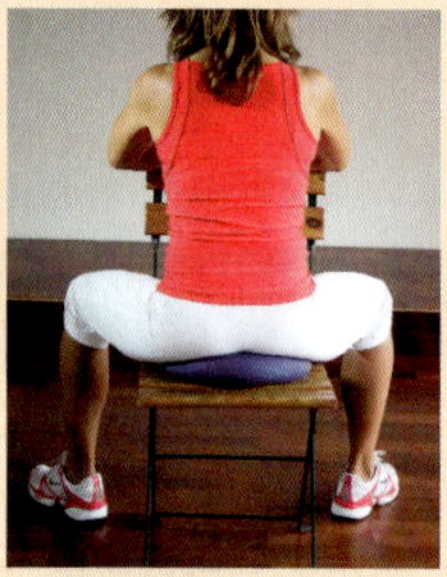

Fördern der feinen Bewegungen in der Wirbelsäule
Hier arbeiten Sie nur an einem feinen Gelenkspiel. Achten Sie darauf, dass die Bewegungen gleichmäßig durch die Wirbelsäule laufen und vom Becken eingeleitet werden.

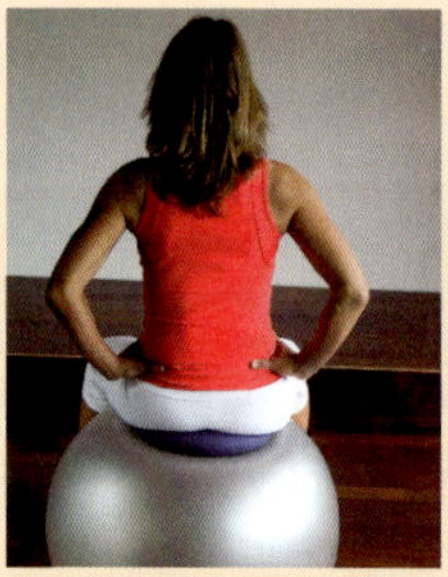

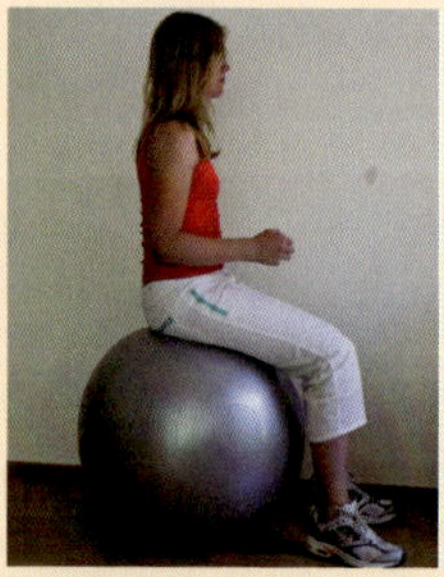

*Üben Sie **kleine Bewegungen des Beckens** auf dem Ball.*
Die Aufmerksamkeit gilt dabei dem untersten Teil des Beckens.

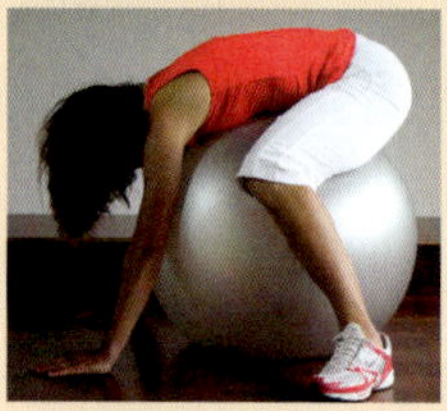

Dehnung und Entspannungsübung der Wirbelsäulenmuskulatur
Mit diesen Dehn- und Entspannungsübungen entlasten Sie die Wirbelsäule. Atmen Sie dabei in Ihrer Vorstellung an der Wirbelsäule entlang nach unten tief ins Becken hinein.

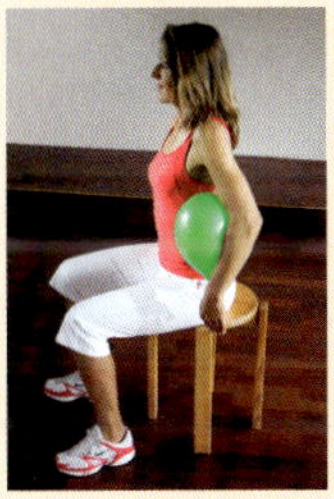
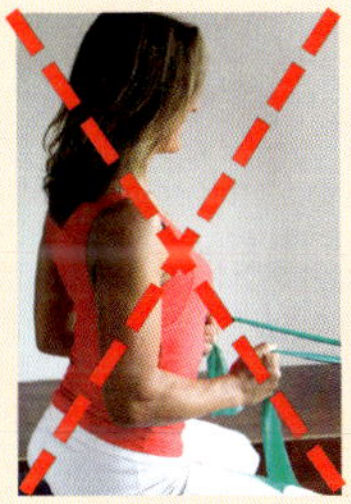
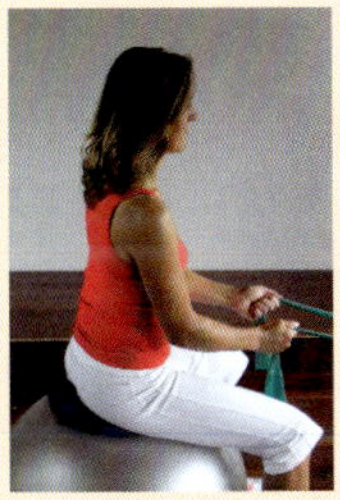

Beweglichkeit der Arme bei stabiler Brustwirbelsäule

Wenn Sie die Beweglichkeit der Arme üben, sollten Sie sich auf den Kontakt mit dem Becken zur Unterlage konzentrieren. Sie bleiben dabei mit beiden Sitzbeinknochen auf der Unterlage. Ihre Brustwirbelsäule bleibt unbewegt. Gleichzeitig kann Ihre Atmung ungehindert bis tief ins Becken hineinströmen.

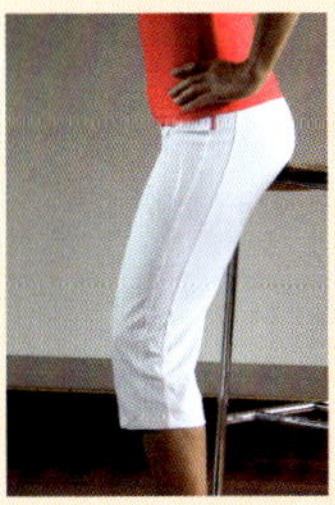
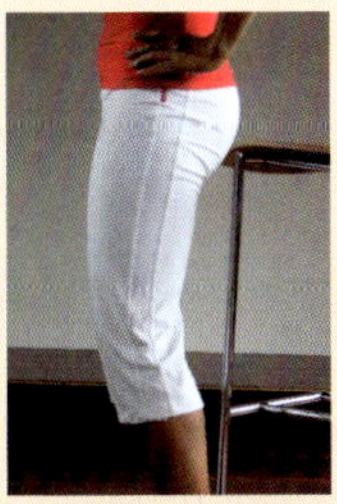

Üben Sie den Bewegungsimpuls für das Leichttraben

Das Becken führt die Bewegung an und schwingt im Hüftgelenk nach vorne.

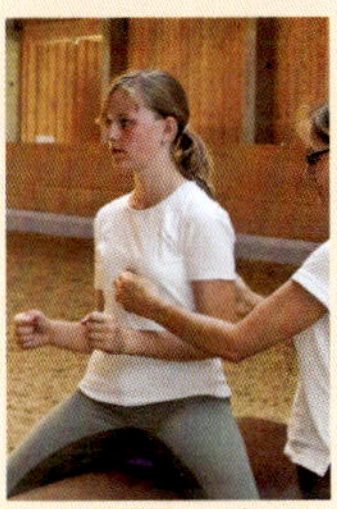

Bewegungsablauf auf dem Voltigierbock

Ein Helfer zeigt Ihnen mit den Händen, wo Sie die Bewegungen im Brustkorb anführen. Wenn Sie nun die Lendenwirbelsäule von unten bewegen, helfen Ihnen die Hände, am Übergang zur Brustwirbelsäule stabiler zu bleiben.

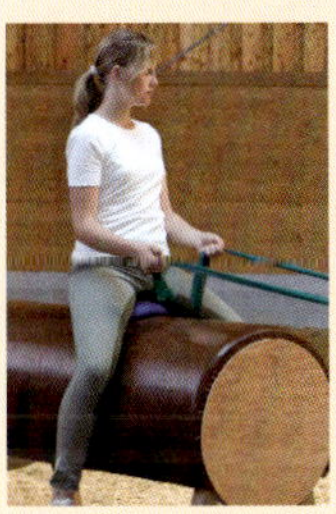
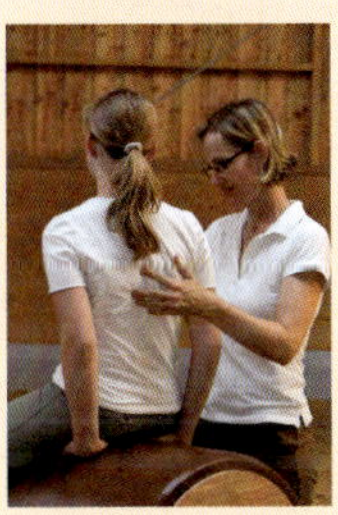

Üben Sie die Beweglichkeit im Becken auch mit Gummizügeln in der Hand (Bild links).

Bei der Drehung zwischen Brustkorb und Lendenwirbelsäule drehen Sie den Brustkorb, ohne gleichzeitig die Brustbeinspitze nach vorne oben zu schieben (Bild rechts).

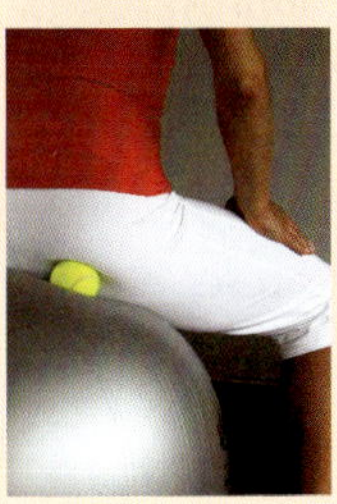

Verbessern Sie Ihr Sitzgefühl

Der Tennisball lässt Ihre Aufmerksamkeit für die Sitzbeinhöcker deutlicher werden. Sie können besser wahrnehmen, ob der Bewegungsimpuls auch wirklich von dort kommt.

Übungen zur Problemlösung: Hilfestellung auf dem Pferd

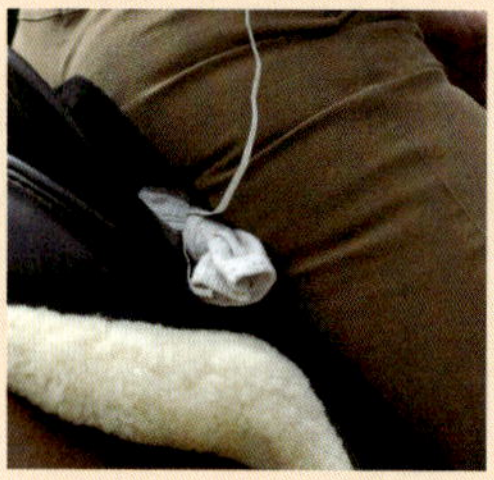

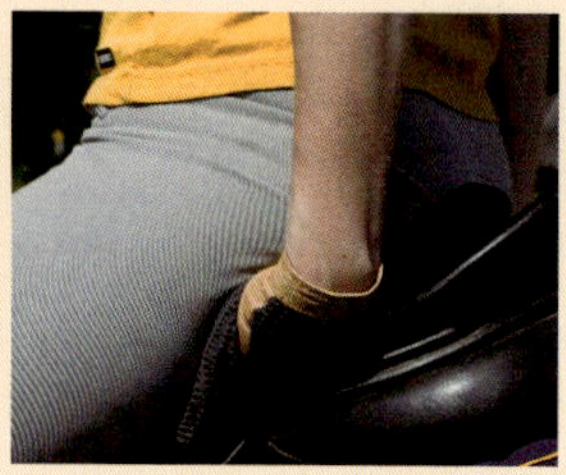

Üben Sie an der Longe das Gefühl für die Sitzbeinhöcker, indem Sie auf einem Tennisball oder einem Handtrainer sitzen, oder die Hände unter die Sitzbeinhöcker schieben.

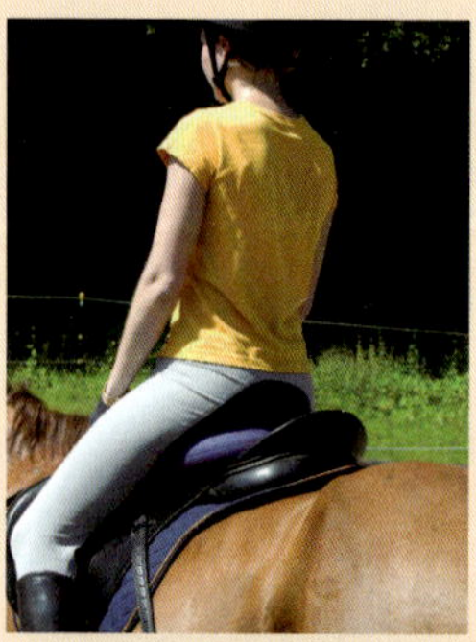

*Intensivieren Sie das Gefühl für den Kontakt im Sattel mit der **Panierübung.** (siehe »Übungen: ... beim Schrittreiten« im Kapitel »Der richtige Sitz«) Verbessern Sie Ihre Losgelassenheit im Becken: Verwenden Sie das Ballkissen. **Versuchen Sie, darüber die Spannung in der Wirbelsäule und in den Hüftgelenken herabzusetzen.** Lassen Sie die Bewegungen des Pferdes in Ihrem Becken ankommen. Denken Sie daran: »Der Motor ist unten.«*

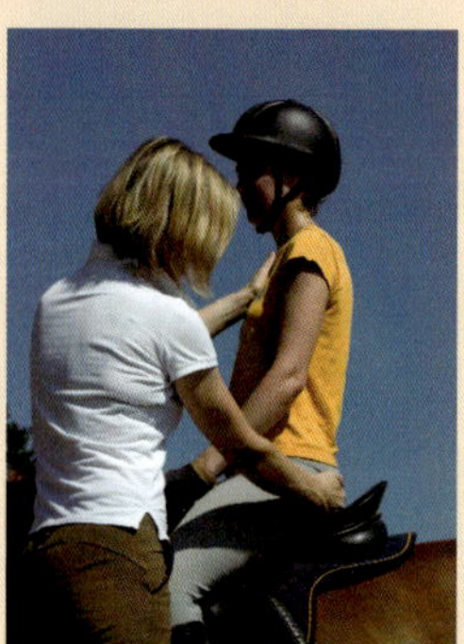

***Üben Sie die Drehung zwischen Brustkorb und Becken,** ohne dabei das Brustbein nach vorne oben zu schieben.*

→

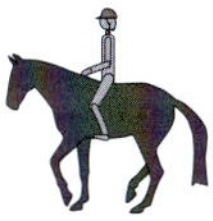

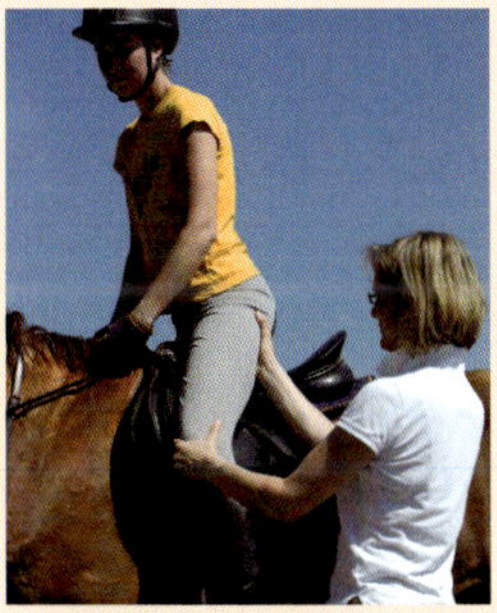

Üben Sie die Durchlässigkeit Ihrer Beine
Stellen Sie sich in die Steigbügel und üben Sie das Einsitzen in den Sattel. Dabei rutscht das Gewicht nach unten in Richtung Füße. Das Becken kippt nach hinten unten, wenn die Knie die Bewegung nach unten freigeben.

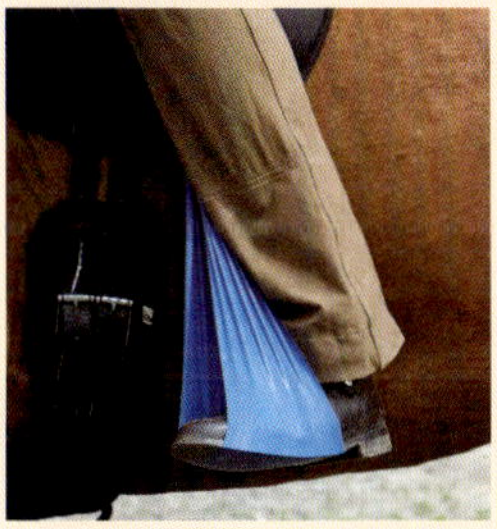

Reiten Sie nicht mit frei hängenden Beinen. Nutzen Sie die Steigbügel, um Ihre Beine dort abzustellen. Tauschen Sie den Steigbügel mit einem Theraband, damit Sie spüren, wie Ihr Bein nach unten federn kann.

Differenziertes Erspüren von falschen und richtigen Bewegungsabläufen

Wann spüre ich das Falsche?

- Ihre Hände sind zu aktiv am Zügel.
- Zehen krallen im Schuh, Fußsohle ist eingerollt.
- Der Druck der Oberschenkel am Sattelblatt ist zu hoch.
- Die Beine rutschen nach vorne.

Wann spüre ich das Richtige?

- Die Hüftgelenke können frei schwingen.
- Sie spüren Ihre Sitzbeinhöcker.
- Die Füße ruhen in den Steigbügeln, senkrecht unter dem Becken.
- Die Fußsohle ist entspannt.
- Das Bein kann nach unten federn.

Tipps für die Reitstunde

- Immer wieder die Übung: Panieren im Sattel. Damit lösen Sie das Becken.
- Ständiger Wechsel zwischen Entlastungssitz und leichtem Sitz.
- Achten Sie beim Reiten vermehrt auf die Lockerheit im Becken.
- Reiten Sie nur dann im ausgesessenen Trab, wenn Sie dabei keine Schmerzen in der Lendenwirbelsäule bekommen.
- Reiten Sie am langen Zügel nur mit Gewichtshilfen um Hütchen herum

5. Reiter im Hohlkreuz – Variante 2

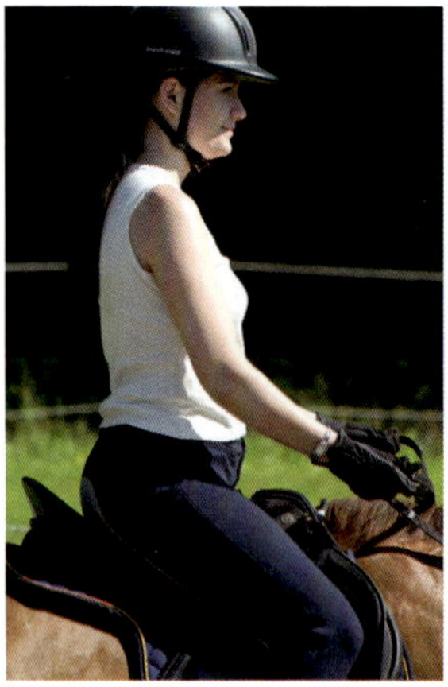

Was sieht man?
Reiterin sitzt im Hohlkreuz – die klassische Ausprägung

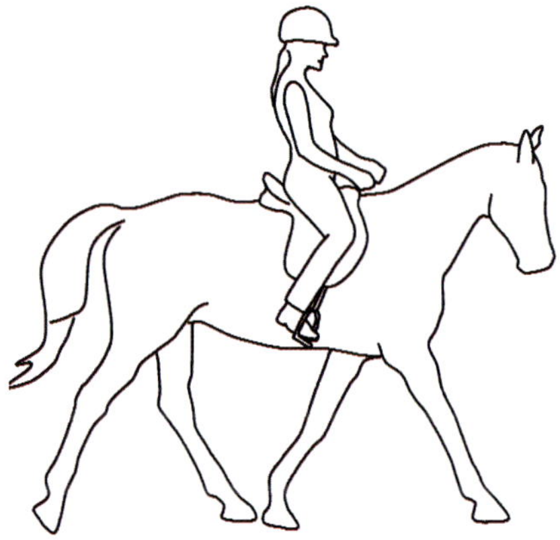

Was sagt der Reiter?
»Ich fühle mich fest im Becken.«
»Oft habe ich nach dem Reiten Schmerzen in der Lendenwirbelsäule.«
»Ich verliere oft die Steigbügel.«
»Mein Hohlkreuz habe ich seit meiner Kindheit.«

Hohlkreuz: Verstärkte Krümmung der Lendenwirbelsäule nach vorne, die von der Brustwirbelsäule ausgeglichen wird.

Mögliche Ursachen:

- Unbeweglichkeit der Wirbelsäule. Die Reiterin federt die Bewegungen des Pferdes nicht in der Wirbelsäule ab.
- Bewegungseinschränkung in den Hüftgelenken.
- Beine klemmen am Sattelblatt. Beine werden hochgezogen, da mitschwingender Sitz nicht möglich.

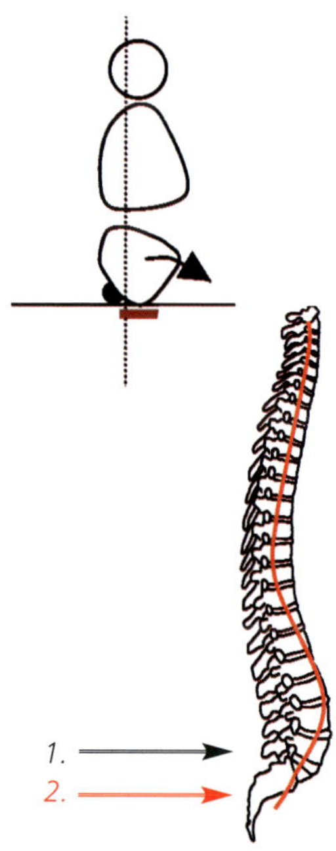

1. Normale WS-Schwingung
2. Verstärkte Schwingung in der Lendenwirbelsäule.

Die Aussage der Reiterin, das Hohlkreuz seit ihrer Kindheit zu haben, deutet auf eine anatomische Haltungsstörung hin. Dies würde ihren Bewegungsablauf auf dem Pferd beeinflussen. Der Beweglichkeitstest zeigt, dass sie ihre Hüftgelenke nicht voll strecken kann. Die Beugemuskulatur ist verkürzt. Sie kann ihr Becken nicht frei nach hinten unten kippen, da die Lendenwirbelsäule in dieser Bewegungsrichtung eingeschränkt ist. An dieser Bewegungseinschränkung sollte sie mit Hilfe der Krankengymnastik arbeiten.

Durch das Hohlkreuz und die fehlende Hüftstreckung kann die Reiterin den langen Reitersitz nicht einnehmen. Durch diese Einschränkungen entwickeln sich zwangsläufig fehlerhafte Sitzpositionen. Sie muss die Beine nach vorne nehmen und die Steigbügel verkürzen, wenn sie mehr Kontakt mit den Sitzbeinhöckern haben möchte, um nicht in den Spaltsitz zu geraten. Wenn sie mit langen Beinen reiten möchte und dazu die Steigbügel verlängert, wird sie zwangsläufig den Spaltsitz einnehmen. In beiden Fällen ist ihr Sitz nicht frei schwingend. Dies zeigt sich auch darin, dass sie immer wieder die Steigbügel verliert. In der Videoanalyse sieht man weiterhin, dass sie beim Reiten die Tendenz hat, die Beine hochzuziehen. Dabei werden die Beugemuskeln am gesamten Bein aktiviert, was sie auch als Spannung in der Fußsohle oder Einrollen der Zehen spüren kann. Nur beim Abreiten, also dann, wenn sie entspannt auf dem Pferd sitzt, kann sie die Beine etwas nach unten schwingen lassen.

Differenziertes Erspüren von falschen und richtigen Bewegungsabläufen

Wann spüre ich das Falsche?

- Verlieren der Steigbügel.
- Zehen krallen im Schuh, Fußsohle ist eingerollt.
- Der Druck der Oberschenkel am Sattelblatt ist zu hoch.
- Die Beine rutschen nach vorne.

Wann spüre ich das Richtige?

- Die Hüftgelenke können frei schwingen.
- Sie spüren Ihre Sitzbeinhöcker.
- Die Füße ruhen in den Steigbügeln, senkrecht unter dem Becken.
- Fußsohle ist entspannt.
- Das Bein kann nach unten federn.

Tipps für die Reitstunde

- Immer wieder die Übung: Panieren im Sattel (siehe S. 188). Damit lösen Sie das Becken.
- Ständiger Wechsel zwischen Entlastungssitz und leichtem Sitz.
- Achten Sie beim Reiten vermehrt auf die Lockerheit im Becken.
- Reiten Sie nur dann im ausgesessenen Trab, wenn Sie dabei keine Schmerzen in der Lendenwirbelsäule bekommen.
- Reiten Sie einfache Lektionen, wenn Sie verstärkt ins Hohlkreuz ziehen. Erst wenn Sie die Spannung in der Lendenwirbelsäule verringern können, steigern Sie die Anforderungen.

Übungen zur Problemlösung: Bewegungsschulung am Boden

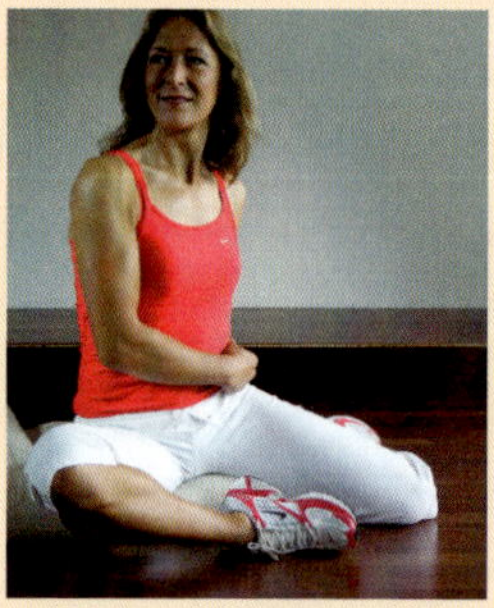

Fördern der Beweglichkeit in den Hüftgelenken

Achtung: Dehnen Sie niemals so weit, dass Sie Schmerzen bekommen! Seien Sie behutsam, wenn Sie die Hüftgelenke beweglich machen.

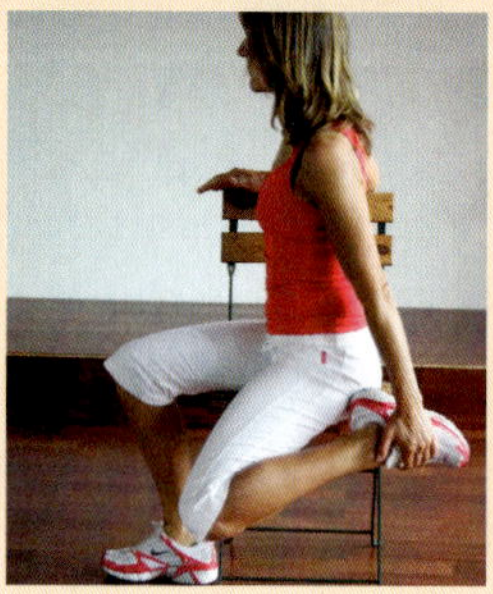

Dehnen Sie Ihre Hüftgelenke in der Streckung

Die Ausweichbewegungen werden bei den ausgewählten Übungen durch die Ausgangsstellung weitgehend verhindert.

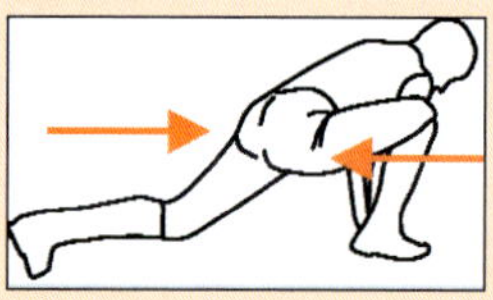

Dehnen Sie täglich Ihre Muskulatur, um die Muskelspannung abzubauen und die Beweglichkeit herzustellen.

Fördern der Beweglichkeit in der Lendenwirbelsäule

Hier arbeiten Sie nur an einem feinen Gelenkspiel. Mobilisieren Sie die Lendenwirbelsäule behutsam und ohne Kraft.

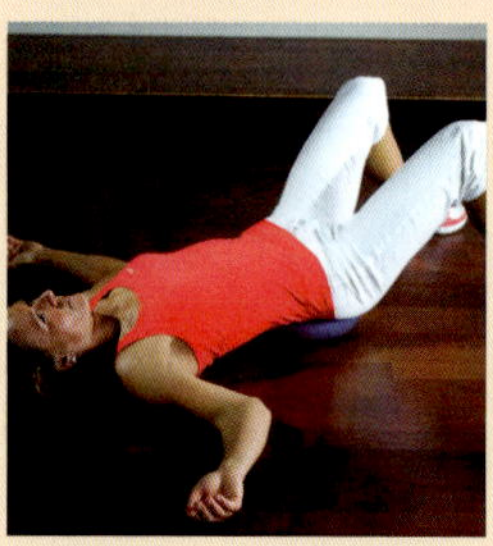

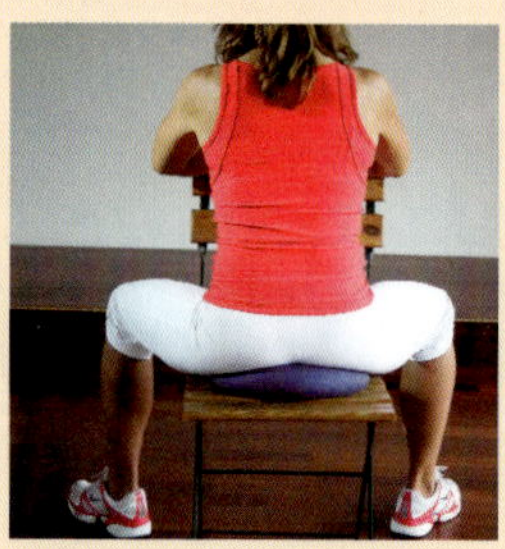

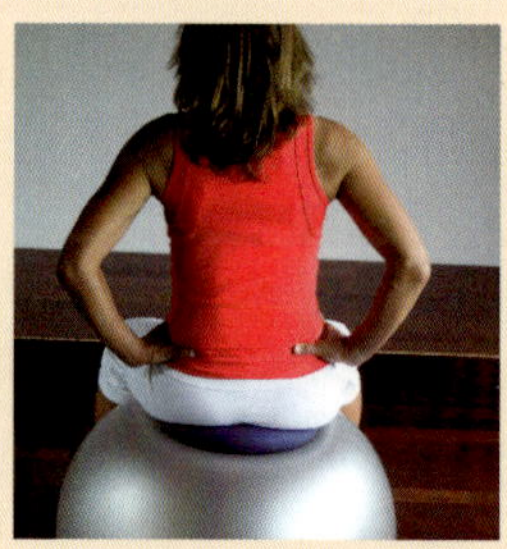

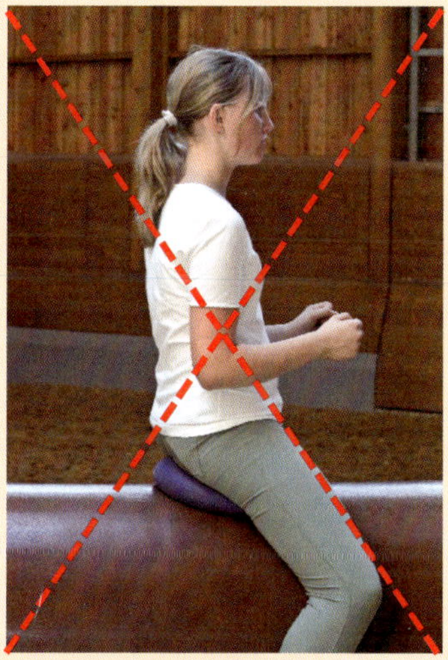

Übungen auf dem Voltigierbock sind erst sinnvoll, wenn Sie die Lendenwirbelsäule frei bewegen können. Hier besteht die Gefahr, dass Sie in der Lendenwirbelsäule hebeln. Die Arbeit an der Longe ist daher vorzuziehen.

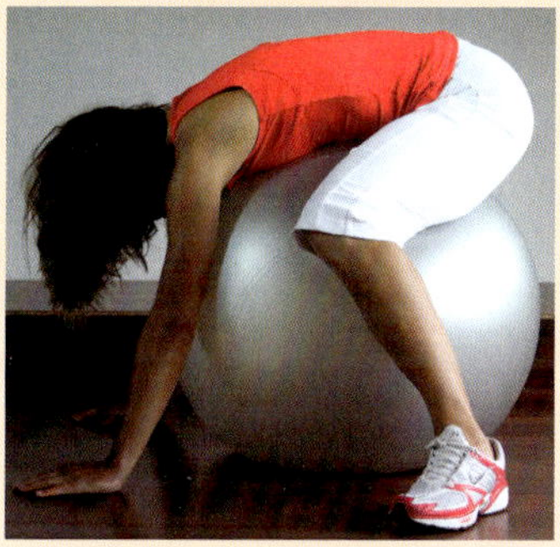

Dehnung und Entspannungsübung der Lendenwirbelsäulenmuskulatur

Mit diesen Dehn- und Entspannungsübungen entlasten Sie die Lendenwirbelsäule. Diese Übungen sind sehr sinnvoll, wenn Sie durch das Reiten Schmerzen in diesem Bereich bekommen.

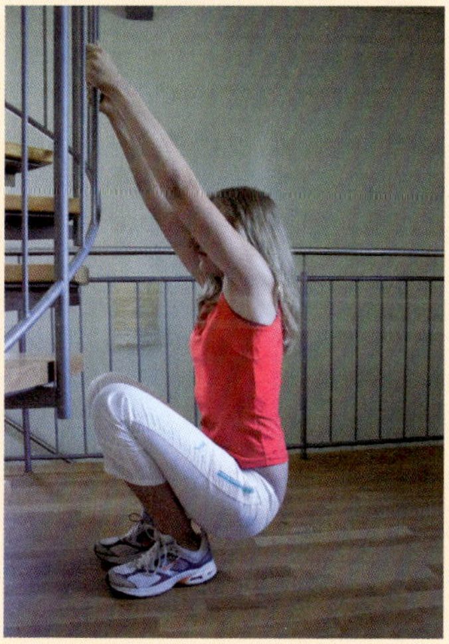

Übungen zur Problemlösung: Hilfestellung auf dem Pferd

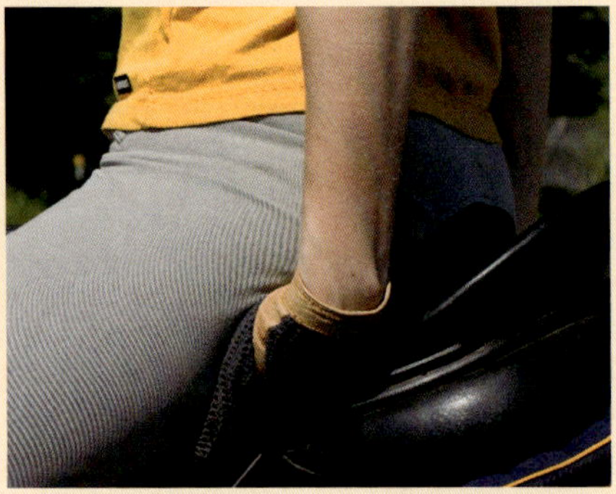

Üben Sie an der Longe das Gefühl für die Sitzbeinhöcker.
Intensivieren Sie das Gefühl für den Kontakt im Sattel mit der Panierübung. (siehe »Übungen: ... beim Schrittreiten« im Kapitel »Der richtige Sitz«)

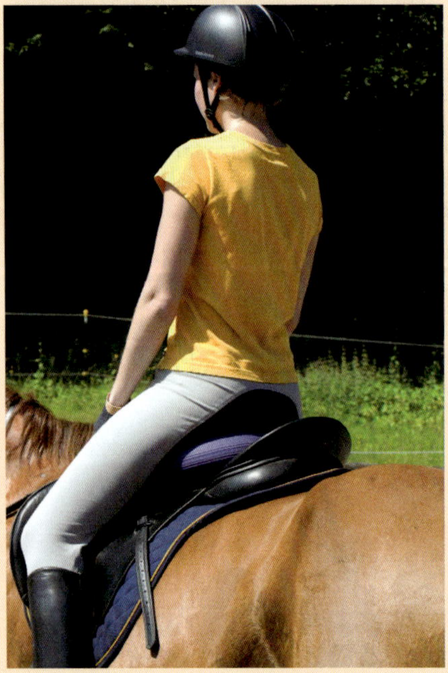

Verbessern Sie Ihre Losgelassenheit im Becken:
Verwenden Sie das Ballkissen. *Versuchen Sie darüber, die Spannung in der Wirbelsäule und in den Hüftgelenken herabzusetzen. Lassen Sie die Bewegungen des Pferdes in Ihrem Becken ankommen.*

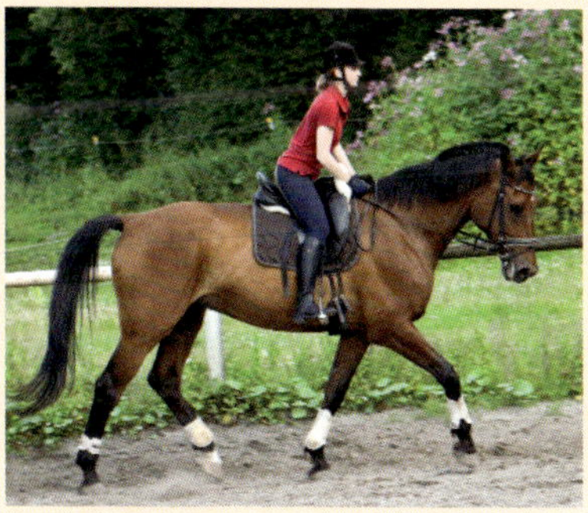

Üben Sie die Durchlässigkeit Ihrer Beine. *Stellen Sie sich beim Reiten in die Steigbügel und federn in den Gelenken. Stützen Sie sich im leichten Sitz am Widerrist des Pferdes ab.*

Achten Sie darauf, dass Ihr Gewicht »bis nach unten zu den Füßen rutschen« kann. Die Fußsohle und die Zehen sind dabei entspannt.

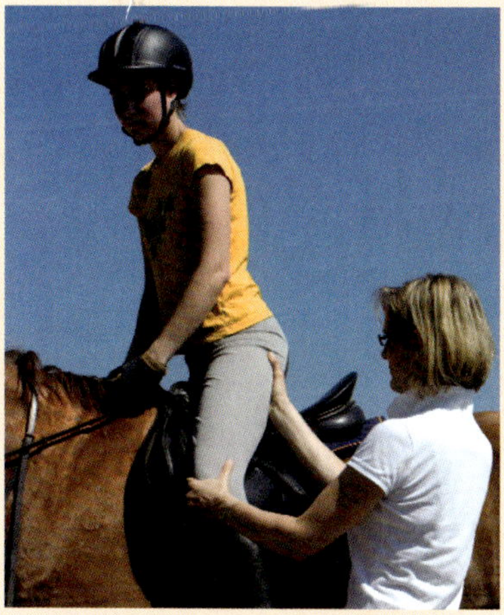

Stellen Sie sich in die Steigbügel und üben das Einsitzen in den Sattel. Dabei rutscht das Gewicht nach unten Richtung Füße. Das Becken kippt nach hinten unten, wenn die Knie die Bewegung nach unten freigeben.

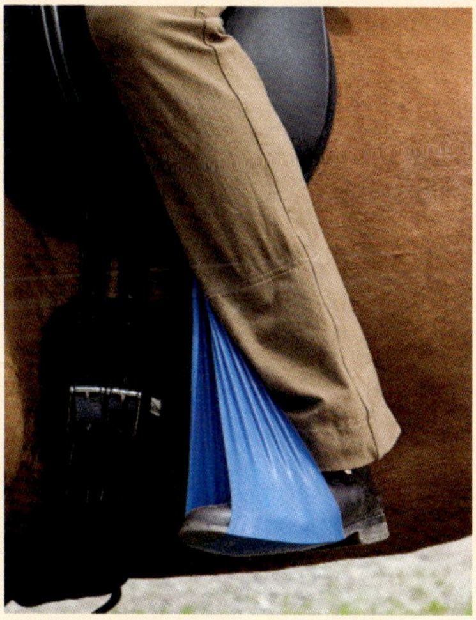

Reiten Sie nicht mit frei hängenden Beinen. Nutzen Sie die Steigbügel, um Ihre Beine dort abzustellen. Tauschen Sie den Steigbügel mit einem Theraband, damit Sie spüren, wie Ihr Bein nach unten federn kann.

4 Die Beweglichkeit des Reiters

Dass Pferde gymnastiziert werden müssen, wird häufig vermittelt und ist absolut richtig. Aber was weniger bekannt ist: Was für das Pferd gilt, gilt auch für seinen Reiter. Wie steht es mit ihrer Beweglichkeit? Ihr Pferd soll in seinem Rücken durchlässig schwingen können. Ist das bei Ihnen auch der Fall?

Die Beweglichkeit und die Koordinationsfähigkeit der Muskulatur ist eine wichtige Voraussetzung, um gut reiten zu können. Erst ein fließendes Zusammenspiel einzelner Bewegungsabläufe lässt ein harmonisches Bewegungsbild entstehen. Dies gilt für das Pferd und auch den Reiter. Diese beiden »Bewegungsindividuen« müssen zu guter Letzt auch noch in ihren Bewegungen miteinander kommunizieren und harmonieren.

Für den Reiter gilt: Das Hüftgelenk und die Wirbelsäule sind beim Reiten wichtige Gelenke, von denen einerseits eine große Beweglichkeit und andererseits ein differenziertes Bewegungsspiel erwartet werden. Sie müssen die Bewegung auffangen, weiterleiten oder stabilisierend tätig werden. Entsprechend müssen sie auf die jeweilige Situation individuell reagieren. Z. B. Schritt reiten:

Der Reiter sollte sich möglichst wenig aktiv bewegen, sondern auf die Pferdebewegungen reagieren und durchlässig nach oben und unten weiter mitschwingen. Dabei soll er zu einer guten eigenen Körperspannung finden und mit feinen Hilfen deutliche Anweisungen geben.

Die Beweglichkeit ist beim Reiten nicht nur in den einzelnen Gelenken gefragt, sondern im Bewegungsfluss auf einem sich bewegenden Untergrund, dem Pferd. Darin unterscheidet sich die Anforderung an den Reiter vom Bewegungsanspruch des Skifahrers oder Tennisspielers. Der Ski oder der Tennisschläger müssen zwar mit in den Bewegungsablauf integriert werden, sie sind aber in sich stabil, während sich die Bewegungen des Pferdes ständig ändern. Das Pferd ist kein starres »Sportgerät«. Es gibt Bewegungssportarten, denen man gar nicht ansieht, was dabei vom Sportler gefordert wird. Denken Sie an einen Bogenschützen. Oberflächlich betrachtet muss er nur den Bogen halten, spannen und dann den Pfeil loslassen.

Ein guter Bogenschütze trainiert seinen Körper, wie Sportler dies in anderen Sportarten auch tun: Gelenkmobilisation, Muskelkräftigung, Konditionstraining, Atemschulung und mentales Training sind dabei wichtige Trainingsinhalte. Gute sportliche Leistungen kann man nur mit einem vielseitigen Training erreichen. Dies trifft auch auf den Reiter zu. Ohne Kondition, Kraft, Balance und Beweglichkeit in Kombination mit einem guten Körpergefühl können diese Anforderungen nicht gemeistert werden.

Allgemein ist zu sagen, dass beim Reiten die Bewegung in einem Gelenk alleine möglich sein muss, aber auch in Kombination und im Bewegungsfluss mit den angrenzenden Gelenken. Ein in der Bewegung eingeschränktes Gelenk kann kein feines Bewegungsspiel ausführen. Meist ist auch die Muskulatur dementsprechend verkürzt und atrophiert, auf alle Fälle nicht mehr voll funktionstauglich.

Zuerst einmal muss die normale Gelenkbeweglichkeit überprüft werden. Bei Bewegungseinschränkungen in einem Gelenk muss das Nachbargelenk die fehlende Bewegung übernehmen. Häufig treten dann in diesem Beschwerden auf und nicht im bewegungseingeschränkten Gelenk selbst, da dieses die fehlende Beweglichkeit kompensiert. So muss man bei Kniegelenksbeschwerden an eine mögliche Bewegungsstörung im Hüftgelenk denken. Auftretende Knieschmerzen beim Reiten haben ihren Ursprung nicht immer dort.

Es ist sinnvoll, einen Bewegungstest zu machen, bevor man die nachfolgenden Übungen in Angriff nimmt. Diesen finden Sie auf Seite 33. Der Bewegungstest ersetzt keinesfalls eine fachgerechte Funktionsprüfung durch den Orthopäden oder einen Krankengymnasten.
Oft ist es hilfreich, wenn eine Fachperson dies übernimmt, weil Sie mit dieser feinen Bewegungswahrnehmung nicht vertraut sind. Ausweichbewegungen werden Sie nicht so gut wahrnehmen. Trotzdem können Sie versuchen, Bewegungseinschränkungen und Seitendifferenzen zu erspüren.

Die anschließenden Übungen haben wir so zusammengestellt, dass sie sich als einzelne Übungseinheiten eignen und im Anschluss aneinandergereiht geübt werden können. Nehmen Sie sich zum Kennenlernen dieser Übungseinheiten immer ein Gelenkthema vor. Später können Sie dann mit den Übungen spielen und sie beliebig miteinander kombinieren.

Bewegungserweiterung mit Dehnübungen

Diese Gelenkmobilisation ist für alle geeignet, die ihre eigene Beweglichkeit und die Durchlässigkeit in den Bewegungen verbessern wollen. Beachten Sie bei den Dehnübungen den richtigen Trainingsablauf.

Bevor Sie mit den Dehnübungen beginnen, müssen Sie die Muskulatur vorbereiten, um eine Schädigung der Bänder und Muskeln zu vermeiden. Dazu sollten Sie sich fünf bis zehn Minuten aufwärmen. Tragen Sie lockere leichte Kleidung, die Sie bei den Dehnübungen nicht behindert.

Aufwärmphase 5–10 Minuten

Wählen Sie eine Übung daraus für sich aus.

1. Mit dem Springseil hüpfen.
2. Auf der Stelle gehen. Dabei bewusst die Füße von den Fersen bis zu den Zehen abrollen. Mit den Armen mitschwingen.
3. Gehen und Federn auf dem kleinen Trampolin.

Dehnübungen

Achten Sie bei den Dehnübungen auf eine gleichmäßige und fließende Atmung. Dehnen Sie die Muskulatur bis zum ersten Spannungszustand. Arbeiten Sie niemals mit Kraft, und lösen Sie keinen Dehnschmerz aus. Die einzelnen Dehnübungen werden ca. 30–45 Sekunden gehalten und pro Übung 3-mal wiederholt. Innerhalb des Dehnprogramms können Sie die Intensität langsam steigern.

Das Hüftgelenk

Das Hüftgelenk ist für das Reiten ein wichtiges Gelenk. Es stellt den Dreh- und Angelpunkt zwischen Becken und Bein dar und ist somit beim Sitz des Reiters von großer Bedeutung. Es ist nicht, wie viele Menschen glauben, von außen am Becken tastbar. Was Sie dort tasten können, ist der große Rollhügel. Das Gelenk liegt etwa im inneren Drittel Ihrer Leiste.

Immer wieder können wir beobachten, wie auffallend sich der reiterliche Sitz durch konsequentes Dehnen in diesem Gelenk verbessert.

Der Sattelkontakt des Reiters wird deutlicher, sein Sitz tiefer und seine Durchlässigkeit sichtbar besser.

Im Folgenden geben wir Übungsanleitungen, mit denen Sie die Beweglichkeit Ihrer Hüftgelenke wirkungsvoll erweitern können.

1 Beuger (Wirbelsäule–Hüftgelenk)
2 Beuger (Becken–Hüftgelenk)
3 Großer Rollhügel
4 Adduktoren

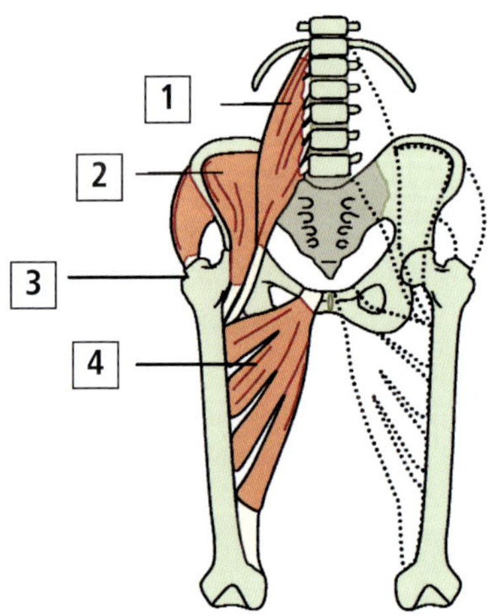

Übung: Die Beugung

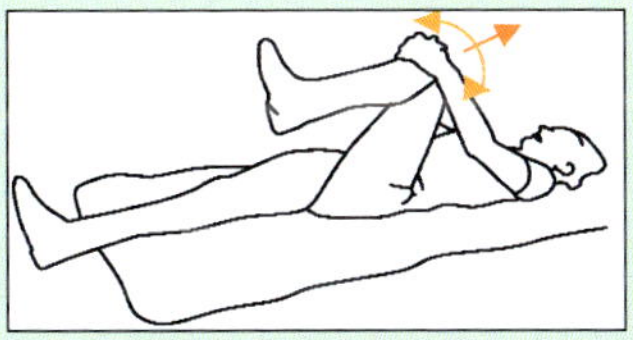

Ausgangsstellung: *Rückenlage auf einer festen Unterlage*

1. Ziehen Sie das Knie mit den Händen in Richtung Bauch. *Gehen Sie mit der Bewegung im Hüftgelenk nur soweit, bis Sie merken, dass der Bewegungsfluss zäh wird, oder das Becken mitgezogen wird. Ziehen Sie dann Ihr Knie etwas mehr zum Bauch und führen es wieder zurück. Der Bewegungsausschlag sollte jetzt etwas kleiner (ca. 10 cm) werden. Erweitern Sie die Bewegungsbahn nach rechts und links.*

2. Führen Sie Ihr Knie mit den Händen auf einem Halbkreis. *Spüren Sie dabei in Ihrer Leiste, ob es drückt oder zieht. Arbeiten Sie keinesfalls mit Kraft. An der Bewegungsgrenze ist man mit weniger Aktion und mehr Feingefühl erfolgreicher. Führen Sie die Bewegung einmal nur mit den Händen, anschließend lassen Sie das Bein mithelfen. Einmal mit möglichst wenig Kraft, einmal gegen den Widerstand Ihrer Hände mit vermehrter Kraft. Dazu legen Sie Ihre Handflächen vorne an den Oberschenkel.*

3. Drücken Sie das Knie gegen Ihre Hände in Richtung Bauch. *Hände und Knie sind gleich stark, so dass keine Bewegung zustande kommt. Halten Sie diese Anspannung 10 Sekunden.*

4. Jetzt fassen Sie wieder in die Kniekehle und drücken das Bein gegen den Widerstand Ihrer Hände vom Bauch weg. *Halten Sie wieder 10 Sekunden. Wechseln Sie ein paar Mal die Richtung und beginnen dann wieder mit den feinen Bewegungsausschlägen auf dem Halbkreis, den sie nur mit den Händen führen. Mit der Zeit sollte sich die Bewegung im Hüftgelenk leichter, freier und lockerer anfühlen.*

Beachten Sie: Die Lendenwirbelsäule darf dabei nicht vermehrt auf den Boden drücken. *Falls Sie Schwierigkeiten haben, die eventuelle Ausweichbewegung von Becken und der Lendenwirbelsäule zu spüren, können Sie sich mit einem Handtuch helfen. Rollen Sie das Handtuch zu einer festen Wurst. Legen Sie es sich quer unter die Lendenwirbelsäule, gerade oberhalb des Beckenkammes. Jetzt spüren Sie deutlicher, ob Ihre Wirbelsäule auf das Handtuch nach unten drückt, wenn Sie das Knie in Richtung Bauch heranziehen.*

Übung: Die Beugung mit Streckung der Gegenseite

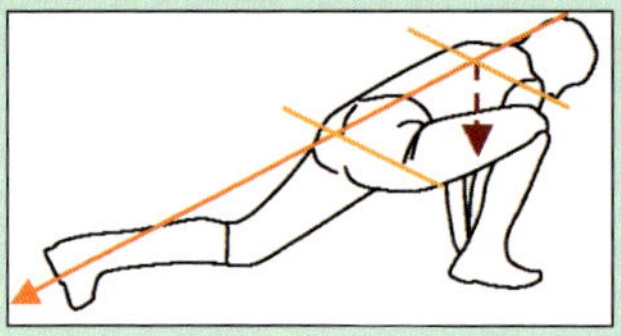

Ausgangsstellung:

Begeben Sie sich ***aus der Hocke heraus in eine größtmögliche Schrittstellung****. Stützen Sie sich auf der Innenseite des Knies mit beiden Händen direkt neben dem aufgestellten vorderen Fuß am Boden ab.*

Das vordere Knie steht dabei maximal gebeugt seitlich neben Ihrer Schulter. *Das andere Bein ist weit nach hinten auf den Zehenspitzen abgestellt, die Ferse schiebt nach hinten.*

Übung:

Das vordere Knie bleibt über dem Fuß stehen. *Dabei wird die Dehnung in Beugung und Streckung der jeweiligen Hüftgelenke forciert. Verstärken können Sie die Dehnung, indem Sie sich nicht mehr auf den Händen abstützen, sondern in den Ellbogen einknicken und mit dem Körper in Richtung Boden absinken.*

Beachten Sie:

Das Becken bleibt in der Dehnung tief und parallel zum Boden.

Übung: Dehnen der Gesäßmuskulatur und der Oberschenkelaußenseite

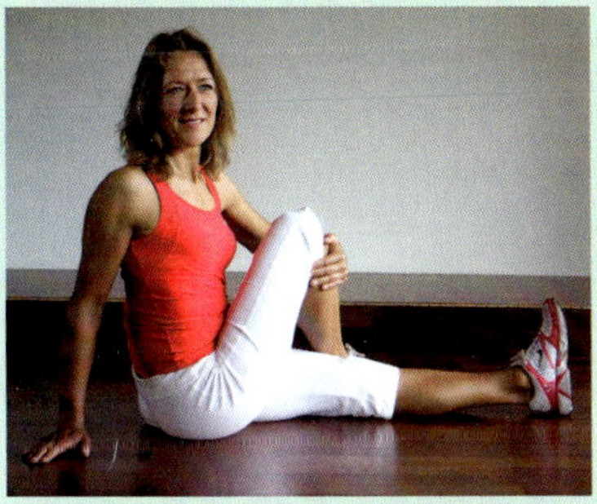

1. Ausgangsstellung: *Langsitz. Ein Bein angewinkelt neben dem Knie des gestreckten Beines außen abstellen. Eine Hand umfasst das Knie. Der Arm ist aufgestützt.*

Übung: *Mit der Hand* ***ziehen Sie das Knie über das gestreckte Bein****. Die Schulter dreht dem Knie entgegen.*

Beachten Sie: *Bleiben Sie auf beiden Beckenseiten sitzen. Heben Sie Ihr Becken auf der zu dehnenden Seite nicht ab.*

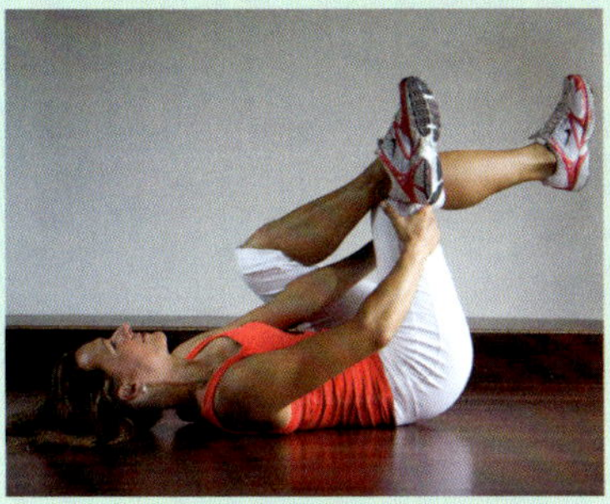

2. Ausgangsstellung: *Rückenlage, ein Bein aufgestellt. Der Fuß des zu dehnenden Beines wird auf der Oberschenkelvorderseite des angewinkelten Knies abgestellt. Knie nach außen kippen, so dass eine Außendrehung im Hüftgelenk entsteht.*

Übung: *Umfassen Sie mit Ihren Händen das aufgestellte Bein unterhalb der Kniekehle.* ***Führen Sie das rechte Bein mit den Händen behutsam in Richtung Bauch.*** *Sie spüren die Dehnung deutlich auf der linken Gesäßaußenseite.*

Beachten Sie: *Wenn kein Dehnzug zu spüren ist, überprüfen Sie die Lage Ihres Beckens. Liegen Sie in der Lendenwirbelsäule seitlich gebogen? Dann sind Sie der Dehnung ausgewichen. Beginnen Sie die Übung noch einmal und achten Sie darauf, dass beide Beckenkämme auf gleicher Höhe am Boden liegen.*

Übung: Erweitern der Bewegung in die Innendrehung der Hüftgelenke

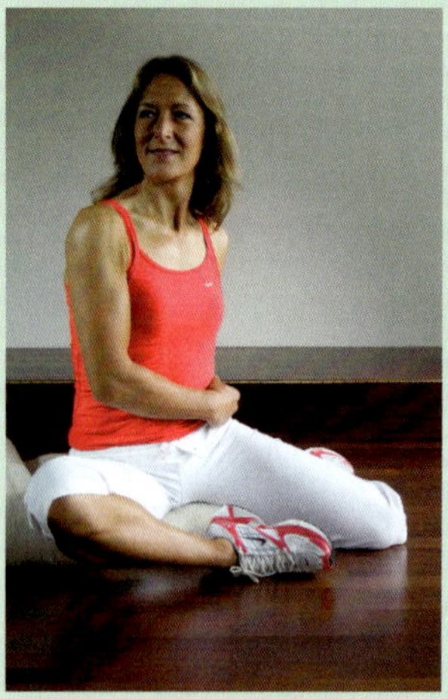

*1. **Ausgangsstellung:** Setzen Sie sich auf eine Decke. Lassen Sie nun die Knie auf die rechte Seite kippen.*

Übung:** Die rechte Hand liegt am linken Beckenkamm. **Der Oberkörper dreht leicht nach rechts.

***Beachten Sie: Beide Beckenseiten bleiben auf dem Boden.** Die linke Beckenseite hebt auf keinen Fall ab.*

Übung: Dehnen der rückwärtigen Beinmuskulatur

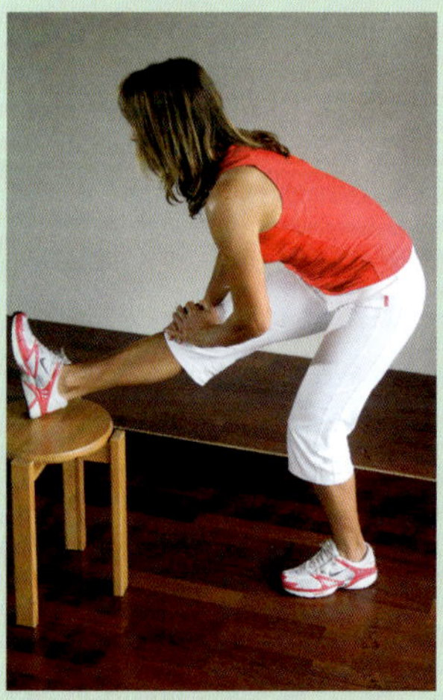

*1. **Ausgangsstellung:** Einbeinstand. Das zu dehnende Bein ist auf einem Stuhl abgelegt. Das Knie ist etwas angewinkelt.*

***Übung:** Schieben Sie die Ferse auf der zu dehnenden Seite so weit hinaus, dass das Knie nach unten wandert und sich vermehrt streckt. Gehen Sie nur soweit, bis Sie eine Dehnspannung an der Beinrückseite bemerken.*

***Beachten Sie:** Das Becken darf nicht nach hinten kippen. Die Lendenwirbelsäule bleibt nach vorne gekrümmt.*

→

Übung: Dehnen der rückwärtigen Beinmuskulatur

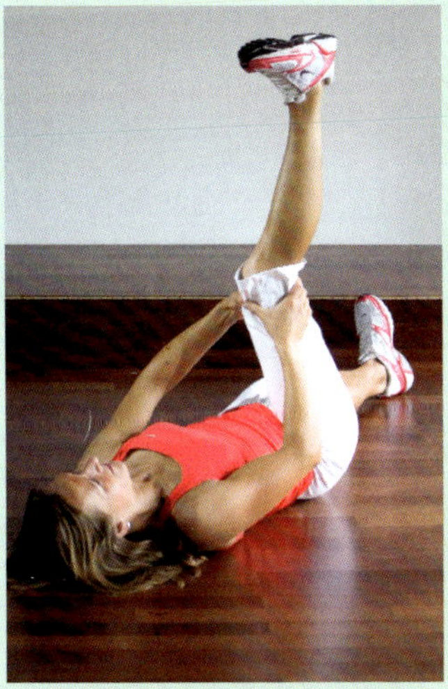

2. Ausgangsstellung: Rückenlage. Beugen Sie das rechte Bein an und umfassen es mit den Händen von hinten. Ziehen Sie das Knie soweit zum Bauch, dass sich Ihre Ferse über Ihrem Becken befindet. Das linke Bein bleibt gestreckt liegen. Der Oberkörper mit dem Kopf bleibt die ganze Zeit auf dem Boden liegen.

Übung: Bewegen Sie Ihren Fuß senkrecht zur Decke. Dabei wandert die Fußsohle in Richtung Decke und trägt ein imaginäres Tablett. Der Oberschenkel schiebt sich jetzt in Ihre Hände und wird von ihnen gestützt. Sie brauchen nur soweit zu gehen, bis es zu einer Dehnspannung an der Beinrückseite kommt. Das Knie muss dabei nicht gestreckt werden. Es schiebt sich einmal in Richtung dieser Senkrechten nach oben und wird anschließend wieder entspannt. Schieben Sie die Fußsohle rauf und runter, halten Sie sie für 10 Sekunden ganz oben. Gehen Sie nur ein kleines Stück nach unten, um dann das Tablett wieder bis ganz nach oben zu schieben. Wenn Sie es ein paar Mal bis nach oben geschoben haben, wird Ihr Oberschenkel auf der Beinvorderseite vor Anstrengung zittern. Auf der Beinrückseite entsteht eine Dehnspannung über die gesamte Länge.

Beachten Sie: Ganz wichtig ist, dass der Fuß tatsächlich senkrecht über dem Becken bleibt und nicht fußwärts zum anderen Bein abdriftet. Sie bleiben vom Fuß bis zum Becken im Lot. Wenn die Dehnung nicht in der Kniekehle zu spüren ist, überprüfen Sie, ob Ihre Fußsohle zur Decke zeigt und die imaginären Gläser auf Ihrem Tablett stehen bleiben können, ohne herunterzurutschen.

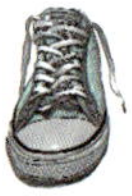

Übung: Dehnen der Beininnenseite (Adduktoren)

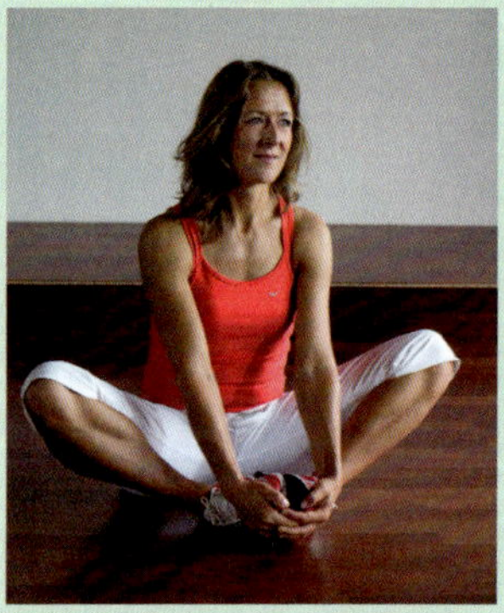

1. Ausgangsstellung: *Schneidersitz. Achten Sie auf eine aufrechte Sitzhaltung.*
Übung: *Die Fußsohlen berühren sich. Lassen Sie beide Knie zur Seite absinken.*
Beachten Sie: *Dabei dürfen keine Schmerzen im Knie auftreten! Bei Beschwerden in der Lendenwirbelsäule, stützen Sie sich mit den Händen hinten am Boden ab.*

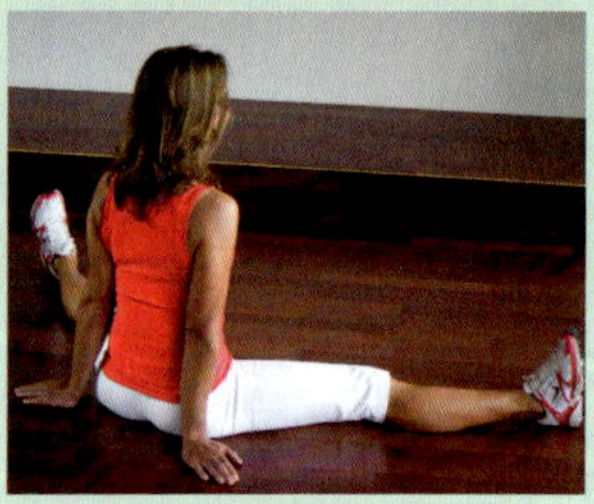

2. Ausgangsstellung: *Langsitz. Stützen Sie sich mit den Armen hinter dem Körper ab. Spreizen Sie die Beine.*
Übung: *Schieben Sie die Fersen hinaus, so dass sich die Beine langsam strecken.*
Beachten Sie: *Bei Wirbelsäulenbeschwerden setzen Sie sich bei diesen beiden Übungen auf eine zusammengelegte Decke, um die Lendenwirbelsäule zu entlasten.*

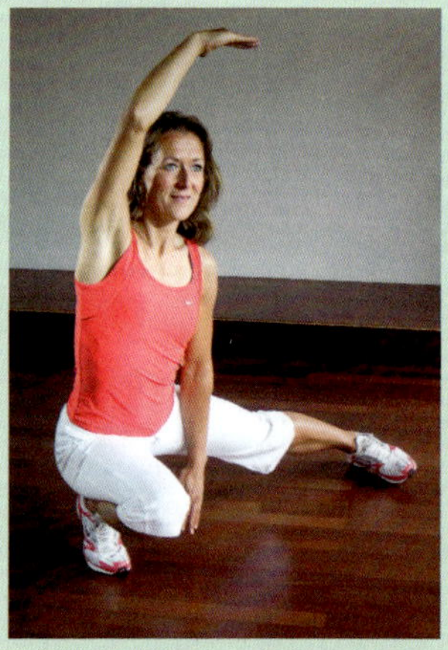

3. Ausgangsstellung: *Halbe Hocke. Das zu dehnende Bein wird im Knie gestreckt* ***seitlich abgestellt*** *(hier das linke Bein).*
Übung: *Bewegen Sie nun den Arm wie in der Abbildung über den Kopf. Lassen Sie diese Bewegung weiterlaufen, so dass ihre Flanke auf dieser Seite in die Länge gezogen wird. Jetzt spüren Sie einen deutlichen Zug auf der Innenseite des ausgestellten Beines.*
Beachten Sie: *Das Bein darf weder vor noch hinter der mittleren Körperlinie stehen.* ***Lassen Sie Ihr Becken nicht nach vorne oder hinten aus dieser Linie herausdrehen.*** *Die seitliche Naht Ihrer Hose bleibt auf der Körpermittellinie.* ***Bei Knieproblemen ist diese Übung nicht geeignet.***

4. Ausgangsstellung: *Setzen Sie sich möglichst breitbeinig auf einen Gymnastikball. Indem Sie den Ball nach hinten rollen gelingt es Ihnen,* ***mit den Händen vorne auf den Boden*** *zu kommen.* ***Die Fußsohlen behalten dabei Bodenkontakt, die Knie bleiben seitlich am Ball.*** *Das Gewicht Ihres Brustkorbs ruht auf dem Ball.*

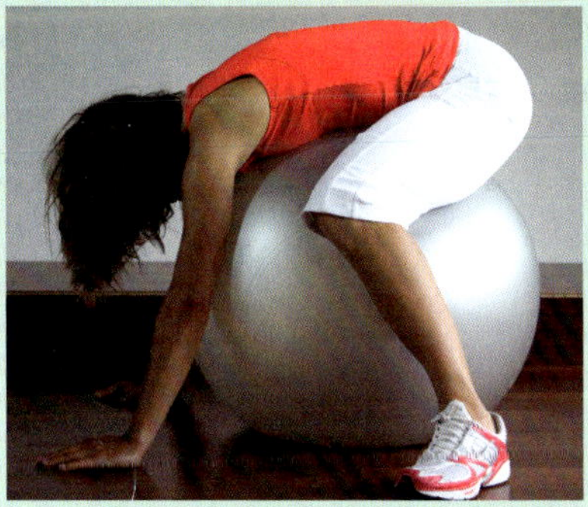

Übung: *Lassen Sie Ihre* ***Atmung bis tief ins Becken strömen*** *und öffnen Sie Ihre Hüftgelenke zur Seite hin in Richtung Knie. Bei jedem Atemzug verlängert sich der untere Teil Ihrer Lendenwirbelsäule.* ***Rollen Sie nun in feinen Bewegungen den Ball von rechts nach links.*** *Versuchen Sie dabei, durchlässig in den Hüftgelenken zu werden. Jetzt werden Ihre Muskeln auf der Oberschenkelinnenseite, die Adduktoren, auf eine schonende Art gedehnt.*

Beachten Sie: *Sobald Sie die Knie an den Ball klemmen, werden Ihre Hüftgelenke fest, so dass die Adduktoren nicht mehr gedehnt werden.*

Tipp: *Wenn Sie sich ein Buch auf den Boden legen, können Sie in dieser Dehnhaltung lesen.*

Nach dem Dehnen dieser Muskelpartie ist es gut, wenn Sie das Bewegungsspiel in den Hüftgelenken noch ein wenig erarbeiten.
Setzen Sie sich dazu breitbeinig auf einen Gymnastikball. *Versuchen Sie, die Beine möglichst weit seitlich abzuspreizen. Dabei müssen Sie jedoch mit dem Becken aufrecht sitzen können. Gerne würden Sie wahrscheinlich das Becken dabei nach vorne kippen und in ein Hohlkreuz ausweichen. Wenn dies geschieht, setzen Sie sich weniger breitbeinig auf den Ball und konzentrieren sich darauf,* ***dass Sie Ihr Körpergewicht gut auf den Ball nach unten abgeben. Nun rollen Sie den Ball in kleinen Bewegungsausschlägen von rechts nach links****. Lassen Sie die Oberschenkel am Ball anliegen und folgen mit den Hüftgelenken diesen feinen Verschiebungen.*

Die vordere Hüftgelenksmuskulatur

Die Dehnung dieser Muskulatur ist sehr wichtig. Das Hüftgelenk wird beim Reiten durch den Sitz im Sattel mit langen Beinen in seiner Streckfähigkeit deutlich gefordert. Sie müssen die Streckung im Hüftgelenk nicht nur erreichen, sondern Sie sollen zusätzlich ein Gelenkspiel aus dieser Ausgangsstellung heraus zulassen können. Dieses Gelenkspiel entsteht schon bei der ersten Bewegung Ihres Pferdes. Ihr Becken muss auf die Bewegungen des Pferdes reagieren und sie nach oben in die Wirbelsäule weiter fließen lassen. Durch die Dehnung der vorderen Hüftmuskulatur erreichen Sie bei einem langen Reiterbein mehr Bewegungsmöglichkeiten in der Hüfte. Somit kann das Becken frei und ungehindert kippen. Eine Verkürzung der Hüftmuskulatur würde diese Beckenbeweglichkeit behindern.

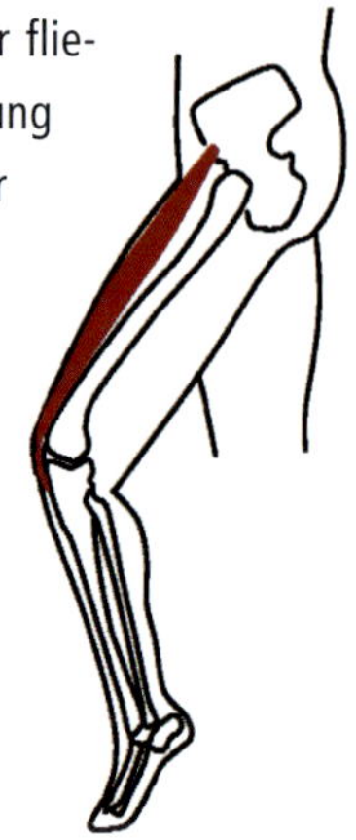

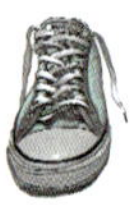

Übung: Dehnen der Wadenmuskulatur

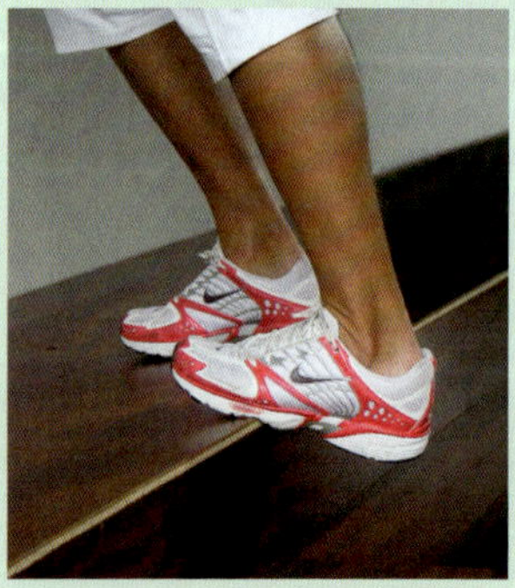

__1. Ausgangsstellung:__ Stellen Sie sich dazu auf eine Stufe. Das zu dehnende Bein steht auf dem vorderen Teil der Stufe, so dass Sie mit der Ferse überhängen. Das andere Bein steht eine Schrittlänge weiter vorne. Beide Fußspitzen zeigen nach vorne.
__Übung:__ Lassen Sie die überhängende Ferse langsam nach unten absinken.
__Beachten Sie:__ Das Knie bleibt an dem zu dehnenden Bein gestreckt.

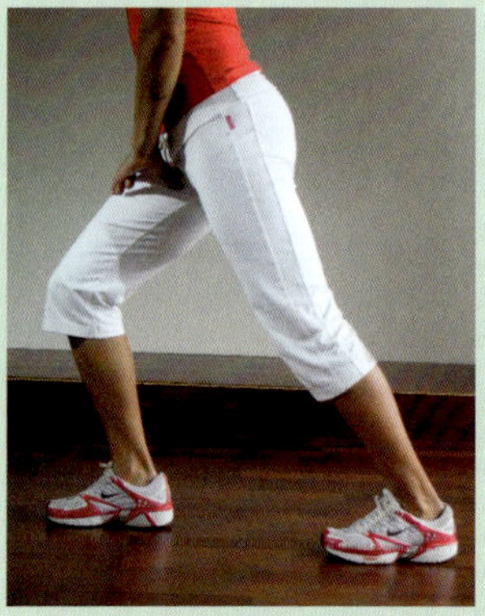

__2. Ausgangsstellung:__ Stand in Schrittstellung. Das zu dehnende Bein steht hinten, der gesamte Fuß behält Bodenkontakt. Die Fußspitze zeigt nach vorne.
__Übung:__ Verlagern Sie Ihr Gewicht auf das vordere Bein. Gehen Sie so weit nach vorne, bis Sie einen Zug in der Wade des rückwärtigen Beines spüren.
__Beachten Sie:__ Bleiben Sie mit dem Fuß, dem Knie und dem Hüftgelenk auf einer Linie.

Übung: Dehnen der vorderen Hüftgelenksmuskulatur

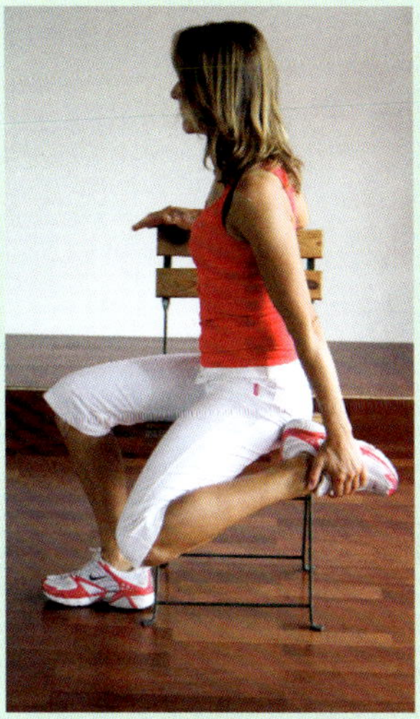

1. Ausgangsstellung: *Sitz auf einem Stuhl. Rutschen Sie so weit zur Seite, dass eine Beckenseite in der Luft hängt. Um nicht seitlich herunterzufallen, halten Sie sich an der Sitzfläche mit der Hand fest.*
Übung: *An der überhängenden Beckenseite fassen Sie mit der Hand um den Fußknöchel und **ziehen die Ferse nach hinten in Richtung Gesäß. Der Oberschenkel der zu dehnenden Seite kommt möglichst weit zurück, das Knie auf dieser Seite will zum Boden streben**. Der Unterbauch (der Abstand zwischen Schambein und Bauchnabel) bleibt verkürzt, so dass Sie mit Ihrem Gesäß deutlich hinter dem Sitzbeinhöcker der nicht zu dehnenden Seite sitzen.*
Beachten Sie: *Sie würden der Dehnung über die gesamte Oberschenkelvorderseite und der Hüfte ausweichen, wenn Sie dabei diese Beckenseite hochziehen oder das Becken nach vorne kippen, also in ein Hohlkreuz ausweichen. Um dies zu vermeiden, **bleibt die überhängende Beckenseite in Sitzhöhe und wird nicht hochgezogen**.*

Den gleichen Effekt erzielen Sie mit dieser Übung. Sie eignet sich sehr gut zum Aufwärmen und Gelenkigwerden beim Satteln in der Box.

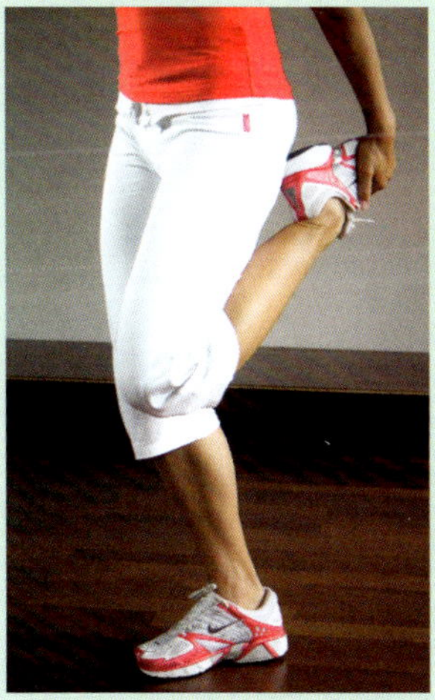

2. Ausgangsstellung: *Umfassen Sie im Stand einen Fuß.*
Übung: *Ziehen Sie die Ferse in Richtung Gesäß, so dass die Oberschenkelvorderseite auf dieser Seite gedehnt wird.*
Beachten Sie: *Um der Dehnung nicht auszuweichen, berühren sich beide Knie an der Innenseite. Kontrollieren Sie Ihre Beckenstellung. Ihr Becken würde der Dehnung auf der Hüft- und Beinvorderseite ausweichen, wenn Sie in ein Hohlkreuz ziehen, es einseitig hochziehen oder die zu dehnende Beckenseite nach hinten wegdrehen.*

Die Wirbelsäule

Beim Reiten muss die Wirbelsäule in allen Abschnitten geschmeidig und beweglich sein. Nur so kann der Reiter die Bewegungen des Pferdes abfedern. Dabei muss die Wirbelsäule nicht nur von vorne nach hinten schwingen, sondern auch seitliche Bewegungen ausführen können. Die wellenartigen Bewegungen, die vom Pferd ausgehen, übertragen sich auf den Körper des Reiters. Die Wirbelsäule muss zusätzlich in den einzelnen Abschnitten getrennt voneinander beweglich sein. Sie besteht, wie auf der Abbildung zu sehen ist, aus der Hals-, Brust- und Lendenwirbelsäule.

Die Wirbelsäule

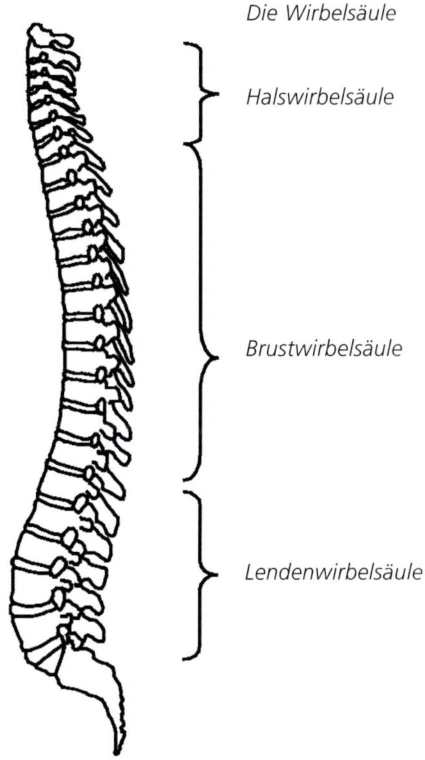

Mit der Lendenwirbelsäule wirken Sie bei allen Gewichtshilfen mit ein. Dabei muss sie getrennt von der Brustwirbelsäule bewegt werden können. Genauso müssen Sie sich in der Brustwirbelsäule aufrichten können, ohne dabei in der Lendenwirbelsäule mitgezogen zu werden. Nur so wird es möglich sein, den Kontakt Ihres Beckens mit dem Sattel beizubehalten. Gleichzeitig müssen Sie die Schulterblätter nach hinten unten nehmen können, ohne dabei die Brustwirbelsäule zu überstrecken. Im Folgenden werden deshalb Übungen angeboten, die die Beweglichkeit der Wirbelsäule fördern und Ihnen ein Gefühl für die einzelnen Abschnitte vermitteln sollen.

Die Halswirbelsäule werden wir im Kapitel über die Schulter aufgreifen, da sie in diesem Zusammenhang am besten dargestellt werden kann.

Übung: Mobilisation der Wirbelsäule

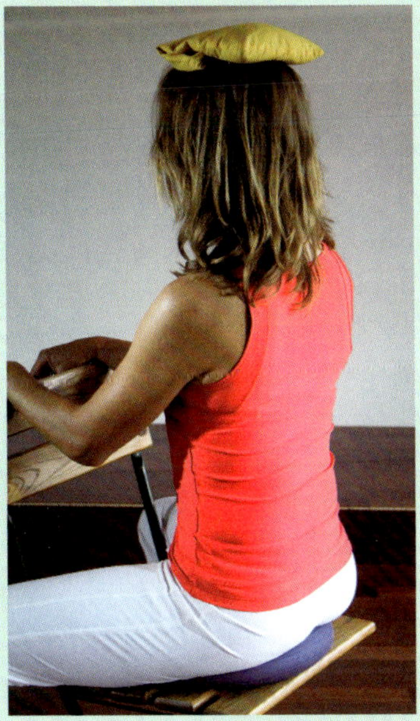

Ausgangsstellung: Setzen Sie sich auf ein Ballkissen. *Legen Sie sich ein* ***Sandsäckchen*** *auf den Scheitel. Genauso gut eignet sich ein Kirschkernsäckchen oder ein Plastikbeutel gefüllt mit ca. 500 Gramm Reis. Tragen Sie dieses Säckchen majestätisch auf Ihrem Haupt.*

Übung: Kreisen Sie mit dem Becken auf dem Ballkissen. *Kippen Sie das Becken nach vorne und hinten. Sie können versuchen, die Bewegung so groß werden zu lassen, dass sie bis in die Brustwirbelsäule weiterläuft.*

Beachten Sie: Tragen Sie das Säckchen so, wie eine afrikanische Wasserträgerin ihren Krug auf ihrem Scheitel balanciert.

Mit dieser Übung mobilisieren Sie die Brust- und Lendenwirbelsäule bei stabilisierter Halswirbelsäule. Genau diese Beweglichkeit benötigen Sie auf dem Pferd. Hier wird die Wirbelsäule vom Becken nach oben bewegt, wobei der Kopf eine weitgehend stabile Position beibehält. Bei einem Einkaufsbummel würden Sie die Bewegungen aktiver in der Halswirbelsäule ausführen, da Sie dabei umherschauen. Beim Reiten ist dies weniger der Fall. Hier reagiert die Halswirbelsäule vermehrt auf Bewegungsimpulse von unten.

Übung: Förderung der Beweglichkeit in der Lendenwirbelsäule

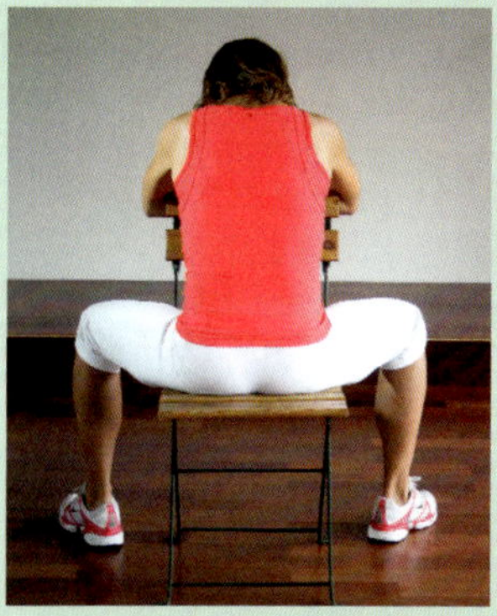

1. Ausgangsstellung: Setzen Sie sich verkehrtherum auf einen ungepolsterten Stuhl und rutschen möglichst dicht an die Rückenlehne heran. **Legen Sie Ihre Unterarme auf die Rückenlehne des Stuhls.** Ihr **Brustkorb kann sich auf den Armen ablegen,** der Kopf ist nach unten abgesenkt.

Übung: Kippen Sie Ihr Becken vor und zurück. Versuchen Sie zu erspüren, ob Sie eine Bewegungsrichtung bevorzugen. Sie sollten es in beide Richtungen spielerisch bewegen können. Wählen Sie nun Ihre Sitzposition so, dass Sie Ihr Gewicht auf den Sitzbeinhöckern platzieren. **Jetzt heben Sie wechselseitig den rechten bzw. den linken Sitzbeinhöcker an.** Dabei entlasten Sie die angehobene Beckenseite und bringen mehr Gewicht auf die andere Seite. Führen Sie diese Gewichtsverlagerung von rechts nach links im Schritttempo aus.

Beachten Sie: Ihr Brustkorb bleibt dabei unbedingt ruhig auf den Armen liegen.

Etwas leichter gelingt Ihnen diese Bewegung, wenn Sie ein Ballkissen als Sitzunterlage hinzunehmen. Durch diese weiche und flexible Unterlage brauchen Sie weniger Kraft und können die feinen Bewegungsabläufe trainieren. Gleichzeitig arbeiten Sie an der Geschmeidigkeit Ihrer Hüftgelenke.

2. Ausgangsstellung: Wie in der Übung vorher. Ballkissen als Unterlage (Bilder oben Seite 83).

Übung: Kreisen Sie auf dem Ballkissen nach rechts und nach links. Probieren Sie dies auch im aufrechten freien Sitzen, ohne den Brustkorb an der Stuhllehne zu fixieren. Es ist ein großer Unterschied, ob Sie die Bewegung ganz unten an der Kontaktfläche zum Ballkissen führen, oder ob Sie die Bewegung vom Bauchnabel ausführen. **Richtig ist es, wenn Sie die Bewegung von ganz unten ausführen.**

Beachten Sie: Wenn Sie die Bewegung vom Bauchnabel ausführen, wird es kaum mehr möglich sein, den Brustkorb still zu halten, denn Sie mobilisieren die Lendenwirbelsäule im Übergang zur Brustwirbelsäule. **Sie sollten aber im Brustkorb ruhig bleiben.**

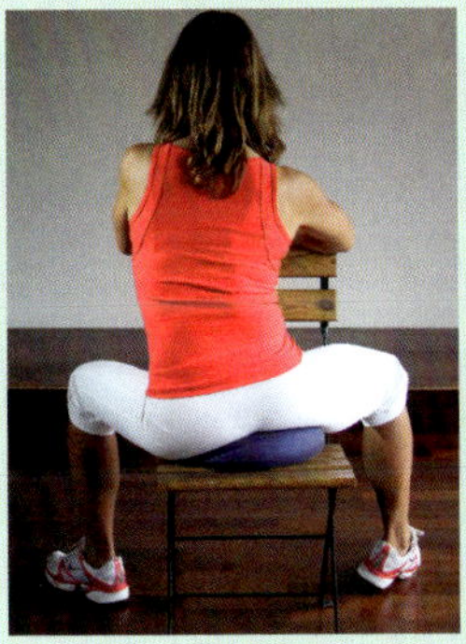

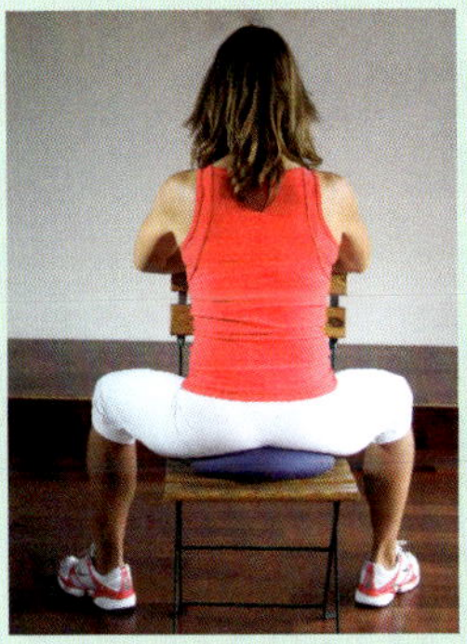

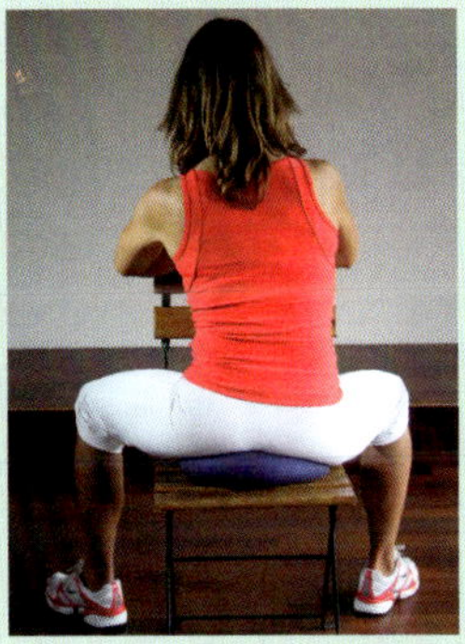

Wenn Sie dagegen die Lendenwirbelsäule nur im oberen Bereich, am Übergang zur Brustwirbelsäule bewegen, ist es möglich, dabei das Becken absolut ruhig zu lassen.

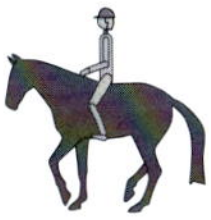

Probieren Sie dies im Sattel aus: Schieben Sie Ihre Lendenwirbelsäule nach vorne und hinten. Die Bewegung wird in Bauchnabelhöhe angeführt. Merken Sie, dass Sie dabei mit Ihrem Becken absolut ruhig sitzen bleiben können? *Für einen flüchtigen Betrachter bewegen Sie sich in der Lendenwirbelsäule und lassen die Schwingungen von unten nach oben weiterlaufen. Diese Lendenwirbelsäulenschwingung bringt keine Gewichtsverlagerung im Sattel mit sich, da Sie sich nur im oberen Teil der Lendenwirbelsäule bewegt haben und den unteren Abschnitt ruhig gestellt ließen.* **Bleiben Sie deshalb mit Ihrer Aufmerksamkeit im Sattel sehr oft ganz unten, an der Stelle, an der Sie mit Ihrem Gesäß den Sattel berühren. Wenn Sie das Becken mit der Pferdebewegung mitschwingen lassen, dann beginnt Ihre Durchlässigkeit für diese Bewegung ganz unten an den Sitzbeinen.**

Sehr interessant ist es, diesen kleinen Unterschied in der Bewegung eines Reiters in Zeitlupe zu beobachten. Hier kann man deutlich sehen, dass der Reiter, der die Bewegung aus der Bauchnabelhöhe aktiviert, keine feinen Gewichtshilfen an das Pferd geben kann.

Reiter, die Nacken- und Halswirbelsäulenprobleme beim Reiten bekommen, *sollten sich unbedingt auf ihre Bewegungsmuster hin beobachten lassen. Diese Reiter* ***können häufig in der Wirbelsäule nicht wellenförmig schwingen,*** *sondern verschieben den Brustkorb gegen das Becken. Sie scheren damit am Übergang von der Lendenwirbelsäule zur Brustwirbelsäule und weiterlaufend am Übergang zwischen Brustwirbelsäule und Halswirbelsäule.*

Übung: Dehnungs- und Entlastungsstellung für die Lendenwirbelsäule

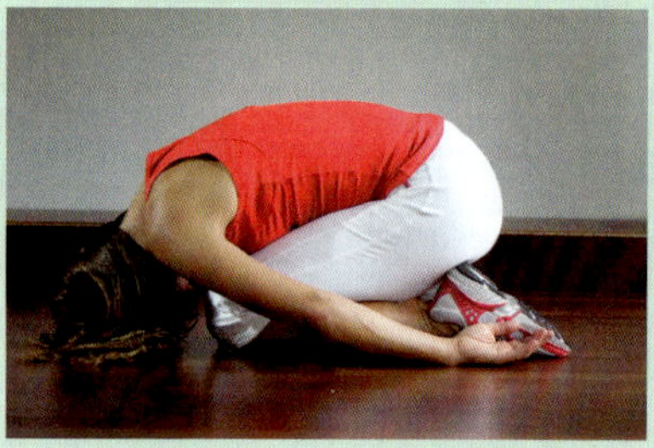

Ausgangsstellung: Päckchensitz, Kopf wird auf der Stirn abgelegt.

Übung: Atmen Sie die Wirbelsäule entlang bis tief in das Becken. Dabei wird der Brustkorb nach hinten gedehnt.

Beachten Sie: Wenn Sie in dieser Ausgangsstellung nicht locker lassen können, legen Sie sich ein Kissen zwischen Oberschenkel und Bauch. Bleiben Sie für ein paar Minuten in dieser Entlastungsstellung.

Übung: Dehnung und Entspannung der Lendenwirbelsäulenmuskulatur

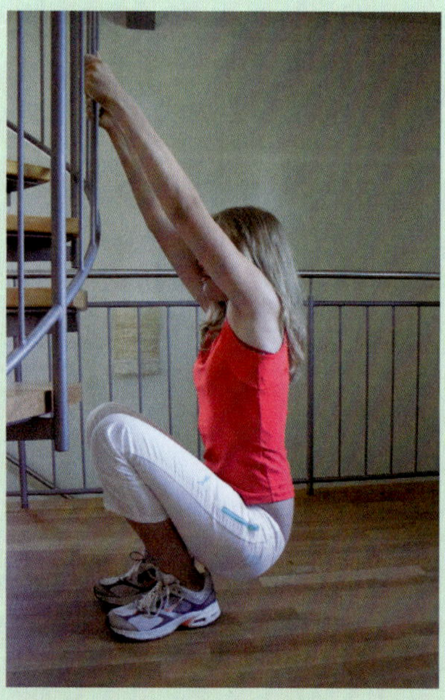

1. Ausgangsstellung: Für diese Übung benötigen Sie ein Treppengeländer oder einen Koppelzaun in Brusthöhe. Sie stehen in etwa einem Meter Abstand davor.
Hängen Sie sich, wie in der Abbildung zu sehen ist, mit den Händen daran und setzen Sie sich nach hinten in die Hocke. Ihr Gewicht hängt an den Armen. Die Füße müssen absolut rutschfest stehen.

Übung: Lassen Sie sich ein paar Minuten einfach nur an den Armen hängen. **Ihr Steißbein strebt in Verlängerung der Wirbelsäule zu einem gedachten Punkt zwischen Ihren Fersen.** Beim Einatmen schicken Sie den Luftstrom entlang der Wirbelsäule bis hinunter ins Becken, wobei Sie die Rückseite des Brustkorbs mit Ihrer Atemluft scheinbar weiten. Beim Ausatmen sinken Sie

→

mit dem Steißbein in Richtung Fersen und lassen Ihr Körpergewicht an den Armen hängen. Überall dort, wo Sie spüren, dass Sie den Zug nach unten anspannen, lassen Sie sich beim nächsten Ausatemzug noch länger werden.

Wenn Ihnen diese Bewegung vertraut ist, können Sie im Sattel Ihr Becken über dieses Längen der Lendenwirbelsäule tiefer nach hinten unten sinken lassen. Ihre Hüftgelenke werden weit, und Sie spüren wie Sie mit den Beinen das Pferd umfassen. Damit haben Sie die Bewegung einer halbe Parade aus dem Sitz ausgeführt. Ob Sie dies eher passiv geschehen lassen, indem Ihr Becken nach hinten unten sinkt, oder ob Sie dabei mehr Körperspannung im Unterbauch benötigen, ist von Pferd zu Pferd unterschiedlich.

***Tipp:** Diese Übung ist auch auf dem Gymnastikball möglich.*

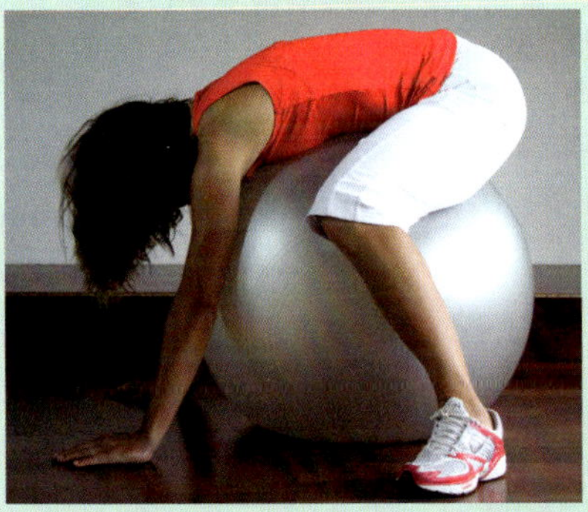

***2. Ausgangsstellung:** Legen Sie sich **mit dem Bauch über den Gymnastikball.** Die Knie bleiben seitlich am Ball, mit den Füßen behalten Sie Bodenkontakt. **Legen Sie Ihren Kopf mit dem Kinn auf den Ball.** Stützen Sie sich mit den Händen auf dem Boden ab. Diese Haltung sollte möglichst bequem für Sie sein. Der Rücken wird dabei vom Kopf bis zum Steißbein nach hinten gerundet.*

***Übung:** Stellen Sie sich vor, Sie hätten ein Schwänzchen. Mit jedem Ausatemzug lassen Sie seine Spitze nach unten sinken. Daran perlen Tropfen zum Boden. Die Atmung streift die Tropfen an der Wirbelsäule entlang über Ihr Schwänzchen nach unten zum Boden ab.*

Übung: Mobilisation der Brustwirbelsäule

Ausgangsstellung: *Hocke. Gymnastikball im Rücken. Sie lehnen mit Ihrer Brustwirbelsäule am Ball. Wenn Sie auf ihm sitzen, können Sie ihn so weit nach vorne rollen lassen, bis Sie in die Ausgangsstellung kommen.*

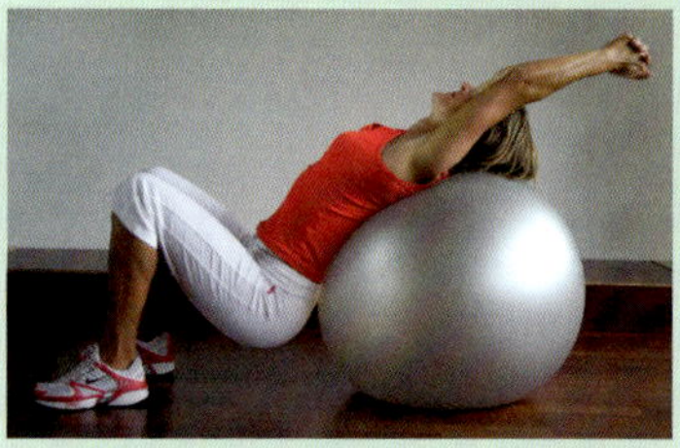

Übung: *Heben Sie die Arme mit angefassten Händen über den Kopf. Dabei wird Ihr Brustbein nach vorne oben gezogen. Der Brustkorb bringt mehr Gewicht auf den Ball.*

Beachten Sie: *Bleiben Sie mit der Lendenwirbelsäule am Ball. Das Steißbein zieht in Richtung Fersen.*

Übung: Drehen wie ein »Wetterhahn im Wind«

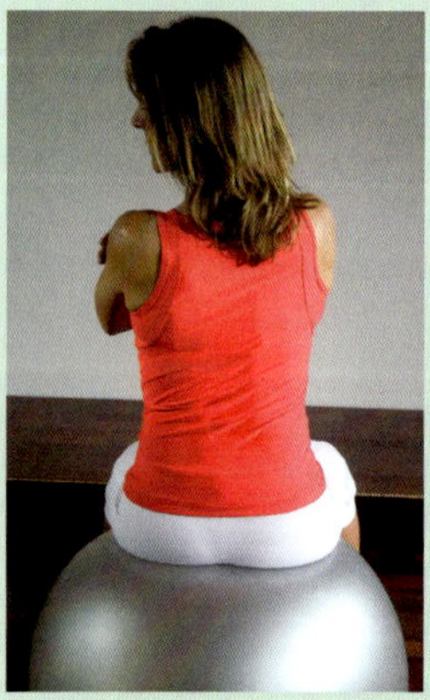

Häufig werden andere Bewegungen mit einer Drehbewegung gemischt. So sehen wir oftmals in unseren Kursen zusammen mit der Drehung eine Kippbewegung, wobei der Brustkorb sich zu einer Seite hin absenkt. Bei einer reinen Drehbewegung im Sitzen kommt es zu keiner Gewichtsverlagerung im Becken, das heißt, beide Sitzbeinhöcker bleiben gleich belastet. Sie drehen in der Wirbelsäule um eine senkrecht stehende Achse, die durch Ihre Wirbelsäule verläuft.

Ausgangsstellung: *Sitz auf einem Ball oder Hocker. Arme vor dem Körper gekreuzt. Hände werden auf der gegenüberliegenden Schulter abgelegt.*

Übung: *Drehen Sie mit dem Brustkorb nach rechts und links. Wenn Sie mit der Zeit die Drehbewegungen ganz klein hin und her pendeln lassen, entspannen Sie dabei die zuständige Muskulatur.*

Beachten Sie: *Denken Sie daran, zu drehen und nicht zu kippen. Stellen Sie sich einen Wetterhahn vor, der sich um seine feststehende Achse dreht. Ihre Brustwirbelsäule bleibt dabei aufgerichtet. Drehen Sie ohne jegliche Gewichtsveränderung unter Ihrem Gesäß auf die rechte und linke Seite.*

Übung: Mobilisation der Wirbelsäule im Bewegungsfluss

Ausgangsstellung: *Setzen Sie sich auf ein Ballkissen.*
Übung: Rollen Sie Ihre Wirbelsäule von unten nach oben auf.
Beachten Sie: Leiten Sie die Bewegung durch eine Beckenkippung ein. *Arbeiten Sie ohne Kraft.* ***Achten Sie darauf, dass die Bewegung geschmeidig wird.***

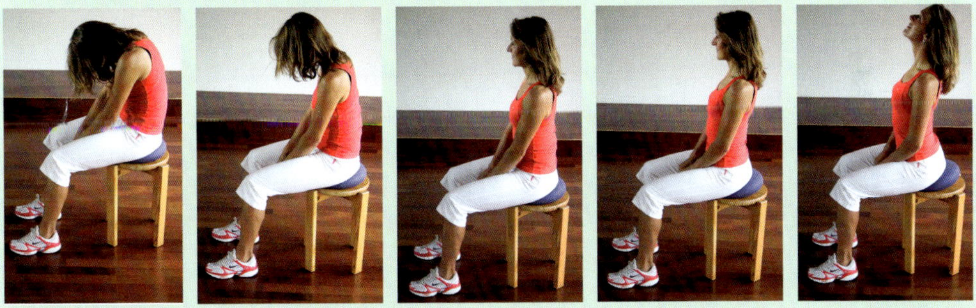

Übung: Stabilisations- und Kräftigungsübungen für den Rumpf

1. Ausgangsstellung: *Bauchlage auf dem Ball. Die Hände stehen schulterbreit auseinander. Die Arme stützen den Brustkorb.* ***Der Ball befindet sich unter den Oberschenkeln,*** *so dass das* ***Becken frei in der Luft getragen*** *wird.*
Übung: Rollen Sie den Ball mit den Beinen unter Ihr Becken und wieder in die Ausgangsstellung zurück.
Beachten Sie: Stützen Sie Ihren Brustkorb mit den Armen aktiv ab. *Lassen Sie ihn nicht in die Schultern hineinhängen.*

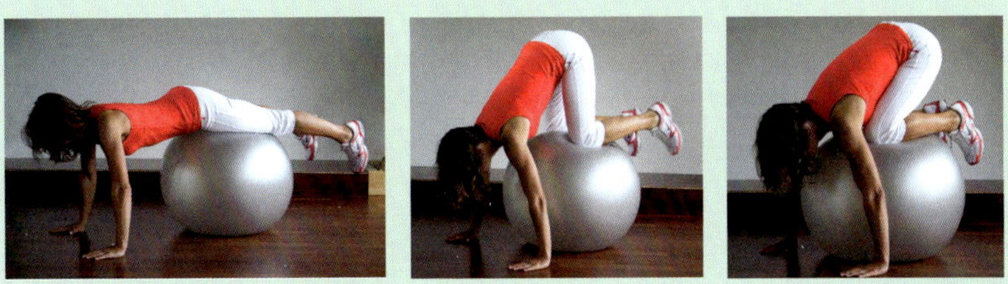

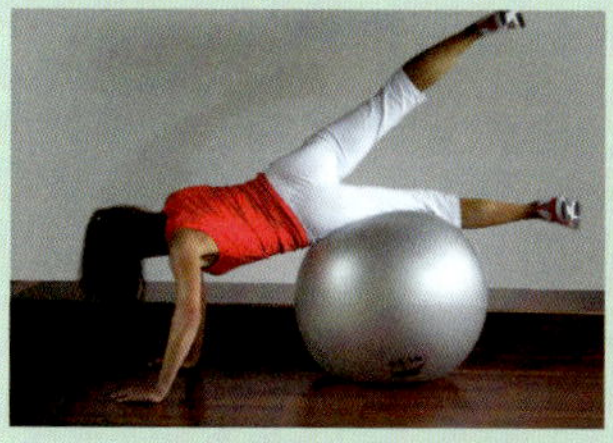
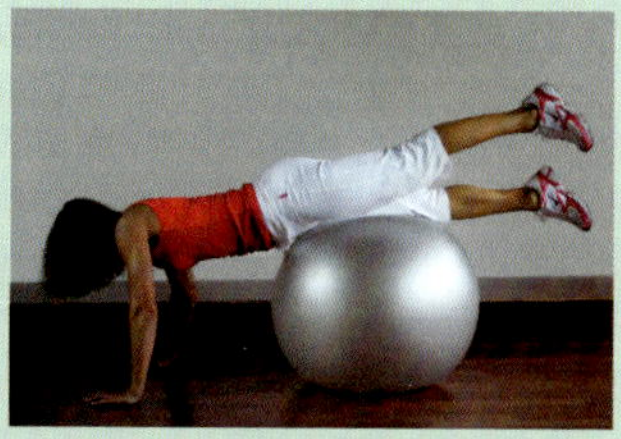
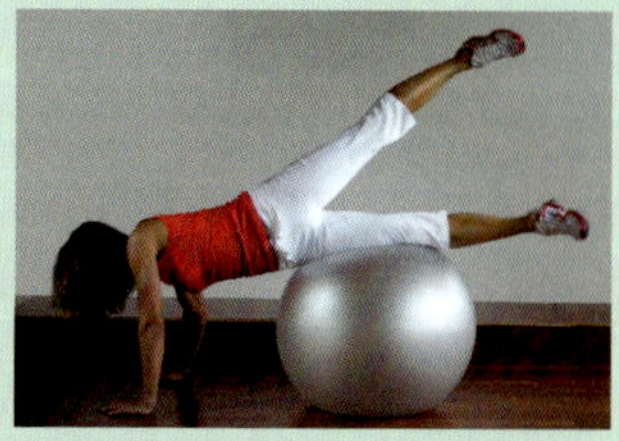

2. Die Schere – Ausgangsstellung: *wie in der vorherigen Übung.*

Übung: *Das rechte Bein leitet die Drehung ein.* ***Die Ferse zieht nach links oben, so dass Sie bis in die Seitlage drehen.*** *Kommen Sie wieder in die Ausgangsstellung zurück. Nun leitet das linke Bein die Drehung ein.*

Beachten Sie: *Stützen Sie Ihren Brustkorb mit den Armen aktiv ab. Lassen Sie Ihren Brustkorb nicht in die Schultern hineinhängen.*

3. Der Flieger *– Diese Übung dient der gezielten Kräftigung der Rückenmuskulatur im Brustwirbelsäulenabschnitt. Sie ist wichtig, wenn Sie in diesem Bereich zu wenig Muskelaktivität haben, um auf dem Pferd die Schulterblätter bei stabilisierter Brustwirbelsäule nach hinten unten zu fixieren. In diesem Fall fällt es Ihnen schwer, aufrecht im Sattel sitzen zu bleiben; Sie bekommen häufig vom Reitlehrer den Auftrag, die Schultern zurückzunehmen, weil diese durch die eingesunkene Brustwirbelsäule nach vorne geraten.*

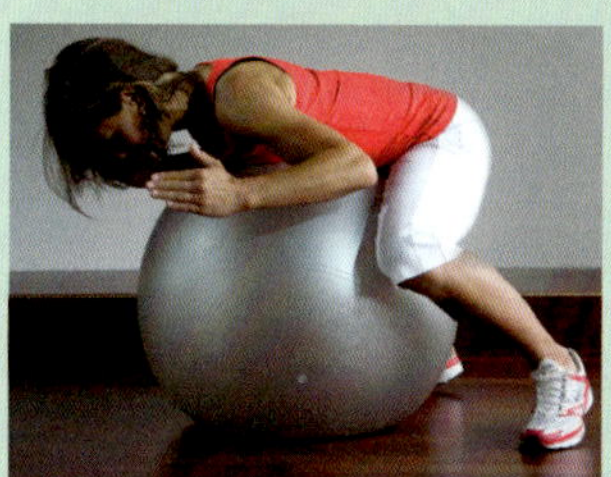

Ausgangsstellung: *Legen Sie sich* ***mit dem Bauch über den Gymnastikball****. Die Knie bleiben seitlich am Ball und mit den Füßen behalten Sie Bodenkontakt. Legen Sie Ihren Kopf mit dem Kinn auf dem Ball ab. Der Rücken wird dabei vom Kopf bis zum Steißbein nach hinten gerundet.*

Übung: *Heben Sie* ***beide Ellenbogen gleichzeitig zur Seite bis in Höhe des Brustkorbes*** *an.* ***Die Hände zeigen dabei mit den Handinnenflächen zu den Schultern.*** *Der Kopf hebt bis in Brustkorbhöhe ab. Dabei zieht das Kinn zum Kehlkopf.* ***Das Brustbein bleibt auf dem Ball liegen.***

Beachten Sie: Lassen Sie Ihren Brustkorb auf dem Ball liegen. Der Unterarm wird parallel zum Boden abgehoben.

Das Becken

Die Beckenbeweglichkeit ist eine Kombination aus Hüftgelenks- und Wirbelsäulenbewegungen. Für den mitschwingenden Sitz beim Reiten ist eine möglichst große Geschmeidigkeit in diesem Bereich erforderlich. Hiermit ist jedoch kein schlaffer Zustand gemeint, sondern die richtige Spannung in der Muskulatur, um die Bewegungen des Pferdes aufzunehmen und darauf einzuwirken. Im Kapitel »Reiten über Gewichtshilfen« werden Sie dazu Trockenübungen auf dem Voltigierbock und Übungen auf dem Pferd finden.

Übung: Für einen geschmeidigen Bewegungsablauf

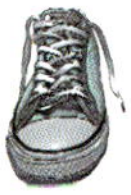

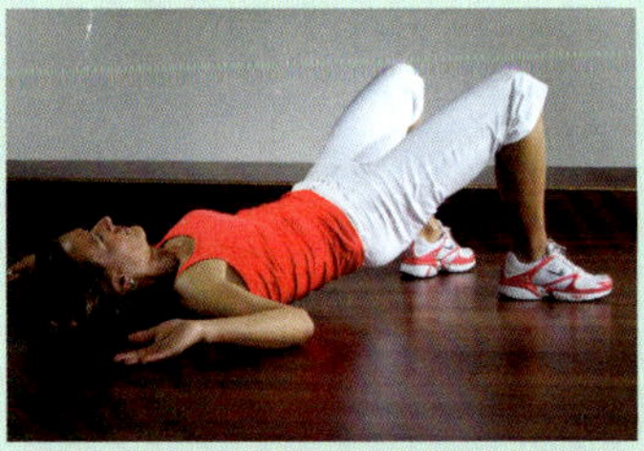

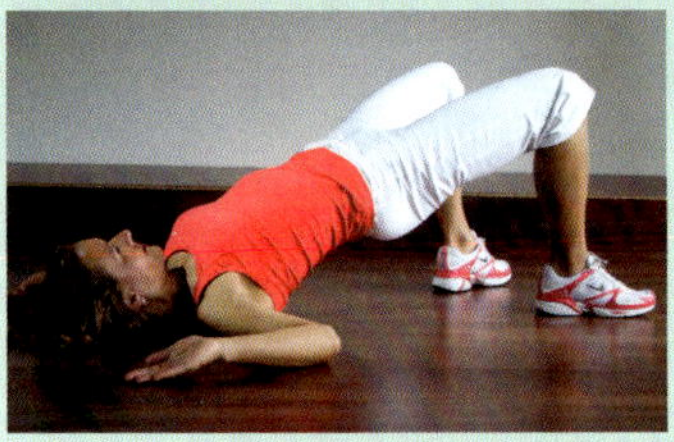

1. Ausgangsstellung: *Rückenlage. Beine vor dem Becken aufstellen. Breiten Sie die Arme in Schulterhöhe neben sich aus.*

Übung: Rollen Sie Ihre Wirbelsäule von unten herauf bis nach oben zu den Schultern ab. *Am Ende bilden Sie eine Brücke von den Füßen bis zum Schultergürtel. Ihre Knie, das Becken und der Schultergürtel bilden eine Linie.* ***Auf dem Rückweg rollen Sie Ihre Wirbelsäule wieder Stück für Stück ab,*** *bis ganz zum Schluss das Becken mit seinem gesamten Gewicht am Boden liegt.* ***Versuchen Sie, diese Rollbewegung immer feiner werden zu lassen.***

Beachten Sie: *Achten Sie darauf, dass Sie* ***die Lendenwirbelsäule nicht als Ganzes abheben, sondern zentimeterweise Wirbel für Wirbel abrollen.*** *Auch in der Brustwirbelsäule können Sie fein abrollen, selbst wenn die Rippen diese Bewegungsmöglichkeit etwas einschränken. Spüren Sie dabei, wie geschmeidig Sie in Ihrem Rücken werden können.*

2. Variation 1

Übung: Begrenzen Sie diese Übung nur auf den unteren Abschnitt der Wirbelsäule. *Sie können dazu Ihre Hände seitlich an die Beckenkämme legen, um die Bewegung noch besser spüren zu können. Stellen Sie sich vor, Sie lägen auf dem Ziffernblatt einer Uhr. Ihr Steißbein liegt auf der 6 und die untere Lendenwirbelsäule liegt auf*

→

Für einen geschmeidigen Bewegungsablauf

der 12. Kippen Sie Ihr Becken so, dass Sie mit dem Steißbein die 6 antippen und dann zur 12 kippen, um dort mit dem oberen Kreuzbeinrand anzutippen. Rollen Sie Ihr Kreuzbein auf dem Ziffernblatt wie ein Wiegemesser hin und her.

Beachten Sie: Dabei sollten Sie weder mit den Beinen nachhelfen, indem Sie sich von den Fersen abdrücken, noch sollten Sie das Gesäß dabei anspannen. Der Druck unter den Fersen bleibt gleich. Die Bewegung wird über die Aktivität der Rückenstrecker und der geraden Bauchmuskeln angeführt. Dabei kommt es zu einer Kombinationsbewegung in den Hüftgelenken und der Lendenwirbelsäule. Genau diese Bewegung müssen Sie auch auf dem Pferd sitzend ausführen können, ohne dabei mit den Beinen oder dem Gesäß mitzuhelfen. Dazu finden Sie eine Übung auf dem Voltigierbock.

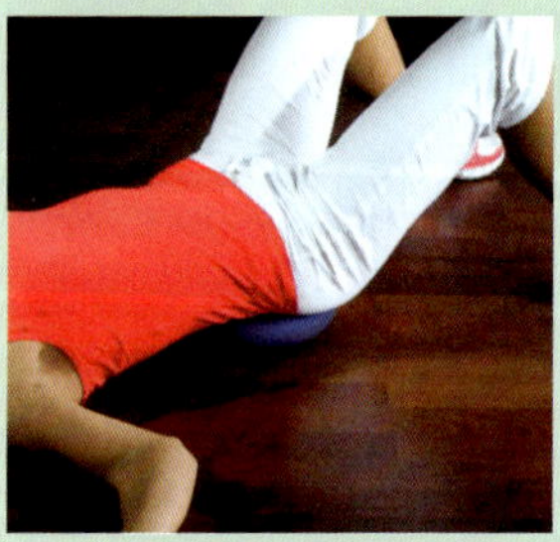

3. Variation 2
Ausgangsstellung: Rückenlage. Beine aufgestellt. Ballkissen unter dem Becken.

Übung: Die Beweglichkeit des Kissens ermöglicht Ihnen eine leichtgängige Mobilisation in der Lendenwirbelsäule.

Beachten Sie: Diese Form der Mobilisation hat eine entspannende Wirkung auf die Lendenwirbelsäulenmuskulatur. Probieren Sie dies einmal zur Kurzerholung aus, wenn Sie nach einem anstrengenden Tag nach Hause kommen.

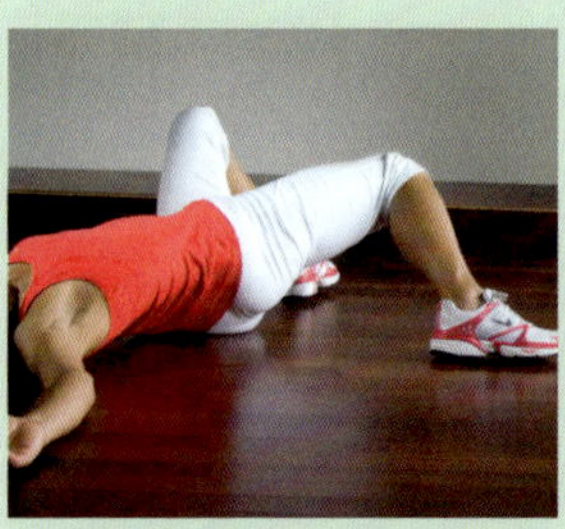

4. Ausgangsstellung: Wie in der ersten Übung.

Übung: Rollen Sie mit dem Becken auf die linke Beckenseite, indem Sie sich mit dem rechten Fuß vom Boden abdrücken. Das linke Knie darf mit in die Drehrichtung nach links in Richtung Boden sinken. Dabei behalten Sie mit der rechten Fußsohle Kontakt zum Boden.

Das rechte Knie sollte auf seinem Ausgangsplatz bleiben und nicht dem Bestreben erliegen, nach innen zu kippen. Sie können sogar ver-

suchen, es in Verlängerung des Oberschenkels nach unten und außen zu schieben. Die Schultern bleiben beidseitig am Boden liegen. Kommen Sie wieder in die Ausgangsstellung zurück und führen Sie diese Bewegung auf der anderen Seite aus.

Beachten Sie: *Achten Sie darauf, dass die Bewegung im Hüftgelenk geschmeidig wird und Sie* ***dabei nicht ins Hohlkreuz ziehen****.*

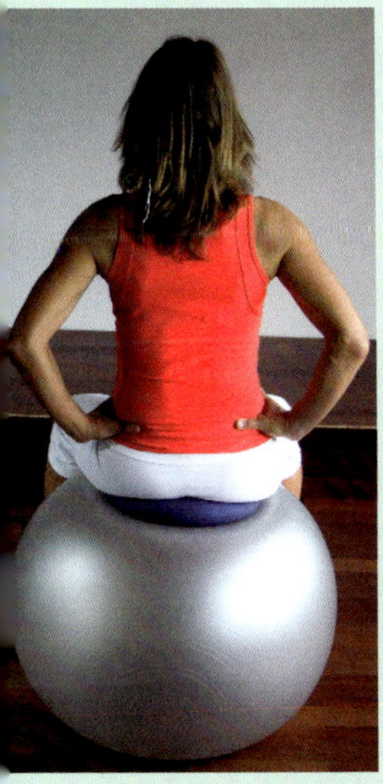

5. Ausgangsstellung: *Setzen Sie sich auf einen Gymnastikball mit Ballkissen. Die Füße stehen mehr als hüftbreit auseinander.*

Übung: *Beginnen Sie nun, mit dem Ball kleine Achten zu beschreiben. Rollen Sie ihn locker auf den Achterschleifen und lassen Sie dabei Ihre Hüftgelenke an der Bewegung teilhaben. Die Bewegung in Becken und Hüftgelenk soll möglichst geschmeidig und fließend werden.*

Beachten Sie: *Vielleicht stellen Sie Unterschiede auf Ihrer Achterschleife fest. Eventuell fühlen Sie sich zu einer Seite wohler oder haben ein besseres Gespür für die Bewegung. Dafür fühlt sich die andere schwammiger an. Seitendifferenzen sind dabei gar nicht so selten. Üben Sie das Gefühl für die Bewegung auf der »unbeholfeneren« Seite.*

6. Verbesserung des Bewegungsablaufes im Leichttraben
Mit dieser Übung bekommen Sie ein Gefühl für die Senkrechte beim Aufstehen im Leichttraben.

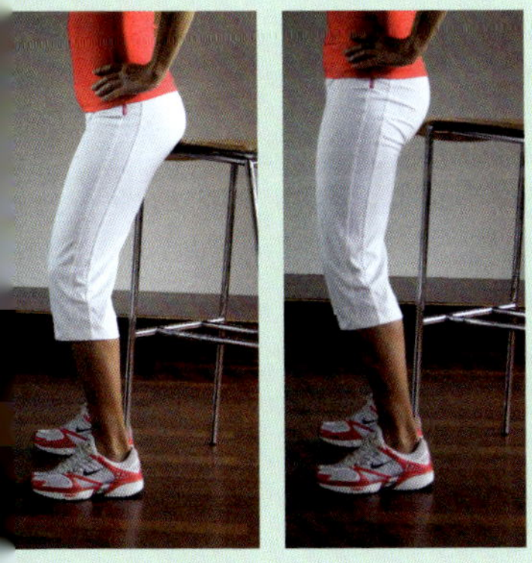

Ausgangsstellung: *Setzen Sie sich auf die Ecke einer Tischplatte oder eines Barhockers. Die Beine stehen unter Ihrem Becken, das Gewicht ist auf Beinen und Gesäß gleichmäßig verteilt.*

Übung: *Der Bewegungsimpuls zum Aufstehen kommt aus den Hüftgelenken. Stehen Sie nun auf, indem Sie die Hüftgelenke nach vorne oben schieben.*

Beachten Sie: *Bleiben Sie im Oberkörper senkrecht.*

Die Schultern

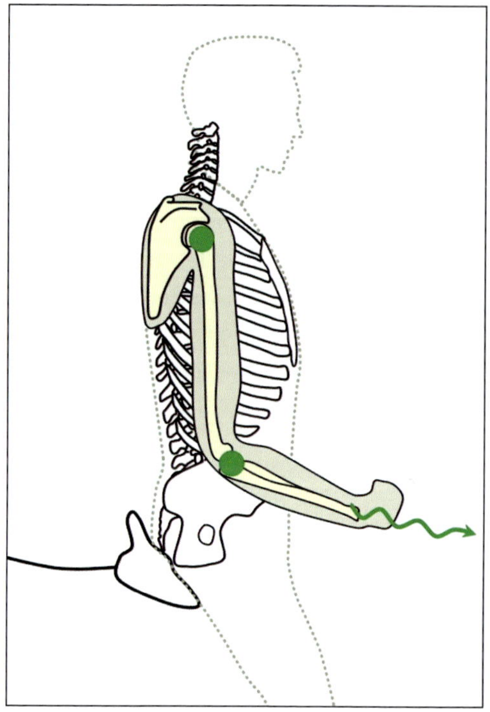

Sie werden sich vielleicht fragen, warum wir der Schulter in diesem Buch einen größeren Abschnitt widmen. Der Schulterbereich soll doch ruhig gehalten werden, die Arme sich möglichst wenig bewegen. Das ist richtig und gerade deshalb muss auch der Beweglichkeit der Schulter Aufmerksamkeit geschenkt werden. Denn eine Bewegung entsteht in der Schulter nicht nur, wenn Sie den Arm aktiv heben. Beweglichkeit wird auch gefordert, wenn Sie Bewegungen, die sich vom Rumpf auf den Arm übertragen, abfangen und zugleich auf die Bewegungen des Pferdes fein reagieren möchten. Dazu müssen Sie das Schulterblatt vom Arm getrennt bewegen oder fixieren können.

Das Schulterblatt ist kaum in unserer Wahrnehmung, bildet aber die Gelenkpfanne für das Schultergelenk und stellt den Gegenpart zum Oberarm dar. Das Gelenkspiel in der Schulter entsteht durch ein Bewegungszusammenspiel vom Arm und Schulterblatt. Eine sinnvolle Bewegung im Arm kann nur mit Beteiligung des Schulterblatts stattfinden. Dabei wird das Schulterblatt am Anfang der Armbewegung auf dem Brustkorb stabilisiert und erst bei einer weiteren Armbewegung folgt es mit in die Bewegung. Diese stabilisierende Fähigkeit geht oft verloren. Dabei wird die Muskulatur, die vom oberen Schulterblattrand zum Hinterhaupt zieht, überbeansprucht und reagiert mit deutlichen Verspannungen. Die Armbewegung entwickelt sich zu einem Bewegungsmischmasch von Arm, Schulterblatt und Wirbelsäule.

Die Aufforderung des Reitlehrers: »Nimm Deine Schultern zurück« wird dann in einem Großeinsatz von Bewegungskombinationen ausgeführt. Anstatt das Schulterblatt weiter hinten und unten auf dem Brustkorb zu platzieren, dort, wo es hingehört, werden die Schultern nach unten gepresst, die Brustwirbelsäule bis zur Lendenwirbelsäule überstreckt, womit das Becken an Sattelkontakt verliert. Die Stellung der Brustwirbelsäule ist ebenso wichtig für eine ökonomische Armbewegung.

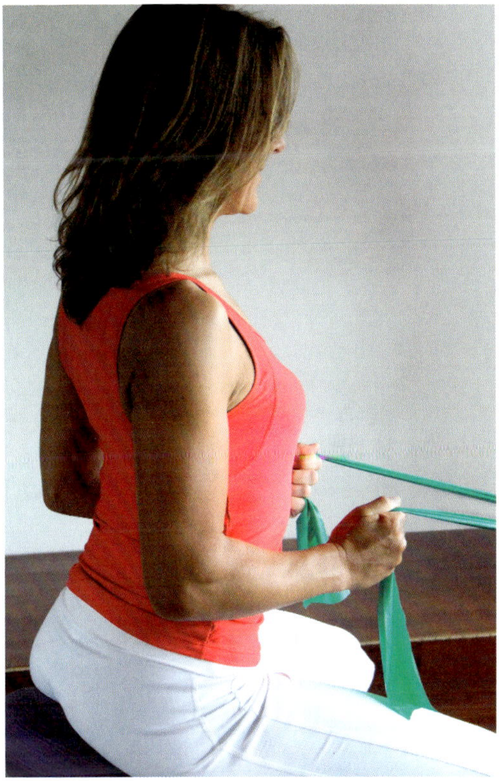

Versuchen Sie bei eingesunkenem, krummem Oberkörper die Schultern zurückzunehmen.
Wenn Sie aus dieser Stellung heraus die Schultern hochziehen, werden dabei ganz andere Muskelbereiche tätig, als wenn Sie sie bei aufgerichteter Wirbelsäule anheben. Bei überstreckter Brustwirbelsäule mit Hohlkreuz, wie auf dem Bild auf dieser Seite zu sehen, wird die Schulterbewegung fest. Der Ellbogen und das Handgelenk werden ebenfalls fest und können nicht mehr fein reagieren.
Die anschließenden Übungen schulen Ihre Schultergelenksfunktionen so, wie sie beim Reiten nötig sind. Einige dieser Übungen könnten genauso gut im Abschnitt über die Halswirbelsäule stehen. Im Kapitel über die Wirbelsäule haben wir die Halswirbelsäule nicht genauer behandelt, da wir diese in Verbindung mit der Schulter sinnvoller darstellen können.

Übung:
Die Schulter in Kombination mit der Kopfhaltung

Mit dieser Übung ist die isolierte Schulterbewegung ohne gleichzeitige Halswirbelsäuleninstabilität gut erlernbar.

1. Ausgangsstellung: Stand. **Lehnen Sie sich mit dem Rücken und dem Kopf an eine Wand.** Stellen Sie Ihre Füße etwa eine Fußlänge davor, so dass Sie mit leicht angebeugten Knien bequem an der Wand lehnen können. Stellen Sie sich vor, Sie würden einen Wasserkrug auf dem Scheitel balancieren.

Übung: Heben Sie beide Schultern an, ohne dabei Ihren Wasserkrug ins Wanken zu bringen. **Die Schultern wandern in Richtung Kopf, dort, wo Sie mit Ihrem Hinterhaupt die Wand berühren.** Spielen Sie ein wenig mit Ihren Schultern. Heben Sie sie an und lassen sie wieder nach unten fallen. Es kann gut sein, dass das Heben der Schultern unrund läuft, die Bewegung noch nicht fließend ist. Mit der Zeit werden Sie aber merken, wie Sie die Bewegung geschmeidig führen können.

Heben Sie die Schultern auch einmal **nach vorne in Richtung Kinn an,** dann mittig zu den Ohren hoch, dann **wieder zum Hinterhaupt. Führen Sie die Bewegung symmetrisch und auch gegenläufig aus.** Üben Sie dann die Schultern einzeln zu bewegen. Prägen Sie sich das Gefühl ein, wie Sie dabei Ihren Wasserkrug weiterhin majestätisch auf dem Kopf balancieren.

Nun lassen Sie die Schultern bewusst auf Ihrem Brustkorb ruhen, ohne dabei im Schultergürtel starr zu werden. Jetzt können Sie dabei auch **einen Tennisball von einer Hand in die andere werfen** oder mit einem imaginären Stift etwas in die Luft schreiben. Die Armbewegung wird leicht und frei.

Beachten Sie: Die gesamte Wirbelsäule behält Kontakt zur Wand. Die Lendenwirbelsäule würde vielleicht gerne nach vorne in ein Hohlkreuz wandern, was Sie jedoch nicht zulassen.

→

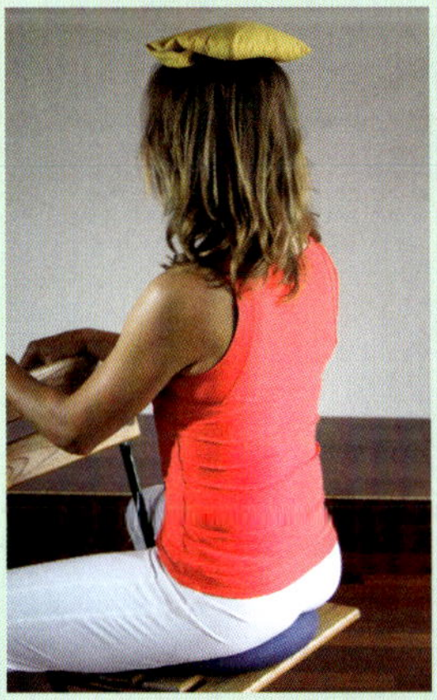

2. Variation 1 – Ausgangsstellung:
Sitz. Säckchen auf dem Scheitel.

Übung: Schieben Sie das Sandsäckchen in Richtung Decke, wobei sich an Ihrer Beckenposition nichts verändert. *Dabei längen Sie die Halswirbelsäule. Das Kinn wandert ein klein wenig in Richtung Ihres Brustbeines.*

Das Säckchen zu tragen hilft nicht nur, einen konkreten Bezugspunkt zu haben, sondern es wird auch als äußerst wohltuend empfunden. Sie können dabei die Nackenmuskulatur bewusster einsetzen und die anschließende Entspannung besser spüren. Wenn Sie eine sitzende Tätigkeit ausüben und unter Verspannungen im Nacken-/Schulterbereich leiden, ist dies ein wohltuender Ausgleich für die strapazierte Muskulatur.

Spielen Sie mit kleinen Bewegungsausschlägen nach oben und wieder in die Ausgangsstellung zurück. Mit der Zeit dürfen Sie dem Einsinken nach unten mehr nachgeben. Lassen Sie dabei den Hinterkopf in den Nacken sinken und das Kinn nach vorne wegrutschen. Die Brustwirbelsäule sinkt in sich zusammen, wodurch die Schultern nach vorne hängen. Dann wachsen Sie wieder nach oben hinaus und finden dabei die aufgerichtete Position, bei der Sie möglichst wenig Kraft einsetzen müssen und trotzdem eine erhabene, majestätische, aber bewegliche Position für Ihren Kopf haben.

Jetzt können Sie die Schultern genauso auf dem Brustkorb verschieben, anheben, kreisen lassen und mit den Händen in die Luft schreiben, wie in der vorherigen Übung bereits dargestellt.

⟶

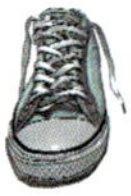

3. Dehnen des großen Brustmuskels

Mit dieser Dehnübung öffnen Sie die vordere Schulterpartie und ermöglichen Ihrer Schulter mehr Bewegungsfreiheit nach hinten. Dadurch können Sie die Schultern besser nach hinten sinken lassen und die Brustwirbelsäule dabei aufrichten.

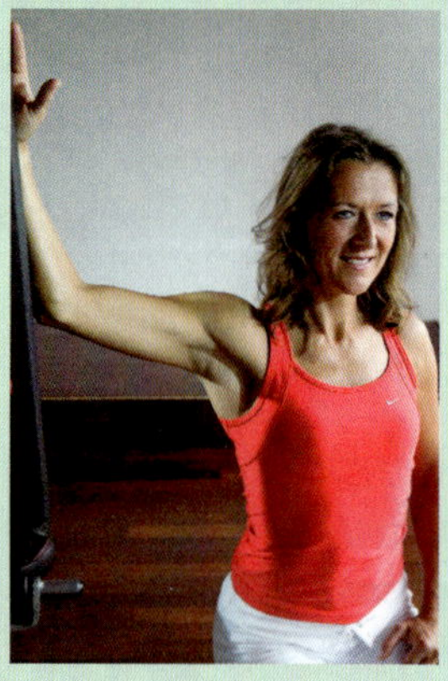

Ausgangsstellung: *Setzen Sie sich dazu auf einen Stuhl an eine Türöffnung. Ein Drehstuhl eignet sich besonders gut. Sie sitzen nach oben aufgerichtet auf Ihren Sitzbeinhöckern. Die Wirbelsäule baut sich senkrecht über dem Becken auf. Ihren rechten Unterarm legen Sie über Kopfhöhe an den Türpfosten.*

Übung: *Nun drehen Sie Ihren Oberkörper nach links gegen den Widerstand des rechten Unterarmes. Die Schulter wird dabei nach unten gezogen. Bei dieser Übung kommt es zu einer Dehnung vom Brustbein bis über die Schulter in den Arm. Halten Sie diese Dehnstellung über mehrere Atemzüge. Während der Ausatmung können Sie die Dehnung ein klein wenig verstärken, indem Sie sich etwas mehr vom Unterarm wegdrehen und den Brustkorb beim Ausatmen bewusst nach unten einsinken lassen. Verändern Sie dann Ihre Armstellung. Stützen Sie sich eine Handbreit tiefer im Türrahmen ab und dehnen Sie aus dieser Stellung heraus. Sie können im Laufe einer Dehneinheit den Arm bis herunter auf Schulterhöhe abstützen. So dehnen Sie alle wichtigen Muskelstränge des großen Brustmuskels.*

Beachten Sie: *Dabei ist wichtig, dass das Gewicht auf Ihren Sitzbeinknochen gleichmäßig verteilt bleibt.*

→

Beim Aufsatteln in der Box können Sie diese Übung schnell und unkompliziert folgendermaßen variieren: *Sie stellen sich dazu in einen Türrahmen und legen Ihren rechten Arm über Kopfhöhe an den Türpfosten. Begeben Sie sich in eine Schrittstellung, so dass Ihr rechtes Bein vorne steht. Jetzt schieben Sie Ihr Körpergewicht so weit auf das vordere Bein, bis ein deutlicher Zug auf der Brustkorbvorderseite bis zum Oberarm hin entsteht.*

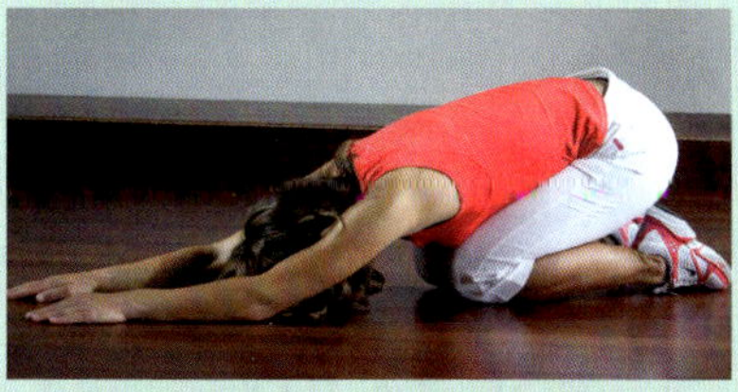

4. Ausgangsstellung: *Begeben Sie sich für diese Übung auf den Boden in den Vierfüßlerstand. Setzen Sie sich auf die Fersen und führen Sie Ihre Hände möglichst weit auf dem Boden nach vorne.*

Übung: *Sie sollten hier nur fein mit Hilfe der Atmung dehnen. Beim Einatmen darf sich der Brustkorb deutlich in den Rücken und in die Seiten hinein weiten. Versuchen Sie den Zug von diesem Arm stetig weiterstreben zu lassen. Der Brustkorb darf sich dabei zur Seite hin dehnen.*

Beachten Sie: *Auf keinen Fall drücken Sie mit dem Brustkorbgewicht nach unten.*

→

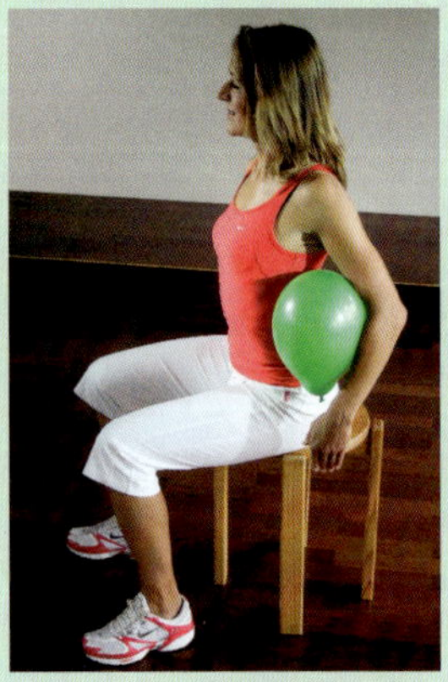

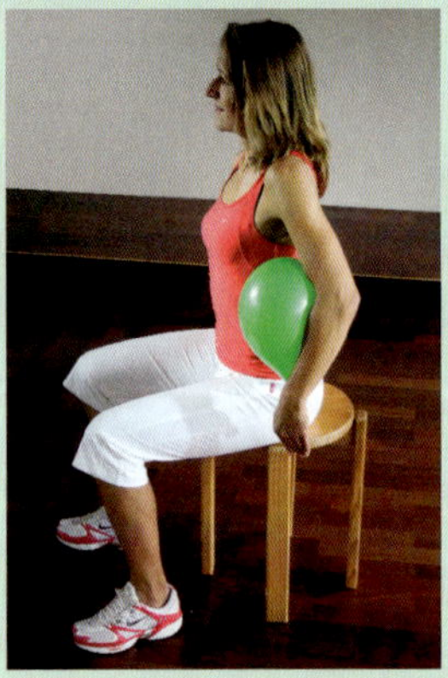

*5. **Ausgangsstellung:** Setzen Sie sich dazu auf einen Stuhl oder einen Hocker. Schieben Sie sich einen Luftballon unter die linke Achsel, so dass sich der Arm darauf bequem ablegen kann.*

***Übung: Verschieben Sie die Schulter auf dem Brustkorb, ohne den Luftballon einzuklemmen.** Kreisen Sie mit der Schulter nach hinten, und betonen Sie dabei die Kreisbahn nach hinten unten. Machen Sie eine Pause, indem Sie nur Ihren Arm auf dem Luftballon unter der Achsel ruhen lassen. Genießen Sie es, Ihren Brustkorb mit der Atmung zur Seite hin in den Luftballon zu schicken. Der Luftballon trägt Ihre Atemwelle weiter in den darauf ruhenden Arm. Ihre Achsel wird bei jedem Atemzug weiter. Stellen Sie sich vor, wie Sie durch Ihre Atmung Luft unter Ihren Flügel bekommen. Genießen Sie dieses weite und leichte Gefühl. Nun können Sie wieder die Schulter auf dem Brustkorb verschieben. Das Schultergelenk ist jetzt so gelöst, dass Sie diese Schulterverschiebung locker machen können, ohne dabei mit dem Arm den Luftballon einzuklemmen.*

***Beachten Sie:** Damit es zu keiner Bewegungskombination von Schulter und Brustkorb kommt, müssen Sie Ihre Brustwirbelsäule stabilisieren. Es ist sehr verlockend, bei der Kreisbewegung nach hinten unten gleichzeitig die untere Brustbeinspitze zur Decke zu schieben oder mit dem Brustkorb zur rechten Seite hin auszuweichen. Um diesen Ausweichbewegungen besser gegensteuern zu können, legen Sie sich ein Sandsäckchen auf den Scheitel (wie in diesem Kapitel in der 2. Übung auf Seite 95 beschrieben).*

→

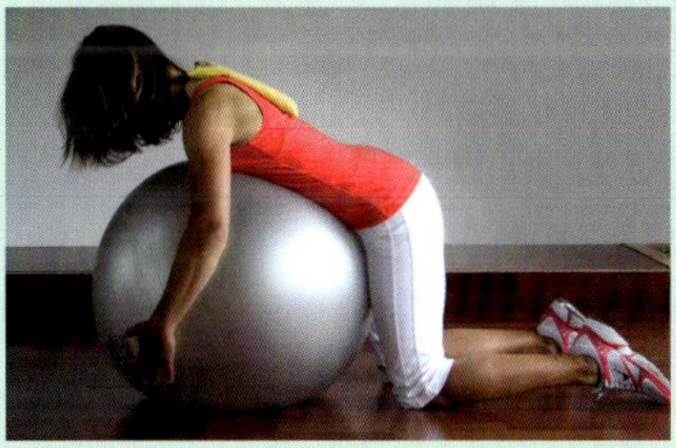

*6. **Ausgangsstellung:** Legen Sie sich mit dem Bauch über den Gymnastikball. Platzieren Sie ein Säckchen zwischen den Schulterblättern. Die Hände liegen entspannt auf dem Ball.*

***Übung:** Richten Sie sich in Ihrer Wirbelsäule so weit auf, dass Sie mit der unteren Brustbeinspitze am Ball bleiben. Nun versuchen Sie, mit den Schulterblättern das Säckchen einzuklemmen.*

***Beachten Sie:** Achten Sie darauf, dass Ihre Hände weiterhin entspannt auf dem Ball liegen bleiben können*

5 Die Schiefe des Reiters

In diesem Kapitel beschäftigen wir uns mit der Schiefe des Reiters innerhalb seines Körpers und seiner Bewegungsabläufe. Dabei erklären wir die verschiedenen Ursachen der seitlichen Abweichungen. Das Abweichen in die Vor- oder Rücklage greifen wir jedoch erst im Kapitel über das Gleichgewicht des Reiters auf. In diesem Kapitel zeigen wir Ihnen zuerst einige Beispiele. Anschließend finden Sie Lösungsvorschläge und Übungen für schiefe Reiter.

Sobald das Thema Schiefe angesprochen wird, denkt der Reiter an die natürliche Schiefe des Pferdes. Darüber ist viel zu lesen, von den möglichen Ursachen bis zu ihren Auswirkungen in der Reitbahn. So oft hört man, dass das Pferd auf einer Hand weniger gut geht, weil es eben eine gute und eine schlechte Seite hat. Spätestens dann, wenn ein anderer Reiter diese Seitenunterschiede bei Ihrem Pferd nicht wahrnehmen kann, sollten Sie aber nachdenklich werden. Häufig weiß ein Reiter mehr über die »Verbiegung« seines Pferdes als über seine eigenen Asymmetrien und Schiefhaltungen. Diese Ungleichheit der Bewegungsabläufe von rechts und links beruht nicht nur darauf, dass wir Rechts- oder Linkshänder sind.

Schon bei einer Bewegungseinschränkung in nur einem Gelenk verändert sich die Bewegungssymmetrie. Zum Beispiel bei einer Kniegelenksverletzung sieht man das sehr deutlich. Das gesunde Bein trägt vermehrt das Körpergewicht. Das betroffene Bein wird entlastet und geschont. Der Patient hinkt, wodurch der Bewegungsfluss im Gehen unterbrochen ist. Er geht nicht mehr im Takt. Durch die Fehlhaltungen entstehen Muskelverspannungen bis hin zu akuten Folgeschäden.

Leider ist es nicht so, dass diese Kettenreaktion von Bewegungsveränderungen ebenso schnell verschwindet, wie sie mit Beginn der Knieverletzung entstanden ist. Wenn die Schonhaltung lange genug andauert, bleibt sie oft bestehen. Das Knie ist längst gesund und tut nicht mehr weh, trotzdem entlasten Sie dieses Bein weiterhin unbewusst. Die Muskeln wurden nicht konsequent auftrainiert. Ihre Schrittlänge hat sich unmerklich verändert. Das Bein bleibt weiterhin etwas zurückgenommen, das Becken hat sich mit verdreht. Vielleicht merken Sie davon nichts, denn Sie haben sich an diese kleinen Veränderungen gewöhnt und sie als normal und symmetrisch angenommen. Aber Ihr Pferd wird es merken!

Die zurückgenommene Beckenseite und die unterschiedliche Gewichtsbelastung spürt Ihr Pferd. Auch einen gestörten Bewegungsfluss nimmt es wahr. Und schon geht Ihr Pferd auf einer Hand schlechter. Sie werden es auf die Kälte im Winter schieben. In dieser Jahreszeit ist es immer etwas steifer und ungelenker. Oder könnte es sich den Rücken gezerrt haben? Sie denken darüber nach, einen Physiotherapeuten für Ihr Pferd kommen zu lassen.

Dieses Beispiel soll Ihnen die Kettenreaktion veranschaulichen, welche durch eine Asymmetrie des Reiters entstehen kann. Dafür müssen Sie nicht einmal eine Verletzung gehabt haben. Genauso wie Ihr Pferd sind auch Sie nicht absolut gerade und symmetrisch. Viele Menschen entwickeln eine Seitendifferenz oder eine Bewegungseinschränkung im Laufe ihres Lebens. Um gut reiten zu können, müssen Sie Ihren Körper kennen und solche Bewegungsunterschiede beheben. Denn nur so können Sie Ihrem Pferd klare und eindeutige Hilfen geben.

Reiter in Schieflage sehen wir sehr häufig. Dieses Thema ist ein alltägliches Reiterproblem. Da die Schiefe im Körper auf dem Pferd nicht immer spürbar ist, wissen viele Reiter gar nicht, wann sie schief sitzen. Auch hier hat sich die Videoanalyse als sehr hilfreich erwiesen.

Die Ursachen für Einseitigkeiten im Bewegungsablauf sind:

- 1. Einseitige Tätigkeit über mehrere Stunden: Arbeit am Schreibtisch
- 2. Bewegungsgewohnheiten: Rechtshänder, Linkshänder, einseitige körperliche Betätigungen
- 3. Bewegungseinschränkungen: vor allem von Hüftgelenken und Wirbelsäule
- 4. Muskuläre Schwächen oder Verspannungen

Zuerst muss die Achsenabweichung des Reiters genau analysiert werden

Es gibt viele Variationen von Schiefhaltungen. Was macht der Reiter und in welcher Situation tritt die Schiefe auf? Häufig ist sie eine Kombination aus einer Seitneigung, einer seitlichen Verschiebung (z.B. des Brustkorbs) und einer Körperverdrehung. Kommt sie aufgrund einer Unbeweglichkeit (z.B. Hüftgelenk) zustande? Ist sie eine Reaktion auf Gleichgewichtsprobleme? Wird sie zur Steuerung des Pferdes eingesetzt? Die genaue Ursache der Schiefe muss erst herausgefunden werden, um eine sinnvolle Korrektur anschließen zu können.

Um die Bewegungen genau analysieren zu können, wenden wir die Videoanalyse an. Denn wenn eine gefilmte Sequenz wiederholt betrachtet wird, auch in Zeitlupe, werden uns und dem Reiter die Fehlhaltung und ihre Gründe häufig erst bewusst. Wir können die Situation mit etwas zeitlichem Abstand mehrmals hintereinander ansehen. Unsere zentrale Frage dabei lautet: **Warum macht der Reiter das? Was bringt ihm diese Fehlhaltung, welchen Nutzen zieht er daraus? So gelingt es uns, an das reiterliche Grundproblem zu gelangen.**

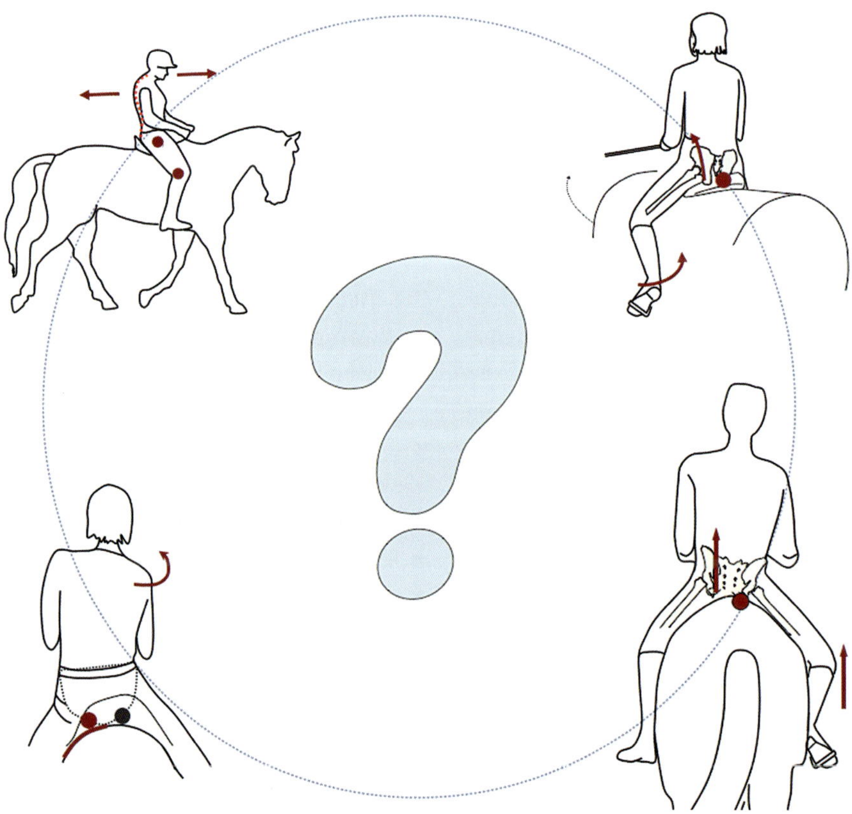

Verschiedene Ursachen für eine Schiefe des Reiters

Zum besseren Verständnis ein paar Beispiele:

1. Ein **Wirbelsäulenproblem** des Reiters führt zu einer einseitigen Beckenbelastung. Dadurch kommt es zu einer Verschiebung der Wirbelsäule und des Brustkorbs. Die Folge ist ein Schulterschiefstand.

2. Wenn der Reiter sein Gewicht nicht optimal zum Schwerpunkt des Pferdes ausrichten kann, wird er immer wieder durch dessen Bewegungen aus dem Lot gebracht. In schnelleren Gangarten, besonders in Wendungen, wird er nach außen gesetzt und kann dies nicht anders korrigieren, als seinen Beckenschiefstand im Körper zu kompensieren. Am sichtbarsten wird hier wieder ein Schultertiefstand in der Wendung.

3. Genauso kann eine einseitige Beckenbelastung mit einer Schiefe im Körper dadurch entstehen, dass der Reiter mit **zu viel Kraft** einseitig einwirkt und sich dabei aus dem Sattel hebelt. Auch in diesem Fall würde eine Korrektur am Schultertiefstand nicht das Grundproblem des Reiters beheben.

4. Bewegungsgewohnheiten eines Reiters können sich ebenfalls in einer Schiefe zeigen.
Dies sehen wir häufig bei Reitern, die viel am Schreibtisch sitzen und dabei über mehrere Stunden eine Schiefhaltung einnehmen. Hier kann die Ursache für einen Schultertiefstand tatsächlich im Bereich der Schulter zu finden sein.

Bei den vier Beispielen entwickelt sich bei jedem Reiter ein Schulterschiefstand.
Wobei dieser jedoch als Symptom gesehen werden kann. Die Ursache für diese Schiefe ist jeweils

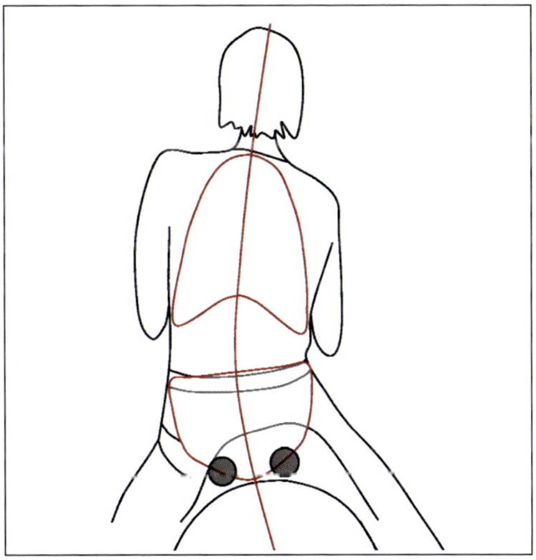

eine andere. Solange ihre Auswirkung (Schulterschiefstand) korrigiert wird, kann der Reiter sie nur für kurze Zeit beheben und wird immer wieder in seine Schiefe zurückfallen.

Wir gliedern demnach die Ursachen für die Schiefe des Reiters in vier Bereiche:

1. Schiefe durch Unbeweglichkeit des Reiters
2. Schiefe durch Gleichgewichtsprobleme
3. Schiefe als Ergebnis eines Lenkversuches
4. Schiefe durch Bewegungsgewohnheiten

Meist handelt es sich um eine Mischung aus diesen vier Punkten. Wenn der Reiter aufgrund seiner eingeschränkten Beweglichkeit vom Pferd nach außen gesetzt wird, gerät er aus dem Gleichgewicht. Sein mitschwingender Sitz wird dadurch gestört, so dass er nicht mehr wirkungsvoll und fein auf das Pferd einwirken kann. Viele Reiter lösen dieses Problem, indem sie vermehrt Kraft zum Lenken einsetzen und sich so aus dem Sattel hebeln. Dadurch wird wiederum der mitschwingende Sitz gestört.

Schiefe durch Unbeweglichkeit

Warum bin ich schief? Probieren Sie Folgendes aus: Reiten Sie im Schritt. Versuchen Sie dabei, Ihr rechtes Hüftgelenk weniger zu belasten. Stellen Sie sich vor, Sie möchten dieses Gelenk schonen. Sie werden merken, dass dabei mehr passiert als Sie dachten, denn wieder einmal hat diese Schonhaltung eine Auswirkung auf Ihren gesamten Bewegungsablauf.

Sobald Sie Ihr Gewicht nicht gleichmäßig auf beide Beckenseiten verteilen, können Sie die Beine nicht mehr auf beiden Seiten geschmeidig an den Pferdebauch anlegen. Auf der weniger belasteten Seite liegt Ihr Bein nicht so selbstverständlich an. Probieren Sie dies beim Aussitzen im Trab aus. In einer unruhigeren und schnelleren Gangart wird sich Ihr ungleichmäßiger Sitz noch deutlicher zeigen. Wenn Sie jetzt zusätzlich Wendungen reiten, werden Sie feststellen, dass die einseitige Beckenbelastung weitreichende Folgen hat.

Wenn Sie eine **Rechtswendung** reiten, sitzen Sie durch Ihre Schonhaltung automatisch auf der Außenseite (Bild rechts). Sie werden sich mit dem inneren Bein am Pferd festklemmen müssen. Die innere Hüfte wird dadurch festgehalten und kann nicht mehr schwingen.

In einer **Linkswendung** befindet sich das rechte Hüftgelenk auf der Außenseite. Was macht Ihr äußeres Bein, wenn Sie in der Wendung die äußere Hüfte entlasten und deshalb nur auf der inneren Beckenseite sitzen? Es klemmt. Noch dazu werden Sie das Bein nicht in seine verwahrende Stellung nach hinten bringen, denn dies würde von Ihrem Hüftgelenk einen großen Bewegungsspielraum fordern.

Bei diesem Versuch merken Sie, wie Ihr gesamter Bewegungsablauf durch eine Einschränkung in einem Gelenk behindert wird. Durch diese Störung wird auch das Pferd in seinen Bewegungen behindert.

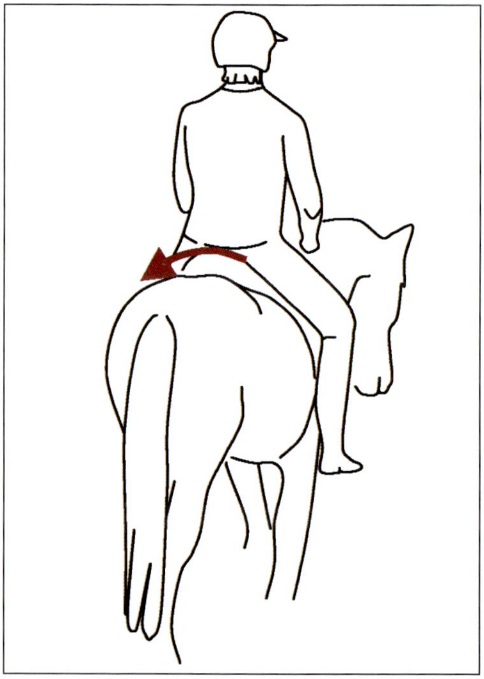

Auswirkungen einer Bewegungseinschränkung – Reiterbeispiele:

Beispiel 1: Das rechte Hüftgelenk des Reiters hat eine Bewegungseinschränkung. Die Muskulatur kann in diesem Bereich nicht mehr fein arbeiten und reagiert mit Abwehrspannung.

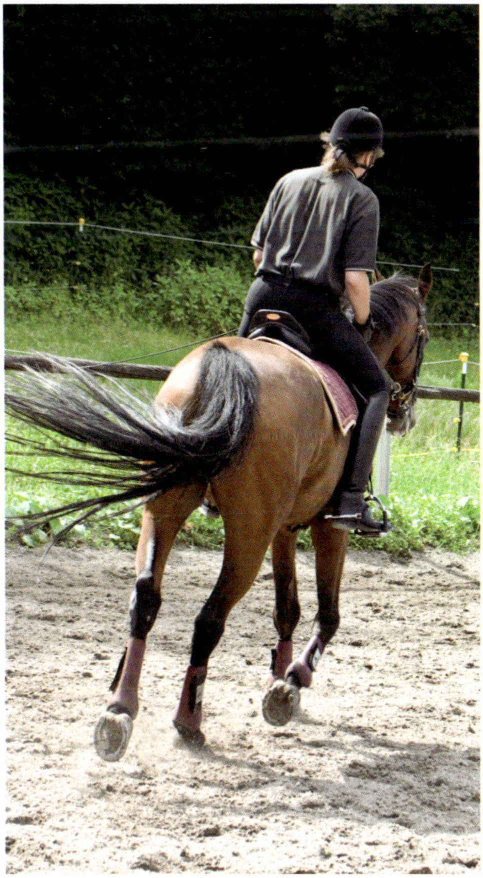

Der Reiter wird, wenn er auf der rechten Hand reitet, die Belastung dieser Hüfte vermeiden, denn durch die Rechtswendung wird die innere Hüfte, in unserem Beispiel also die rechte, mehr gefordert. Dieses Hüftgelenk wird durch die gebogene Linie in der Bewegung eingeengt und gleichzeitig vermehrt belastet. Um dies zu umgehen, gibt es verschiedene Möglichkeiten der **Schonhaltung. Diese wirken sich immer ungünstig auf den mitschwingenden Sitz und die reiterlichen Einwirkungen aus.**

Eventuell wird der Reiter diese Entlastungsstellung nicht immer einnehmen, sondern nur in bestimmten Übungsabschnitten einer Reiteinheit. Zum Beispiel dann, wenn die eingeschränkte Hüfte vermehrt gefordert wird. So kann der Reiter, wie in unserem folgenden Galoppbeispiel gezeigt, seine beeinträchtigte Hüfte schonen, indem er sich mit dem Gesäß über den Pferderücken hinweg nach außen setzt.

Spätestens beim Durchparieren in den Trab wird er diese Ausweichhilfe für seine Hüfte wählen, denn hierbei müsste er die rechte Hüfte sonst vermehrt belasten und zugleich die Pferdebewegung von unten abfangen. Durch diese Verschiebung des Beckens zu einer Seite kann er nicht mehr beidseitig im Sattel einwirken, sein Pferd weicht nun mit der Hinterhand aus. Die Folge wird sein, dass der Reiter die Schiefe im Becken mit seinem Oberkörper ausgleicht.

Eine andere Möglichkeit diese Hüfte zu entlasten ergibt sich, indem er seine linke Körperseite nach hinten bringt. **Er lässt die linke Schulter und die linke Beckenseite in der Rechtswendung weiter hinten (siehe unten), um so dem rechten Hüftgelenk mehr Freiraum zu geben.** Dabei bleibt die Außenschulter in den Wendungen zurück. Als Folge dieser Entlastungshaltung wird er sich mit dem inneren Bein am Pferd festhalten, das heißt, die Spannung in diesem bereits beeinträchtigten Hüftgelenk wird erhöht und jegliches Bewegungsspiel vermieden.
Auf jeden Fall wird der Reiter versuchen, die beeinträchtigte Hüfte weniger mit seinem Körpergewicht zu belasten. Sichtbar wird dann entweder eine Neigung des Oberkörpers nach innen mit Schultertiefstand auf der Innenseite oder ein Zurückbleiben der Außenschulter in der Wendung.

Bei beiden Möglichkeiten hätte eine Korrektur der Schulterfehlstellung auf dem Zirkel keinen Erfolg. Das reiterliche Problem liegt in diesem Fall an der Bewegungseinschränkung des rechten Hüftgelenks. Deshalb ist es zunächst nötig, die Beweglichkeit dort gezielt wieder herzustellen. Anschließend wird der Reiter die neue Beweglichkeit in der rechten Hüfte wieder in seinen Bewegungsablauf und in seine Bewegungswahrnehmung auf dem Pferd integrieren müssen.

Beispiel 2: Reiter, die in den Armgelenken steif und undurchlässig sind, neigen ebenfalls zu Schiefhaltungen in der Wendung. Dabei ist weder die Schulter noch der Ellbogen in der Lage, die Bewegungen unabhängig voneinander auszuführen. Der Arm ist festgehalten. Aufgrund dieser Blockierung in Schulter und Ellenbogen kann der Reiter seinen Außenzügel in der Wendung nur mit einem zu großen körperlichen Einsatz führen. Um die Verbindung mit diesem Zügel herzustellen, **nimmt er die äußere Schulter mit zurück, da er den Arm nicht getrennt vom Schultergürtel einsetzen kann.** Dabei verdreht er seinen Brustkorb und verschiebt ihn noch zusätzlich nach innen. Für den Betrachter wird ein Schulterschiefstand sichtbar. Die innere Schulter ist nach oben gerutscht. Dieser Reiter muss die Zügelführung bei durchlässigen Armgelenken üben.

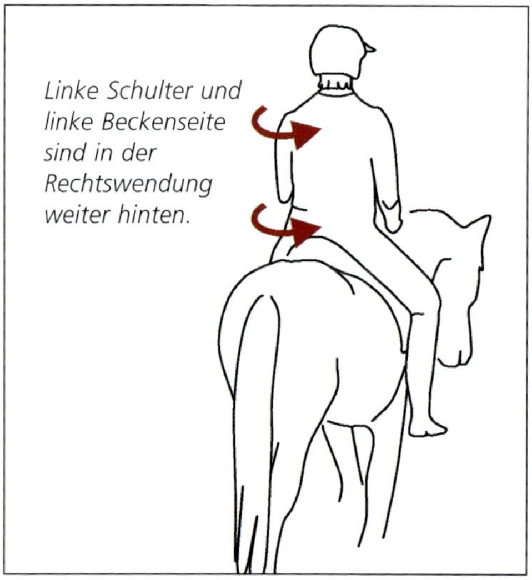

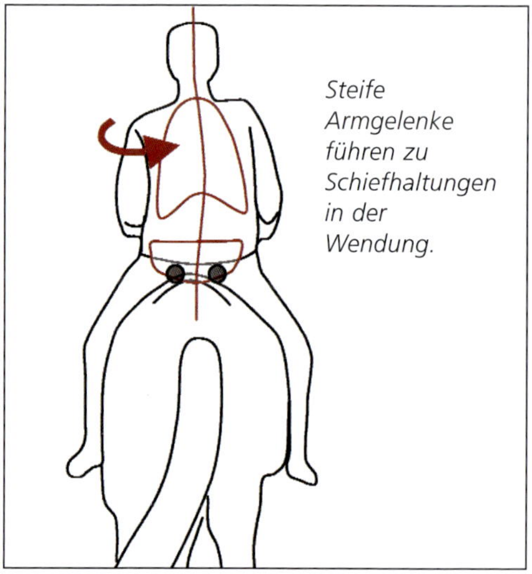

Schiefe durch Gleichgewichtsprobleme

Das Gleichgewicht und die Senkrechte

Es gibt viele Möglichkeiten einer Schiefhaltung, die durch Gleichgewichtsprobleme entstehen können. Der Reiter muss sein Gewicht ständig ausloten und sich neu ausbalancieren. Jede unvorhergesehene Bewegungsveränderung des Pferdes stellt für den Reiter eine Anforderung an sein Gleichgewicht dar. Es gibt keinen Haltegriff in der Luft für ihn.

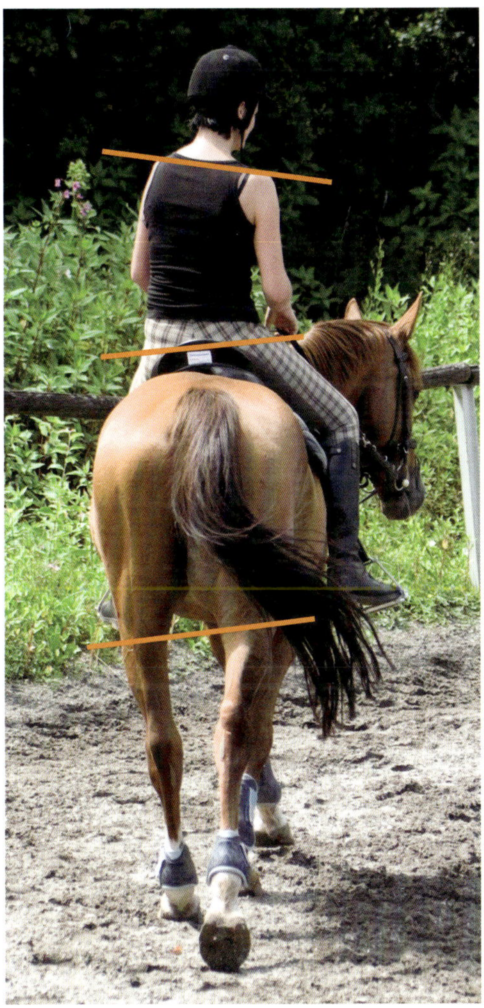

Sinnvoll kann er dieses Problem nur lösen, indem er immer wieder seinen Schwerpunkt senkrecht über seiner Unterstützungsfläche ausrichtet. Diese wird durch seine Füße in den Steigbügeln, die Beininnenseiten am Pferdebauch und das Becken im Sattel gebildet. Beim Leichttraben verringert sich diese Fläche. In dem Moment, in dem der Reiter sein Gewicht aus dem Sattel nimmt um aufzustehen, wird das Becken nicht mehr durch den Kontakt zum Sattel geführt, so dass der Reiter es in dieser Phase in die Senkrechte führen muss. Auf geraden Linien gelingt es diesem Reiter, in der Senkrechten zu bleiben. Hier gerät er eher in Vor- oder Rücklage. Auf gebogenen Linien jedoch wirkt die Zentrifugalkraft auf ihn, so dass sich dadurch eine Schiefe innerhalb des Körpers entwickeln kann. Beim Leichttraben sehen wir deshalb gerade in Wendungen häufig Schiefhaltungen. Das wird im Folgenden genauer erklärt.

Die Zentrifugalkraft und die Schiefe

Die Zentrifugalkraft trägt den Reiter in einer Wendung nach außen. Entweder er korrigiert seinen Sitz oder er muss anderweitig dafür sorgen, nicht nach außen zu rutschen. Wenn er nicht in der Lage ist, sein Gewicht wieder über der Mitte des Pferdes auszurichten, wird **der äußere Sitzbeinknochen vermehrt belastet** und **gleichzeitig die innere Beckenseite entlastet** oder sogar etwas aus dem Sattel gehoben. Jetzt muss der Reiter zum Ausgleich seinen **Brustkorb nach innen verschieben. Die Wirbelsäule verbiegt sich sichelförmig**. Dabei senkt sich die innere Schulter ab. In der Reitersprache ist dieser Reiter in der inneren Hüfte eingeknickt. Damit er nicht außen vom Pferd fällt, wird er versuchen, **sich mit dem inneren Bein am Pferd festzuhalten**.

Das Bein wird vermehrt innen gegen das Pferd gedrückt und wirkt somit wie ein Haltegriff. Gleichzeitig wird durch die Dauerspannung auf der Beininnenseite das Hüftgelenk in seinen Bewegungsmöglichkeiten behindert. Dadurch kann der Reiter sein nach außen drängendes Gewicht festhalten, aber nicht mehr fein auf das Pferd einwirken. Die Bewegungsabläufe von Pferd und Reiter sind behindert. **Die äußere Schulter des Reiters wird zurückbleiben** und sich nicht mit der Vorhand des Pferdes einwärts drehen. Der Aufforderung, das **festgehaltene innere Knie** zu öffnen und vom Sattelblatt zu lösen, kann der Reiter in dieser Situation nicht nachkommen.

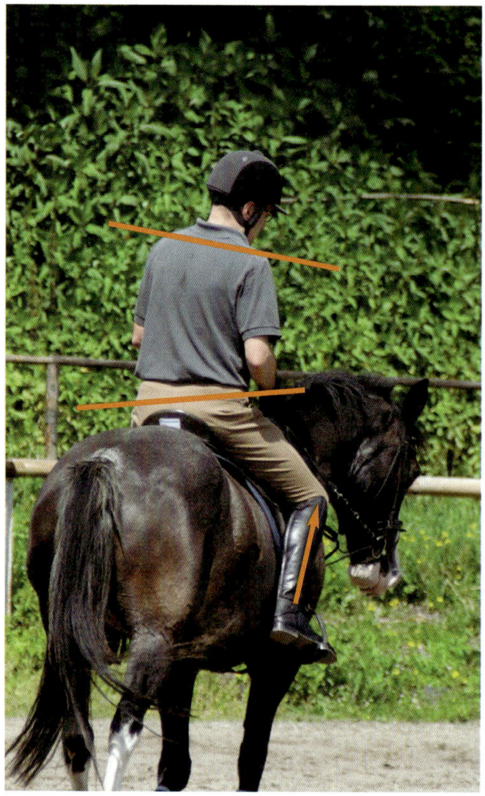

Dabei entwickelt sich ein ähnliches Bild wie im Abschnitt »1. Schiefe durch Unbeweglichkeit« beschrieben. Die Ursache liegt jedoch hier darin, dass der Schwerpunkt des Reiters aufgrund von Gleichgewichtsproblemen über das Pferd nach außen gerutscht ist. Um sich über diese Situation hinwegzuretten und doch noch auf dem Zirkel bleiben zu können, setzt der Reiter Kraft ein. Dieser übermäßige Kraftakt erzeugt wiederum eine Schiefe. Jetzt lenkt der Reiter mit Händen und Füßen, er zieht sich und das Pferd um die Wendung. Kein Wunder, wenn diese nun vom Zügel und nicht durch Gewichtseinwirkung bestimmt wird. Dem Reiter gelingt es jetzt nicht mehr, sein Pferd von der Bande weg zu lenken.

Diese Reiter müssen lernen zu spüren, wann sie auf dem Pferd nach außen gesetzt werden, wann sie das Bein innen am Sattelblatt festhalten und ob es noch durchlässig nach unten federn kann. Meist korrigiert sich die Schulterschiefhaltung damit von alleine.

Den inneren Steigbügel nach unten auszutreten, bewirkt bei vielen Reitern keine Sitzkorrektur nach innen. Der Reiter hebelt sich vielmehr auf dieser Seite aus dem Sattel heraus. Dabei wird der innere Sitzbeinknochen entlastet und nicht wie gewünscht belastet. Im Anschluss finden Sie eine Übung, die dabei hilft, das innere Bein nach unten rutschen zu lassen und somit in der Wendung nicht mehr nach außen getragen zu werden.

Übung: Öffnen Sie das innere Knie

Verbessern Sie Ihr Gefühl für die Senkrechte in den Wendungen. **Probieren Sie dazu Folgendes aus: Reiten Sie auf dem Zirkel** zuerst im Schritt, anschließend im ausgesessenen Trab. **Setzen Sie sich dabei absichtlich im Sattel nach außen.**

Im Schritt spüren Sie, dass die Sitzbeinknochen dabei unterschiedlich belastet werden. Das innere Bein wird durch die Beckenverschiebung im Hüftgelenk undurchlässiger und kürzer. Die Ausgleichsbewegung des Brustkorbes nach innen werden Sie im Schritt noch nicht so stark spüren können. Deutlicher wird sie, wenn Sie den Zirkel im Trab reiten und dabei aussitzen. Ihre Taille wird auf der Innenseite kürzer, da Sie den Brustkorb nach innen neigen.

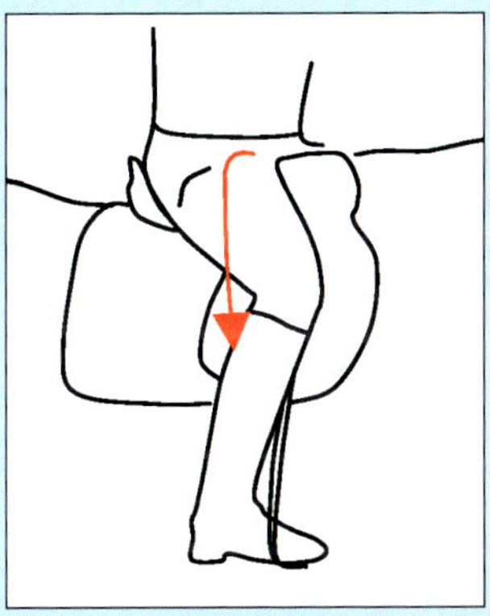

Öffnen Sie das innere Knie. Um auf dem Zirkel nicht nach außen gesetzt zu werden, üben Sie zuerst im Stand und dann auf dem Zirkel folgende Übung: Der innere Sitzbeinknochen bleibt auf der Innenseite. Stellen Sie sich vor, Ihr Sattel ist nach außen verrutscht. Sie versuchen, **ihn mit Ihrem Becken und der Oberschenkelinnenseite wieder nach innen zu bringen.** Dabei bleibt Ihr **Bein locker am Sattelblatt** liegen und wird nicht nach innen gedrückt.

Wenn Sie das Bein an das Sattelblatt drücken, hebeln Sie sich aus dem Sattel, was nicht erwünscht ist. Um die Bewegung richtig zu machen, müssen Sie die Bewegung in Ihrem Hüftgelenk zur Seite und nach unten zulassen.

Ersetzen Sie den Steigbügel durch ein Gummiband. So ist es Ihnen leichter möglich, Ihr Bein für die Bewegung nach unten durchlässiger zu machen. Die Anwendung des Gummibandes wird im Kapitel »Das richtige Gefühl für die Wendung« ausführlicher beschrieben.

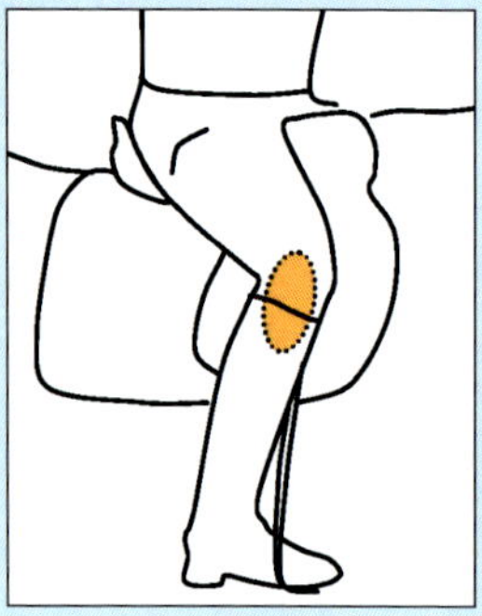

Erste Hilfe:

Wenn Sie dazu neigen, mit den Knien zu klemmen, stellen Sie sich vor, dass Sie zwischen Ihrem Knie und dem Sattelblatt ein zähfließendes Gel verstreichen. Dieses möchten Sie mit Ihrem Oberschenkel und dem Knie nach unten verteilen. Machen Sie diese Übung in verschiedenen Wendungen.

Der überbewegliche Reiter

Ein Reiter mit einer Überbeweglichkeit (in der Fachsprache als Hypermobilität bezeichnet) zeigt häufig ein vielfältiges schiefes Bewegungsmuster. Die Gelenke sind weniger stabil durch Bänder und Muskulatur geführt. Da er in seinen Gelenken einen zu großen Bewegungsspielraum hat, fällt es ihm schwerer, die Senkrechte zu finden. Eine gute Beweglichkeit ist beim Reiten zwar von Vorteil, in diesem Fall führt die Überbeweglichkeit aber zu einer Instabilität in den Bewegungsmustern. Der Reiter kämpft mit seiner eigenen Beweglichkeit. Er hat weniger Führung innerhalb seines Körpers. Die Bewegungsabläufe sind dadurch häufig unruhig. Bei kleinen Bewegungen geschieht im Körper zu viel, angrenzende Gelenke werden mitbewegt. Besonders, wenn dabei Kraft eingesetzt wird, beschränkt sich die Bewegung nicht mehr auf das jeweilige Gelenk, sondern der gesamte Körper arbeitet mit. Diese Reiter passen sich auffallend schnell den Schieflagen ihrer Pferde an. Besonders deutlich kann man die Auswirkungen auf Wendungen und im Leichttraben sehen.

Beim Leichttraben zeigen diese Reiter eine Schiefe innerhalb ihres Körpers auch auf gerade gerittenen Linien. (Dadurch unterscheiden sie sich deutlich von den Reitern, die durch ein Gleichgewichtsproblem in eine schiefe Körperhaltung geraten.) Der Reiter schlängelt sich beim Aufstehen im Leichttraben nach oben. Die Bewegung kann nicht genau geführt werden. Es entsteht eine Instabilität im Rumpf. **Dabei passt sich der Reiter dem Pferderücken an und steigt beim Leichttraben in einer Diagonalen auf** (Bild Seite 111 links). Das heißt: Wenn er auf der linken Hand reitet, setzt er sich nach links hinten in den Sattel hinein und steht nach rechts vorne auf. Wenn er auf der rechten Hand reitet, setzt er sich nach rechts hinten in den Sattel hinein und steht nach links vorne auf. **Der Reiter steht also immer zur Bande hin auf.**

Zusätzlich verliert dieser Reiter in Wendungen die Stabilität im eigenen Körper. Hier sind viele Abweichungen von der Senkrechten zu sehen (Bild 111 Seite rechts). Im folgenden Beispiel zeigen wir Ihnen eine häufig vorkommende Variante:

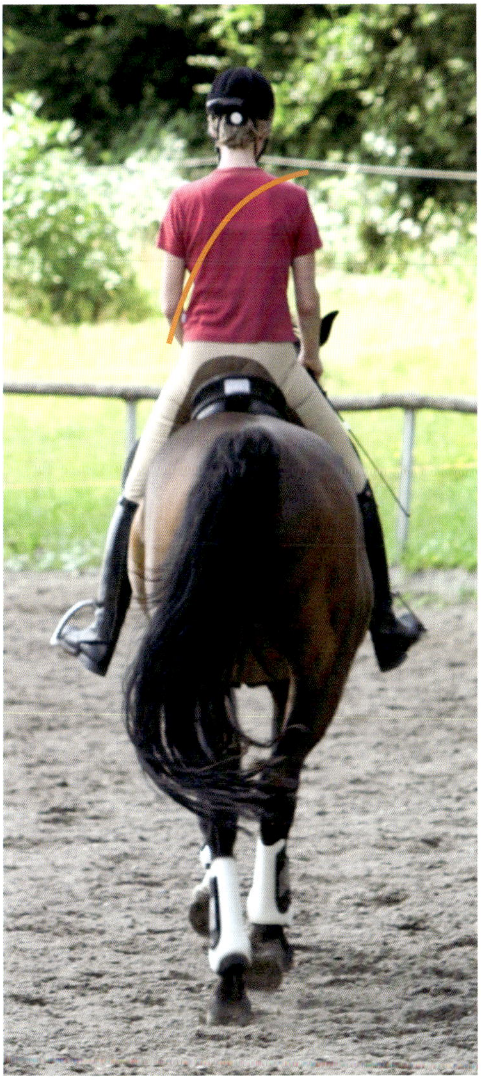

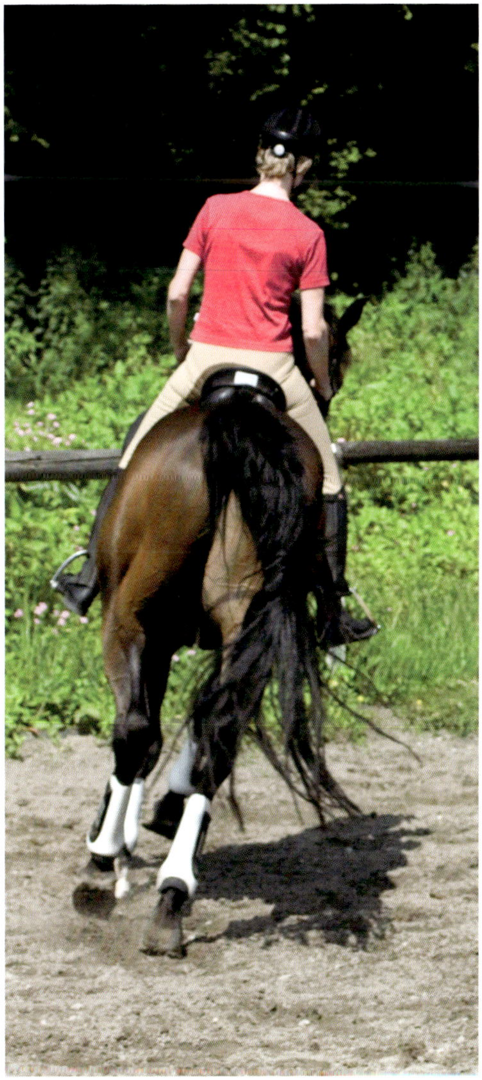

Die Reiterin setzt in den Wendungen den gesamten Körper ein. Dabei verschiebt sie ihr Becken über die Mitte des Pferdes nach außen. Sie möchte in den Wendungen mehr Gewicht auf ihren inneren Sitzbeinknochen verlagern und verschiebt dazu den Oberkörper nach innen hinten. Gleichzeitig gerät ihr Außenbein nach vorne. Für diese Reiterin ist es wichtig, sich selbst mit Hilfe eines Filmes reiten zu sehen. Dies wird sie dabei unterstützen, ein Gefühl für das richtige Maß von Bewegungseinsatz und seinen Auswirkungen zu entwickeln. Dadurch findet sie heraus, wie sie ihre Schiefhaltung spüren kann und woran sie erkennt, dass sie schief auf dem Pferd sitzt.

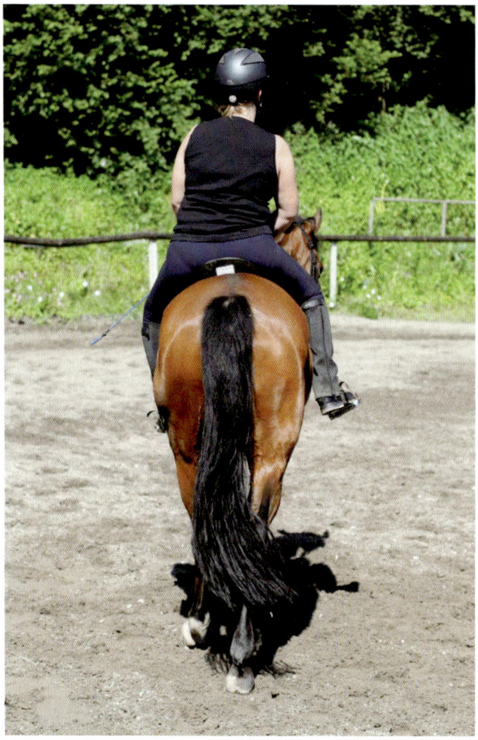

Hier wird das Becken zu stark verschoben. Das rechte Bein der Reiterin steht ab.

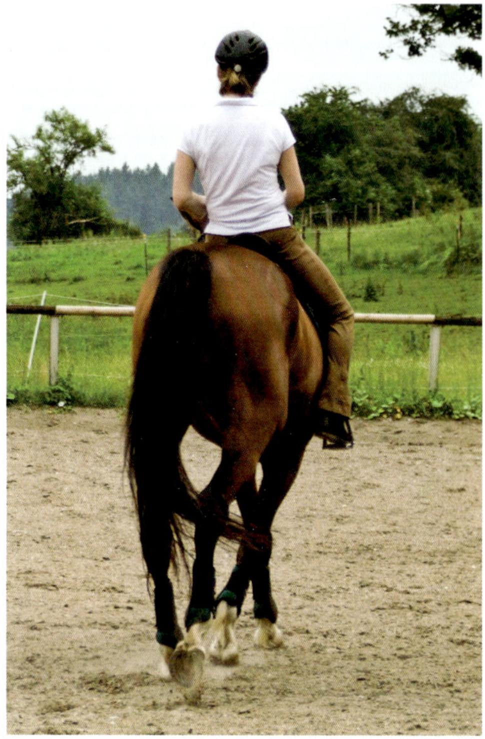

Beim Schenkelweichen treten diese Schiefhaltungen häufig auf: Der Reiter setzt weniger den linken Sitzbeinknochen ein, dafür mehr das linke Bein. Damit hebelt er sich in eine Schieflage.

Schiefe als Ergebnis eines Lenkversuches

Sobald Pferd und Reiter beim Abwenden von der Geraden, also in der Wendung, nicht mehr in der Senkrechten sind, muss der Reiter Ausgleichsbewegungen ausführen. Wie in diesem Kapitel dargestellt, zeigen sich diese in vielen verschiedenen Ausprägungen. Weitere Variationen ergeben sich durch falsche Lenkhilfen. Dabei versucht der Reiter, seine ungenauen Gewichtshilfen anderweitig auszugleichen. Manche Pferde verleiten den Reiter geradezu, sein Gewicht falsch einzusetzen (Bilder Seite 112 und 113 oben).

Schiefe durch Bewegungsgewohnheiten

Falsche Bewegungsgewohnheiten entstehen durch einseitige Bewegungsabläufe oder Haltungen. Dies sehen wir besonders bei Menschen, die mehrere Stunden am Tag am Schreibtisch sitzen, oder deren Arbeit immer wieder die gleichen Bewegungsabläufe erfordert. Dabei haben sie sich eine bestimmte Schiefhaltung angeeignet. Sie nehmen diese nicht mehr als schief wahr, da sie sich daran gewöhnt haben. Bei der Reiterin im Beispiel Seite 113 unten sehen Sie, wie sich eine Bewegungsgewohnheit beim Reiten äußert.

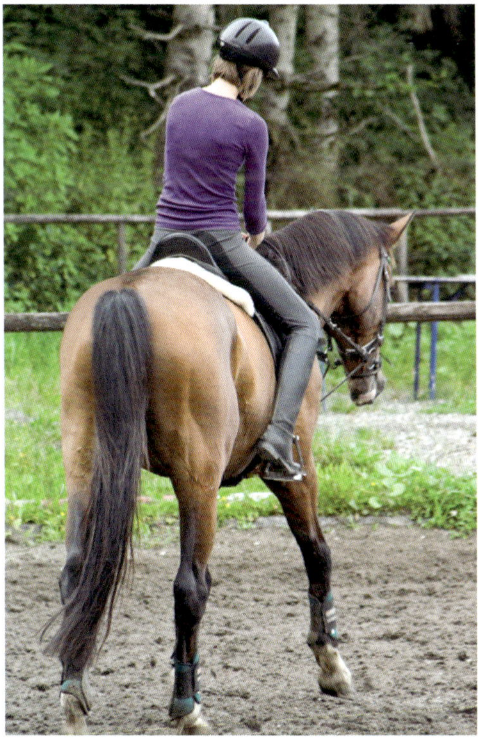

Hier kippt die Reiterin mit der inneren Schulter nach innen. Sie neigt sich in die Wendung.

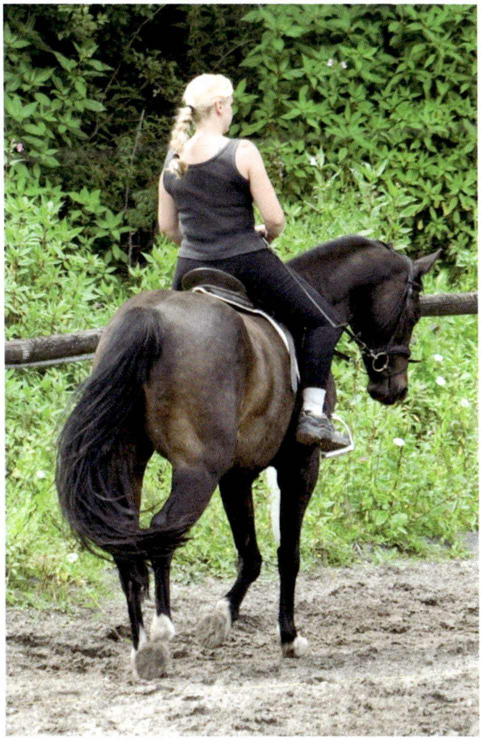

Diese Reiterin will auf der rechten Hand weiterreiten. Sie sitzt mit ihrem Becken links und versucht, das Pferd mit den Zügeln vom Nach-innen-Drängen abzuhalten. Die rechte Hand zieht über den Mähnenkamm.

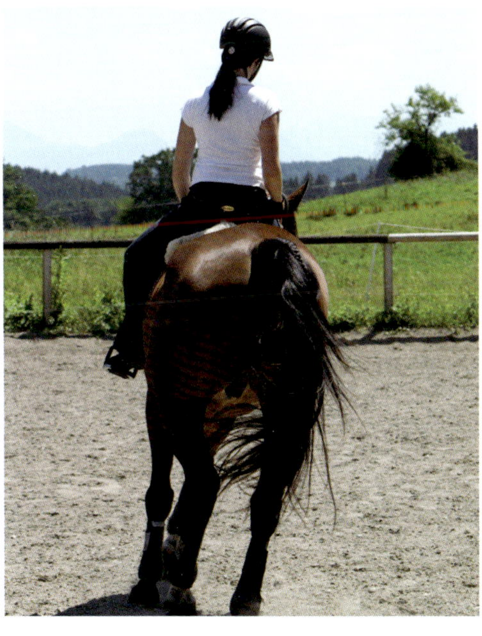

Schiefe durch Bewegungsgewohnheiten. Diese Reiterin zieht in der Wendung auf der rechten Hand die rechte Schulter hoch. Der Brustkorb und das Becken bleiben dabei unbeteiligt. Da sie dieses Bewegungsmuster auch in anderen Aufgabenstellungen zeigt, ist davon auszugehen, dass es sich hier um eine Bewegungsgewohnheit handelt. Auch auf dem Boden, beim Satteln oder anderen Tätigkeiten fällt auf, dass sie die rechte Schulter immer wieder hochzieht. Im Alltag trägt sie ihre Schultasche über der rechten Schulter, wobei sie diese deutlich nach oben zieht.

Mit diesen Beispielen zeigen wir die häufigsten Bewegungsmuster, die wir bei Reitern erkennen können. Natürlich gibt es noch eine Vielzahl an Variationen. Doch schon bei diesen Ausführungen wird deutlich, dass eine Korrektur sehr differenziert auf den Reiter abgestimmt werden muss. Denn der Bewegungsauftrag »bleib gerade sitzen« ist für jeden Reiter mit einer anderen Aufgabe verbunden. Je kleiner diese Abweichungen sind, desto schwieriger wird es für den Beobachter zu erkennen, was nun die genaue Ursache ist. Hier muss der Betrachter mit dem Reiter zusammenarbeiten, denn eine Bewegungskorrektur ist dann am wirkungsvollsten, wenn der Reiter die Ursachen selbst im Ursprung erkennt. Auch hier leistet die Videoanalyse wertvolle Hilfe.

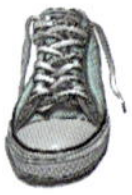

Übung: Korrektur für instabile Reiter

Diese Reiterin muss eine eigene Vorstellung von der Bewegungsführung im Körper entwickeln.

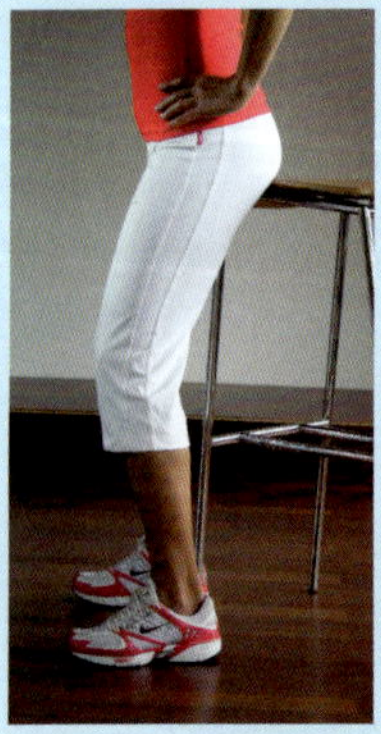

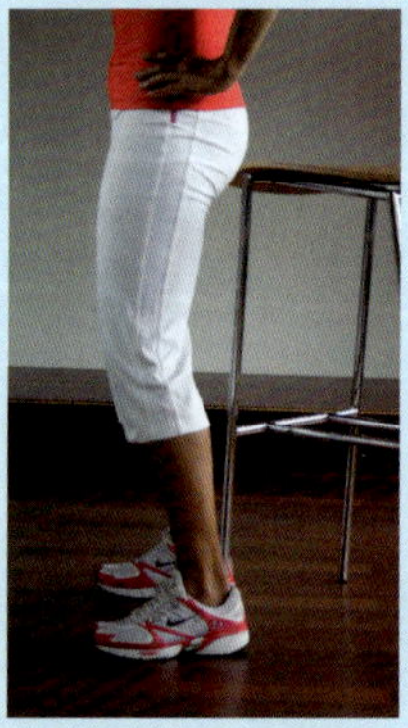

Übung: *Die Reiterin steht von einer Tischkante nach vorne auf. Ein Helfer leistet mit seinen Händen an ihrem Becken Widerstand. Die Reiterin bekommt so ein besseres Gefühl für die Bewegungsrichtung geradeaus. Wenn sie sich wieder an den Tisch anlehnt, kommt sie mit beiden Beckenseiten gleichzeitig an. Indem sie das falsche Bewegungsmuster im Wechsel mit dem richtigen ausführt, kann sie den Unterschied erspüren.*

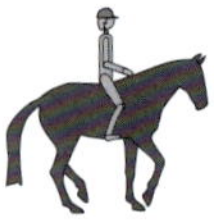

Nun wird diese Reiterin weiter in der Bewegung auf dem Pferd korrigiert. Durch die vorherige Übung am Tisch hat sie eine Vorstellung von der Bewegungsrichtung. Zuerst übt sie das Aufstehen aus dem Sattel und wieder Einsitzen auf einem stehenden Pferd. Sie bekommt ein Gefühl für die Verschiebung des

Korrektur für schiefe Reiter

Meist haben die Reiter keine Vorstellung von ihrer Schiefe. Anhand einer Filmaufnahme zeigen wir dem Reiter seinen Bewegungsablauf und erklären ihm den Ursprung und die Auswirkungen der Schiefhaltung in seinem Körper. Jede Abweichung von der Senkrechten wirkt sich auf den gesamten Bewegungsablauf aus. Der Reiter muss sie erspüren können, damit er sie korrigieren kann. Anhand eines Beispiels auf dem Voltigierbock zeigen wir Ihnen, wie sich die Bewegungskorrektur schrittweise aufbaut. Dazu soll der Reiter seine für ihn typische Schiefhaltung nachvollziehen und spüren, wie sie sich auf die Gewichtsverteilung im Becken und die Lage seiner Beine auswirkt.

Beckens im Sitzen und im Stehen. Im Trab muss sie beim ***Einsitzen*** *darauf achten, sich* ***mittig in den Sattel*** *zu setzen.* ***Beide Sitzbeinknochen haben dabei Kontakt zum Sattel.*** *Sobald sie sich zu einer Seite setzt, verändert sich die Lage der Beine am Pferd.* ***Beide Beine haben gleichmäßigen Kontakt zum Pferdebauch.*** *Beim Aufstehen kann sie sich an den Widerstand durch die Helferin am Boden erinnern.* ***Beide Steigbügel werden gleichmäßig belastet.*** *Sobald die Reiterin diagonal nach vorne aufsteht, wird sie einen Bügel mehr belasten. Der Kontakt der Oberschenkel und Knie zum Pferd ist dann nicht mehr auf beiden Seiten gleichmäßig.*

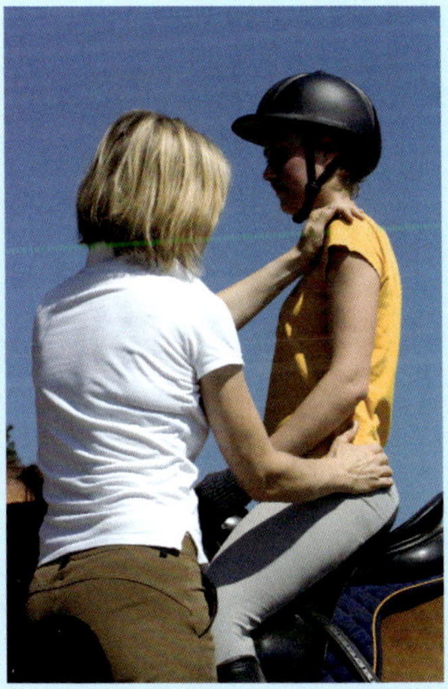

Ein Gefühl für die Stabilität im Rumpf kann ein Helfer vermitteln. Dazu leistet er dem Reiter an verschiedenen Stellen Widerstand. Der Reiter lässt sich davon nicht aus dem Lot bringen und bleibt aufrecht sitzen. Er erzeugt eine Spannung im Rumpf, ohne dabei starr zu werden. Die Atmung kann ungehindert fließen.

Weitere Übungen für instabile Reiter finden Sie im Kapitel »Die Durchlässigkeit des Reiters«.

Übung: Korrektur der Schiefe in den Wendungen

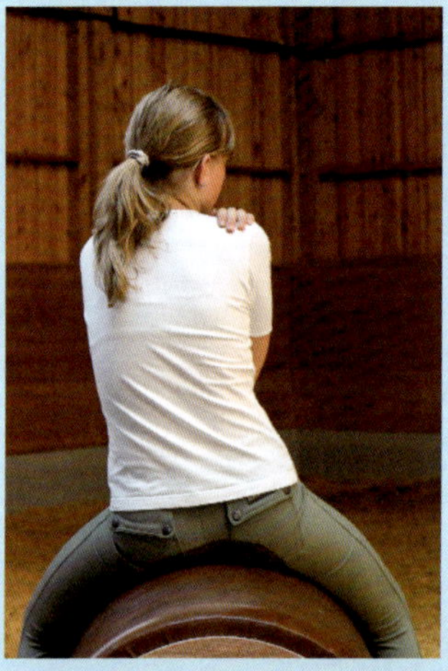

Erklärung: *Der Brustkorb verschiebt sich nach links, worauf sich die Belastung im Becken verändert. Der Reiter sitzt links, gleichzeitig klemmt das rechte Bein oder gerät nach vorne.*

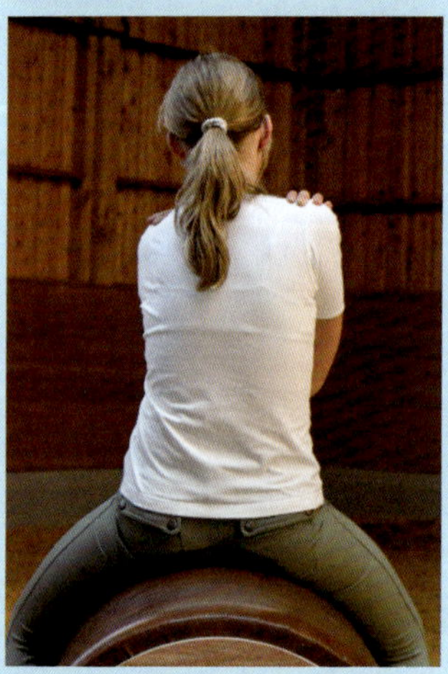

Korrektur auf dem Voltigierbock
Gleichmäßige Beckenbelastung über die Sitzbeinhöcker spüren. Drehen im Brustkorb über eine Seite, dabei bleibt der Kontakt mit den Sitzbeinknochen auf dem Voltigierbock auf beiden Seiten gleich.

Übung: *Drehen »Wie ein Wetterhahn im Wind«. Die Beschreibung finden Sie auf Seite 86.*

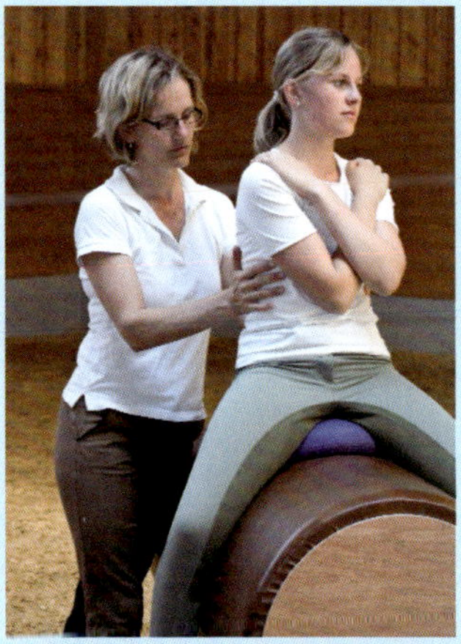

Der Reiter wechselt zwischen der richtigen Bewegungsanleitung und seiner falschen Ausführung. Die Hände des Helfers helfen ihm zunächst, bei der Drehung des Oberkörpers zu spüren, ***ob er seinen Brustkorb zu einer Seite hin verschiebt.*** *Dabei wird er* ***eine Gewichtsverlagerung im Becken wahrnehmen können.***

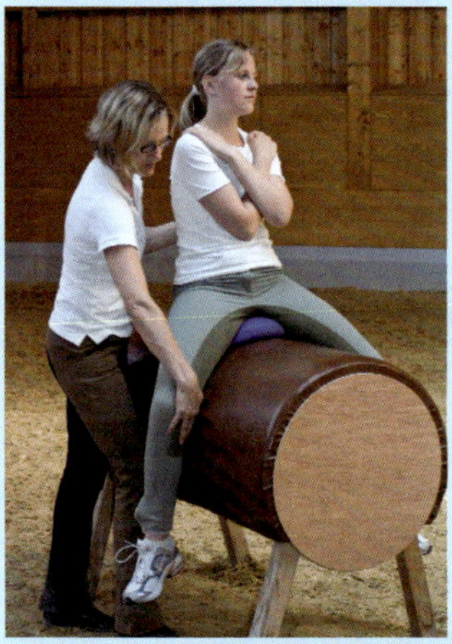

Durch die Hände des Helfers unter den Oberschenkeln kann der Reiter spüren, wie sich der ***Druck seiner Oberschenkel auf den Voltigierbock erhöht****, sobald er seinen Brustkorb seitlich verschiebt.*

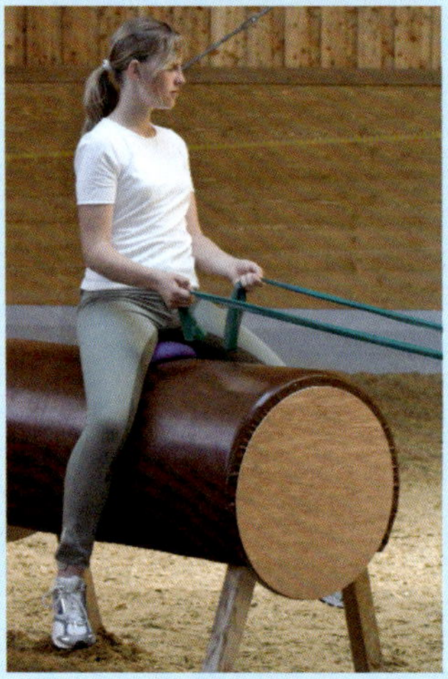

Mit Hilfe der Gummizügel spürt der Reiter, dass er sich durch die ***falsch eingeleitete Drehung*** *des Brustkorbs am Zügel festhält.* ***Die Armgelenke sind fest.***
So lernt er, wie er seine Hände in der Drehung korrekt stehen lässt. Dazu finden Sie im Kapitel über die Zügelführung verschiedene Übungen.

Übung: Korrektur für schiefe Reiter bei einseitigen Gewichtshilfen

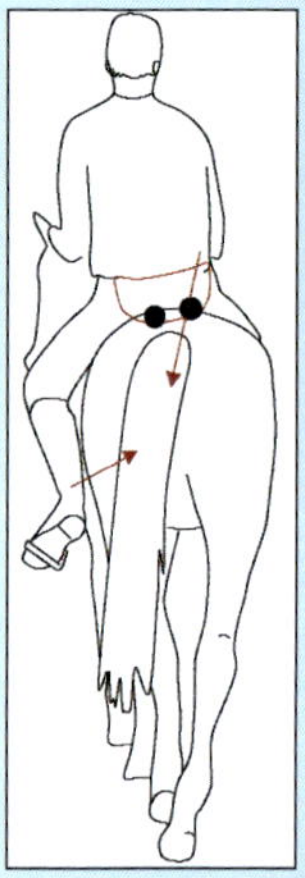

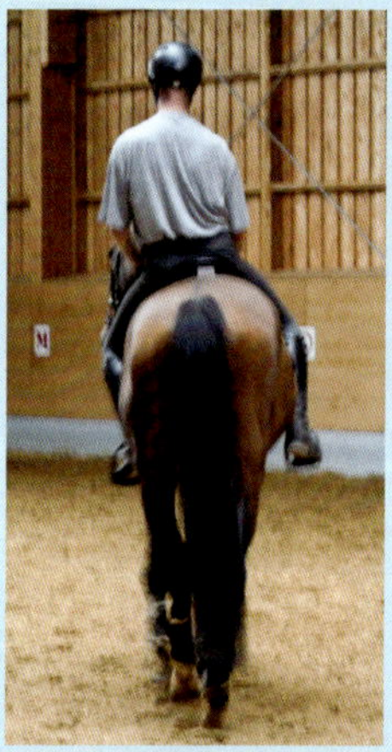

Hier ein Beispiel für die einseitigen Gewichtshilfen im Schenkelweichen. Die roten Pfeile zeigen die falsche Krafteinwirkung.

Erklärung: *Die seitliche Einwirkung des linken Beins herrscht vor. Dadurch wird das Becken fest. Um diese Kraft im Bein entwickeln zu können, nutzt der Reiter seinen rechten Sitzbeinknochen als Widerlager.*

Das rechte Bein kann nicht mehr geschmeidig am Pferdebauch anliegen. Der Brustkorb gleicht diese Gewichtsverschiebung des Beckens mit einer Gegenbewegung nach links aus. Die Aufforderung, sich gerade hinzusetzen, ist in diesem Fall für den Reiter nicht umzusetzen, da er seinen Brustkorb als Gegengewicht braucht. Die Korrektur muss hier am Becken beginnen. Es gibt die Bewegungsrichtung an und wird dabei vom Bein unterstützt. Nur so gelingt es dem Reiter bei seitwärts treibenden Hilfen, seine Sitzbeinknochen richtig zu belasten.

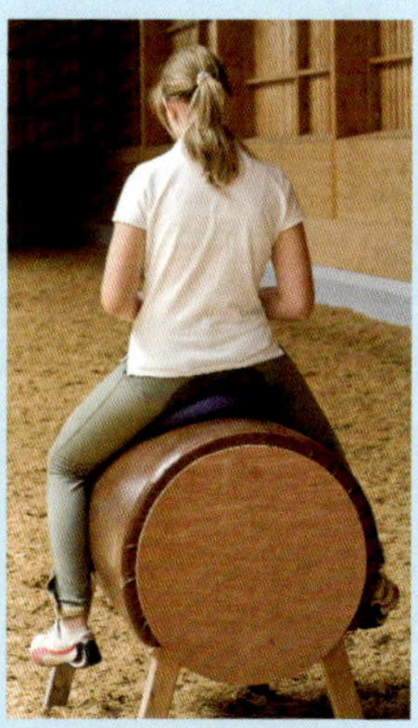

Korrektur auf dem Voltigierbock
Hier kann der Reiter spüren, dass er sich ***durch zu viel Krafteinwirkung aus dem Sattel hebelt.*** *Das linke Bein drückt dabei kräftig gegen den Voltigierbock. Der Reiter spürt über seine Sitzbeinknochen, dass sich das* ***Becken dabei seitlich verschiebt****.*

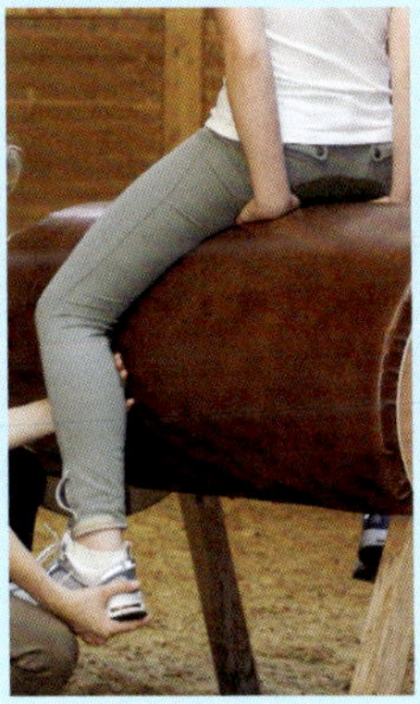

*Der Reiter lernt, den **Kontakt mit beiden Sitzbeinknochen zu behalten**. Der linke wird dabei etwas mehr belastet. Nun **dosiert er den Druck seines Beins zum Voltigierbock** so, dass er sich dabei nicht aus dem Sattel hebelt. Bei den einseitigen Gewichtshilfen kommt es vor allem auf die Genauigkeit an. Die richtige Technik der Gewichtsverlagerung und das Zusammenspiel der Hilfen müssen exakt abgestimmt sein. Zu viel Krafteinsatz wirkt sich dabei störend aus.*

Korrektur auf dem Pferd mit Hilfsmitteln

Im Anschluss zeigen wir Ihnen Hilfsmittel, die Sie auf dem Pferd verwenden können. Mit ihnen spürt man die Fehlhaltungen leichter und kann falsche Bewegungsabläufe besser korrigieren.

*Im Sattel sitzend wird der Übergang vom Oberschenkel zum Schambein mit dem **Schaumstoff** (s. S. 25) ausgepolstert. Nun können Sie sich beim Reiten auf diesen Abschnitt besonders konzentrieren, so dass Sie ein Gefühl für einen durchgängigen Sattelkontakt bekommen. Sobald Sie mit den Beinen klemmen oder schief im Sattel sitzen, wird die Verbindung zum Schaumstoff weniger. Wechseln Sie zwischen dem rechten und dem linken Bein. Konzentrieren Sie sich in den Wendungen mit Hilfe des Schaumstoffs auf Ihre Seitenunterschiede.*

*Mit Hilfe eines **Tennisballs** oder **Handtrainers** spürt der Reiter, wann er sein Becken im Sattel verschiebt. So kann er üben, mit den Gesäßknochen punktuell einzuwirken, ohne mit dem Becken seitlich auszuweichen. Nicht immer korrigiert sich die Verschiebung im Brustkorb dadurch automatisch. Falls der Reiter die Gewohnheit hat, diesen in einer Wendung auch einwärts zu kippen, statt ihn über der Senkrechten einwärts zu drehen, muss er dies gesondert üben. Die Übung wurde dazu auf dem Voltigierbock beschrieben.*

*Wenn Sie in der Wendung mit der Schulter und dem Brustkorb nach innen kippen und dies nicht spüren, dann ist Folgendes hilfreich: Bandagieren Sie sich den unteren Brustkorb bis zur Taille mit einer breiten **elastischen Binde**. Sie hilft Ihnen, die Schiefe in diesem Bereich wahrzunehmen.*

6

Das richtige Gefühl für die Wendung

Was macht eine Wendung zu einer gut gerittenen Wendung? Die Zentrifugalkraft und die Vorwärtsbewegung passen zusammen. Sie fühlen sich in der Mitte, über Ihrem Schwerpunkt und über dem Schwerpunkt des Pferdes. Ihr Pferd »kippt« nicht um die Ecke, sondern zieht in gleichmäßigem Tempo ausbalanciert durch die Wendung. Sie finden den Weg auf einem Kreis wie von selbst.

Um diesem herrlichen Gefühl näher kommen zu können, sollten Sie sich zuerst einmal mit Kurven beschäftigen. Erleben Sie sämtliche Variationen: Beim Gehen, Laufen, Skifahren, Schlittschuhlaufen, Fahrradfahren, Autofahren. Lassen Sie keine Wendeltreppe aus. Wann fühlen Sie, dass der Krafteinsatz, der Bewegungsfluss und die Kurvenneigung mit dem Vorwärtsdrang übereinstimmen?

Wenn Sie das wirklich im Gefühl haben, dann spüren Sie selbst (bevor es der Reitlehrer sagt), wann der Takt Ihres Pferdes in der Wendung verloren geht, wann Sie mehr Biegung oder mehr Vorwärtsbewegung fordern müssen. Sie erkennen selbst, ob Sie mit Ihrem Pferd wie ein Sattelschlepper durch die Kurve quietschen oder ob Sie geschmeidig Ihre Bahn ziehen.

Haben Sie schon einmal gesehen, was Bobfahrer machen, bevor sie sich mit ihrem Bob in den Eiskanal stürzen? Sie üben die Kurvenbewegungen im Stehen mit geschlossenen Augen. Dabei legen sie sich mit ihrem Körper in die Kurven und lenken sich so durch den vorgestellten Eiskanal. Schön mit anzusehen, wie harmonisch sie sich von einer Kurve in die andere schwingen.

Wir zeigen in diesem Kapitel die häufigsten Sitzfehler in Wendungen. Es ist sehr schwer, diese Bewegungskombinationen zu beschreiben, da jeder Reiter und jedes Pferd eine andere Abweichung aufweisen kann. Oft erscheint der falsche Einsatz der reiterlichen Hilfen nur minimal, mit der Zeit können sich jedoch daraus größere Reitprobleme entwickeln, gerade dann, wenn Pferd und Reiter sich auf diese Bewegungsfehler eingestellt haben.

Kurvenübungen

Bevor wir uns mit den Einzelheiten der Bewegungsabläufe beschäftigen, möchten wir mit einer wichtigen Grundvoraussetzung für das Reiten von Wendungen beginnen. Sie brauchen auf jeden Fall zuerst einmal ein inneres Bild von einer Kurve und müssen dieses auch körperlich empfinden können. Denn dann können Sie spüren, ob Sie und Ihr Pferd eine korrekt gebogene Linie geritten sind. Deshalb beschäftigen wir uns zunächst mit einem reitfremden Thema, um uns anschließend mit dem erlernten Gefühl für eine gute Kurve wieder unserer eigentlichen Thematik zuzuwenden.

Kurvenübungen auf dem Papier

Für diese Übung benötigen Sie ein großes Blatt Papier (mindestens Din A3) und einen weichen Stift. Ein großes Stück Packpapier ist noch besser geeignet. Legen Sie das Papier auf den Boden, und beginnen Sie mit geschlossenen Augen mit dem Stift geschwungene Linien darauf zu malen.

Lassen Sie Ihre Bewegungen weich werden. Zeichnen Sie keine Linien, sondern schwingen Sie auf einer Welle über Ihr Zeichenpapier. Vergrößern Sie etwas Ihre Bewegungen. Fassen Sie den Stift weiter hinten an, lassen Sie Ihr Handgelenk locker und legen Sie sich beim Malen mit in die Kurven. Ihre Linien beschreiben Kreise und Achten. Sobald Sie die Augen aufmachen, kann es sein, dass Ihre Bewegungen kleiner werden, oder Ihre Linien eckig. Mit dem Öffnen der Augen, setzt der Verstand wieder vermehrt ein. Sie bewerten Ihre Zeichnung und schon wirft es Sie aus der Kurve. Schließen Sie wieder die Augen, denn wir wollen ja an Ihrem Kurvengefühl arbeiten und nicht Ihr Zeichentalent fördern.

→

Variieren Sie die Übung, indem Sie das Blatt Papier an einer Wand befestigen. Nehmen Sie sich vor, einen großen Kreis zu malen, den Sie endlos wiederholen. Wenn Sie die Augen jetzt schließen, können Sie sich noch intensiver auf Ihr Bewegungsgefühl konzentrieren. Überlassen Sie sich ganz der Bewegung. Betonen Sie einen Kreisabschnitt, erhöhen Sie die Dynamik, kreisen Sie anschließend wieder ganz gleichmäßig. Sie können feststellen, dass eine zu langsame Kurve keinen Schwung und keine Fliehkraft hat.

Übung: In der Reitbahn

Üben Sie die räumliche Vorstellung für eine Kreisbahn in der frisch geglätteten Reitbahn. Ziehen Sie von einer erhöhten Position aus in Gedanken verschiedene Kreise in den Sand. Dabei können Sie sich die Zirkelpunkte zu Hilfe nehmen. Anschließend versuchen Sie, einen dieser Kreise in der Reithalle abzulaufen. Gehen Sie dann wieder an Ihren erhöhten Ausgangspunkt zurück und betrachten Sie Ihre Fußspuren von oben. Gehen Sie nun in der Reithalle verschiedene Kreise ab. Ziehen Sie einen Rechen hinter sich her, so dass Sie damit eine breite Kreisbahn in den Sand zeichnen.

Die häufigsten Sitzfehler in Wendungen

Der Reiter sitzt außen

Dieses Phänomen tritt sehr häufig auf. Der Reiter sitzt in der Wendung auf der Kurvenaußenseite. Seine Gewichtsverlagerung auf die konvex gebogene Seite des Pferderückens sehen Sie in der Zeichnung rot markiert.

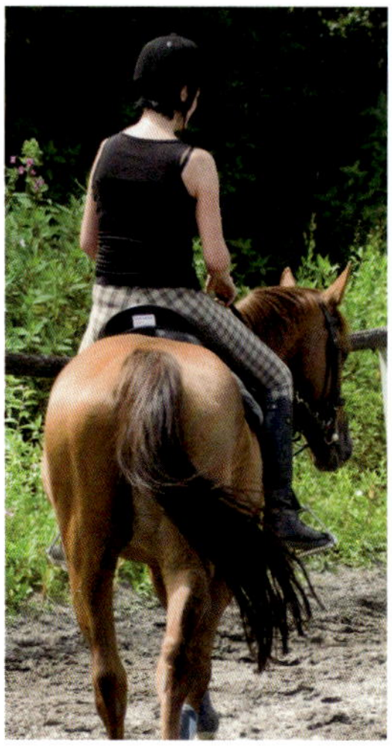

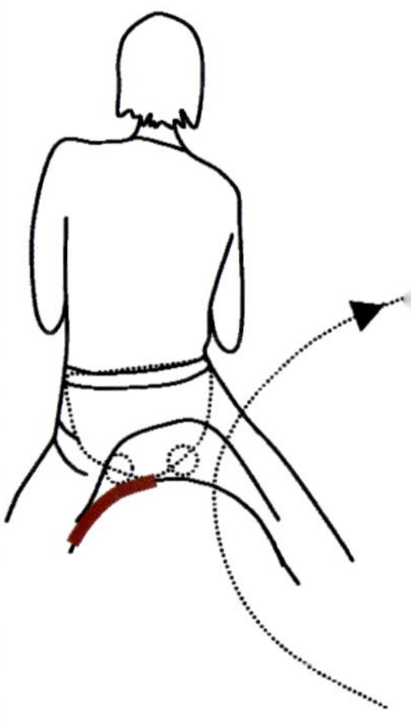

Dabei rutscht das innere Bein nach oben und kann nicht mehr effektiv zum Treiben eingesetzt werden. So muss der Reiter mit dem inneren Bein vermehrt Kraft einsetzen. Um diesen Krafteinsatz entwickeln zu können, muss er mit dem äußeren Bein gegenhalten, wobei er sich noch mehr auf die Außenseite zieht. Um nicht vom Pferd zu rutschen, muss er sich mit den Oberschenkeln am Pferd festklemmen. Viele Pferde reagieren auf diese Form der Einwirkung, indem sie den Brustkorb nach innen schieben, oder sie weichen in die Bahnmitte aus. Das Pferd geht damit gegen den inneren Schenkel des Reiters. Der Reiter versucht, den Sitzfehler mit den Händen über die Zügel auszugleichen. Dabei zieht die innere Hand nach außen über den Mähnenkamm. Meist neigen die Reiter dazu, in der Wendung am inneren Zügel fest zu werden, oder nach hinten einzuwirken.

Im Reitunterricht bekommt der Reiter die Korrektur, sich nach innen zu setzen oder die Zügelhände nicht über den Mähnenkamm zu führen (Bild unten links).

Dies kann er jedoch nicht so einfach umsetzen, da es sich hier um ein vielschichtiges Problem handelt. Wenn der Reiter sich nach innen setzen will, dann wird er dort keinen Pferderücken spüren. Der Rücken des Pferdes ist auf dieser Seite abgefallen. Das Pferd hat sich der Schieflage angepasst, so dass der Reiter in diesem Moment, wenn er sich nach innen setzen möchte, mit dem Becken keine Auflage findet. Jeder Versuch einer Korrektur durch vermehrten Krafteinsatz verstärkt das gegenseitige Problem von Pferd und Reiter.

Die Wendung wird von oben eingeleitet

In diesem Fall versucht der Reiter, die Wendung mit dem Brustkorb einzuleiten. Die Hauptaktion des Reiters besteht darin, dass er seine Brustbeinspitze nach vorne in die Wendung schiebt und mit den Händen zu stark einwirkt. Dabei zieht er sich in eine Überstreckung der Wirbelsäule und verliert mit dem Becken den Kontakt zum Sattel (Bild unten rechts).

Diese Reiterin haben wir im Kapitel »Die häufigsten Sitzfehler« ausführlicher vorgestellt.

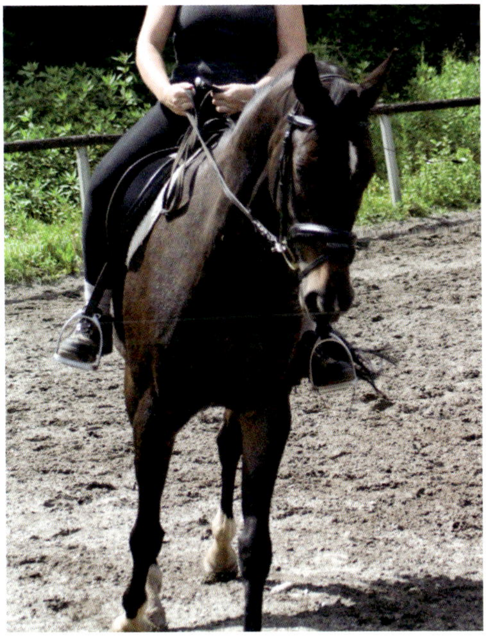

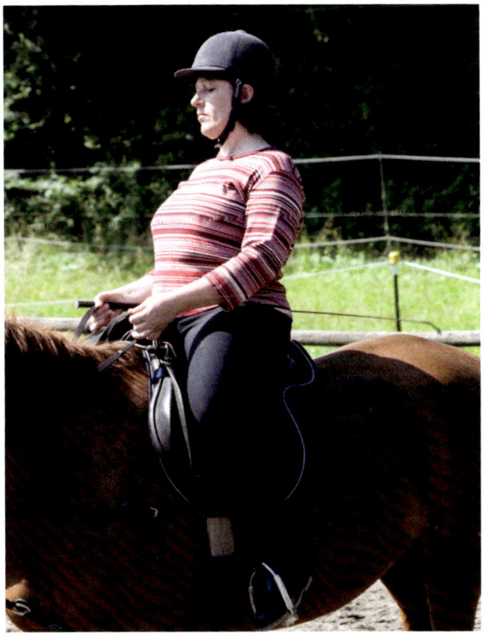

Der Reiter wird in der Wendung in der Wirbelsäule fest

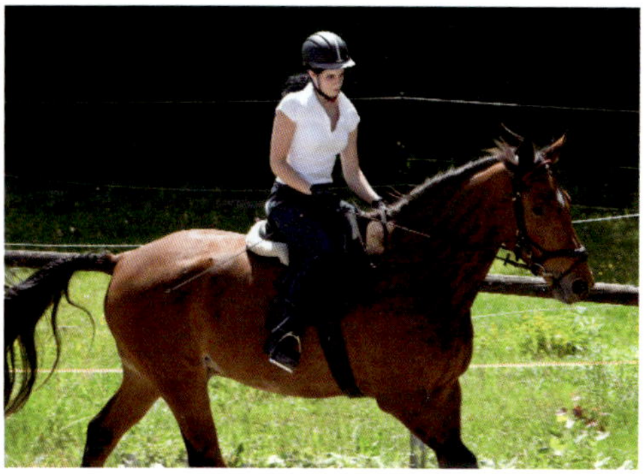

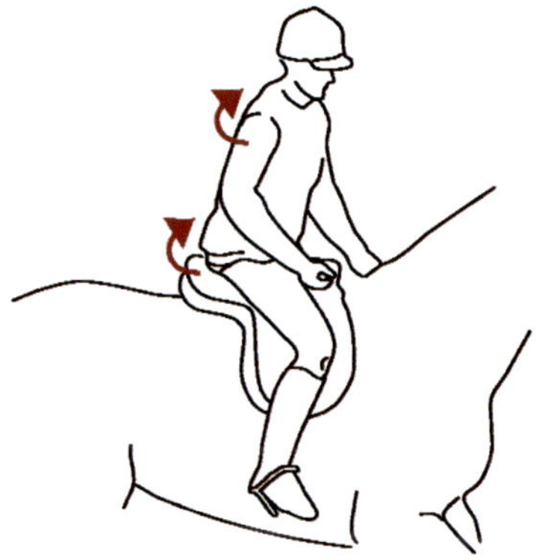

Hier ist der Reiter in der Wirbelsäule fest. Der Schultergürtel und das Becken drehen als Block. Der Reiter rutscht mit seinem Becken über den Pferderücken nach außen, da das Becken unweigerlich mit dem Brustkorb in die Wendung genommen wird. Dabei gerät die innere Hüfte nach hinten, das innere Bein wird hochgezogen, das Außenbein rutscht nach vorne. Meist ist dies auch mit einer zu stark einwirkenden inneren Zügelhand verbunden. Im Galopp ist dieses Verrutschen nach außen besonders deutlich, da in dieser Gangart die Fliehkraft auf den Reiter am stärksten wirkt.

Allen drei Reitern ist der korrekte Sitz in der Wendung verloren gegangen. Entweder hat die Schiefe des Pferdes sie dazu verleitet, oder die reiterlichen Einwirkungen haben zu einer Schiefe des Pferdes geführt. Meist sind Pferd und Reiter ein gut eingespieltes Team. Der Reiter spürt häufig nicht, dass er und das Pferd in der Wendung eine Schieflage erarbeitet haben. Erst wenn das Problem sichtbar geworden ist, versucht der Reiter, dagegen zu wirken. Das Problem beginnt jedoch schon viel früher und ist in den Anfängen mit etwas Gefühl und wenig Kraft zu korrigieren.

Zuerst muss der Reiter lernen, was geschieht, wenn er mit seinem Becken einseitig im Sattel einwirkt. Dazu lassen wir den Reiter auf dem zweiten Hufschlag geradeaus reiten. Wenn er dann das Becken vermehrt auf einer Seite belastet, wird das Pferd schief weiterlaufen. Er sollte versuchen, die Beine gleichmäßig am Pferd anliegen zu lassen, denn er soll diese Zusammenhänge erst einmal ohne Einwirkung der Beine erspüren lernen.

Üben Sie diese einseitigen Gewichtsbelastungen zu beiden Seiten. Dazwischen setzen Sie sich wieder gerade in den Sattel, so dass beide Sitzbeinhöcker gleichmäßig belastet sind. Nun probieren Sie die einseitigen Gewichtseinwirkungen auf der Zirkellinie.

Setzen Sie sich bewusst auf der Zirkellinie nach außen oder nach innen. Beobachten Sie, was dabei passiert. Wenn Sie auf dem Zirkel Ihr Gewicht nach außen verlagert haben, wird das Pferd nach innen driften wollen. Dies kann sich auch darin zeigen, dass der Pferdebauch nach innen drückt. Probieren Sie nun in dieser einseitigen Sitzposition, das Pferd mit den Beinen zu korrigieren. Sobald Sie versuchen, das Pferd mit dem inneren Bein nach außen zu schieben, werden Sie Ihr Gewicht noch mehr nach außen in den Sattel verlagern. Ihr Becken wird fest und kann nicht mehr mitschwingen. Das innere Knie beginnt, am Sattelblatt zu klemmen. Wenn Sie nun noch mehr Kraft einsetzen, wird Ihre Schiefe verstärkt, so dass Sie sich jetzt auch noch mit der äußeren Schulter nach hinten wegdrehen. Das Problem hat sich damit verstärkt.

Zur Korrektur dieses Fehlers sollten Sie zuerst die Beckenstellung korrigieren und anschließend mit den treibenden Hilfen den Bewegungsfluss nach vorne unterstützen.

Übung: Bewegungsabläufe erspüren

Um Ihre Bewegungsabläufe tatsächlich erspüren zu können, haben wir folgenden Vorschlag: Reiten Sie auf dem Hufschlag. Stellen Sie sich vor, dass Sie nach einer halben Bahnlänge einen Zirkel reiten werden. Anstatt jedoch auf den Zirkel abzuwenden, reiten Sie weiter geradeaus. Der Moment, in dem Sie daran denken, einen Zirkel zu reiten, ist der entscheidende. Denn sobald Sie an eine Aufgabe denken, leiten Sie bereits unbewusst die ersten Bewegungsabläufe dafür ein. Konzentrieren Sie sich also darauf, ob sich Ihre Körperspannung verändert, wenn Sie an die Wendung denken. Zieht sich dabei Ihre innere Körperseite zusammen? Was nehmen Sie in diesem Augenblick von Ihrem Pferd wahr? Konzentrieren Sie sich plötzlich nur noch auf seine innere Seite? Was machen Ihre Hände? Wie verändert sich Ihr Sitz? Wo sind Sie mit Ihrer Aufmerksamkeit?

Der richtige Sitz in der Wendung

Viele Reiter lenken Ihre Hauptaufmerksamkeit in den Wendungen auf den vorderen Teil des Pferdes. Sie nehmen das Pferd vom Pferdemaul bis zum Widerrist wahr. Dies hat zur Folge, dass die Hauptaktionen zum Einleiten einer Wendung auch dort stattfinden. So setzt der Reiter zuerst die Zügel ein und zieht das Pferdemaul herum. Wenn das Pferd daraufhin nicht abwenden möchte, verstärkt er seine Einwirkung mit dem Unterschenkel. Jetzt setzt der Reiter vermehrt seine innere Körperhälfte ein, weil er nur noch an das Abwenden nach innen denkt. Sobald er dabei zu viel Kraft mit dem inneren Bein einsetzt, schiebt er das Pferd noch weiter über die äußere Schulter nach außen. Das Becken wird dabei fest und verhindert, dass das Pferd auf einer Wendung vorwärts gehen kann.

Die erste Korrektur ist hier, die Reihenfolge der Hilfengebung wieder zu ordnen. Die Hauptaufmerksamkeit ist auf den Sitz zu lenken. Durch das Becken erfolgt die wichtigste und vorrangige Hilfengebung. Wenn das Becken richtig ausgelotet mit den Pferdebewegungen mitschwingen kann, darf das Bein als zweite Hilfengebung hinzukommen. Die Hand spielt eine untergeordnete Rolle und unterstützt die Bewegungsrichtung nach vorne. Diese Reihenfolge muss der Reiter einhalten, damit er den richtigen Sitz in den Wendungen finden kann.

Der Reiter muss die **richtige Stellung seines Beckens erspüren** und dabei **im Becken beweglich bleiben** können, so dass er das Pferd nicht an der Vorwärtsbewegung hindert.

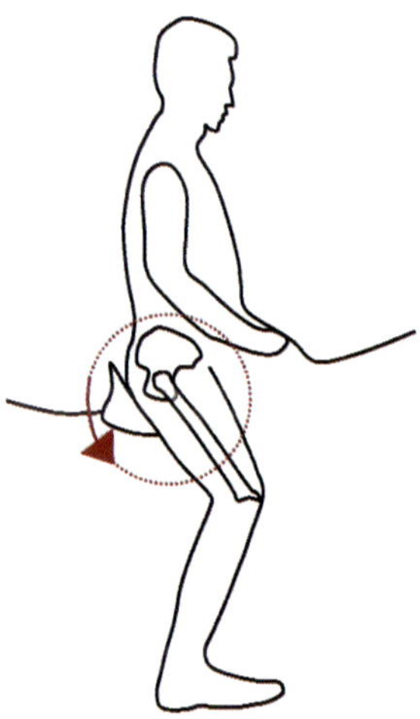

Der Vorwärtsimpuls in der Wendung bleibt erhalten, wenn der Reiter sein Becken beweglich mitschwingen lässt, oder er verstärkt diesen, indem er die Bewegung nach vorne mit dem Sitzbeinknochen unterstützt.

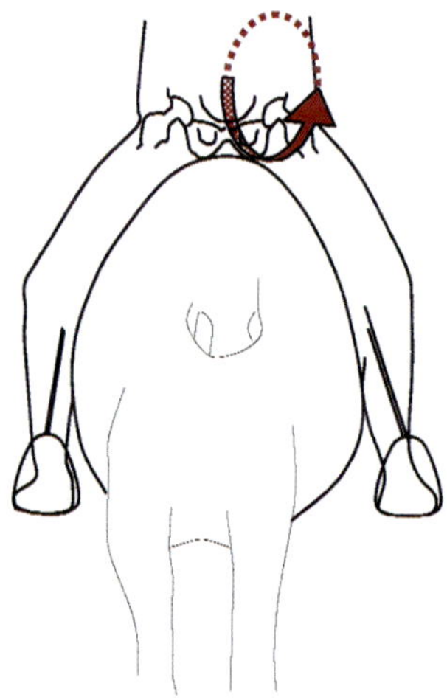

Ebenso kann der Reiter mit dem äußeren Sitzbeinknochen in der Wendung verstärkt nach vorne mitwirken.

So ist es richtig:

In der Abbildung auf dieser Seite sehen Sie drei Reiter von oben. In der **Abbildung links** sitzt der Reiter gerade und mittig über dem Pferd.

Rechts daneben sehen Sie eine korrekte Biegung in der Wendung nach rechts. Dabei behält der Reiter mit beiden Sitzbeinknochen Kontakt zum Sattel. Ihre Verbindungslinie bleibt parallel zur Hüfte des Pferdes.

In der **Abbildung rechts außen** sehen Sie die Stellung der Schultern des Reiters zur Stellung der Pferdeschultern. Auch diese stehen parallel zueinander.

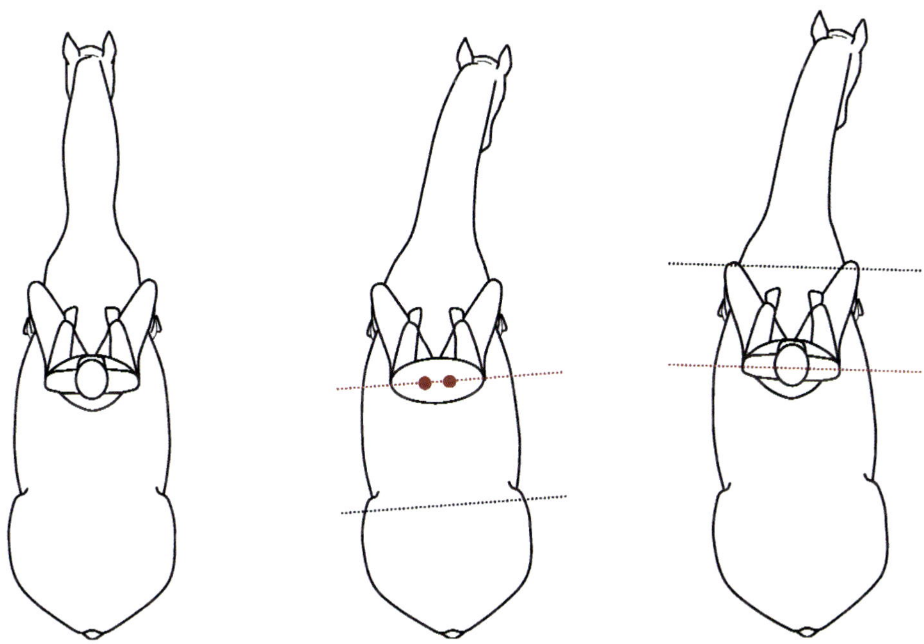

Pferd und Reiter sind gerade nach vorne ausgerichtet

Beckenstellung mit Sitzbeinkontakt im Sattel bei einer Wendung nach rechts. Die Hüfte des Reiters steht parallel zur Hüfte des Pferdes.

Schulterstellung bei einer Wendung nach rechts. Die Schultern des Reiters stehen parallel zu den Schultern des Pferdes.

So ist es falsch:
In der **Abbildung auf dieser Seite** sehen Sie eine falsche Biegung, das Pferd fällt über die linke Schulter aus.

Die Wendung wird vom inneren Zügel eingeleitet. Der Reiter verlagert zu viel Gewicht auf den inneren Sitzbeinknochen, so dass der äußere an Kontakt verloren hat. Das Becken hat seine Position im Sattel verändert. Die äußere Beckenseite ist nach vorne verdreht. Die Verbindungslinie der Gesäßknochen liegt nicht mehr parallel zur Hüfte des Pferdes. Der Reiter versucht, das Pferd mit Kraft über das innere Bein in die Wendung zu bringen, wobei das äußere deutlich weniger Führung gibt.

Während das Pferd daraufhin über die äußere Schulter ausfällt, schiebt es seinen Brustkorb nach außen. Dies spürt der Reiter dadurch, dass der Pferderücken auf der inneren Seite eine Kuhle bildet. Da der Reiter nun mit dem inneren Sitzbeinknochen tiefer sitzen kann, glaubt er fälschlicherweise, dass die Wendung von ihm richtig eingeleitet wurde.
Ein wichtiger Hinweis für das Ausfallen des Pferdes über die Schulter ist, dass der äußere Sitzbeinknochen und das äußere Bein des Reiters keine Führung bieten können. So fehlt dem Pferd die nötige äußere Begrenzung in der Wendung.

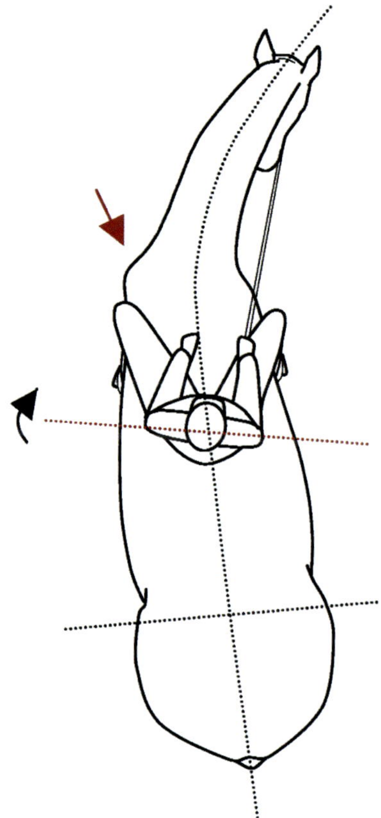

Wendung nach rechts. Das Pferd ist über die linke Schulter ausgefallen. Die Hüfte des Reiters steht nicht mehr parallel zur Hüfte des Pferdes.

Die gleichmäßige Führung in der Wendung

Durch die Stellung Ihres Beckens im Sattel führen Sie Ihr Pferd sicher durch die Wendung. Um diese Führung durch das Becken beibehalten zu können, möchten wir ein Bild von Sally Swift (Reiten aus der Körpermitte) aufgreifen. In ihrem Buch gibt sie dem Reiter ein eindrückliches Bild für das Reiten einer Wendung. Der Reiter soll sich vorstellen, dass er auf Eisenbahnschienen durch die Wendung reitet. Dabei ist sein rechter Sitzbeinknochen in der rechten Schiene und sein linker in der linken Schiene verankert.

Sobald er die Verbindung zu einer Schiene löst, wird er aus der Kurve gleiten. Die Stabilität des Beckens auf beiden Schienen ist für die Kurvenlinie enorm wichtig.

Beide Sitzbeinknochen unterstützen dabei die Bewegung des Pferdes nach vorne. Überprüfen Sie dies bei jedem Schritt. Spüren Sie im Schritttempo Ihre Sitzbeinknochen und begleiten Sie die Schritte Ihres Pferdes mit Ihrem Becken. Sie können dabei im Stillen mitsprechen: »Bewegen, bewegen, bewegen …«

Der Schultergürtel »denkt« in der Wendung etwas weiter nach vorne. Die Eisenbahnschwellen vor Ihnen zeigen Ihnen, wie weit er sich einwärts drehen soll.

Wenn Ihr Pferd nicht vom Hufschlag nach innen auf den Zirkel abwenden möchte, dann überprüfen Sie zuerst Ihren Sitz. Achten Sie darauf, ob Sie dem Pferd genügend äußere Begrenzung mit dem äußeren Sitzbeinknochen und dem äußeren Bein geben. Es braucht an der Außenseite einen Impuls, einen »Schubs« nach innen. Der äußere Sitzbeinknochen muss in diesem Moment das Pferd deutlicher nach vorne führen und das innere Knie die Bewegungsrichtung freigeben. Wenn es am Sattelblatt klebt, behindert es die innere Pferdeschulter. Verhindern Sie bremsende Einwirkungen und unterstützen Sie den Impuls nach vorne. Überprüfen Sie zuerst, ob das Pferd auf der langen Seite gerade gerichtet ist und Sie das Pferd nicht nur passiv an der Bande entlanglaufen lassen. Denn schon beim Geradeausreiten kann das Pferd mit der Schulter nach außen ausgefallen sein, so dass ein Abwenden auf den Zirkel das Problem nur verstärkt. Reiten Sie vermehrt auf dem zweiten Hufschlag, um die äußere Begrenzung zu üben.

In der **Zeichnung rechts** sehen Sie die Führung von Becken und innerem Bein in die Bewegungsrichtung.

Wenn der Reiter sein Gewicht nicht der Wendung entsprechend verlagern kann, muss er sich und sein Pferd erst wieder neu ausbalancieren.

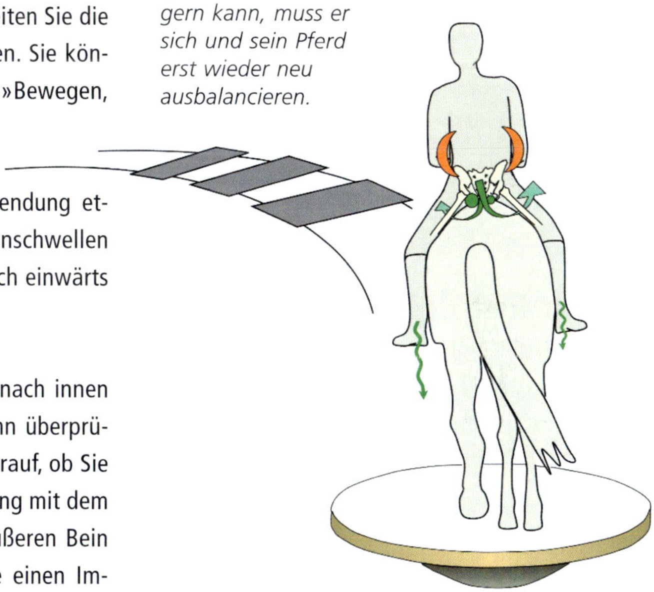

Gedachte Bewegungsrichtung des Beckens und des inneren Knies bei einer Wendung nach links. Die äußere Begrenzung wird vom äußeren Sitzbeinknochen, vom äußeren Bein und vom äußeren Zügel gegeben.

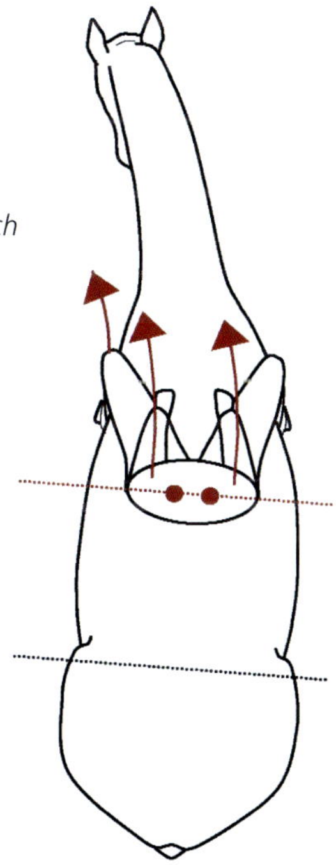

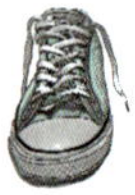

Übungen: Die gleichmäßige Führung

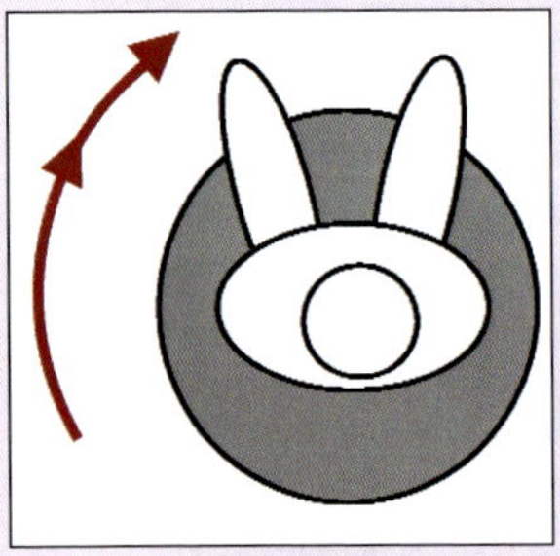

1. Kurvengefühl auf dem Ball: *Nun wollen wir Ihr Kurvengefühl noch mehr mit Ihrem Bewegungsempfinden verbinden. Dazu benötigen Sie einen Gymnastikball, auch Pezziball genannt.*
Setzen Sie sich auf den Ball. Beginnen Sie, mit dem Ball einen Kreis zu beschreiben. Rollen Sie eine Zeit lang, ohne darüber nachzudenken. Spüren Sie sich in den Kreis hinein. Legen Sie sich mit in die Kurve. Üben Sie Ihr Bewegungsgefühl mit offenen und geschlossenen Augen. Beschleunigen Sie einen Kreisabschnitt, lassen ihn auslaufen, um dann wieder zu beschleunigen.
Kreisen Sie nun im Uhrzeigersinn. Halten Sie sich an einer Tischkante fest, und vergrößern Sie die Kreisbahn. Dabei dürfen Sie so schwungvoll werden, dass die Füße abwechselnd den Boden verlassen. Falls Sie sich bei Ihrem Kreis vom Tisch langsam über die linke Schulter nach links wegdrehen, haben Sie Ihren Kreis einseitig betont.
Sie haben den Kontakt am äußeren Sitzbein verloren und stattdessen das innere mehr belastet. So sind Sie mit dem Ball weiter nach links abgedriftet. Um dies zu korrigieren, muss Ihr Bewegungsfluss auf dem Weg zum Tisch hin wieder deutlicher werden. Dabei muss die äußere Hüfte die Kurve führen. Mit dieser Übung spürt man sehr gut, was passiert, wenn man in der Kurve mit einem Sitzbein den Kontakt verliert. Sie verlieren die Führung und driften nach außen.

2. Auf dem Pferd:
Öffnen Sie das innere Knie
Um auf dem Zirkel nicht nach außen gesetzt zu werden, testen Sie zuerst im Stand und dann auf dem Zirkel folgende Übung:

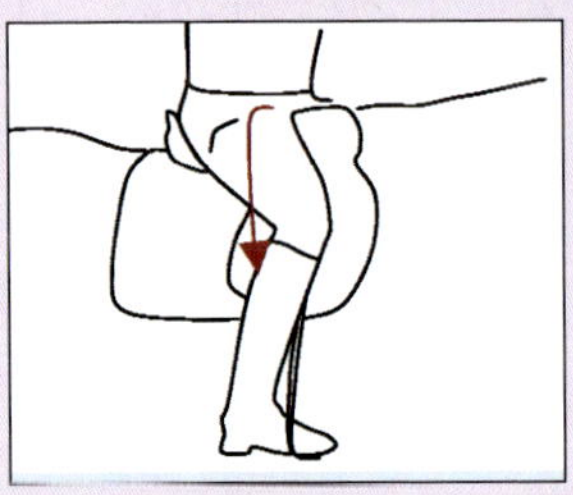

Der innere Sitzbeinknochen bleibt auf der inneren Seite. ***Stellen Sie sich vor, Ihr Sattel ist nach außen verrutscht.*** *Sie versuchen, den* ***Sattel mit Ihrem Becken und der Oberschenkelinnenseite***

wieder nach innen zu bringen. Dabei bleibt Ihr **Bein locker am Sattelblatt liegen** und wird nicht nach innen gedrückt. Wenn Sie das Bein an das Sattelblatt drücken, hebeln Sie sich aus dem Sattel.

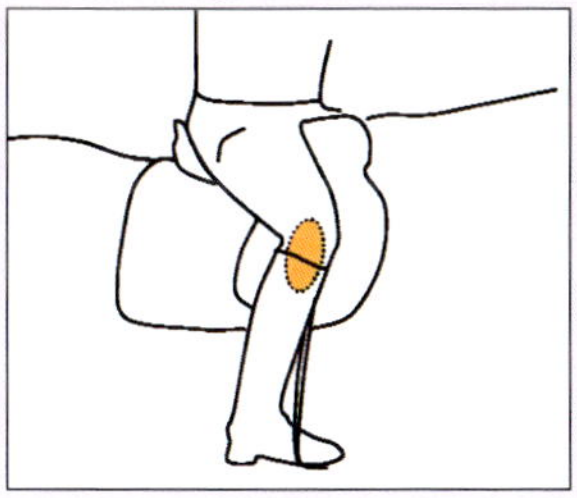

Um die Bewegung richtig auszuführen, müssen Sie sie in Ihrem Hüftgelenk zur Seite und nach unten zulassen. Der innere Sitzbeinknochen und das Hüftgelenk sinken ab. Sie werden auf dieser Beckenseite schwerer. Jetzt stellen Sie sich vor, dass Sie **zwischen Ihrem Knie und dem Sattelblatt ein zähfließendes Gel verstreichen**. Dabei möchten Sie das Gel mit Ihrem Oberschenkel und dem Knie mit minimalem Druck **nach unten verteilen**. Mit diesem durchlässigen Bein nach unten können Sie auch das innere Knie am Sattelblatt beweglich halten. So lassen Sie mit Ihrem inneren Bein die Bewegungsrichtung für das Pferd nach innen frei. Ein angepresstes inneres Knie verhindert den Bewegungsfluss des Pferdes auf dem Weg nach innen auf die Zirkellinie.

3. Sinken Sie mit der inneren Beckenseite nach unten

Machen Sie die vorherige Übung in verschiedenen Wendungen. Arbeiten Sie fein genug, so dass Sie nicht in Versuchung kommen, dabei zu viel Kraft ins Spiel zu bringen. Nehmen Sie das innere Bein aus dem Steigbügel und lassen es locker nach unten baumeln. Das Knie öffnet sich dabei, so dass Ihre Kniescheibe etwas nach außen zeigt. Ihr Unterschenkel liegt locker am Pferdebauch an.

Lassen Sie nun das Hüftgelenk und das Bein nach innen hinuntergleiten. Das Hüftgelenk kann weiter mit der Pferdebewegung mitschwingen. Sie spüren dabei Ihre innere Beckenseite deutlich im Sattel, wobei der äußere Sitzbeinknochen Kontakt zum Sattel behält. Der Kontakt des äußeren Sitzbeinknochens ist für die Wendung ebenso wichtig wie die nach unten mitschwingende innere Seite Ihres Beckens. Der äußere Sitzbeinknochen und das äußere Bein begrenzen die Wendung nach außen. Wobei das äußere Bein nur das Pferd begrenzen kann, wenn der äußere Sitzbeinknochen in Kontakt mit dem Sattel bleibt.

→

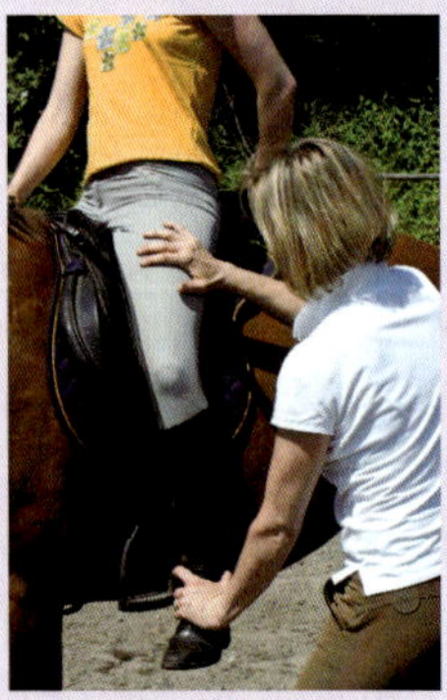

Das Gefühl für ein langes mitschwingendes Bein wird deutlicher, wenn ein Helfer das Bein ausstreicht. Damit der Reiter zwischen Richtig und Falsch zu unterscheiden lernt, kann er zwischendurch sein Bein wieder an das Sattelblatt klemmen und gleichzeitig den Sitzbeinknochen auf dieser Seite entlasten.

Die nötige Entspannung der Muskulatur an der Innenseite des Oberschenkels (am Schambein) ist viel deutlicher zu spüren, wenn der Reiter zuerst die falsche Bewegungsrichtung betont. Von dort findet er durch die Unterstützung des Helfers am Bein dann den richtigen Weg nach unten. Gleichzeitig spürt er, wie die Muskulatur bei der Entspannung der inneren Oberschenkelmuskulatur (Adduktoren) das Hüftgelenk nach unten freigibt.

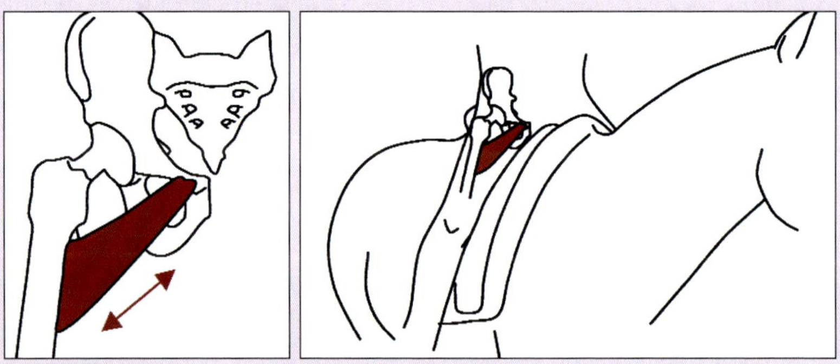

Ein Helfer kann Ihnen vom Boden aus sagen, wann Sie mit Ihrem Gewicht auf der Zirkellinie innen sitzen. Es kann sein, dass sich diese Sitzposition für Sie ungewohnt anfühlt, da es für Sie bisher normal war, in der Wendung außen zu sitzen. Sie werden feststellen, dass der Zirkel nun deutlich leichter zu reiten ist.

Ersetzen Sie den Steigbügel durch ein Gummiband. Mit Hilfe des Gummibandes ist es dem Reiter leichter möglich, die Durchlässigkeit in seinem Bein nach unten zu entwickeln. Die Anwendung des Gummibandes wird im Kapitel »Die Durchlässigkeit des Reiters« ausführlicher beschrieben.

Das Austreten des Steigbügels in der Wendung

Den inneren Steigbügel in der Wendung auszutreten, kann einen ungünstigen Einfluss auf den Sitz des Reiters haben. Probieren Sie im Sattel aus, was dabei passiert. Setzen Sie sich dazu auf Ihre Hände, so dass Sie Ihre Sitzbeinknochen spüren können. Wenn Sie nun einen Bügel bewusst austreten, werden Sie Ihr Bein starr nach unten schieben und sich dabei vom Steigbügel abdrücken. Unter Ihren Händen werden Sie spüren, wie sich der Sitzbeinknochen auf dieser Seite aus Ihrer Hand heraushebt. So ist genau das Gegenteil von dem geschehen, was erreicht werden sollte. Hilfreicher für Ihr Bewegungsgefühl ist die Vorstellung, das Bein mit den Bewegungen des Pferdes lang nach unten sinken zu lassen und dabei den Kontakt des Beckens zum Sattel zu spüren. Auch die Anweisung, den inneren Sitzbeinknochen in der Wendung stärker zu belasten, kann eine ungewollte Auswirkung auf Ihren Sitz haben, wenn dies nicht in feiner Abstimmung mit den Bewegungen des Pferdes geschieht.

Der Reiter kann seine Gewichtshilfen gezielt nach unten auf den Steigbügel einsetzen, wenn Fußgelenk, Kniegelenk und Hüftgelenk federnd mitwirken. Sein Becken bleibt so frei beweglich und blockiert nicht die Bewegungen des Pferdes: Es kann mit seinem Rücken »in die Hüfte des Reiters hinein« schwingen. So federt der Reiter mit seinem Gewicht dynamisch nach unten und das Pferd folgt ihm (Bild Seite 134). Auf keinen Fall darf er mit steifen Gelenken auf den Steigbügeln stehen und mit seinem Gewicht dabei gegen das Sattelblatt wirken. Im zweiten Bild (Seite 135) können Sie sehen was geschieht, wenn der Reiter das Knie festhält und nicht nach unten federn lässt: Es drückt gegen das Sattelblatt, wobei das Reitergewicht nun nicht mehr nach unten wirkt, sondern zur Seite abdriftet. Der Oberkörper knickt nach innen ab, die Hüfte schert nach rechts aus und der linke Unterschenkel wird abgespreizt. Somit versperrt das linke Knie den Weg nach innen, das Gewicht des Reiters wirkt nach rechts.

Übung im Sattel

Versuchen Sie, auch dies im Sattel zu erspüren, während Ihr Pferd steht. Wenn Sie sich wieder auf Ihre Hände setzen, um die Sitzbeinknochen besser wahrnehmen zu können, werden Sie Folgendes feststellen: Sobald Sie mehr Gewicht auf einen Sitzbeinknochen ausüben, wird der andere automatisch angehoben. Wenn Sie also auf dem Zirkel reiten und bewusst den inneren Sitzbeinknochen stärker belasten, indem Sie mehr Druck nach unten in den Sattel geben, dann verliert gleichzeitig der äußere den Kontakt zum Sattel.

Übung: Gewichtsverlagerung im Sattel

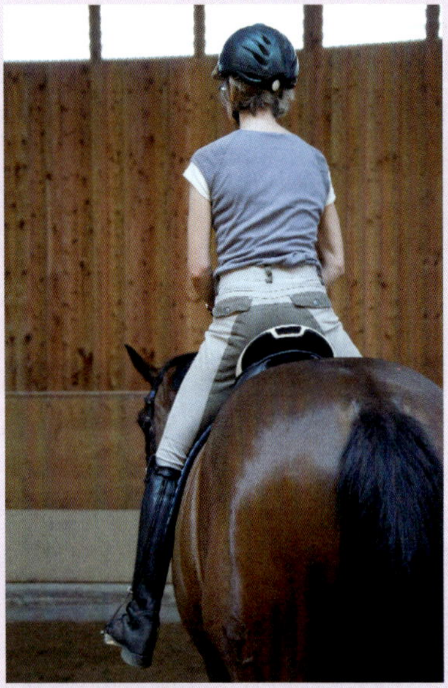

Stehen im Sattel mit richtiger Gewichtseinwirkung nach unten.

Probieren Sie die richtige und die falsche Ausübung auf der Mittellinie aus.
Am besten beginnen Sie im leichten Sitz. Das ist einfacher, da Sie so am besten spüren, ob Sie Ihr Gewicht wirklich auf die Steigbügel bringen und, wie ***im ersten Bild,*** *senkrecht nach unten federn. Je nachdem, wie viel Gewicht Sie nun zu einer Seite verlagern, wird Ihr Pferd mehr oder weniger dorthin folgen. Dann verteilen Sie Ihr Gewicht wieder gleichmäßig auf beide Beine und reiten somit ganz geradeaus. Anschließend können Sie dasselbe zur anderen Seite ausprobieren. Wenn Sie nun noch eine Drehung Ihres Oberkörpers hinzunehmen, wird Ihr Pferd abwenden.*

Mit dieser Übung werden Sie und Ihr Pferd ständig dazu veranlasst, sich neu auszubalancieren. Auf einer Geraden oder auch auf einem Zirkel können Sie das Pferd über diese Gewichtshilfen um wenige Zentimeter nach links und rechts pendeln lassen. Sie müssen dabei sehr beweglich bleiben und spüren, wo sich das Pferd unter Ihnen befindet.

Lehnt es sich in der Wendung zu sehr nach innen, werden Sie Druck an der Oberschenkelinnenseite spüren. Früher haben Sie vielleicht versucht, dies zu korrigieren, indem Sie das Pferd mit dem inneren Bein wieder nach außen bringen wollten. Probieren Sie es nun, indem Sie Ihr Gewicht auf den äußeren Steigbügel verlagern, bis Sie merken, dass das Pferd wieder in die Senkrechte gekommen ist.

→

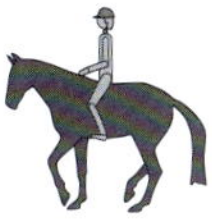

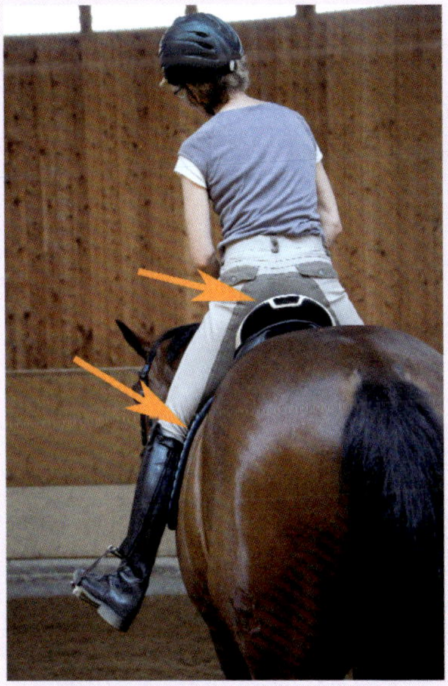

Stehen im Sattel mit falsch verstandener Gewichtsverlagerung.

Versuchen Sie nun, wie im ***zweiten Bild*** *Ihr Gewicht nach links zu verlagern. Sie werden feststellen, dass das Pferd in die andere Richtung (in diesem Fall nach rechts) ausweicht. Sie sehen also: Ihr Bein muss weich am Sattelblatt anliegen, um nach unten federn zu können. Ihre Hüfte muss die Bewegungen des Pferdes »in sich hinein lassen« und darf nicht zuzwicken. Besonders wichtig ist dies bei den Seitengängen und in Wendungen. Sobald Sie das Bein ans Pferd klemmen, versperren Sie den Weg in diese Richtung und können nicht mit Ihren Gewichtshilfen einwirken.*

Auf den richtigen Dreh kommt es an

Für eine exakte Wendung muss die Schulter des Reiters soweit einwärts gedreht sein, dass sie mit der Vorhand des Pferdes übereinstimmt und die Beckendrehung des Reiters mit der Hinterhand des Pferdes. Das heißt somit, der Schultergürtel und der Brustkorb des Reiters drehen in einer Kurve weiter nach innen als das Becken. Mit dieser Drehbewegung zwischen Brustkorb und Becken ermöglichen Sie sich in den Wendungen einen durchlässigen Bewegungsablauf im ganzen Körper. Wenn Sie diese Drehung nicht zulassen und in der Wirbelsäule fest bleiben, dann wirkt sich dies ungünstig auf Ihren Sitz aus. Denn dadurch kann das Becken nicht mehr den Kontakt zum Sattel bewahren, da es unweigerlich mit dem Brustkorb in die Wendung mitgenommen wird. Dabei wird das äußere Hüftgelenk fest und das Außenbein gerät nach vorne. Zusätzlich werden Sie am inneren Arm fest und können nicht mehr fein am Zügel einwirken.

Übung: Drehen

Wenn Sie Ihre äußere Schulter nicht mit in die Wendung nehmen können ist folgende Übung sehr hilfreich. **Reiten Sie auf dem Zirkel und halten dabei beide Zügel in der äußeren Hand.** Die innere Hand öffnet den Weg in die Wendung nach innen, so dass sich der Brustkorb in die Wendung mitdreht. Mit dieser großzügigen Einleitung durch den inneren Arm bekommen Sie ein Gefühl für die Bewegungsrichtung Ihres Brustkorbes.

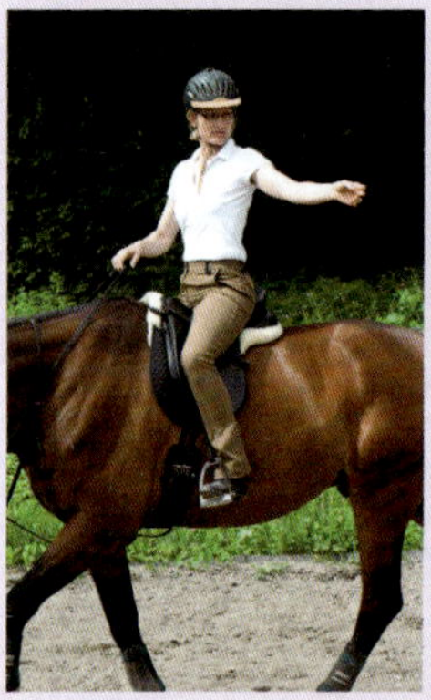

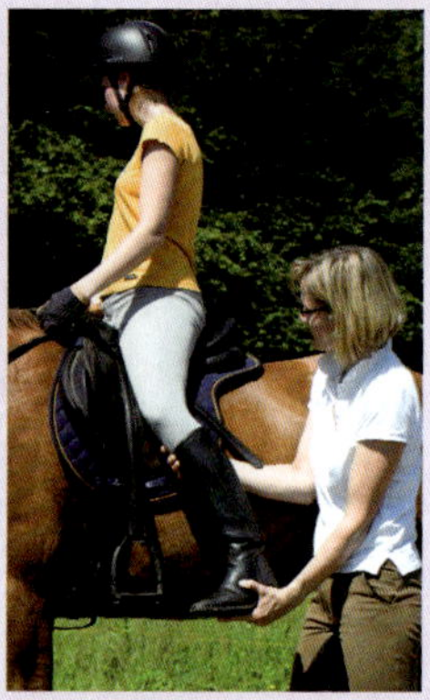

Falls Sie Ihr äußeres Bein in der Kurve meist zu weit vorne haben, ist dies ein wichtiger Hinweis. Überprüfen Sie Ihren Sitz und erarbeiten Sie in den Wendungen zunächst die Drehung zwischen Brustkorb und Becken. Sobald Sie diese spielerisch umsetzen können, wird sich das Problem des vorne liegenden äußeren Beines leicht korrigieren lassen.

Die Drehbewegung zwischen Brustkorb und Becken können Sie auch auf dem Ball üben: Legen Sie die Hände auf die gegenseitige Schulter, so dass sich die Arme vor dem Brustkorb überkreuzen. Lassen Sie die Arme locker an den Schultern hängen. In der Brustwirbelsäule bleiben Sie trotz des zusätzlichen Armgewichtes aufgerichtet. Drehen sie nun locker mit dem Brustkorb von einer Seite zur anderen. Lassen Sie die Bewegung hin- und herpendeln, so dass sie wie von selbst läuft. Wie ein liegendes Pendel einer Uhr.

Ihr Sitz verändert sich dabei nicht. Sie bleiben im Becken aufgerichtet. Die Belastung auf Ihren Sitzbeinhöckern bleibt gleichmäßig. Auch das Brustbein schiebt nicht nach vorne. Mit einem Wort: Sie bleiben senkrecht. Denn es heißt drehen und nicht kippen und schon gar nicht schieben. Wenn Sie die Übung deutlich erschweren wollen, beginnen Sie gleichzeitig auf dem Ball zu federn. Die Pendelbewegung von rechts nach links bleibt immer fließend und gleichmäßig. Diese Übung können Sie unkompliziert auf dem Ball ausführen. Im Anschluss machen Sie diese Übung auf dem Voltigierbock, wenn Ihnen ein solcher zur Verfügung steht. Auf diesem haben Sie eine reitnähere Ausgangsstellung, denn Sie können Ihre Beine lang machen.

Erste Hilfe

Wenn Sie in Wendungen in der inneren Hüfte einknicken, hilft dieses Bild, Ihre Aufmerksamkeit auf Ihre äußere Körperseite zu lenken, so dass diese die Wendung aktiver mitgestalten kann. Stellen Sie sich vor, ***Ihr Becken ist ein Schneepflug, der auf die gebogene Linie eingestellt ist.*** *Damit die Schaufel den Schnee gleichmäßig beiseiteschieben kann und sich ihre innere Spitze nicht in den Schnee bohrt, müssen Sie sie ganz waagerecht halten. Ihre äußere Körperseite hat dabei einen etwas längeren Weg zurückzulegen als die innere.*

Leichttraben auf gebogenen Linien

Beim Leichttraben sollten Sie mit dem Becken möglichst viel Kontakt zum Sattel behalten. Dazu setzen Sie sich deutlich in den Sattel hinein und stehen möglichst wenig auf. Sie achten darauf, dass Sie tatsächlich mit Ihrem Gewicht satt im Sattel ankommen.

Stellen Sie sich vor, Ihre Sitzbeinhöcker sind zwei Stempel, mit denen Sie den Sattel stempeln und dabei die Tinte mit Ihrem Gewicht in das Leder drücken. Auf den Beininnenseiten lassen Sie die nötige Dehnung der Adduktoren zu. Wenn Sie die Aufmerksamkeit auf das Aufstehen aus dem Sattel betonen, wird Ihr Stempelabdruck mit den Sitzbeinhöckern blass. Sind dabei die Oberschenkel an das Pferd gedrückt, dann wird das Einsitzen nicht mehr so satt werden. Sie behalten dabei diese Spannung im Becken beim Einsitzen bei und kommen nicht mehr so tief in den Sattel. Je weniger Kontakt Sie mit dem Becken zum Sattel haben, desto weniger können Sie mit dem Becken die Kurvenbahn bestimmen.

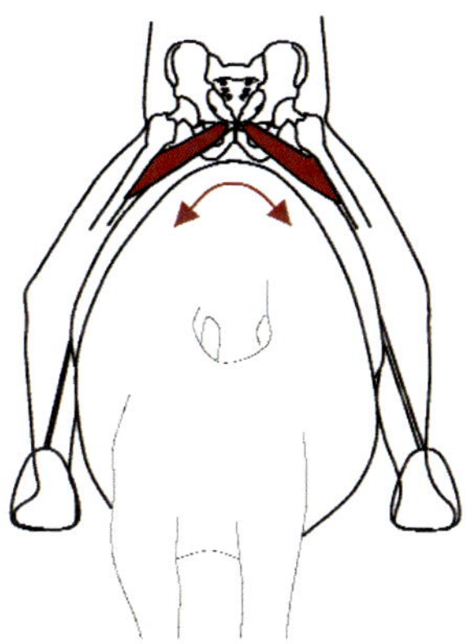

Einsitzen mit viel Beckenkontakt zum Sattel. Der Reiter sitzt satt im Sattel.

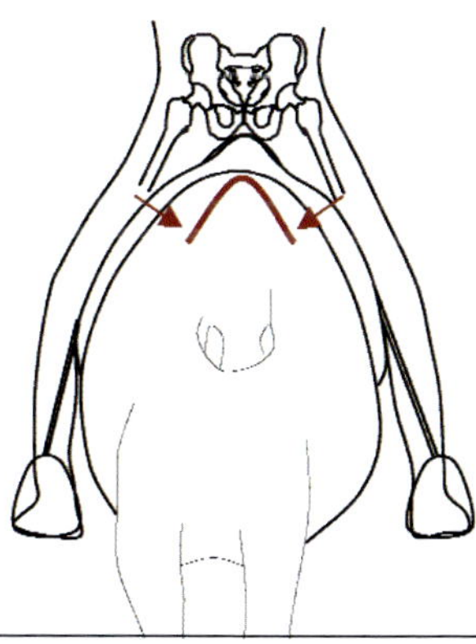

Einsitzen mit wenig Beckenkontakt zum Sattel. Der Reiter sitzt spitz im Sattel.

Ihr Sitz wird damit instabiler. So bringen Sie sich durch Ihre Einwirkungen sehr leicht in eine Schieflage. Sobald das innere Bein mit zu viel Kraft arbeitet, können Sie dies nicht mit Ihrem lose gewordenen Becken ausgleichen. So kann Sie das Pferd sehr leicht aus der Balance bringen, wenn es unter Ihnen schief wird.

Sie sollten beim Leichttraben jedoch jederzeit spüren können, was Ihr Pferd unter Ihnen macht. Dies können Sie nur, wenn Sie sich mittig über dem Pferd ausbalancieren und durchlässig in den Gelenken bleiben.

Mit zu viel Spannung im Becken oder in den Beinen gelingt dies nicht. Achten Sie darauf, dass Sie beim Leichttraben selbst leicht in Ihren Bewegungen bleiben. Mit zu viel Spannung können Sie nicht mehr fein auf das Pferd reagieren. Damit müssen Sie mehr Kraft einsetzen und Sie beginnen einen Kampf mit dem Pferd, den Sie sowieso verlieren werden.

Viele Menschen haben unterschiedlich ausgeprägte Körperseiten. So ist häufig ein Bein kräftiger ausgebildet. Beim Leichttraben passiert es oft, dass sie mit ihrem kräftigeren Bein fester in den Steigbügel treten. Sie belasten die Steigbügel unterschiedlich.

Dies führt sehr schnell dazu, dass sie sich im Becken verdrehen. Die kräftigere Körperhälfte kommt nach vorne, wodurch der richtige Sitz verloren geht. Dies beeinflusst und stört wiederum Ihre Einwirkung auf das Pferd.

Ob Sie mittig über dem Pferd bleiben oder schief werden, ist beim Leichttraben schwerer zu erspüren als im Schritt, da Sie beim Leichttraben weniger Kontakt zum Pferd haben. Sie können jedoch Einseitigkeiten in den Steigbügeln spüren. **Konzentrieren Sie sich drauf, dass Sie auf der Geraden beide Steigbügel gleichmäßig belasten.**

Wenn Sie den Eindruck haben, die Steigbügel sind unterschiedlich aufgehängt, dann ist auch dies ein Hinweis für eine Schiefe. Zum Beispiel könnten Sie meinen, dass der eine vor dem Pferdebauch und der andere am Bauch herunterhängt. Im Schritt hat das Becken eine führende, die Wendung stabilisierende Lage. Diese Stellung behalten Sie auch beim Aufstehen bei. Das Becken bleibt mittig und verschiebt sich nicht nach außen.

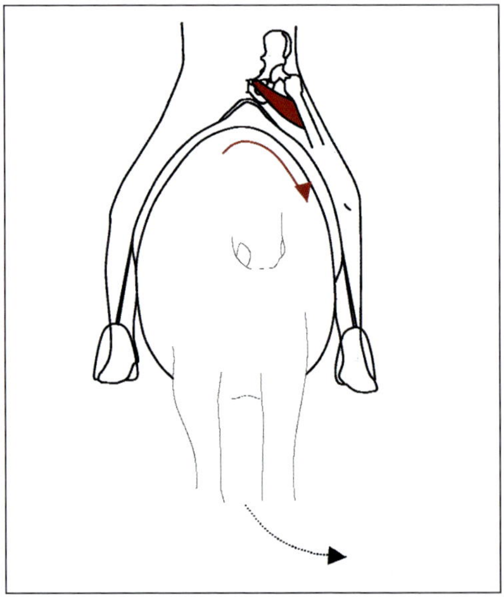

Wie im Bild zu sehen ist, achten Sie auch im Leichttraben darauf, dass beim Einsitzen die innere Beckenseite nach unten schwingen kann. Dazu muss der Muskel auf der Oberschenkelinnenseite loslassen. Stellen Sie sich beim Reiten den Pfeil aus der Zeichnung vor. Sie wollen die Beckeninnenseite weit werden lassen.

Die Zügelhände in der Wendung

Solange der Sitz des Reiters noch nicht optimal ausbalanciert ist, werden sich Sitzfehler immer auch an der Zügeleinwirkung zeigen. Die Einwirkungen können noch nicht dosiert und fein gegeben werden, so dass der gesamte Körper des Reiters bei den Hilfengebungen mitwirkt. Mit den anschließenden Übungen wollen wir Ihnen helfen, die Fehler am Zügel zu verringern.

Zügelführung

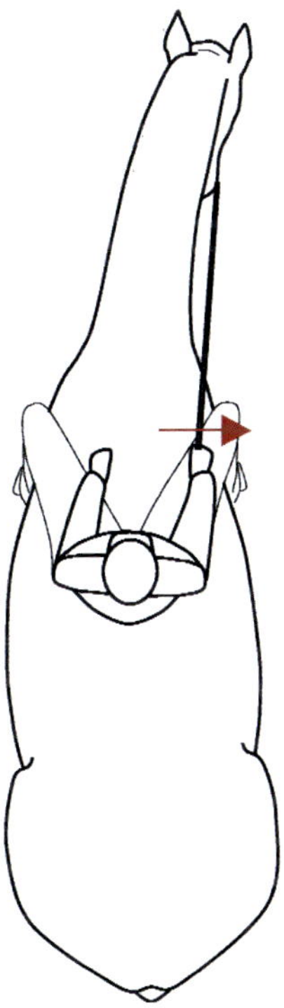

Richtig: Zügelhand wandert eine Handbreit nach innen in Richtung Kreismittelpunkt.

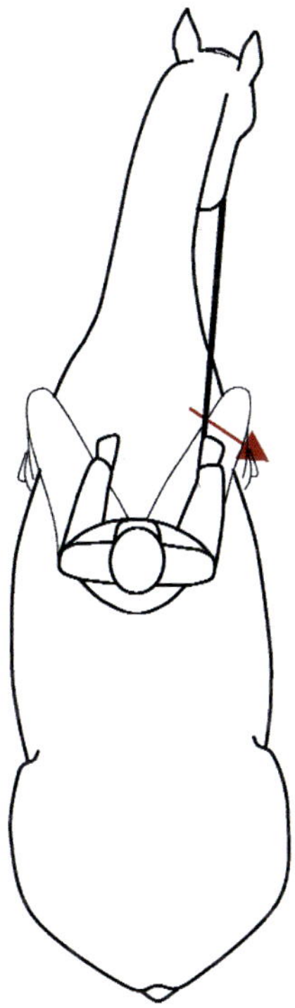

Falsch: Zügelhand zieht gleichzeitig nach hinten und innen.

Übung für die Zügelhände

Verbinden Sie beide Zügelhände miteinander, indem Sie die Zügel durch beide Hände führen. Dadurch bleiben Ihre beiden Hände ruhiger und Sie kommen weniger in Versuchung, dauernd einseitig mit einem Zügel einzuwirken.

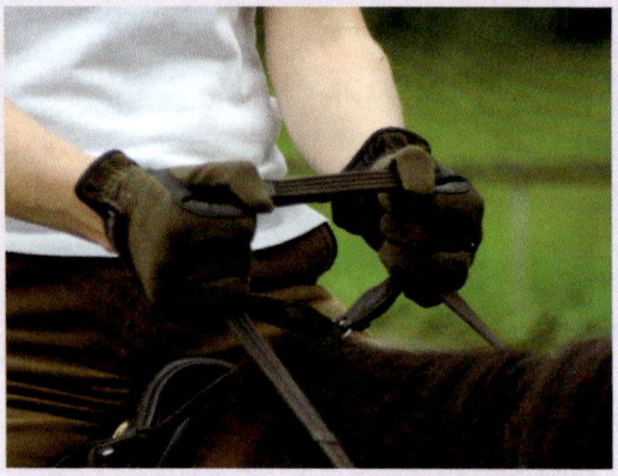

Nehmen Sie deshalb immer wieder **beide Zügel in die äußere Hand.** So ist es nicht mehr möglich, die Wendung mit dem Zügel einzuleiten. Sie merken sofort, wie dadurch Ihre Aufmerksamkeit mehr auf den Sitz gelenkt wird.

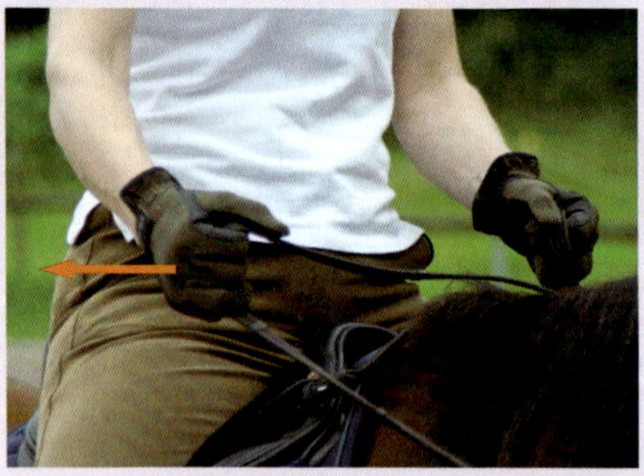

Falls Sie immer wieder die innere Hand über den Mähnenkamm nach außen bringen oder zu dicht am Pferdehals führen, kann dies verschiedene Ursachen haben. Einmal kann es ein Hinweis für Sie sein, dass Sie in der Wendung zu weit außen sitzen. Zum anderen geschieht dies auch, wenn Sie mit dem inneren Bein mit zu viel Kraft gegen den Pferdebauch drücken. Eine sehr einfache und wirkungsvolle Übung, um die Hand unabhängiger werden zu lassen, sehen Sie im Bild. Sie führen in der Wendung die innere Hand eine Handbreit vom Pferdehals nach innen in Richtung des Kreismittelpunktes. Dies können Sie auf einem Zirkel variieren. Für einen halben Zirkel führen Sie die Hand nach innen, die andere Hälfte des Zirkels reiten Sie mit normaler Handhaltung. Versuchen Sie, die Zirkellinie zu variieren, und beobachten Sie dabei Ihre innere Hand. Reiten Sie die Zirkellinie punktgenau. Führen Sie die innere Hand in Richtung Kreismitte. Sie werden merken: **Sobald Sie die innere Hand unabhängiger werden lassen können, reiten Sie die Wendung automatisch mehr mit dem Sitz.**

Hilfen auf dem Voltigierbock

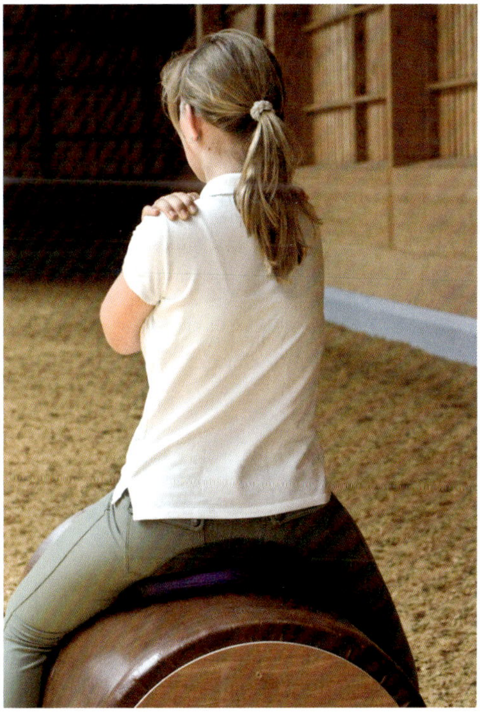

Der Voltigierbock eignet sich sehr gut, um die korrekte Drehung zwischen Schultergürtel und Becken einüben zu können. Häufig werden Drehungen mit anderen Bewegungen vermischt. Eine Variation davon ist, dass der Reiter sein Gewicht auf eine Gesäßseite verlagert und dabei auf der anderen Beckenseite den Kontakt zum Sattel verliert. Eine andere häufige Kombination, die wir sehen, ist entweder eine vermehrte Überstrekkung, ein Einsinken in der Brustwirbelsäule oder ein Verschieben des Brustkorbs zur Seite.

Auf dem Voltigierbock können Sie den Bewegungsablauf in Einzelteilen üben. Dabei haben Sie die Gelegenheit herauszufinden, wie sich der richtige Bewegungsablauf anfühlt, und woran Sie erkennen können, was richtig und was falsch ist. Diese korrigierte Bewegung müssen Sie jedoch auf dem Pferd noch einmal extra in den Bewegungsablauf integrieren, da Sie dort auf einem sich bewegenden Lebewesen sitzen.

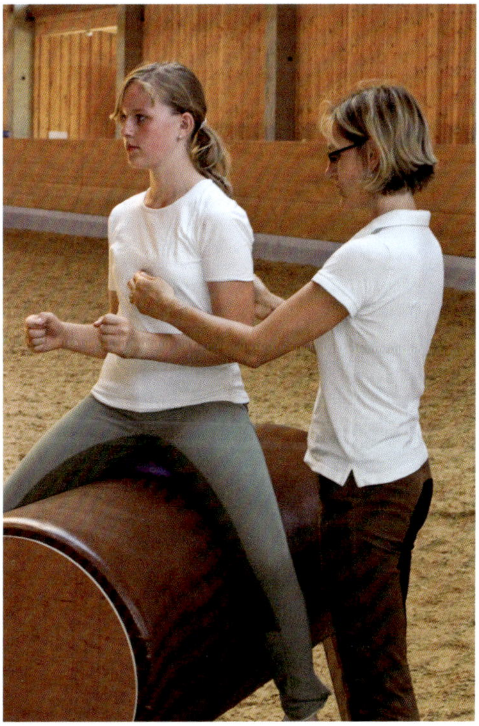

Drehen und nicht kippen

Auf dem Voltigierbock sitzend kann man sehr gut die Drehung des Schultergürtels bei konstantem Sitzbeinkontakt einüben. Legen Sie dazu die Hände auf der gegenseitigen Schulter ab. Dazu müssen Sie Ihre Arme vor dem Brustkorb überkreuzen. Lassen Sie das Eigengewicht Ihrer Arme an den Schultern hängen. Durch dieses Gewicht neigen Sie eventuell dazu, mit dem Brustkorb einzusinken, was Sie jedoch nicht zulassen. Sie suchen die aufgerichtete Sitzposition, wobei Sie etwas hinter den Sitzbeinhöckern sitzen. Nun drehen Sie den Schultergürtel samt Brustkorb nach rechts und links gleichmäßig hin und her.

Ein Helfer kann hinter Ihnen stehend darauf achten, dass Sie senkrecht bleiben und den Brustkorb nicht seitlich verschieben. Ihre Belastung der Sitzbeinhöcker bleibt gleichmäßig auf der Unterlage verteilt. Vermeiden Sie es, den Brustkorb vermehrt nach vorne oben zu heben oder einsinken zu lassen. Sie sollten bei einer Drehung die Wirbelsäule auf keinen Fall überstrecken, indem Sie die untere Brustbeinspitze zur Decke heben und dabei in ein Hohlkreuz ziehen. Auch ist es falsch, bei einer Drehung mit dem Brustkorb nach hinten einzusinken und ihn dabei nach hinten zu verschieben. Ihr Helfer kann durch einen Handkontakt vorne an der unteren Brustbeinspitze und hinten an der unteren Brustwirbelsäule beim Spüren helfen.

Probieren Sie, wie es sich anfühlt, die Drehbewegung falsch oder richtig zu machen, damit Sie diese Erfahrung auf dem Pferd umsetzen können. Stellen Sie sich dabei vor, Sie drehen wie ein Wetterhahn im Wind. Dabei ist Ihre Wirbelsäule der Stab, um den sich der Wetterhahn dreht. Machen Sie diese Übung auch auf dem Pferd.

Zurück zu unserer Übung auf dem Voltigierbock: Wenn Sie zu dieser Übung ein Ballkissen als zusätzliche Unterlage wählen, erschweren Sie die Übung. Durch die Labilität des Ballkissens müssen Sie noch aktiver dafür sorgen, dass Sie senkrecht über Ihrer Unterstützungsfläche bleiben.

Schieben Sie sich ein Ballkissen mittig unter das Becken. Breiten Sie die Arme in Schulterhöhe seitlich aus. Jetzt drehen Sie sich von einer Seite zur anderen. Durch die ausgebreiteten Arme bleibt der Brustkorb leichter im Lot. Das Verschieben zur Seite ist so weniger leicht möglich. Ihre Sitzbeinknochen bleiben beidseitig belastet. Drehen Sie sich nun nach links. Merken Sie, was dabei in Ihren Hüftgelenken passiert? Das rechte Hüftgelenk muss sich öffnen, damit die Drehung nach links nicht in der Brustwirbelsäule stecken bleibt. Die Drehung läuft vom rechten Knie bis zur linken Schulter.

Legen Sie Ihre Hände in die Leisten, und versuchen Sie die Drehung nach links noch einmal. Nun können Sie am Ende der Drehung probieren, mit dem Becken auf dem Ballkissen zu kippen oder zu kreisen. Bleiben Sie aber unbedingt auf beiden Beckenseiten gleichmäßig belastet. Hier passiert es sehr leicht, dass eine Beckenseite den Kontakt verliert. In unserem Fall will bei der Drehung nach links die rechte Beckenseite abheben. Vielleicht können Sie Ihr Becken auch nur kippen, indem Sie mit den Beinen am Voltigierbock fest werden. Stellen Sie sich vor, was passiert, wenn zu diesem instabil gewordenen Sitz nun die Bewegungen des Pferdes hinzukommen.

Auf dem Pferd bekommen Sie dann zu hören, Sie sollen das innere Knie vom Sattelblatt lösen. Wenn Ihr Kniekontakt zum Sattelblatt eine Reaktion auf die Belastungsveränderung im Becken ist, dann werden Sie die Blockade des inneren Knies nicht ohne Sitzkorrektur auflösen können. Erst wenn Sie Ihr Gewicht wieder mittig über dem Becken verteilen, werden Sie in der Wendung einen stabilen, mitschwingenden Sitz beibehalten können.

Ein Helfer kann bei dieser Übung am Außenbein für den Kontakt zum »Pferdebauch« sorgen, so dass Sie auch dafür ein Gefühl entwickeln können. Wenn Sie die Drehung über die linke Schulter, also eine Wendung auf der linken Hand üben wollen, kann Ihr Helfer an der Fußsohle des rech-

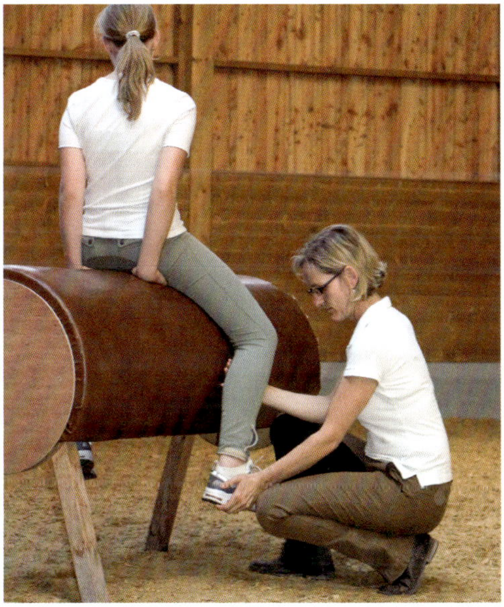

ten Beines einen Kontakt herstellen, indem er seine Hand von unten an Ihre Fußsohle legt. Sie sollten dazu das Bein aus der Hüfte heraus ein klein wenig zurücknehmen. Das bewirkt eine minimale Gewichtsveränderung auf den inneren Sitzbeinhöcker. Diese fast unmerkliche Gewichtsverlagerung reicht. Sobald Sie jedoch Ihren Fuß in die Hand des Helfers drücken, kippen Sie mit Ihrem Becken nach innen. Dies führt gleichzeitig dazu, dass der Gesäßknochen auf der Außenseite Kontakt verliert. Setzen Sie sich auf Ihre Hände, um die Gewichtsverlagerung deutlicher spüren zu können. Stellen Sie solch einen Kontakt zur Helferhand her, mit dem Sie auch auf der äußeren Beckenseite im Kontakt zum Sattel bleiben können. Die andere Hand des Helfers liegt dort, wo Sie mit Ihrem Unterschenkel Kontakt zum »Pferdebauch« haben. Sie können dann in der Wendung Ihre Fußsohle leicht in die Hand nach unten wirken lassen. Gerade so viel, dass Sie spüren, wie ein verwahrendes Bein in der Wendung wirkt. Es ist wichtig, dass Sie selbst wahrnehmen, ob Sie zur Seite schieben oder senkrecht bleiben und drehen. Bei vielen Reitern sind die Ausweichbewegungen so klein, dass es nur sehr schwer ist, diese vom Boden aus zu sehen. Hier ist Ihre Wahrnehmung gefragt. Mit einem Reitlehrer zusammen können Sie dann den richtigen Weg finden.

Die Zügelführung in der Wendung

Um eine gebogene Linie exakt reiten zu können, ist das Zusammenspiel aller Hilfen ausschlaggebend. Sie müssen richtig dosiert und aufeinander abgestimmt sein. Es nützt nichts, wenn Sie Ihre Hände nicht gezielt getrennt voneinander einsetzten können oder im falschen Moment mit der Hand nach hinten wirken.

Nun nehmen wir für die Wendungen auf dem Voltigierbock Zügel in die Hände. Ein Helfer hält sie für Sie in passender Höhe. Dazu eignen sich zwei Therabänder besonders gut. Über die elastischen Gummibänder spürt man die Zügelverbindung sehr fein und genau. Nehmen Sie die Gummibänder so auf, dass Sie einen leichten Zug verspüren. Versuchen Sie nun wieder die Drehung mit dem Brustkorb nach rechts und links. Dabei bleiben Ihre Arme weich. Der Bewegungsimpuls sollte normalerweise aus der Drehung zwischen Brustwirbelsäule und Lendenwirbelsäule kommen. Nehmen Sie sich nun eine Drehrichtung vor. Leiten Sie mit dem Brustkorb und dem Schultergürtel eine Drehung nach rechts ein. Die Ellbogen bleiben neben Ihrem Brustkorb stehen, so dass durch die Drehung nach rechts die linke Hand automatisch mit nach vorne, die rechte Hand um die gleiche Strecke nach hinten kommt. Der Kontakt zu beiden Gummibändern bleibt erhalten. Es kommt bewusst keine aktive Steuerung von den Händen dazu. Falls Sie dazu neigen, bei der Brustkorbdrehung in die Wendung an einem Zügel zu ziehen, kann Sie Ihr Helfer sofort darauf aufmerksam machen.

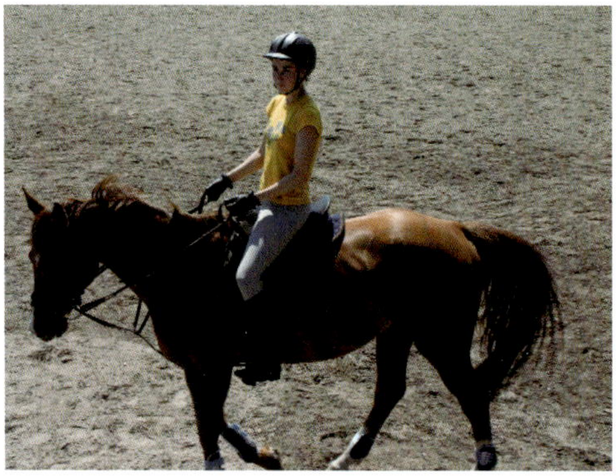

Das innere Bein dosiert einsetzen

Geben Sie nun mit dem inneren Bein einen deutlichen Druck gegen das Holzpferd. Wenn Sie durch Ihren Krafteinsatz im Körper fest werden, hat dies mehrere Auswirkungen. Sie spüren eine ungewollte Gewichtsverlagerung im Becken. Der äußere Sitzbeinknochen wird vermehrt belastet. Dabei kann es passieren, dass Sie keinen Kontakt auf dem inneren Sitzbeinknochen haben. Sie sehen dies auch an Ihrer inneren Zügelhand. Mit dem Druck gegen das Holzpferd wird auch Ihre Zügelhand nach innen zum Mähnenkamm wandern.

Hilfen auf dem Pferd

Der Reiter kann in einer Wendung nur korrekt sitzen, wenn das Pferd sie korrekt geht. Das Pferd wiederum geht sie nur korrekt, wenn der Reiter richtig einwirkt. Wenn sich das Pferd zu wenig biegt, bekommt der Reiter die Tendenz, nach außen zu sitzen. In dieser Position kann er nicht mehr effektiv einwirken.
Versuchen Sie, ein Gespür für Wendungen zu entwickeln. Für diese Übungen ist es hilfreich, sich von außen beobachten zu lassen, noch besser, eine Videoanalyse durchzuführen. Wie fühlt es sich an, wenn ich das Pferd um die Ecke ziehe, wenn ich mit dem Pferd in die Wendung kippe, wenn ich dabei zu weit außen sitze? Welchen Unterschied spüre ich zwischen groß angelegten und enger gebogenen Linien? Probieren Sie möglichst viele Variationen. Hören Sie dabei auf den Takt der Hufe. Der Takt bleibt in der Wendung erhalten. Schnalzen Sie ihn stumm mit und tragen Sie dabei das Gefühl in sich, dass Ihr Pferd von diesem Takt durch die Wendung vorwärts getragen wird.

Eine Vielzahl der Reiter trägt das Bild in sich, in einer Wendung den inneren Steigbügel vermehrt austreten zu müssen. Wenn dies jedoch ohne nötige Durchlässigkeit im Hüftgelenk geschieht und das Bein dabei fest wird, kommt es zu einer starren einseitigen Gewichtshilfe. Das Austreten des Steigbügels bewirkt sogar, dass der Reiter sich durch den Druck mit dem Fuß nach unten vom inneren Gesäßknochen weghebelt. Der vermehrte Druck auf den inneren Gesäßknochen wird viel effektiver, wenn Sie das Gefühl entwickeln, dass sich das nach unten frei schwingende innere Bein etwas absenken kann. Das äußere Bein rahmt das Pferd ein, indem es aus der Hüfte heraus nach hinten frei wird. Bei einer zu großen, bewusst herbeigeführten Gewichtsverlagerung auf den inneren Gesäßknochen wird das Gewicht eher über die Mitte nach außen geschoben, eine dezente, aber genaue Gewichtsverlagerung bringt hier mehr.

Es ist viel wirkungsvoller, sich auf das Gefühl für die Wendung zu konzentrieren, dabei auf die Durchlässigkeit der Bewegung zu achten, als sich durch das Spüren von Einzelheiten zu verwirren. Wenn Sie die Bewegungszusammenhänge auf

Übung: Inneres Bein dosiert einsetzen

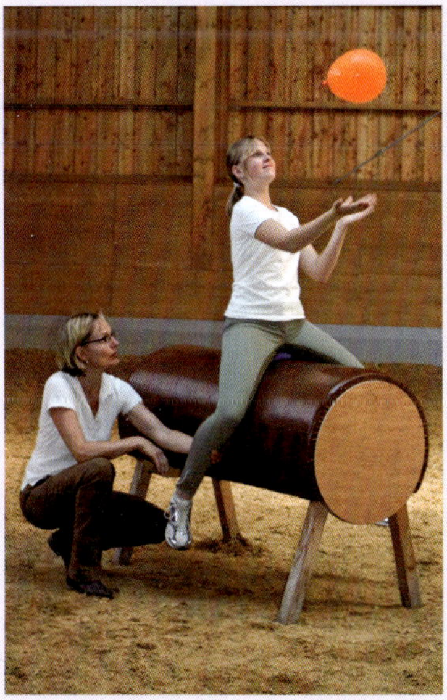

Um das innere Bein dosiert einsetzen zu können, und dabei die Durchlässigkeit im Körper zu erhalten, eignet sich folgende Übung:

Sie sitzen auf dem Voltigierbock mit dem Ballkissen unter Ihrem Becken. Nun geben Sie mit Ihrem inneren Bein so viel Druck, dass Ihre innere Körperseite dabei nicht fest wird. Ihre Durchlässigkeit im Körper können Sie gut mit einem Luftballon üben, den Sie nun zwischen Ihren Händen hin und her springen lassen.

Probieren Sie die Drehung einmal anders: Sie drehen in die Wendung nach rechts, indem Sie sich am rechten Zügel herumziehen. Prägen Sie sich dieses Bewegungsgefühl dazu genau ein. Der Arm wird fest und undurchlässig. Der Bewegungsimpuls startet im Arm oder in der Schulter. Genauso kann man sich in die Drehung helfen, indem man sich am äußeren Zügel um die Wendung zieht. Bei der Drehung nach rechts heißt dies, Sie starten die Drehung, indem Sie sich am linken Zügel fixieren. Meist kommen hier noch Mischbewegungen dazu. Der Brustkorb wird gleichzeitig mit verschoben. Sichtbar wird dann in der Wendung ein Schulterhochstand. Versuchen Sie, die Drehung zu einer Seite auf dem Voltigierbock mit den treibenden Beinen zu kombinieren. Setzen Sie in der Wendung die Beine aktiv ein und bleiben Sie dabei in den Armen durchlässig. Spielen Sie mit den Händen an den Gummizügeln, während Sie die Beine einsetzen. Ihr Helfer kann Ihnen rückmelden, ob Sie dabei in einem Arm starr geworden sind.

dem Voltigierbock im Einzelnen verstanden haben und umsetzen können, so haben Sie Ihr Bewegungsgefühl so weit geschult, dass Sie auf dem Pferd mehr mit dem Gefühl als mit dem Verstand arbeiten können.

Reiten Sie verschiedene Pferde. Setzen Sie sich auf rittige und gymnastizierte Pferde, um ein Gefühl für gute Wendungen zu bekommen. Nehmen Sie die Erfahrungen vom Voltigierbock mit dazu. Reiten Sie groß angelegte Wendungen und üben Sie das freie Drehen von Schultergürtel und Brustkorb. Wenn Sie auf dem Zirkel reiten, versuchen Sie den Brustkorb locker nach rechts und links zu drehen, ohne dabei in den Armen zu blockieren.

Hier noch ein paar Aufgaben als Anregungen

- Als Grundvoraussetzung für ein besseres Gefühl für die Wendung üben Sie die exakte Anwendung der äußeren Hilfen. Reiten Sie dafür viel auf dem zweiten Hufschlag. Versuchen Sie dann, zwischen dem ersten und zweiten Hufschlag zu reiten. Achten Sie auf die Genauigkeit. Lassen Sie das Pferd auf keinen Fall selbstständig den gewählten Hufschlag verlassen. Üben Sie zudem das Durchparieren auf dem zweiten Hufschlag. Achten Sie darauf, dass Sie gerade zum Stehen kommen und wieder gerade weiterreiten.

- Reiten Sie auf zwei Zirkeln. Wechseln Sie ständig bei X. Konzentrieren Sie sich genau auf den Richtungswechsel bei X. Reiten Sie die Zirkel im ausgesessenen Trab. Wechseln Sie die Zirkelbahnen im Schritt. Verkleinern Sie dann zunehmend die Zirkel, bis Sie eine Achterschleife erreicht haben. Werden Sie nun wieder größer, bis zur ursprünglichen Zirkelgröße.

- Legen Sie in der Mitte der Reitbahn Stangen auf den Boden, so dass diese von einer langen Seite zur anderen zeigen. Reiten Sie nun in S-Bögen zwischen den Stangen hindurch. Dabei achten Sie genau darauf, dass Sie zwischen den Stangen auf einer geraden Linie reiten. Achten Sie auf einen mittigen Sitz im Sattel und Ihre Körpersenkrechte. Am Ende der Stange beginnt ein Halbkreis. Dosieren Sie Ihre Hilfen möglichst genau. Setzen Sie Ihr inneres Bein so ein, dass Sie in Ihrem Körper durchlässig bleiben können. Am Ende dieses Bogens reiten Sie wieder exakt auf der Stangenmitte in einer Geraden.

- Reiten Sie eine groß angelegte Acht. Auf der Wechsellinie zur zweiten Achterschleife reiten Sie Schenkelweichen und stellen dann Ihr Pferd wieder exakt auf die Achterbahn ein. Sie behalten mit Ihrem Außenzügel in der ersten Wendung und im Schenkelweichen eine elastische Verbindung. Am Ende des Schenkelweichens stellen Sie Ihr Pferd bewusst um und reiten die Acht zu Ende.

- Wenn Sie Volten üben, machen Sie sich die Mühe und rechen die Kreisbahn glatt. Nun haben Sie einen Kreis sichtbar vor sich liegen, auf dem Sie genau Ihre Kreisbahn ziehen können. Wischen Sie jetzt in Gedanken mit dem inneren oder äußeren Knie die Kreiswand aus. Versuchen Sie dabei, in Kreisrichtung zu blicken.

- Reiten Sie gebogene Linien am langen Zügel. Versuchen Sie, Ihre Wendungen immer runder werden zu lassen.

- Reiten Sie im Galopp durch Tore aus zwei Hütchen, die Sie sich auf einem Zirkel aufgestellt haben.

Übung mit einem Theraband als Steigbügel

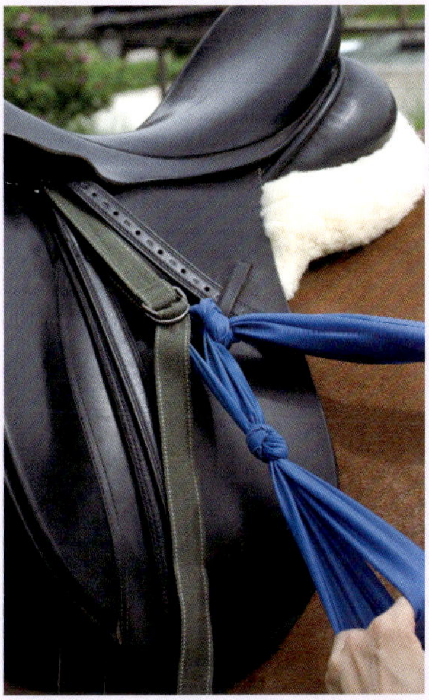

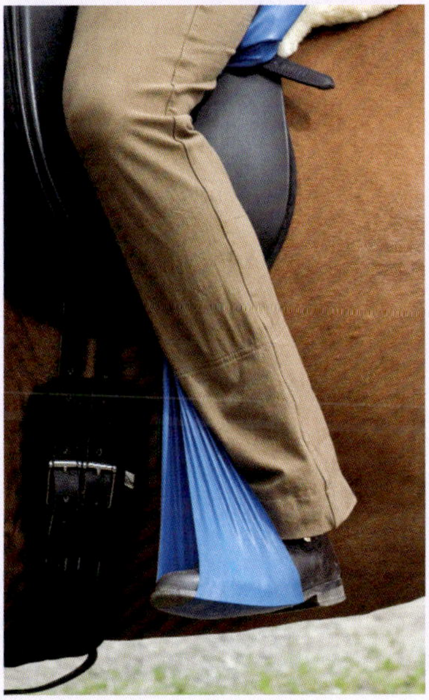

Gute Ergebnisse erzielen wir mit dieser Übung bei Reitern, deren Sitzbeinkontakt in den Wendungen ungenau wird und die deshalb keinen Kontakt mit dem Außenbein haben. Mit einem Theraband als Spürhilfe können Sie sehr gut auf dem still stehenden Pferd das lang anliegende Bein üben. Der Reiter bekommt eine Führung über das Theraband von oben nach unten. Dadurch kann er die Verbindung vom Hüftgelenk nach unten bis zur Fußsohle spüren. Das Hüftgelenk kann sich besser öffnen und so in der Bewegung mitschwingen.

Konzentrieren Sie sich ganz auf die Fußsohle. Die Bewegung wird von dort angeführt.

Über das Band spüren Sie genauer den Bewegungsimpuls nach unten mit dem Zusammenspiel von Fuß-, Knie- und Hüftgelenk. Diese Übung ist sehr hilfreich für die Durchlässigkeit nach unten.
Das Band übernimmt dabei die Berührungshilfen Ihres Helfers. Sie üben nun mit dem Band, das verwahrende Bein bei korrekter Drehung in die Wendung korrekt anliegen zu lassen. Wenn Sie die Übung so lange gemacht haben, bis Sie spüren, worauf Sie achten müssen und wie sich dies anfühlt, können Sie beim Schritt-Reiten auf dem Pferd weiterüben.

7

Das Gleichgewicht des Reiters

Stellen Sie sich einen Artisten auf dem Seil vor. Mit welcher Ruhe und Gelassenheit er in großen Höhen balanciert. Scheinbar mühelos bewegt er sich auf dem Seil. Natürlich ist uns allen klar, dass dies bei weitem komplizierter ist als es scheint. Im Gleichgewicht zu sein ist kein statischer Zustand, den der Seiltänzer am Boden erreicht und dann einfach nur auf der gesamten Seillänge anwendet. Er muss sich jeden Augenblick darum bemühen. Dazu benötigt er ein langes Körpertraining und eine hohe Konzentrationsfähigkeit.

Seiltanzen hat man nicht einmal gelernt und kann es von da an, man kann das Gleichgewicht nicht festhalten, sondern muss das Balancieren ständig üben. Wir haben beim Reiten zwar keine Balancierstange als Hilfsmittel, aber dafür ist unser Untergrund auch kein Seil, sondern ein relativ breiter Pferderücken.

Die Arbeit am Gleichgewicht betrifft jeden Reiter, unabhängig von seinem reiterlichen Können. Genauso wie der Seiltänzer als Balanceprofi ständig damit beschäftigt ist und sich darum bemühen muss. Auf keinen Fall ist es ein ausschließliches Anfängerproblem. Die Eigenschaft, im Gleichgewicht bleiben zu können, erfordert eine ständige Anpassungsfähigkeit. Ein ständiges Pendeln um die Mitte, ein Zentrieren im Körpermittelpunkt senkrecht über der Unterstützungsfläche. Dazu brauchen Sie freies Bewegungsspiel in den Gelenken. Alte Menschen verlieren die Sicherheit im Gehen auch deshalb, weil ihre Beweglichkeit mit der Zeit abnimmt und sie somit keine Ausgleichsbewegungen mehr machen können. Ein schneller Ausgleichschritt zur Seite ist nicht mehr möglich, und schon traut sich dieser Mensch im Winter bei Glatteis nicht mehr aus dem Haus. Die mangelnde Übung aufgrund der Unsicherheit erhöht wiederum die Gangunsicherheit. Solchen Menschen kann man sehr gut helfen, ihr Gleichgewicht wieder besser zu finden, indem man mit ihnen an der Beweglichkeit der Gelenke arbeitet und dann das Gleichgewicht trainiert. Gleichgewichtsprobleme zeigen sich nicht immer darin, dass die Person wackelig ist.

Gleichgewichtsprobleme zeigen sich auch so:

- 1. Der Reiter versucht, seine Auflagefläche zu vergrößern und sich am Pferd mit den Beinen festzuhalten. Dabei fixiert er die Knie vorne oben. Er gelangt in den Stuhlsitz.

- 2. Die mangelnde Sicherheit wird durch zu viele Bewegungsimpulse im Oberkörper ausgeglichen. Im Galopp wird der Reiter viel zu viel im Körper mitschwingen, so dass ein ruhiger aufrechter Sitz dabei unmöglich wird.

- 3. Der Reiter fällt nach hinten, sein Schwerpunkt gelangt hinter den Schwerpunkt des Pferdes. Um nicht noch weiter nach hinten zu kippen, muss er sich mit den Knien am Pferdebauch und mit den Händen am Zügel festhalten. Bei Übergängen von der schnelleren Gangart in eine langsamere kippt der Reiter mit dem Oberkörper wieder nach vorne.

- 4. Beim Reiten auf gebogenen Linien wird er mit der Zentrifugalkraft nach außen gezogen. Dabei wird er sich mit dem inneren Bein am Pferd festhalten.

- 5. Die Schwierigkeiten einer Instabilität durch Gleichgewichtsprobleme können auch überbrückt werden, indem der Reiter versucht, seinen Sitz über einen Rundrücken zu stabilisieren. Damit verkürzt er seine Oberkörperlänge und bringt seinen Schwerpunkt dadurch ein wenig tiefer. Die Schultern werden dabei ausgleichend nach vorne gezogen.

- 6. Reiten mit zu viel Spannung kann auch die Ursache von Balanceproblemen sein.

Wenn Gleichgewichtsprobleme den Reitfehlern zu Grunde liegen, hat es wenig Erfolg, wenn der Reiter seine vorgezogenen Schultern nach hinten bringen soll. Das sind dann die Augenblicke, in denen man verzweifeln möchte, weil es scheinbar nicht möglich ist, die Schultern länger als drei Pferdelängen hinten zu behalten.

Bei einem gewünschten lebhaften Antreten nach vorne muss der Reiter mit dem Pferd mitkommen und darf ihm nicht durch ein Balanceproblem in den Rücken fallen. Denn damit würde er hinter der Bewegung sitzen und das Vorwärtstreten behindern. Ein sicheres Zeichen, dass Sie mit dem Pferd im Gleichgewicht bleiben und sich mitnehmen lassen, ist die bleibende Durchlässigkeit der

Beine nach unten. Sobald Sie hinter der Bewegung sitzen, müssen Sie sich mit den Beinen am Pferd festhalten. Dies geschieht meist mit einem gleichzeitigen Festhalten an den Zügeln. Wenn Sie Ihr Gewicht nach vorne verlagern und vor die Bewegung kommen, ist dies auch eine Möglichkeit, um Gleichgewichtsprobleme auszugleichen. Bei Pferden, die auf das Festhalten mit den Beinen empfindlich reagieren, werden Sie Ihr Gewicht nach vorne verlagern müssen. So gelangen Sie ungewollt in einen Entlastungssitz.

Um in das Gleichgewicht kommen zu können, muss man an der Wahrnehmung nach unten arbeiten. Man muss ein Gespür für die Unterstützungsfläche entwickeln und sich jederzeit darauf berufen können. Die Grundvoraussetzung, um ins Gleichgewicht zu kommen, ist eine Lockerheit im Körper, die feine Bewegungskorrekturen erst zulässt. In den vorherigen Kapiteln fanden Sie wichtige Übungen, um an Ihrem Sitz zu arbeiten. Mit all diesen Übungen schulen Sie Ihr Gleichgewicht. Indem Sie nun lang an der Wahrnehmung für Ihren Sitz gearbeitet haben, ist Ihre Aufmerksamkeit für Ihre Körpermitte wacher geworden. Die Bewegungsfeinheiten haben Sie im Buchverlauf geübt, die feinen Unterschiede herausgearbeitet, um zu einem satten Sitz im Sattel zu gelangen. Im Kapitel über die Durchlässigkeit des Reiters werden Sie vieles finden, was auch für das Gleichgewicht wichtig ist.

Das Gleichgewicht liegt nicht in der Luft

Auf dem Pferd heißt dies, Sie müssen Ihren Körperkontakt zum Pferd wahrnehmen und nutzen können und zwar dort, wo Sie Ihr Gewicht abgeben. Spüren Sie ganz bewusst die Kontaktflächen Ihres Beckens zum Sattel. Sie berühren den Sattel mit beiden Gesäßhälften, dabei sitzen Sie etwas hinter den Sitzbeinhöckern. Wenn Sie Ihren Gesäßmuskel anspannen, also den Po zusammenkneifen, verändert sich die Auflagefläche Ihres Beckens. Sie sitzen auf Ihrem angespannten Muskelbauch und nicht mehr tief im Sattel. Probieren Sie diesen Unterschied auf dem Pferd aus. Genauso berühren Sie den Sattel mit dem Übergang vom Steißbein zum Schambein, dem sogenannten Damm. Von dort aus haben Sie eine Kontaktfläche zu der Innenseite der Oberschenkel bis hin zur Knieinnenseite. Sie verringern Ihren Sattelkontakt, sobald Sie Ihre Beine ans Pferd klemmen. Sie zwicken sich sozusagen aus dem Sattel. Der Kontakt in der Leiste und am Damm wird schmäler. Sie sitzen wie eine gespannte Büroklammer auf dem Pferd. Lassen Sie sich auch hier weit werden und fließen Sie rechts und links über den Sattel.

Variieren Sie die Spannung Ihres Beckenbodens. Ziehen Sie den untersten Teil Ihres Beckenraumes, den Damm nach innen hinein und lassen Sie ihn wieder in den Sattel sinken, ohne dabei mit den Beinen zu klemmen oder den Atem zu blockieren. Stellen Sie sich dabei vor, sie möchten Ihren Schritt nach innen zum Bauchnabel im Bauchraum hochziehen und wieder langsam nach unten in den Sattel abstützen. Sie helfen nicht, indem Sie die Beine an das Pferd klemmen, sondern lassen die Beine locker nach unten hängen. Nicht umsonst haben Reiter eine ausgeprägte Becken-

Erste Hilfe

Diese beiden Übungen helfen Ihnen, sich beim Reiten immer wieder nach unten zu orientieren und dadurch besser auszubalancieren.

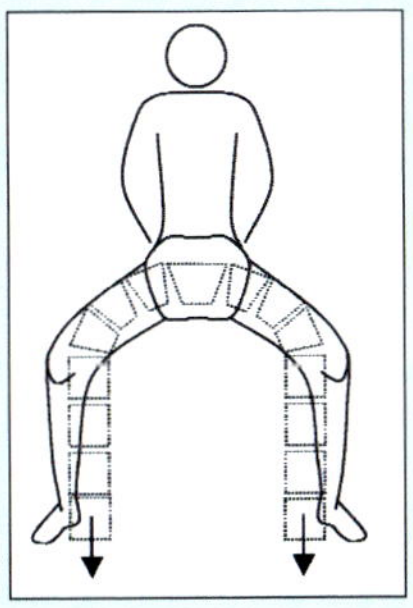

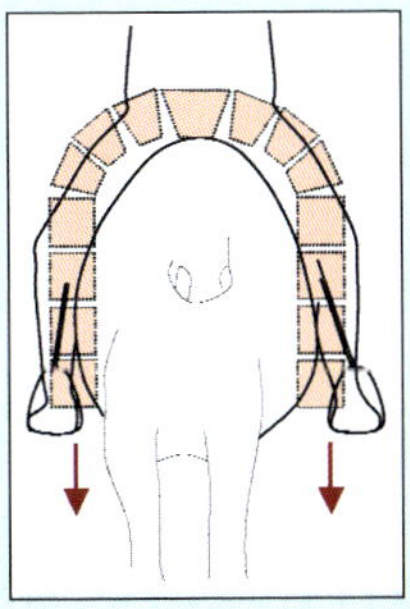

1. Der Torbogen

Stellen Sie sich vor, Sie bilden als Reiter mit Ihren Beinen einen Torbogen, dessen Stützpfeiler bis auf den Boden reichen. Dort sind sie fest im Boden verankert. Bei jedem Aufstehen im Leichttraben spüren Sie die Verbindung des Torbogens in die Erde. Somit stehen Sie nicht aktiv nach oben auf, sondern stabilisieren sich mit den Beinen und dem Becken nach unten. Diese Vorstellung können Sie genauso im Schritt oder Galopp zu Hilfe nehmen.

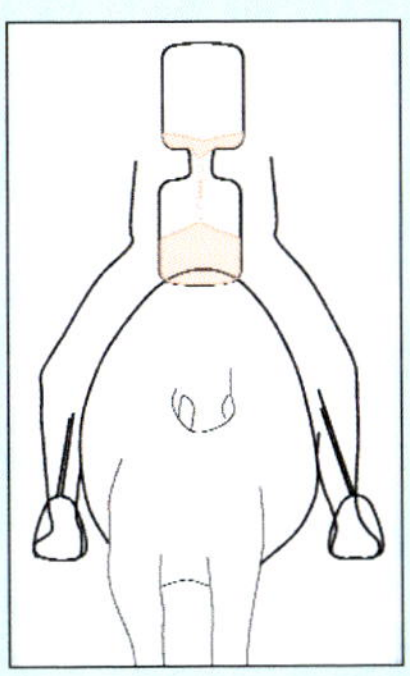

2. Die Sanduhr

Dieses Bild können Sie besonders gut im Leichttraben verwenden, um beim Hinsetzen Ihre Aufmerksamkeit nach unten zu lenken und damit den Sattelkontakt zu verbessern. Probieren Sie dazu Folgendes aus:

Stellen Sie sich vor, in Ihrem Körper befindet sich eine Sanduhr. Der Sand rieselt von oben aus Ihrem Kopf und Brustkorb durch die Verengung in der Taille nach unten in Ihr Becken und in Ihre Oberschenkel bis auf den Grund, also dorthin, wo Sie mit Ihrer Reithose den Sattel berühren. Mit jedem Sandkorn wird Ihre Verbindung zum Sattel deutlicher spürbar. Ihr Gewicht sinkt nach unten. Wenn nun alle Sandkörner tief unten in Ihrem Becken und in Ihren Oberschenkelinnenseiten ruhen, sind Sie angekommen. Jetzt sitzen Sie mit Ihrem ganzen Gewicht im Sattel. Sie können nun frei nach unten in den Beckenraum atmen.

bodenmuskulatur. Diese Muskelaktivität brauchen Sie beim Reiten, um in einen sicheren, aktiven, mitschwingenden Sitz zu kommen. Beim sogenannten »Kreuz anspannen« ist nicht nur die Wirbelsäulenmuskulatur und deren Gegenspieler, die Bauchmuskeln gemeint. Es kommt auch zu einem Spannungsaufbau in der tiefen Beckenmuskulatur. Diese drei Muskelgruppen müssen dynamisch miteinander arbeiten können, damit der Reiter einen sicheren Sitz mit der Möglichkeit von differenzierten Gewichtseinwirkungen findet.

Üben Sie vermehrt die Übergänge zwischen den Gangarten. Achten Sie besonders darauf, dass Sie Ihr Gewicht hinten im Sattel behalten können. Beginnen Sie erst mit dem Übergang vom Schritt zum Stehen. Wenn Sie dabei wirklich unabhängig von Ihren Händen durchparieren können und sich nicht mit den Beinen am Pferd festhalten, üben Sie Übergänge in den höheren Gangarten.

Lenken Sie Ihre Aufmerksamkeit beim Reiten immer wieder auf Ihre Kontaktflächen zum Pferd. Diese sind das Becken, die Oberschenkelinnenseiten und die Unterschenkel. Im Leichttraben verlieren Sie beim Aufstehen den Kontakt mit dem Becken zum Pferd. Die Oberschenkelinnenseite und die Unterschenkel bleiben am Pferd. Stehen Sie beim Leichttraben so wenig wie möglich auf. Konzentrieren Sie sich beim Aufstehen auf die Berührungspunkte zum Pferd, dort wo Sie Ihr Gewicht abgeben, und lassen Sie Ihr Gewicht über die Oberschenkel und Unterschenkel bis in die Steigbügel gleiten. Die Ruhe in dieser Bewegung liegt in der Konzentration nach unten.

Nehmen Sie am Beginn einer Reitstunde im Schritt die Vorstellung der Sanduhr mit dazu, bis Sie Ihr Gewicht auf dem Pferd spüren. Wenn alle Sandkörner durch die Verengung nach unten gerieselt sind, ist der Weg für die Atmung frei. Sie können tief nach unten atmen und Ihr Becken mit der Atmung ausfüllen. Mit jedem Einatemzug verstärkt sich das Gefühl: »Ich bin unten angekommen.«

Beim Leichttraben haben Sie nur einen kurzen Augenblick Kontakt zum Sattel und dennoch genügend Zeit, um im Sattel anzukommen. Wenn Sie gespürt haben, dass sich hinsetzen, sein Gewicht abgeben und im Sattel ankommen möglich ist, dann haben Sie etwas ganz Wichtiges erfahren. Diesem Gefühl begegnen Sie, wenn Sie jedes Mal beim kurzen Einsitzen im Sattel ankommen wollen. Begleiten Sie Ihr Einsitzen innerlich mit einem: »Tiiiieeeef«. Lenken Sie Ihre Konzentration dabei ganz in Ihren Körper auf das Augenblickliche Geschehen. Dorthin, wo Sie Ihr Körpergewicht in den Sattel abgeben. Das ist auch in zwei Sekunden Einsitzen möglich. Ihre Sitzbeinhöcker möchten dort, wo sie in den Sattel ankommen, das Leder stempeln. Beim Einsitzen in den Sattel geben die Knie den Weg für das Becken frei. Klemmende Knie verhindern das tiefe und weiche Einsitzen in den Sattel.

Gleichgewicht schulen auf dem Pferd

Bei den folgenden Übungen ist es hilfreich, wenn Sie sich auf Ihre Unterstützungsfläche nach unten konzentrieren. Dort, wo Sie mit Ihrem Körper Kontakt zum Sattel oder zum Pferdebauch haben.

- Übung an der Longe: Reiten ohne Sattel, zusätzlich dabei auf dem Ballkissen sitzen.

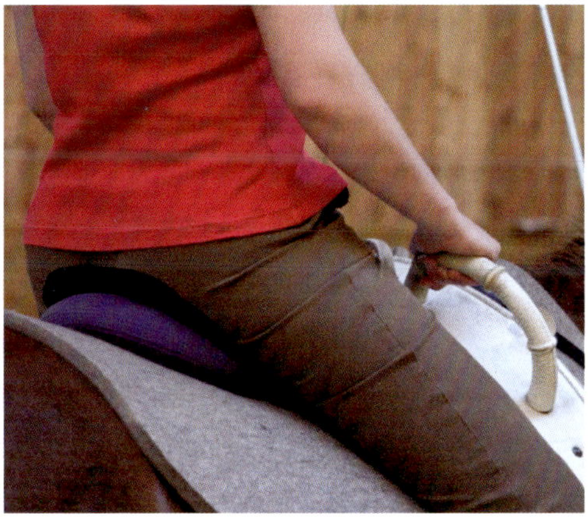

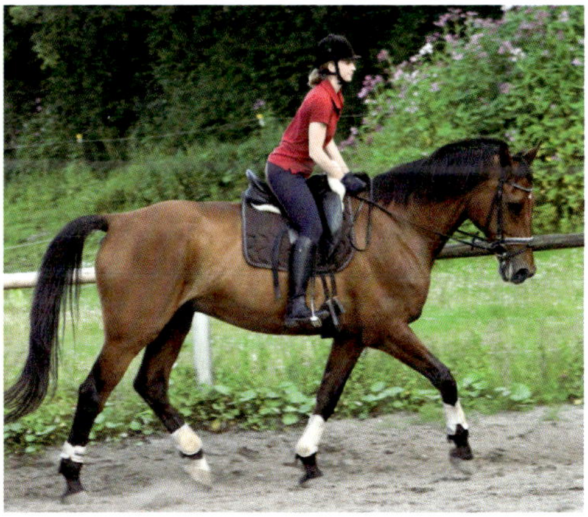

- Übung im Schritt: Konzentration auf den Beckenboden und tiefes Einatmen in den Bauchraum bis tief hinunter ins Becken.

- Reiten von Übergängen: Vom Trab zum Schritt. Dabei das Gewicht hinten im Sattel lassen, jedoch nicht nach hinten lehnen, sondern das Becken nach hinten unten kippen. (Siehe Kapitel »Der richtige Sitz des Reiters«)

- Reiten im leichten Sitz, dabei die Gelenke einzeln lockern. (Siehe Kapitel »Die Durchlässigkeit des Reiters«)

- Leichttraben: So wenig wie möglich aufstehen und den Kontakt mit dem Becken in den Sattel beim Einsitzen mit der Ausatmung begleiten. Die Kontaktflächen von Wade und Oberschenkelinnenseite spüren, wenn Sie aufstehen. Dabei rutscht Ihr Gewicht durch die Beine nach unten in Richtung Boden.

- Leichttraben am langen Zügel. Nehmen Sie dabei die Zügel mit einer Hand. Jetzt müssen Sie Ihr Gleichgewicht über den Füßen finden und können sich dabei nicht am Zügel festhalten.

- Reiten von häufigen Sitzwechseln: Leichter Sitz, aussitzen, Leichttraben in kurzen Wechseln – zuerst jeweils 6 Schritte, dann immer weniger Schritte bis zum schnellen Wechsel der Sitzart – jeweils 2 Schritte.

- An der Longe in allen Gangarten freihändig reiten. Dabei steht der ausbalancierte, mitschwingende Sitz im Vordergrund. Sobald Sie Ihren Sitz durch das Klemmen der Beine sichern wollen, sollten Sie sich wieder festhalten oder eine Gangart langsamer weiterüben.

- Möglichst viele verschiedene Pferde reiten.

Übungen für das Gleichgewicht

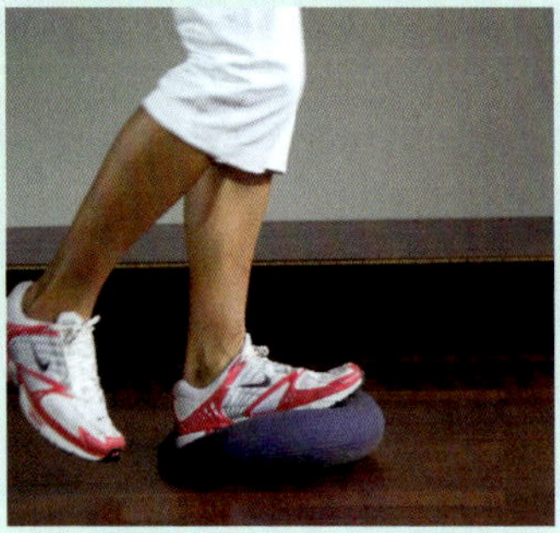

1. Übung: *Stellen Sie sich mit einem Bein auf ein Ballkissen. Dieses Standbein bleibt auf dem Ballkissen, während Sie mit dem anderen Bein einen Schritt über das Kissen nach vorne und wieder zurück nach hinten machen. Dabei können Sie telefonieren, lesen, bügeln etc.*

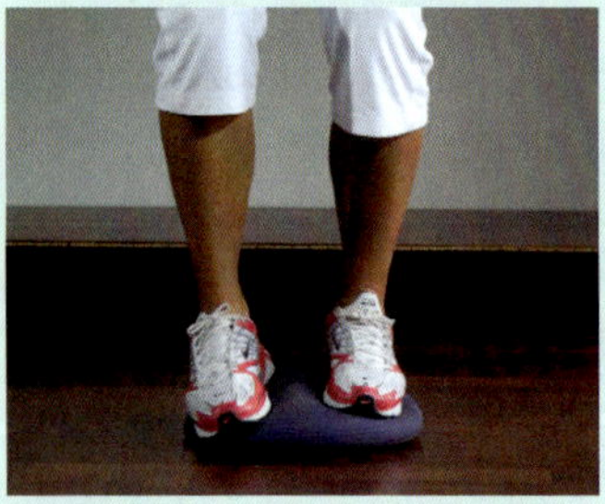

2. Übung: *Stellen Sie sich mit beiden Füßen auf das Ballkissen, wechseln Sie vom Zehenstand zum Fersenstand. Belasten Sie abwechselnd die Fußaußenseiten oder die Fußinnenseiten.*

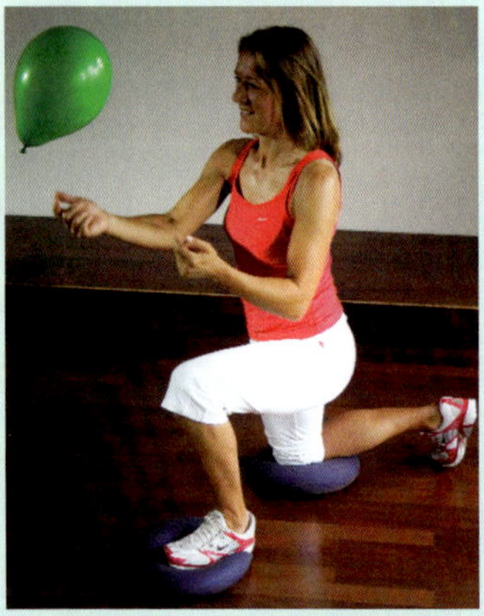

3. Übung: *Knien Sie sich mit einem Bein auf das Ballkissen. Das andere Bein stellen Sie vor dem Körper auf, so dass Sie sich im Halbkniestand befinden. Nun tippen Sie mit dem vorderen Bein auf den Boden oder versetzen dieses Bein ein klein wenig nach rechts und links. Falls Sie ein zweites Ballkissen besitzen, können Sie dieses zusätzlich unter den vorderen Fuß stellen und in dieser Ausgangsstellung einen Luftballon mit den Händen kicken.*

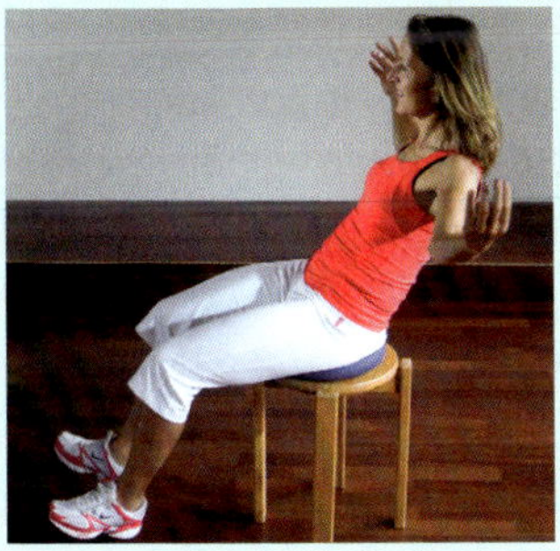

***4. Übung:** Legen Sie das Ballkissen auf einen Stuhl und setzen Sie sich darauf. Neigen Sie sich mit geradem Oberkörper etwas nach hinten. Tippen Sie wechselseitig mit der einen Fußspitze unter den Stuhl, während die Ferse des anderen Beines von Ihnen weg auf den Boden tippt.*

***5. Übung:** Legen Sie das Ballkissen auf eine Treppenstufe. Halten Sie sich dabei am Geländer fest, und treten Sie mit einem Fuß auf das Ballkissen, um mit dem anderen Bein eine Treppenstufe höher und dann wieder eine Treppenstufe tiefer als das Ballkissen liegt zu steigen. So bleibt das Bein auf dem Ballkissen Ihr Standbein, auf dem Sie sich ausbalancieren müssen, während Sie mit Ihrem Spielbein die nächste Stufe hinauf- und hinuntersteigen.*

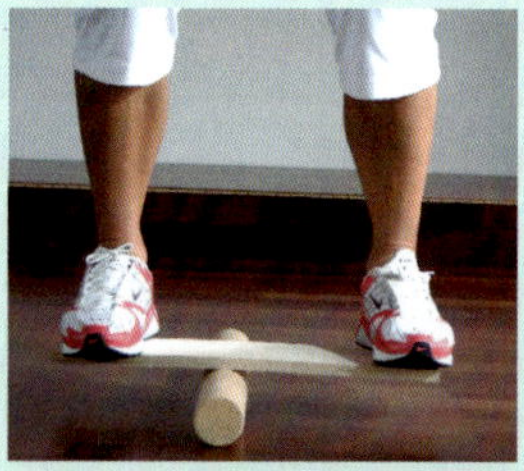

6. Übung:
Verschiedene Balanciervorschläge
Balancieren Sie auf einem Gleichgewichtskreisel, einem Wackelbrett oder dem Schlauch von einem Lastwagenreifen. Dabei mit jemandem Bälle zuwerfen und fangen.

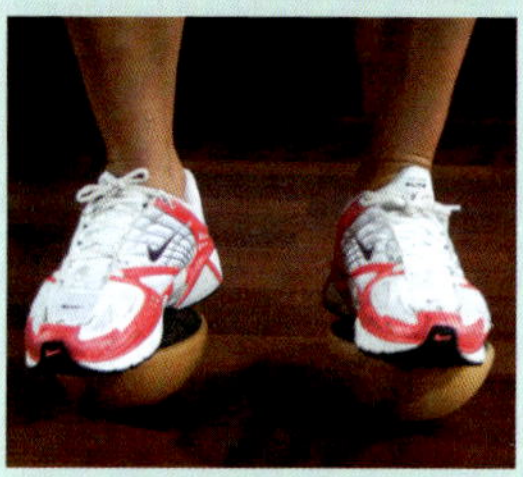

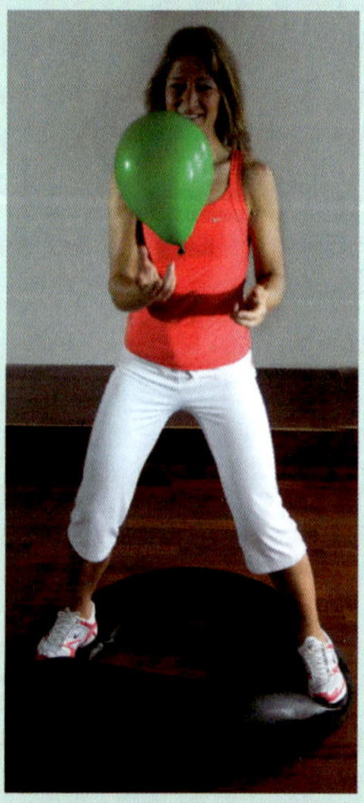

Legen Sie sich mit dem Bauch über einen Pezziball *und rollen damit so weit über die am Boden aufgestellten Hände, dass der Ball unter ihren Oberschenkeln liegt. Nun versuchen Sie, sich auf die rechte bzw. linke Seite zu drehen, ohne dabei vom Ball zu fallen. Dabei können Sie auch ein Buch vor sich legen und lesen.*

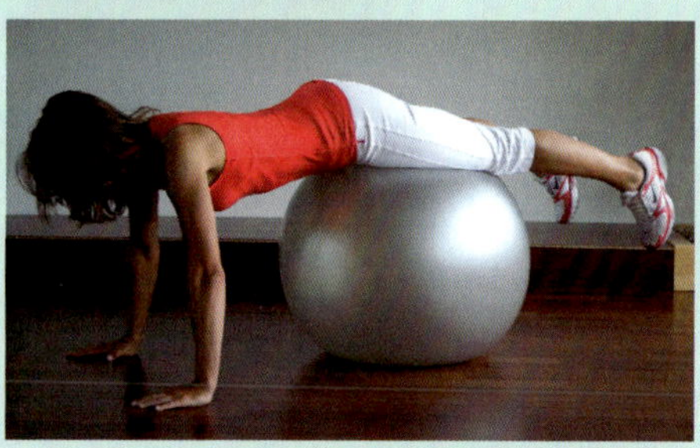

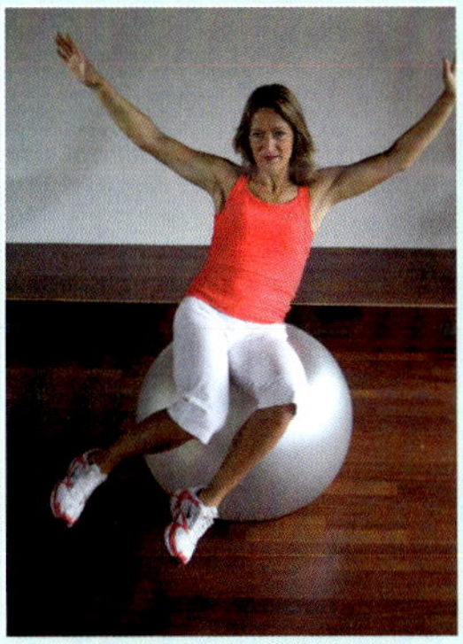

Setzen Sie sich auf einen Pezziball *und versuchen Sie vorsichtig, die Füße vom Boden zu nehmen.*

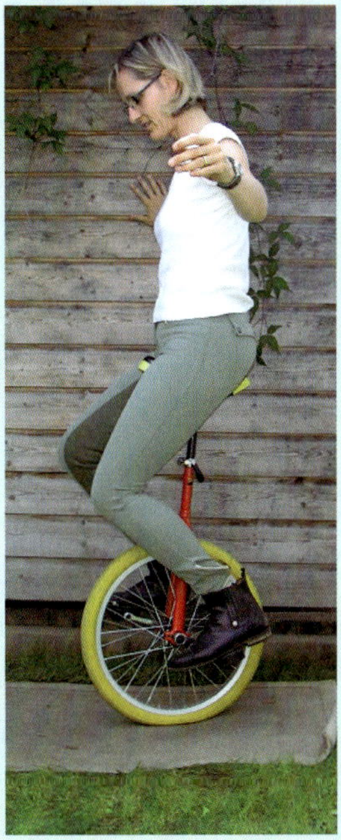

Probieren Sie das ***Einradfahren****, denn dabei wird das Gleichgewicht hervorragend geschult. Hier haben Sie keine Möglichkeit, mit den Beinen zu klemmen und lernen besonders gut, mit dem Gewicht unten auf dem Sattel zu bleiben. Sobald man aus dem Gleichgewicht gerät, zieht man die Schultern hoch und wird im Körper fest. Auf dem Einrad lernen Sie, dass Sie die nötige Sicherheit in der Bewegung unten in Ihrem Beckengewicht finden. Ganz besonders dann, wenn Sie dabei nicht die Luft anhalten, sondern Ihren Atemfluss bis tief in den Beckenraum strömen lassen.*

Verschiedene Sportarten für ein besseres Gleichgewicht:

Yoga
Stand-up-Paddling
Slacklining
Longboarden
Schlittschuhlaufen
Skilaufen
Inlineskaten
Trampolin-Training
Kickboxen
Fahrradfahren

8 Die Durchlässigkeit des Reiters

Die Durchlässigkeit eines Reiters wird von seiner Losgelassenheit in der Bewegung bestimmt. Um daran arbeiten zu können, sind gut ausgebildete und verlässliche Schulpferde nötig. In seriösen Schulbetrieben unter fachmännischer Anleitung wird jeder Reitschüler schon in der ersten Stunde mit dieser Arbeit beginnen können. Das Gefühl für die Sicherheit ist am Anfang auf keinen Fall zu unterschätzen. Die Anleitung für den richtigen Umgang mit einem Pferd ist für das Vertrauen zwischen Pferd und Reiter sehr wichtig. Hier sollte jedem Reiteinsteiger ein erfahrener und ruhiger Reiterprofi zur Seite stehen. Unsicherheiten, die sich aus dem Umgang mit dem Pferd ergeben, werden sich auch auf dem Pferd auswirken. Eine anfängliche Angst vor diesen großen Tieren sollte sich hier unter Anleitung eines Vorbildes in die nötige Achtung für ein Pferd verwandeln. Ein routinierter Pferdefachmann bewirkt hier viel für die weitere Losgelassenheit des Reitanfängers auf dem Pferd. Das Gefühl der Angst ist ein dominantes Körpererleben, wodurch alle anderen Bewegungswahrnehmungen überdeckt werden. Für das Reiten ist eine feine Körperwahrnehmung mit einem differenzierten Bewegungsspiel jedoch sehr wichtig. Sie wird schon durch eine unterschwellige Unsicherheit gestört. Dies zeigt sich nicht immer im Gefühl der Angst, sondern in einer Steigerung der Muskelspannung.

Zu Beginn sollte deshalb der Longenarbeit genug Zeit und Aufmerksamkeit gewidmet werden, um die Grundvoraussetzungen für einen ausbalancierten Sitz erlernen zu können. Was Sie hier aus Zeit- oder Geldmangel überspringen, werden Sie später nur mühevoll aufholen. Erst wenn der Reiter seinen Sitz so weit gefestigt hat, dass er gut im Pferd sitzen kann, wird sich das Gefühl für die Sicherheit einstellen können. Vorschnelle Reiterfahrungen auf unsicheren und lebhaften oder störrischen Pferden sind hier absolut ungeeignet für die Arbeit an der Losgelassenheit des Reiters. Leider bekommt die Longenarbeit unter vielen Reitern wenig Anerkennung, da sie ein angebliches Merkmal für Anfänger ist. Diesem ist jedoch nicht so. Jeder Reiter sollte zwischendurch immer wieder einmal seinen Sitz an der Longe korrigieren lassen und Bewegungsfeinheiten dort erarbeiten. Die Durchlässigkeit kann nur über einen ausbalancierten Sitz erreicht werden.

Unter der Durchlässigkeit des Reiters versteht man die Geschmeidigkeit des Bewegungsablaufs. Ein guter Reiter hat diese Geschmeidigkeit durch und durch, so dass wir als Zuschauer keine Bewegung mehr von ihm sehen. Er sitzt anscheinend absolut ruhig. Tatsächlich hat es aber nichts mit ruhigem Sitzen im wörtlichen Sinn zu tun. Wenn ich auf einem Stuhl ruhig sitze, dann verhindere ich Bewegungen und halte mich einfach nur still. Versuchen Sie einmal, was dabei herauskommt, wenn Sie sich auf dem Pferd absolut ruhig halten.

Sie halten Bewegung an, das heißt, Sie werden fest. Die Durchlässigkeit dagegen ist eine Beweglichkeit, die sehr fein und im ganzen Körper stattfindet. Die Bewegung kann durch den Körper laufen und wird in keinem Gelenk gestoppt, sondern an die angrenzenden Gelenke weitergeleitet. Der Reiter muss mit einer Durchlässigkeit auf die Bewegungen des Pferdes reagieren. Wenn diese stoßdämpfende Reaktion fehlt, stört das Reitergewicht den Bewegungsfluss des Pferdes. Als Antwort auf diesen Stopp wird sich das Pferd ebenfalls im Körper anspannen, um sich vor dem Stoß des Reitergewichts zu schützen.

Diese Durchlässigkeit stellt an den Körper des Reiters große Anforderungen. Man kann sie nicht erzwingen und willentlich herbeiführen, sondern sie ist das Ergebnis langer Arbeit. Wenn Sie akute Wirbelsäulenprobleme haben, ist es besser, Sie passen sich Ihren momentanen gesundheitlichen Gegebenheiten an, als dass Sie die Durchlässigkeit z.B. im ausgesessenen Trab zu erzwingen versuchen. Schmerzen sind hier immer ein Zeichen von Überforderung. Auf keinen Fall werden Ihre Bewegungen geschmeidiger, indem Sie mehr reiterliche Anforderungen an sich stellen, Schmerzen übergehen und immer kompliziertere Aufgaben reiten.

Der Reiter muss sich im Gleichgewicht befinden. Nur so kann er seine Kraft dosiert und dynamisch einsetzen. Das Gleichgewicht erlangt er jedoch nur mit einer fortschreitenden Durchlässigkeit in seinem Körper. Außerdem muss die Muskulatur funktionsfähig sein, damit Sie die Körperspannung unterschiedlich schnell aufbauen, jederzeit halten und ebenso dynamisch wieder verringern können. Wenn die Muskulatur durch eine sitzende Tätigkeit viele Stunden am Tag nicht benötigt und gefordert wird, kann ich nicht erwarten, dass sie in einer Reitstunde funktionsfähig wird.

Die nötige Durchlässigkeit kann man jederzeit auch im Alltag üben. Es ist sogar sehr sinnvoll, wenn Sie diese körperliche Fähigkeit auch in Form von Trockenübungen trainieren.
Für die nachstehenden Übungsbeispiele benötigen Sie wenig Zeit. Sie müssen nur ein paar Veränderungen bei Ihren Sitzgewohnheiten beachten. Natürlich bietet sich dies für Menschen mit sitzenden Tätigkeiten an, kann aber auch von allen anderen umgesetzt werden. Ganz nebenbei tun Sie etwas Sinnvolles für Ihre Wirbelsäule und Ihre Haltung.
Kaufen Sie sich ein luftgefülltes Ballkissen oder das auf Seite 28 beschriebene Sitzkissen. Sie bekommen sie in sanitären Fachgeschäften oder über das Internet. Wenn Sie am Esstisch sitzen, bügeln, am Computer arbeiten oder fernsehen, können Sie sich darauf setzen. Am besten wählen Sie als Unterlage einen normalen Stuhl oder einen Schreibtischstuhl. Das Sofa ist als Unterlage zu weich.

Der Übung auf Seite 161 werden Sie in anderen Kapiteln in abgewandelter Form immer wieder begegnen. Sie ist sehr nützlich für die Bewegungsförderung der Wirbelsäule. Sehr gut eignet sie sich auch bei der Arbeit an der Schiefe oder beim Reiten mit Gewichtshilfen.

Probieren Sie einmal Folgendes aus: Sie sitzen auf einem normalen Stuhl, beginnen zu traben und dabei auszusitzen. »Hopsen« Sie auf Iihrer Sitzfläche so, als würden Sie auf dem Pferd sitzen. Was macht Ihre Wirbelsäule dabei? Merken Sie, wie sie fest wird und wenig mitschwingt? Können Sie dabei frei und ungehindert atmen? Wohl kaum. Das ist ganz normal, denn Sie treffen ja auf eine starre Unterlage, die keine Federung ermöglicht. In Ihrem Rücken baut sich eine Abwehrspannung auf. Sie hätten nur die Möglichkeit, im Rücken weich zu bleiben, wenn Sie die Bewegung langsam genug machen könnten. Die Bewegung beim Trab ist jedoch so schnell und klein, dass ein Abfedern in den einzelnen Wirbelsäulenabschnitten auf starrem Untergrund nicht herzustellen ist. Je mehr Sie sich zwingen, im Rücken weich zu werden, desto weniger geschieht es. Sie fangen höchstens an, mit den Schultern mitzuwippen, aber Ihre Wirbelsäule bleibt fest.

So ergeht es einem Pferd mit einem festen, undurchlässigen Reiter. Das Pferd wird seinen Rücken genauso wenig hergeben, wie Sie den Ihren beim Hopsen auf dem Stuhl hergegeben haben. Ebenso werden Sie auf einem festen undurchlässigen Pferd nur sehr schwer mitschwingen können und ebenfalls mit einer Abwehrspannung reagieren. So hat sich ein Teufelskreis geschlossen.

Es lohnt sich, an der Elastizität von Pferd und Reiter zu arbeiten. Denn Sie können mit Ihrem elastischen Rücken Ihr Pferd dazu »verlocken«, auch in seinem Rücken mitzuschwingen. Aus dem vorhergehenden Beispiel können Sie eine Übung für den Alltag werden lassen.

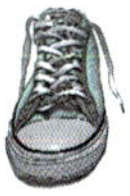

Übung für die Wirbelsäule und die Haltung

Konzentrieren Sie sich ganz auf den ***Kontakt mit dem Ballkissen****. Beginnen Sie nun,* ***einen kleinen Kreis auf dem Kissen zu beschreiben****. Lassen Sie die Bewegung weich und geschmeidig werden. Verwenden Sie möglichst wenig Kraft. Ihr Brustkorb bleibt von der Bewegung von Becken und Lendenwirbelsäule unberührt. Sie können ungehindert weiteratmen.*

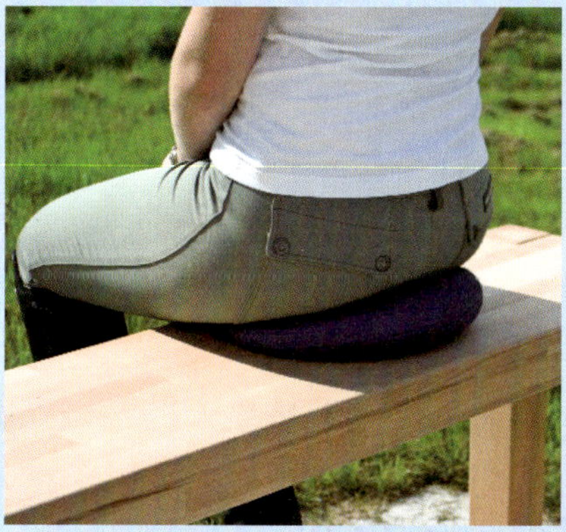

Dann vergrößern Sie die Bewegung. *Lassen Sie den Kreis so groß wie möglich werden.* ***Die Bewegung darf nun durch Ihren Körper fließen, ohne dass Sie irgendwo stoppen.*** *Wenn Sie die hintere Kreisbahn beschreiben, beugt sich Ihre gesamte Wirbelsäule mit, bis der Kopf als Letzter mit dem Kinn Richtung Brustbein sinkt.*

Auf der Kreisbahn zur Seite neigt sich Ihre Wirbelsäule s-förmig. Im vorderen Teil des Kreises wird Ihr Becken mit nach vorne gekippt, die Lendenwirbelsäule schwingt nach vorne, das Brustbein öffnet sich nach vorne oben und der Kopf sinkt leicht in den Nacken. Es kann gut sein, dass Sie auf Ihrer Kreisbahn ***Ungleichheiten bemerken****. Unterteilen Sie Ihren Kreis in Viertel. Vergleichen Sie die beiden vorderen Viertel mit den beiden hinteren. Vielleicht bevorzugen Sie die vordere Kreishälfte und sind im hinteren Teil unbeholfener. Auf dem Pferd haben Sie damit weniger Gewichtseinwirkung nach hinten unten. Damit bekommen Sie weniger Gewicht in den Sattel nach hinten, Sie nehmen einen Entlastungssitz ein. Dabei haben Sie weniger Verbindung in den Sattel und weniger Möglichkeiten, dort einzuwirken. Sie bekommen mehr Gewicht auf die Oberschenkelinnenseite.*
Die Bewegung soll im Laufe der Zeit in alle Richtungen gleich geschmeidig laufen können. *Wenn dies am Anfang nicht so ist, arbeiten Sie behutsam daran weiter.*

Übung für die Wirbelsäule

Simulieren Sie jetzt das Aussitzen im Trab auf einem Gymnastikball. Wie fühlt sich das an? Muss sich Ihre Wirbelsäule wie auf dem Stuhl vor Stößen von unten schützen? Da der Ball in der Bewegung mitfedert, fällt es auch Ihnen leichter, im Rücken weich und elastisch zu bleiben. Auf einer federnden Unterlage kann Ihre Wirbelsäule viel besser mitschwingen und muss sich nicht gegen die Stöße wehren.
***Mit Kindern kann man Folgendes ausprobieren:** Das Kind setzt sich auf sein »Pferd«, welches von einem anderen Kind im Vierfüßlerstand gespielt wird. Nun soll das Reiterkind mit seinem Pferd zuerst Schritt gehen und dann später anfangen zu traben. Dabei sitzt es einmal auf dem Pferd wie ein Mehlsack, dann lässt es sich wieder wie eine starre Puppe stoßen. Das Pferdekind wird sehr spontan seinen Unwillen über diese unbequeme Reiterin äußern. Zusammen können die beiden dann eine Form finden, wie sich Pferd und Reiter wohl fühlen.*

Übung auf dem Pezziball und auf dem Balancierkreisel

*Üben Sie das **Federn auf dem Pezziball. Variieren Sie dabei Ihre Körperspannung.** Mal sind Sie schlapp und lassen sich hängen, mal sind Sie aufrecht und dabei starr und fest. **Finden Sie die richtige Spannung, ohne sich dabei zu verspannen.** Versuchen Sie dann **bei aufgerichteter Wirbelsäule weich und durchlässig zu federn.** Sie können dabei mit Ihrem Ball kleine Rollbewegungen ausführen.*

*Probieren Sie auch das Hopsen auf dem Ball von den Schultern her anzuführen. Dazu **heben Sie die Schultern und lassen Sie locker wieder fallen**. Immer wieder fallen Ihre Schultern nach unten, so dass sie auf dem Ball zu federn beginnen. Dabei **bleiben Sie aber in der Brustwirbelsäule aufgerichtet** und sinken nicht in sich zusammen. Diese Übung eignet sich zur Rückenentlastung für jeden, der in einem sitzenden Beruf arbeitet.*

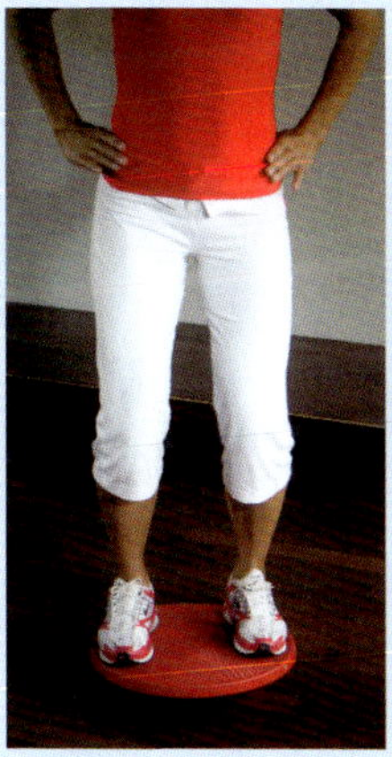

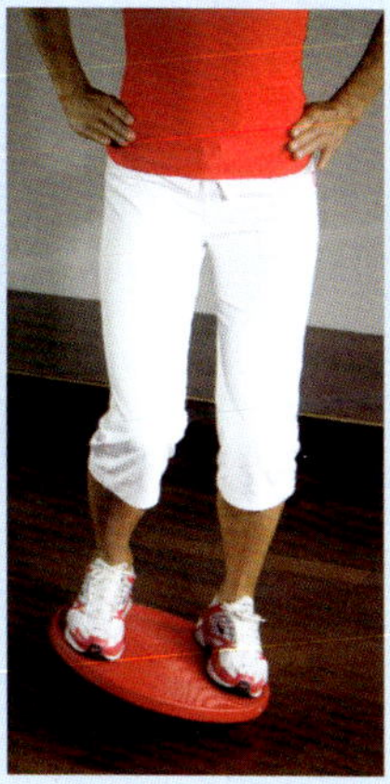

*Für die folgende Übung benötigen Sie einen **Balancierkreisel**. Stellen Sie sich darauf. Suchen Sie erst einmal Ihr Gleichgewicht auf dieser wackeligen Unterlage. Lassen Sie dabei Ihre Knie und Hüftgelenke und Ihre Wirbelsäule beweglich werden.*

***Nun beginnen Sie ganz langsam, den Balancierkreisel nach rechts und links zu kippen**. Dadurch verändert sich Ihre Unterstützungsfläche. Sie ist nicht mehr horizontal, sondern neigt sich zur Seite. **Ihre Gelenke müssen diese Veränderung ausgleichen.** Ihre Füße passen sich der Schräge an, das Fußgelenk muss eine seitliche Kippbewegung zulassen. Die Kniegelenke und Hüftgelenke passen sich ebenfalls dieser Schrägen an. Auf der sich absenkenden Seite ist das Knie annähernd gestreckt, auf der anderen Seite muss es eine Beugung zulassen.*

***Fassen Sie mit Ihren Händen seitlich an das Becken**, so dass Ihre Finger an der Leiste anliegen. Jetzt **spüren Sie dort, wie sich Ihr Hüftgelenk auf der tieferen Seite öffnet und sie auf der angehobenen Seite die Leiste enger wird.** Die Bewegung auf dem Stehkreisel muss so klein sein, dass Sie tatsächlich in der Hüfte mit absinken. Wenn Sie die Kippbewegung zu groß machen, gleichen Sie nur noch mit den Knien die schräge Unterlage aus und verschieben Ihren Körper zur Seite. Auf dem zweiten Bild ist die Kippbewegung zu groß, so dass nur noch wenig Bewegung in den Hüften und in der Lendenwirbelsäule stattfindet, da hier der gesamte Körper nach rechts verlagert wurde. Wenn Sie Ihre Hände von der Seite an die Leisten legen und die Kippbewegung klein genug machen, spüren Sie auch dort eine Reaktion auf die Veränderung der Unterlage, genauso wie in der Lendenwirbelsäule.*

***Machen Sie die Bewegung auf dem Balancierkreisel langsam und bewusst, so dass Sie die Bewegungsabläufe von unten nach oben in sich spüren können.** Sobald Sie nur in einem Gelenk blockieren, kommt der Bewegungsfluss durcheinander, oder Sie geraten aus dem Gleichgewicht.*

Der mitschwingende Sitz – die Beckenbeweglichkeit

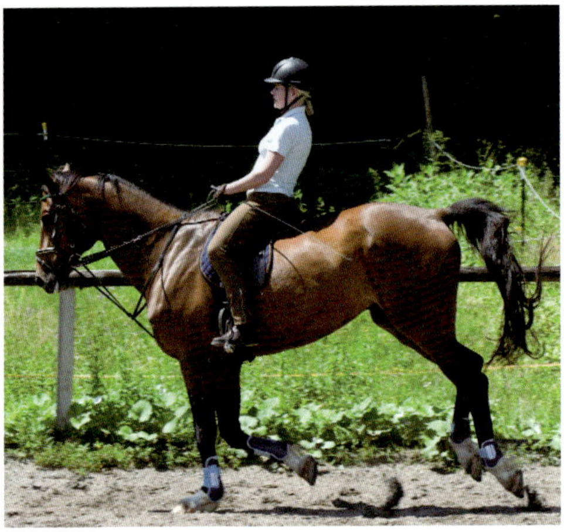

Der Reiter bekommt bei diesem Reiterbild häufig zu hören, dass er sich im Oberkörper ruhiger halten oder aufrecht sitzen bleiben soll. Diese Korrektur kann er jedoch nicht umsetzen. Das Rückwärtsschwingen des Oberkörpers im Galopp (Bild links) ist keine aktive Bewegung im Oberkörper, sondern eine Reaktion auf fehlende Durchlässigkeit im Körper. Da der Reiter mit den Beinen zu fest am Pferd fixiert ist, kann das Becken die Bewegungen des Pferdes nicht aufnehmen. Dadurch kann auch die Wirbelsäule nicht mehr durchlässig nach oben weiterschwingen. So kommt es zu dem oben gezeigten unruhigen Oberkörper im Galopp.

Damit der Reiter die Bewegungen im Galopp abfedern kann, muss das Becken die Bewegungen des Pferdes aufnehmen können. Der Dreh- und Angelpunkt ist dabei das Hüftgelenk.

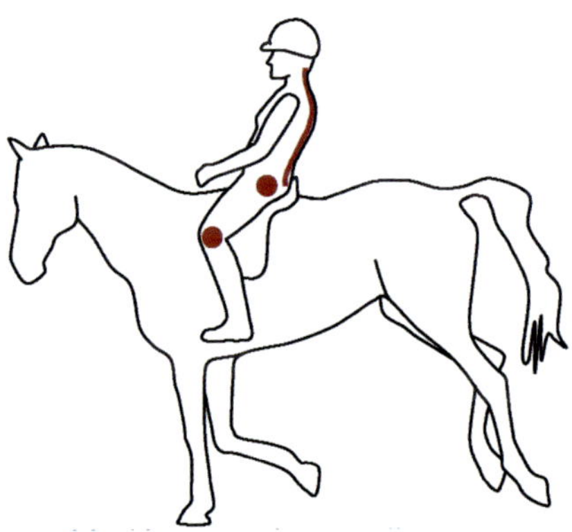

Die rote Markierung zeigt, wo die Bewegung blockiert ist.

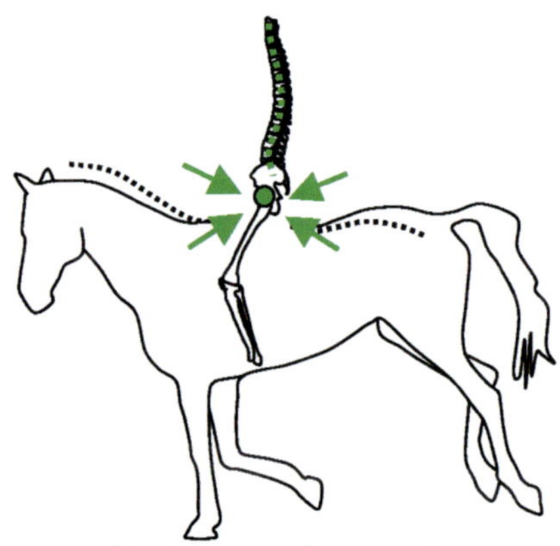

Die grüne Markierung zeigt, wo die Bewegung stattfinden muss.

Übung am Boden

Sehr gut lässt sich dies auf dem Pezziball üben. Durch seine Beweglichkeit lassen sich darauf viele Bewegungen ausführen, die den Reitbewegungen sehr ähnlich sind. Trotzdem ist es nicht das Gleiche, wie auf dem Pferd. Man sitzt entweder zu tief, so dass die Knie weit vor dem Becken liegen, oder man bläst den Ball weiter auf, dann ist er dicker als jedes Pferd. Wenn Sie ein Ballkissen auf den Pezziball oben auflegen, kommen Sie den Reitbedingungen jedoch deutlich näher. Noch originalgetreuer wird Ihre Ausgangslage, wenn Sie den Ball erhöhen. Dies geht am besten, wenn Sie eine zusammengelegte Tagesdecke darunterlegen.

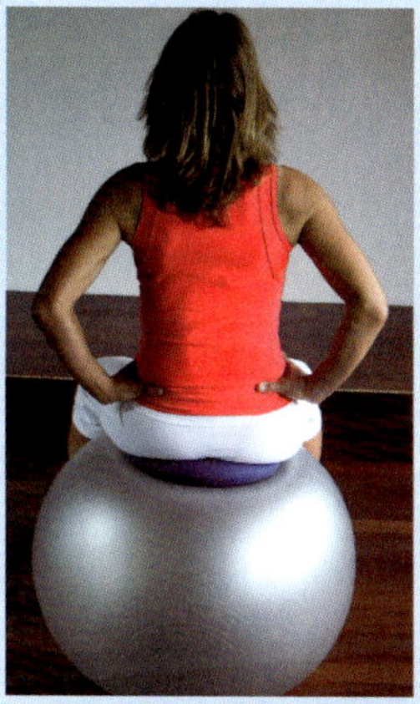

Übung: Setzen Sie sich auf den Ball und platzieren Sie das Ballkissen mittig unter ihrem Gesäß. *Stellen Sie nun Ihre Füße mit leicht abgespreizten Beinen ab und halten mit den Fußsohlen Kontakt zum Boden. Ihr Hauptgewicht ruht auf dem Ballkissen.* ***Beginnen Sie jetzt, mit Ihrem Becken zu kreisen oder es zu kippen.*** *Versuchen Sie dies aber nicht, indem Sie das Gesäß anspannen, oder die Beine gegen den Ball drücken. Die Beine sollen einen weichen, elastischen Kontakt zum Ball haben. Es kann sein, dass Sie anfänglich die Füße weiter nach vorne stellen müssen, weil die Übung sonst für Sie zu wackelig wird. Mit der Zeit* ***werden Sie aber merken, wie Ihre Hüftgelenke beweglicher werden und Ihr senkrechter Sitz immer stabiler*** *wird. Auf dem Pferd führen Sie diese Bewegung weniger aktiv an. Sie geschieht, indem Sie sich vom Pferd bewegen lassen.*

Erste Hilfe

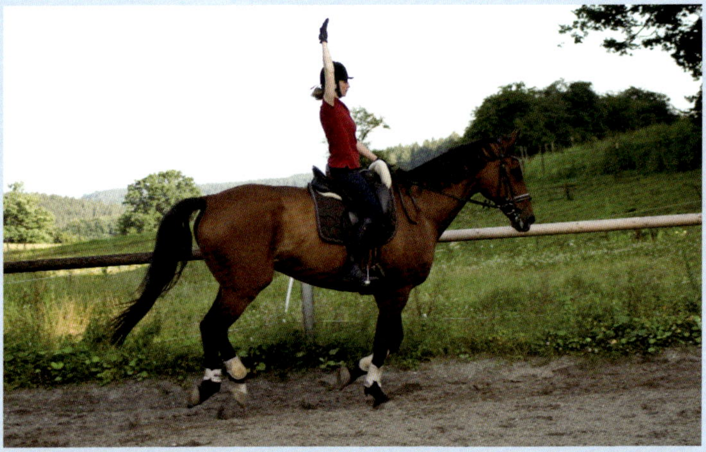

*1. Üben Sie die **Durchlässigkeit der Wirbelsäule und des Beckens in der Aufrichtung. Galoppieren Sie dazu auf dem Zirkel.** Heben Sie den inneren Arm und dehnen sich dabei **nach oben**. Konzentrieren Sie sich bei den Galoppsprüngen darauf, dass Sie mit dem Becken guten Sattelkontakt haben. Mit den Sitzbeinknochen nehmen Sie die Pferdebewegungen auf und lassen sie nach oben weiterlaufen. Nehmen Sie den Arm wieder herunter und **wechseln dann zum Galopp im leichten Sitz**. Achten Sie dabei darauf, dass Sie **in den Beingelenken durchlässig bleiben**. Die Knie liegen am Sattel an, werden jedoch nicht angepresst. Nach einer Runde auf dem Zirkel im leichten Sitz wechseln Sie wieder zum ersten Teil der Übung.*

***2.** Galoppieren Sie auf dem Zirkel und drehen Sie Ihren Oberkörper dabei nach außen. Diese Übung hilft Ihnen, im Galopp, aber auch beim Angaloppieren, mittig im Sattel sitzen zu bleiben.*

»Aussitzen ist für mich eine Qual«: Hüftgelenk mit Beckenbeweglichkeit

Hat der Reiter Probleme mit dem Aussitzen, ist es hilfreich, die Hüftgelenks- und Beckenbeweglichkeit sowie ihr Zusammenspiel zu verbessern. Das Becken muss die Stoßbewegung vom Pferd im ausgesessenen Trab abfedern. Dabei lassen die Lendenwirbelsäule und die Hüftgelenke die Schwingung nach vorne und hinten durchlaufen (hierfür ist die vorhergehende Übung »Der mitschwingende Sitz« geeignet). Zusätzlich kommt es zu einem leichten seitlichen Absinken auf der Beckenseite, wo das Pferd mit der Hinterhand abfußt. Auch dies geschieht als Kombinationsbewegung der Lendenwirbelsäule und der Hüftgelenke. Wenn Sie diesen Bewegungsablauf nachvollziehen können, wird es für Sie viel leichter, im Aussitzen dicht am Pferderücken zu bleiben und nicht darauf herumgeworfen zu werden. Schließen Sie beim Aussitzen die Augen. Versuchen Sie, die Pferdebewegungen herauszuspüren. Sie werden nicht nur nach vorne geworfen, sondern der Pferderücken senkt sich rechts und links im Wechsel etwas ab, immer dort, wo das Pferd mit seinem Hinterbein abfußt. Dieses Absinken ist im Trab deutlich geringer als im Schritt. Alleine die Vorstellung davon lässt Sie im Becken beweglicher werden und ermöglicht einen seitlichen Bewegungsspielraum in Ihrem Becken.

Viele Reiter haben den Eindruck, dass Sie beim Aussitzen in der Bewegungsrichtung nach vorne oben geworfen werden. Dies stimmt tatsächlich dann, wenn Sie die Bewegungen im Becken und in den Hüftgelenken verhindern, die für das seitliche Absinken des Pferderückens von Ihnen gefordert werden. Zum Erkennen des Mitschwingens beim Abfußen des Pferdes sind die beiden anschließenden Übungen geeignet.

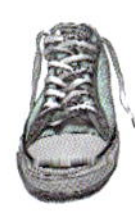

Übung mit einem Theraband

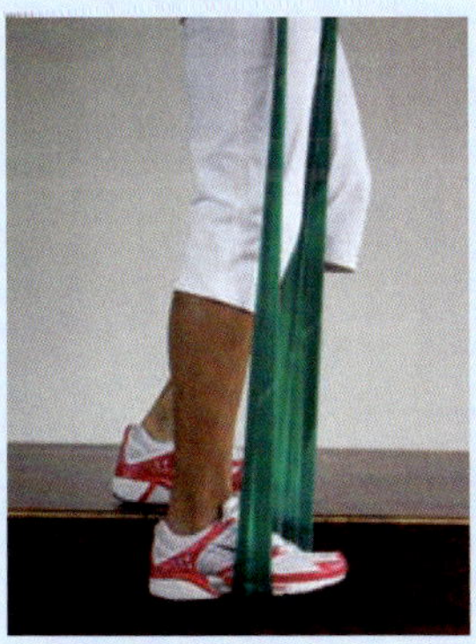

Steigen Sie mit einem Bein in ein Gummiband *und üben Sie damit die federnde Wirkung nach unten. Dazu* ***stehen Sie an einem Treppenabsatz und lassen das Bein mit Hilfe des Gummibandes nach unten geschmeidig lang werden.*** *Sie wenden so wenig Kraft dabei auf wie möglich und* ***lassen das Fuß-, Knie- und Hüftgelenk miteinander ins Spiel kommen.*** *Denken Sie an eine Katze, die weich in eine Decke tritt.*

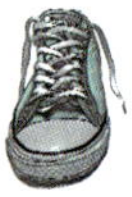

Übung mit dem Pezziball

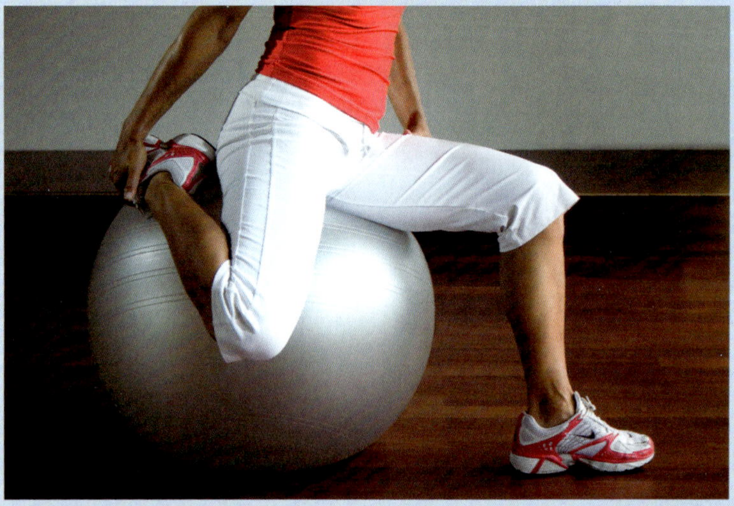

Dazu setzen Sie sich auf einem Pezziball mit Ballkissen, wie schon in der vorherigen Übung beschrieben. Halten Sie sich jetzt mit einer Hand an einer Tischkante fest. Legen Sie den rechten Fuß auf den Ball, so dass die Ferse fast hinten an Ihrem Gesäß anliegt. Das ***Knie sollte dabei möglichst weit hinten*** *zu liegen kommen. Jetzt* ***beschreiben Sie mit dem Knie einen Kreis, der Ball rollt mit.*** *Das Becken bleibt mit der Oberschenkelinnenseite möglichst flächig auf dem Ball.* ***Beschreiben Sie den Kreis mit Ihrem Knie so langsam, dass Sie die Bewegung im Hüftgelenk mitbekommen.*** *Der Ball beschreibt dabei nur einen kleinen Kreis.*

Legen Sie nun ***beide Oberschenkel möglichst seitlich an den Ball. Ihre Fußspitzen stehen am Boden,*** *etwas hinter Ihrer Körpermittellinie. Das Becken sollte dabei nicht in den Spaltsitz weggekippt sein.* ***Lassen Sie nun die Knie wechselseitig in Verlängerung Ihrer Oberschenkel nach unten schieben.*** *Wenn ein Knie nach unten schiebt, kommt das andere Knie zur Hüfte zurück.* ***Der Ball darf mitrollen.*** *Das Ballkissen hilft Ihnen mit seiner zusätzlichen Mobilität mit.*

Übung auf dem Pferd: Fahrrad fahren

Zuerst üben Sie im Schritt, »rückwärts Fahrrad zu fahren«: Sie bewegen das gesamte Bein so, als würden Sie ein Fahrradpedal nach hinten unten treten. Dabei muss die Bewegung aus den Hüftgelenken kommen. Sie passen sich dabei automatisch den Bewegungen des Pferdes an, indem Sie immer auf der Seite das »Pedal« treten, auf der sich der Pferderücken absenkt. Durch diese Übung verstärkt sich die Rechts-links-Bewegung Ihres Beckens, wobei die Beine nach unten federn – dies sind genau die Bewegungen, die Sie zum Aussitzen brauchen.
Mit der Zeit lassen Sie den Bewegungsradius immer kleiner werden und zum Schluss liegt das Hauptaugenmerk darauf, die Ferse nach unten federn zu lassen. Dies können Sie anschließend im Trab üben.

Wir üben das Aussitzen zuerst mit dem »rückwärts Fahrradfahren«, weil es dadurch leichter wird, die Pferdebewegungen nach unten abzufedern. Der Reiter bleibt im Rumpf aufgerichtet und behält mit den Sitzbeinknochen den Kontakt zum Sattel. Sobald Ihnen dieser Bewegungsablauf vertraut ist und Sie sich im Aussitzen damit wohlfühlen, ändern wir das »rückwärts Fahrradfahren« in »vorwärts Fahrradfahren«. Dies können Sie gut im versammelten Trab und in kleinen Wendungen üben. Das »vorwärts Fahrradfahren« entspricht eigentlich mehr der Pferdebewegung. Dennoch hat unsere Erfahrung gezeigt, dass es sich lohnt, die Tretrichtung zuerst rückwärts anzuleiten. Denn würden Sie gleich mit dem »vorwärts Fahren« beginnen, bestünde die Gefahr, dass Sie in ein Hohlkreuz geraten und die Sitzbeinknochen den Kontakt zum Sattel verlieren.

Erste Hilfe:

1. Wenn Sie das »rückwärts« und »vorwärts Fahrradfahren« bereits geübt haben, können Sie beides auch als innere Bilder verwenden, wenn Sie sich im Aussitzen verkrampfen. Stellen Sie sich dabei einfach vor, sie treten die Pedale abwechselnd rechts und links, während Sie mit ihren Füßen den jeweiligen Steigbügel etwas mehr belasten. Dabei können Sie in Gedanken mitsprechen: »rechts … links … rechts …«.

2. Ziehen Sie sich am Sattelholm mit einer Hand in den Sattel hinein. Konzentrieren Sie sich darauf, die Rechts-links-Bewegungen des Pferdes zu spüren.

Übung: Aussitzen mit Gummibändern als Steigbügel

Hängen Sie sich in die Schnalle des Steigbügelriemens jeweils ein Gummiband. Schlagen Sie die Steigbügel über und benutzen Sie dann die »Gummisteigbügel«. Lassen Sie Ihr Pferd zuerst **im Schritt gehen**. Spüren Sie, wie Ihre Beine mit Hilfe des Gummibandes in der Bewegung mitschwingen können. Das Gummiband ermöglicht Ihnen ein **Federn der Beine nach unten.** Konzentrieren Sie sich dabei immer wieder auf die Durchlässigkeit vom Hüftgelenk nach unten bis zur Fußsohle. In Ihrer Vorstellung schwingen Sie wechselseitig bis zum Boden hinunter. **Ihre Beingelenke werden genauso elastisch wie das Gummiband.**

Üben Sie dann diese Durchlässigkeit mit Hilfe des Gummibandes auch **im ausgesessenen Trab**. Voraussetzung dafür ist, dass Ihr Becken frei schwingen kann. **Ihr Bein muss dabei weich am Pferdebauch anliegen.** Sobald Sie sich mit dem Bein am Pferd festhalten, blockieren Sie Ihren Sitz.

Beachten Sie: Leichttraben ist mit den Gummibändern nicht möglich! Vorübung: Als Vorübung reiten Sie mit den Gummibändern an der Longe mit geschlossenen Augen. So haben Sie die Möglichkeit, die Beweglichkeit der Hüftgelenke und der Lendenwirbelsäule zu erspüren. Konzentrieren Sie sich im Aussitzen ganz auf die Durchlässigkeit nach unten. Die Gummibänder zeigen Ihnen die Elastizität in Ihren Gelenken.

Wenn Sie anschließend **wieder mit den normalen Steigbügeln** reiten, dann **wechseln Sie möglichst zwischen kurzen Sequenzen im Aussitzen und längeren Sequenzen im Leichttraben.** So reiten Sie zum Beispiel nur zweimal ausgesessen, um dann wieder zwei Pferdelängen leicht zu traben. Sobald Sie merken, dass Ihre Hüftgelenke fest werden, wechseln Sie zum Leichttraben.

Wechseln Sie zwischen Schritt und Trab, wobei Sie in kurzen Trabsequenzen nur wenige Schritte aussitzen, um dann wieder zum Schritt durchzuparieren. Im Schritt ordnen Sie wieder Ihren Sitz und achten auf die Geschmeidigkeit in den Gelenken.

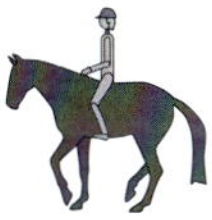

Übung: Leichttraben nach unten

Denken Sie an die Übung »Der Torbogen« im Kapitel »Das Gleichgewicht des Reiters«. Nun üben Sie die Durchlässigkeit der Gelenke im Leichttraben. ***Das Fußgelenk soll im Steigbügel nach unten federn.*** *Dies können Sie zuerst alleine zum Federn nach unten bringen. Versuchen Sie das Leichttraben, indem Sie sich auf den Fußballen stellen. So als möchten Sie sich im Steigbügel ein klein wenig auf die Zehenspitzen stellen. Sie treten damit auf den Steigbügel. Dadurch wird Ihr Fußgelenk fest. Dies probieren Sie eine Runde lang aus. Sie werden spüren, wie Sie in den Hüftgelenken fest werden, es geht jede Geschmeidigkeit verloren und die Unterschenkel verlieren den weichen Kontakt zum Pferdebauch. In der nächsten Runde lassen Sie die Ferse bewusst nach unten sinken. Konzentrieren Sie sich dabei auf Ihre Fußsohle. Die Fußsohle ist weich und entspannt im Schuh. Die Zehen bleiben locker. Nun nehmen Sie sich das Knie vor.* ***Das Knie lässt die Bewegung nach unten und oben durch.*** *Dazu versuchen Sie zuerst wieder die falsche Bewegung herauszuspüren, damit sich das richtige Bewegungsgefühl bei Ihnen einprägen kann.*

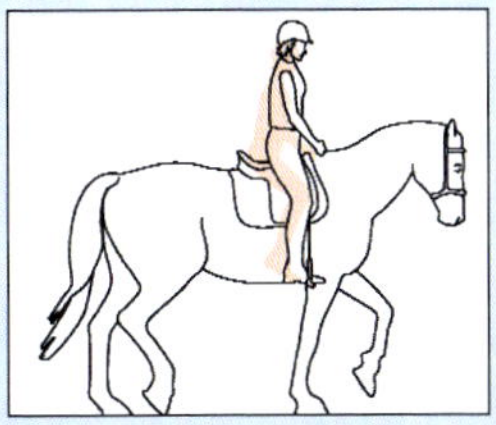

In dieser Abbildung ist das Knie der Reiterin fest am Sattelblatt fixiert. Das Bein kann nicht nach unten federn. Dadurch kommt die Reiterin beim Einsitzen in den Sattel zu weit nach hinten. Wenn sie dem Pferd dabei nicht in den Rücken plumpsen will, muss sie den Oberkörper nach vorne neigen. Sie sitzt im Entlastungssitz und kann ihr Gewicht dabei nicht nutzen.
Die Reiterin verliert beim Einsitzen an Länge. Die Bewegung erinnert an ein Klappmesser. Beim Aufstehen ist sie zu aktiv und steht zu weit nach vorne auf, so dass sie insgesamt beim Leichttraben wenig Kontakt zum Sattel behält.

→

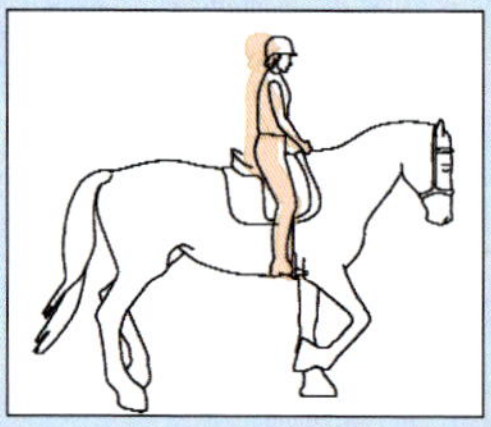

Leichttraben im entlastungsähnlichen Sitz kann auch gewollt bei jungen Pferden eingesetzt werden. Hier will der Reiter den Pferderücken schonen und bringt beim Einsitzen möglichst wenig Gewicht in den Sattel. Der Kontakt zum Pferd wird dann hauptsächlich mit den Beinen gehalten. Dabei behält der Reiter einen weichen Kontakt zum Pferd und balanciert sich selbst über dem Pferd aus. Er braucht die Knie nicht zum Festhalten und kann in allen Gelenken elastisch bleiben.

Beim Aufstehen lässt sich diese Reiterin vom Pferd mit nach oben nehmen. Knie und Fußgelenke federn nach unten. Der Weg zum Einsitzen in den Sattel ist möglichst klein, so dass sie einen guten Kontakt zum Sattel behält. Dabei kann sie aufgerichtet bleiben und ihr Gewicht beim Einsitzen in den Sattel nutzen.

Erste Hilfe:

1. Wenn Sie das Einsitzen betonen möchten, um das Pferd konzentrierter bei sich zu behalten, dann begleiten Sie diesen Moment jedes Mal mit einem stillen »daaaa«. Dadurch werden Ihre Bewegungen ruhiger und Ihr Becken kommt satter in den Sattel. Sie finden außerdem im Leichttraben besser Ihren Takt.

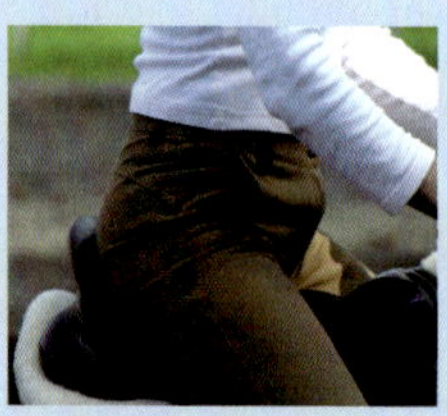

Reiter sitzt zu weit hinten ein.

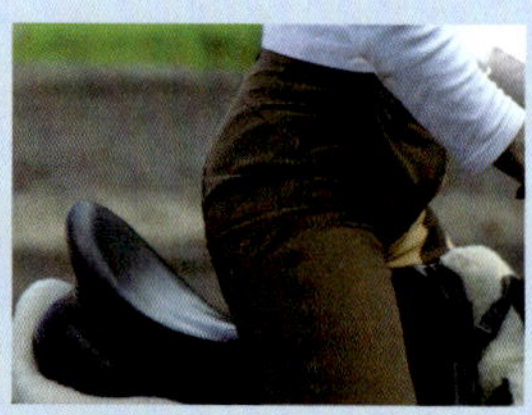

Reiter öffnet die Knie und lässt das Bein nach unten federn.

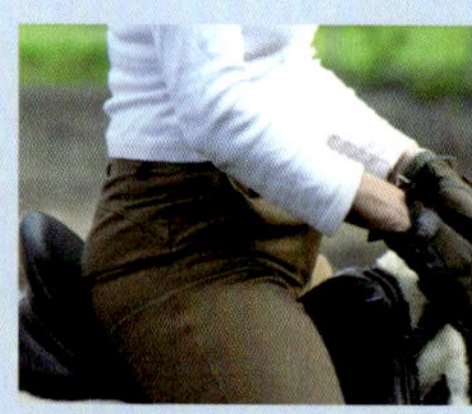

Reiter kann dadurch dichter am Sattel bleiben und besser einsitzen.

2. Diese Übung hilft Ihnen, Ihren Sitz immer wieder zu erneuern und sich im Sattel richtig auszurichten. Im Leichttraben ermöglicht sie Ihnen, möglichst nah am Sattel zu bleiben. Probieren Sie sie jedoch zuerst im Halten aus. Stellen Sie sich in die Steigbügel, so dass Ihr Becken senkrecht über den Füßen ausgerichtet ist. Nun setzen Sie sich in den Sattel, indem Sie bewusst die Knie öffnen

⟶

und Ihr Becken nach unten sinken lassen. Sie nehmen den kürzesten Weg in den Sattel. Dabei stempeln Sie mit den Sitzbeinknochen das Sattelleder.
Probieren Sie auch aus, wie es sich anfühlt, wenn Sie die Knie beim Einsitzen am Sattelblatt fixieren. Der Weg nach unten ist durch die festgestellten Knie blockiert. Sie können sich nur nach hinten in den Sattel setzen und nicht auf dem kürzesten Weg nach unten.

Die richtige Spannung finden

Reiten Sie im ausgesessenen Trab. Blockieren Sie dabei gezielt Ihr Kiefergelenk. Dazu müssen Sie die Zähne fest aufeinanderbeißen und die Zunge nach oben gegen den Gaumen pressen. Was passiert? Spüren Sie in Ihrem Körper die Veränderungen, wie sich die Spannung erhöht oder Sie fest werden? Sie werden auf dem Pferd gestoßen, Ihr Bewegungsfluss ist gestört. Die Hände werden unruhiger. Sie sitzen weniger tief im Sattel. Außerdem sind Sie kurzatmig geworden. Spielen Sie mit diesen Spannungszuständen. Bauen Sie die Spannung im Kiefergelenk auf. Sorgen Sie dafür, dass Sie wieder entspannen. Wechseln Sie jeweils nach einer Bahnlänge zwischen An- und Entspannung. Beobachten Sie dabei Ihr Pferd. Was macht es, wenn Sie Ihre Körperspannung aufbauen und fest werden? Was geschieht, wenn Sie sie lösen und wieder tief und weich bis ins Becken hinunter atmen? Oder wenn Sie mit einem Atemzug den tiefen Bauchraum füllen und dabei die Hüftgelenke weiten?

Versuchen Sie, die Spannung auch in anderen Körperteilen aufzubauen. Blockieren Sie mal Ihre Schultern, und dann versuchen Sie Ihren Bauchraum und Ihr Becken festzuzurren. Werden Sie mit Ihrem Blick starr. Versuchen Sie dann wieder, die Augen weich und umfassend in die Reitbahn blicken zu lassen. Probieren Sie, was passiert, wenn Sie nur das Knie- oder das Sprunggelenk blockieren. Gehen Sie dabei Ihren ganzen Körper durch. Es ist erstaunlich, wo sich überall Veränderungen in Ihrer Körperspannung als Folge ergeben. Wählen Sie eine Gangart, bei der Sie dies am leichtesten spüren. Prägen Sie sich diese Körperwahrnehmungen ein, und versuchen Sie, diese Spannungsveränderungen in der nächsthöheren Gangart. Wenn Sie dabei weniger spüren, wechseln Sie immer wieder zwischen diesen beiden Gangarten, bis Sie Ihre Körperwahrnehmungen auch in der höheren Gangart spüren.

Halten Sie nicht die Luft an

Die Atmung ist für die Durchlässigkeit sehr wichtig und kann sie verbessern. Jedoch blockiert die Atmung als Erstes, wenn Sie fest und undurchlässig sind. Versuchen Sie herauszufinden, wie Sie auf das Pferd wirken, indem Sie Ihre Atmung gezielt einsetzen.
Probieren Sie dies beim Durchparieren aus, indem Sie dabei tief ins Becken atmen und an die Übung mit der Sanduhr (Kapitel: »Das Gleichgewicht des Reiters«) denken. Zum Vergleich üben Sie das Durchparieren, indem Sie die Luft anhalten. Sie werden merken, dass sich dabei Ihre gesamte Körperspannung verändert. Indem Sie Ihre

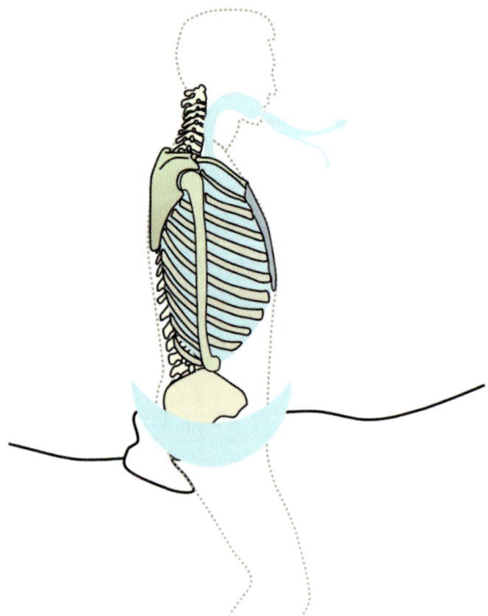

Über die Atmung wird der Beckenraum geöffnet. Der Reiter kommt besser zum Sitzen.

Atmung anhalten, werden Sie fest und verlieren Ihre Durchlässigkeit. Hauptsächlich spüren Sie diese Undurchlässigkeit im Becken und an den Armen. Das Becken wird starr und unbeweglich, die Arme ziehen am Zügel nach hinten.

Wenn Sie immer mal Seitenstechen beim Reiten bekommen, ist die Übung »Durchparieren und atmen« genau richtig für Sie. Auch für Reiter mit zu hoher Körperspannung ist sie eine sehr gute Hilfe, um die Spannung zu verringern. Greifen Sie auf einfachere Reitlektionen zurück, reiten Sie mit mehr Gefühl und weniger mit Kraft. Arbeiten Sie mehr an Ihrer Losgelassenheit und achten Sie dabei bewusst auf Ihren Atemfluss. Überlassen Sie sich mehr dem Pferd, konzentrieren Sie sich intensiver auf Ihre Sitzbeinhöcker und nehmen Sie die Bewegungen des Pferdes wahr. Versuchen Sie immer wieder, Ihren starren Blick von den Pferdeohren wegzulenken, und vertrauen Sie mehr Ihrem Körpergefühl. Erst wenn Sie bei diesen Lektionen leicht und tief in den Beckenraum atmen können, dürfen Sie die Anforderung an sich steigern. Kommen Sie jedoch immer wieder dorthin zurück, wo Ihr Atmen frei und fließend sein kann.

Falls Konditionsprobleme die Ursache für Ihr Seitenstechen sind, sollten Sie Ihre Ausdauer gezielt trainieren. Dafür eignen sich alle Konditionssportarten wie Joggen, Fahrradfahren, Walken, Skilanglauf usw.

Durchlässigkeit von Kopf bis Fuß

Die Übung zum Bewegungsspiel (Seite 176/177) sollten Sie immer wieder in eine Reiteinheit einfließen lassen. Sie eignet sich hervorragend, um einzelne Gelenke zu lockern und das Gefühl des Nach-unten-Sinkens wieder herzustellen. Gerade wenn Sie im Laufe einer Reitstunde mit Ihrem Bewegungsspiel unflexibler, mit den Beinen fester werden oder Sie eine Übung mit Kraft statt mit Bewegungsgefühl lösen wollen, können Sie damit wieder einen Ausgleich herstellen.

Reiten mit zu viel Spannung

Es gibt natürlich auch unter den Reitern verschiedene Typen von Menschen. Die einen sind eher die sportlich durchtrainierten, andere sind Menschen mit einer niedrigeren Grundspannung. Der Eine empfindet Treppensteigen als anstrengend, der Andere hat Probleme, länger als fünf Minuten aufrecht zu sitzen. Wieder Andere stehen so unter Spannung, dass sie sogar im Liegen noch nicht loslassen können. Auch ist die Körperspannung abhängig von der momentanen Stimmung und der Umgebung.

Übung: Durchparieren und atmen

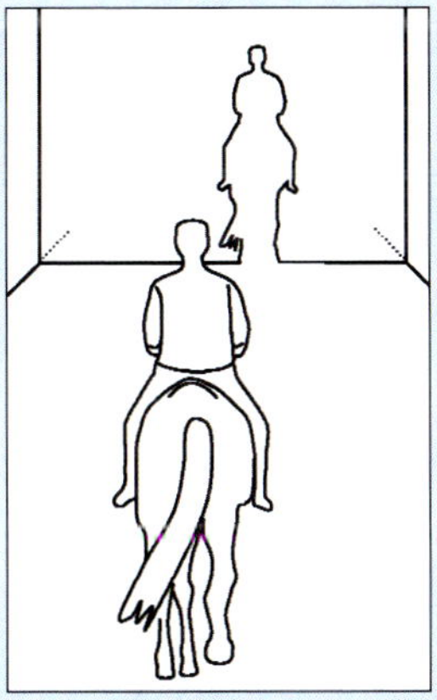

Reiter und Pferd passen wie ein Puzzleteil in die Lücke in der Wand. Beim Durchparieren wird diese mit ihren Körpern geschlossen.

Übung: *Versuchen Sie, Ihr Pferd ohne Zügel vom Schritt zum Halten durchzuparieren. Wenn Ihre Körpersprache eindeutig ist, benötigen Sie keine rückwärts wirkenden Zügel. Dazu haben wir folgendes Bild für Sie: Reiten Sie auf der Mittellinie. Nehmen Sie sich vor, beim Punkt X zum Halten durchzuparieren. In Ihrer Vorstellung ist die Reithalle an diesem Punkt durch eine unsichtbare Wand geteilt. Für Sie und Ihr Pferd ist darin bei X eine scherenschnittartige Lücke ausgeschnitten. Sie passen gemeinsam wie ein Puzzleteil genau hinein. Sie setzen nun ganz bewusst Ihre Atmung ein, wenn Sie sich in diese Lücke einpassen. Dabei halten Sie einfach nur die Bewegungen in Ihrem Körper an und atmen dabei in einem langen, fließenden Atemstrom aus. Durch die Atmung gelingt es Ihnen, durchlässig zu bleiben. Somit drücken Sie die Bereitschaft zum Anhalten nicht mehr nur in den Händen aus, sondern im ganzen Körper.*

Erste Hilfe:

Hier noch eine Atemhilfe, wenn Sie aus der Puste kommen: *Damit Sie gleichmäßig weiteratmen, auch wenn Sie konditionell gefordert werden, und kein Seitenstechen bekommen, bietet sich die sogenannte Lippenbremse aus der Atemtherapie an.*

Übung: *Dazu lassen Sie Ihre Ausatemluft durch die aufeinander liegenden Lippen strömen. Diese Atemtechnik wird als Lippenbremse bezeichnet, weil der Atem von den Lippen beim Ausatmen gebremst wird. Dabei ist wichtig, dass Sie diesen Lippenwiderstand nicht aktiv aufbauen. Alleine dadurch, dass die Lippen lose aufeinander liegen, entsteht ein kleiner Widerstand für die Atmung. Mit Hilfe dieser Bremse bleiben Ihre Atemzüge ruhiger und gleichmäßiger. Die Atemhilfsmuskulatur, die wir bei einer Atemvertiefung unter körperlicher Anstrengung einsetzen, kann so besser unterstützen, ohne dabei zu verspannen.*

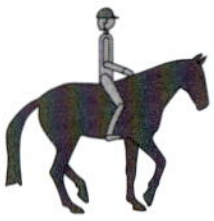

Übung zum Bewegungsspiel

Halten Sie dazu Ihr Pferd an. Jetzt ***stellen Sie sich senkrecht in die Steigbügel*** *und finden erst einmal einen sicheren Stand. Dazu müssen Sie Ihren* ***Körperschwerpunkt weiter nach vorne verschieben****. Schon alleine diese Ausgangsstellung hat es in sich. Wenn Sie dabei im Becken fest bleiben und die Hüftgelenke nicht weit genug nach vorne öffnen, werden Sie nicht locker über dem Schwerpunkt stehen, sondern müssen sich mit den Beinen am Pferd festhalten.*

Wechseln Sie zwischen Sitzen und Stehen*. Versuchen Sie dabei, immer geschmeidiger zu werden. Mit der Zeit können Sie die* ***Schultern und die Arme dabei locker lassen*** *und* ***finden im Aufstehen die Stabilität nach unten****. Ihr Rücken kann frei bleiben. Sie führen die Bewegung nicht mehr vom Brustbein an, so dass Sie sich in der Lendenwirbelsäule nicht mehr überstrecken müssen.*

Bleiben Sie in den Steigbügeln stehen und ***nehmen Sie sich die einzelnen Gelenke vor****. Zuerst das Sprunggelenk. Üben Sie das Absinken der Ferse, indem Sie die nötige Bewegung im Sprunggelenk zulassen. Lassen Sie dabei Ihre Zehen locker. Variieren Sie jetzt die Schenkellage. Mal spreizen Sie Ihre Unterschenkel zur Seite hin ab, mal suchen Sie den weichen Kontakt zum Pferdebauch. Drehen Sie beim Abspreizen der Unterschenkel die Fußspitzen nach außen und spannen das Gesäß dabei an. Jetzt richtet sich die Kraft nicht mehr nur nach unten, sondern zusätzlich nach außen. Im Wechsel dazu probieren Sie die Fußspitzen wieder nach vorne auszurichten und das Becken und die Knie zu öffnen. Dabei lösen Sie die Spannung und lenken die Energie am Pferdebauch entlang nach unten.*

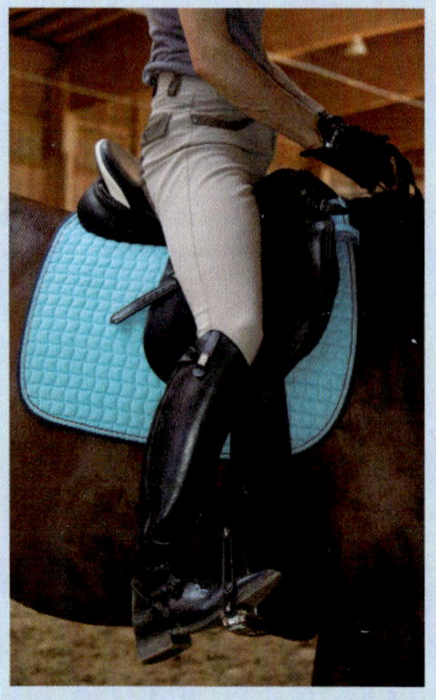

»Absatz tief!« werden Sie im Reitunterricht schon oft gehört haben. Dieses Kommando sollte Sie nicht dazu verleiten, die Ferse extra tief nach unten zu drücken, wie es auf diesem Bild zu sehen ist. Denn dann können Sie nicht mehr federn, weil Ihr Fußgelenk bereits in einer Endstellung ist. Mit dem Kommando »Absatz tief!« ist gemeint, dass Sie Ihre Ferse nach unten federn lassen, das Knie locker am Sattelblatt mitschwingen kann und Sie damit die Pferdebewegungen nach unten abfedern. Damit kommen Sie mehr »ins Pferd« und werden nicht nach oben gestoßen.

Klemmen Sie die Knie ans Pferd. Lösen Sie diese Spannung wieder ganz bewusst. Probieren Sie aus, ob Sie im Becken und in den Hüftgelenken locker bleiben können, sobald Sie klemmen. Wenn Sie einen guten beweglichen und zugleich stabilen Stand gefunden haben, dann nehmen Sie die Atmung mit dazu. Lassen Sie Ihre Einatemluft die Wirbelsäule entlang ins Becken und in beide Beine bis zu den Fußsohlen nach unten fließen. In Ihrer Vorstellung schicken Sie die Atemluft darüber hinaus in Richtung Boden.

Versuchen Sie das ***Traben im leichten Sitz.*** *Sie können sich dabei mit den Händen am Pferdehals abstützen, um die Bewegungen des Pferdes noch intensiver zu spüren. Zuerst einmal müssen die Gewichte Ihres Körpers im Lot sein und über den Füßen aufgebaut werden. Dabei ist es sehr hilfreich, sich am Widerrist des Pferdes mit den Händen abzustützen.* ***Probieren Sie dann, mit den Beinen die Pferdebewegungen möglichst weich aufzunehmen.*** *Konzentrieren Sie sich zuerst nur auf die Sprunggelenke, dann auf die Kniegelenke und das Becken. Sie federn die von unten kommenden Bewegungen wie ein Skifahrer auf der Buckelpiste ab. Es dauert bei vielen Reitern oft mehrere Reitstunden lang, bis sie die Verspannungen in den Gelenken erspüren können. Am leichtesten werden sie wahrgenommen, wenn Sie die Muskelspannung bewusst verstärken und wieder langsam lösen. Wie schon in den vorherigen Übungen* ***nehmen Sie sich dafür jedes Gelenk einzeln vor. Blockieren Sie das jeweilige Gelenk und verhindern Sie jegliche Bewegung darin.*** *Auch wenn Sie dabei nur ein Gelenk feststellen, hat diese Bewegungsblockade immer erstaunliche Folgen. Ihr gesamter Bewegungsfluss wird unterbrochen, auch wenn Sie nur das Fußgelenk oder die Zehen in ihrer Bewegungsmöglichkeit blockieren.*

Beim Lösen der Spannung lassen Sie sich in diesem Gelenk weich werden*, so als würde Sie das Pferd darin durchschütteln. Probieren Sie den leichten Sitz im Schritt und im Trab aus. Wechseln Sie immer wieder zwischen dem tiefen Einsitzen und dem leichten Sitz ab. Mit der Zeit werden Sie merken, dass Ihre Bewegungen mit zunehmender Durchlässigkeit mehr Leichtigkeit bekommen. Versuchen Sie,* ***im leichten Sitz zu traben oder zu galoppieren. Achten Sie dabei besonders auf Ihre Füße. Der Fuß muss im Schuh flächig und leicht ruhen.*** *Sobald Sie die Zehen einkrallen, wirkt sich dies wieder auf die*

→

Durchlässigkeit im Bein aus. Das Sprunggelenk und das Kniegelenk werden fest, so dass Sie in diesen Gelenken nicht mehr federnd bleiben.

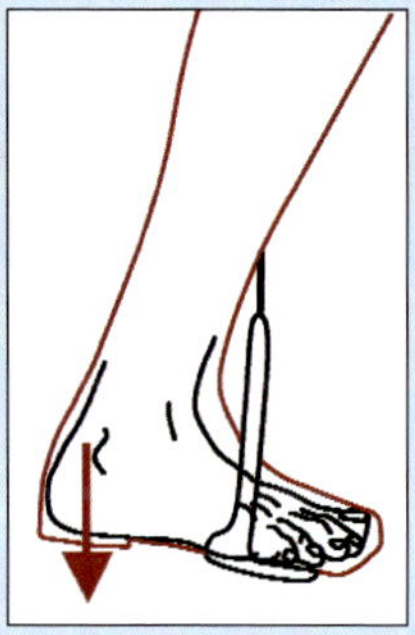

Richtig: Die Fußsohle bleibt entspannt. Damit kann das Sprunggelenk nach unten federn und die Bewegungen des Pferdes abfedern

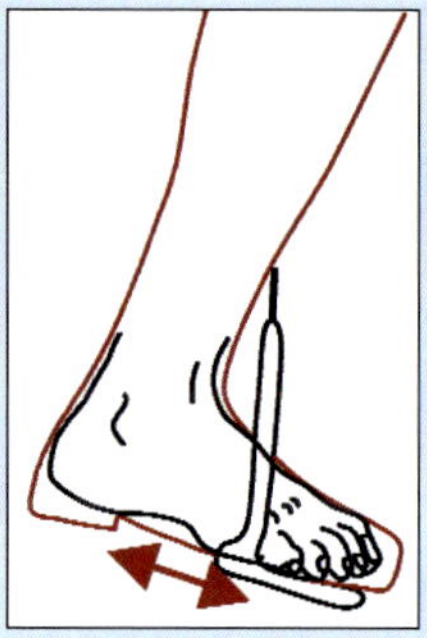

Falsch: Die Zehen sind eingekrallt. Dadurch wird das Sprunggelenk fest und kann nicht mehr nach unten federn.

Beim Reiten sind nicht nur Sie alleine Ihrer Spannung ausgesetzt, sondern das Pferd ist in der Lage, Ihre Spannung zu spüren und darauf zu reagieren. Vielleicht haben Sie schon einmal die Reaktion Ihres Pferdes wahrgenommen, wenn Sie angespannt sind. Nicht nur, dass es in der Box anders auf Sie reagiert. An so einem Tag geht es auch in der Reitbahn anders. Versuchen Sie beim nächsten Mal, wenn Ihr Pferd wieder einmal nervöser, härter oder kurzschrittiger ist, herauszufinden, ob Ihre eigene Anspannung an diesem Tag höher als sonst ist. Wenn Sie nun schon von vornherein ein Mensch mit höherer Körperspannung sind und noch zusätzlich ihre Tagesform die Spannung erhöht, dann kann genau dies der Auslöser für eine ungute Reitstunde sein. Entweder geht Ihr Pferd überhaupt nicht mehr vorwärts oder es zackelt im Schritt wie eine Nähmaschine. Es kann auch sein, dass es den Rücken durchdrückt und sich ständig nach eventuellen Gefahren in der Reithalle umsieht. Und schon haben Sie ein Pferd unter sich, mit dem sich heute nicht so gut reden lässt. Beide finden Sie weder zur Ruhe, noch können Sie loslassen und miteinander in einen gemeinsamen Bewegungsfluss finden. Eine ausgewogene Körperspannung findet man beim Reiten nur über den richtigen Sitz. Solange der mitschwingende Sitz noch nicht erreicht ist, muss der Reiter sich mit Übergangslösungen zurechtfinden. Davon ist eine, die Körperspannung zu erhöhen.

Sehr hilfreich ist bei Reitern mit zu viel Spannung die Longenarbeit. Durch das Herabsetzen der Körperspannung kann der Reiter zuerst einmal eine Instabilität empfinden, da ihm die Stütze über das Muskelkorsett fehlt. Außerdem muss er neue Bewegungsimpulse in seinem Körper verarbeiten und in einen Bewegungsfluss zueinander bringen. An der Longe kann er die Bewegung des Pferdes in entspannter Form wahrnehmen und sich dabei ganz auf einen Körper konzentrieren. Dabei kann der Reiter seine Aufmerksamkeit jeweils auf einzelne Körperabschnitte lenken. Zum Beispiel kann er versuchen, das Sprunggelenk zu blockieren und dabei die Ferse nach oben zu ziehen. Das anschließende Lösen und das Absinken-Lassen der Ferse werden daraufhin viel bewusster wahrgenommen. Dies fördert das eigene Körpergefühl und das Bewegungsempfinden. Das braucht Zeit und viel Ruhe. Außerdem sollte der Reiter viel Schritt gehen und an einzelnen Übergängen arbeiten.

Im Anschluss daran ist die Arbeit mit Stangen am Boden sinnvoll. Hier erlebt der Reiter seine neu erlernte Lockerheit in der Bewegung. Denn gerade beim Reiten über Stangen spürt er seine Durchlässigkeit in den Gelenken besonders gut. Auch dabei sollten Sie die Anforderungen nur sehr langsam steigern. Legen Sie am Anfang nur eine Stange auf den Boden. Vielleicht merken Sie, dass sich Ihre Körperspannung schon erhöht, wenn Sie nur daran denken, gleich über die Stange zu reiten. Gehen Sie nun nicht zu schnell vor. Reiten Sie erst um die Stange herum und achten darauf, in Ihrem Körper locker zu bleiben. Erst wenn Sie die Anspannung und die Atmung wieder lösen können, ist es sinnvoll, über die Stange zu reiten. Nachdem Sie diese hinter sich gelassen haben, achten Sie wieder auf Ihre einzelnen Gelenke und lösen die Blockaden bewusst über vermehrtes Anspannen und Lösen. Erst wenn Sie die erste Stange spielerisch nehmen können, ist es sinnvoll eine weitere auf den Boden zu legen.

Erste Hilfe:

Wenn Sie feststellen, dass Sie auf dem Pferd zu viel Spannung aufbauen, helfen folgende Bilder und Übungen:

1. Schauen Sie sich in der ganzen Reithalle um. Lassen Sie Ihren Blick in alle Richtungen und alle Winkel der Halle schweifen – auch an die Decke.

2. Strecken Sie nacheinander beide Arme nach oben zur Decke. Alternativ können Sie auch Ihren Oberkörper seitlich in beide Richtungen drehen oder abwechselnd ein Bein aus dem Bügel nehmen und baumeln lassen. Probieren Sie aus, was Ihnen am besten hilft.

3. Sprechen Sie jeden Schritt Ihres Pferdes in Gedanken mit: »Bewegen … bewegen … bewegen …«. Dabei konzentrieren Sie sich auf die Bewegungen Ihrer Sitzbeinknochen.

4. Wenn das Becken zu starr wird, hilft folgendes Bild: Sie haben ein Handy mit swingender Musik in der Hosentasche. Das können Sie auch mal tatsächlich ausprobieren. Sie werden merken, wie Sie von der Musik angesteckt werden und die Bewegungen leichter fallen.

Reiten mit zu wenig Spannung

Man findet kaum einen Reiter, der über längere Zeit vollkommen spannungslos auf dem Pferd sitzt. Das wäre viel zu wackelig und unsicher. Sehr schnell beendet man dieses Problem mit einer Notlösung, indem man sich festhält. Es kommt zur Verspannung, weil Stabilität in der spannungslosen Bewegung nicht möglich ist.

Kopf hoch

Bei einer fehlenden Durchlässigkeit wird der Bewegungsfluss im Körper aufgehalten. Wie beschrieben, ist eine Gelenkblockade eine mögliche Ursache. Eine weitere kann in einer fehlenden positiven Körperspannung liegen, wie etwa einer Instabilität in der Brustwirbelsäule. Dabei laufen die Bewegungen von unten führungs- und spannungslos nach oben durch den Körper. Um nicht wie eine schlaffe Puppe durchgeschüttelt zu werden und dabei in der Halswirbelsäule unangenehme Stauchungen abzubekommen, wird sich der Reiter auch hier zu schützen wissen. Indem er den Kopf nach unten nimmt und dadurch die Halswirbelsäule stabilisiert, gleicht er die Unsicherheit im Rumpf aus. Außerdem gelingt es ihm mit dieser Notlösung besser, seine Hände ruhig zu halten. Wenn nun dieser Reiter den Kopf anheben soll, um dem in der Reitlehre geforderten Sitz zu entsprechen und nicht dauernd nach unten zu schauen, wird er mit dieser Korrektur wenig Freude haben bzw. sie nicht umsetzen können. Denn nun wird die Instabilität im Rumpf wieder deutlicher, das heißt, der Reiter wird sich unsicherer fühlen. Wenn er den Kopf nicht mehr nach unten fixieren darf, wird er anders für Stabilität sorgen. So bleibt die andere Notlösung: Mit den Beinen zu klemmen. In der Übungsphase sehen wir häufig, dass mit dem Aufrichten der Brustwirbelsäule automatisch die Arme fest werden. Hierzu finden Sie Übungen im Kapitel über die Zügelführung.

Die positive Körperspannung auf dem Pferd

Reiten Sie viele Übergänge. Beginnen Sie mit dem Übergang vom Schritt zum Stehen. Achten Sie dabei auf Ihre aufrechte Haltung. Sie wachsen beim Halten vom Scheitel nach oben und gleichzeitig von Ihrem Steißbein und den Beinen nach unten. Behalten Sie einen guten Sattelkontakt mit dem Becken bei. Der Versuchung, mit der Auf-

Erste Hilfe:

Stellen Sie sich auf dem Pferd sitzend vor, Sie balancieren einen Wasserkrug auf dem Kopf. Dieses Bild wird Ihnen zu einer natürlichen Aufrichtung verhelfen. Eine Überstreckung ist dabei nicht möglich, denn dann fällt Ihnen der Krug vom Kopf.

Übungen für die Sprungkraft

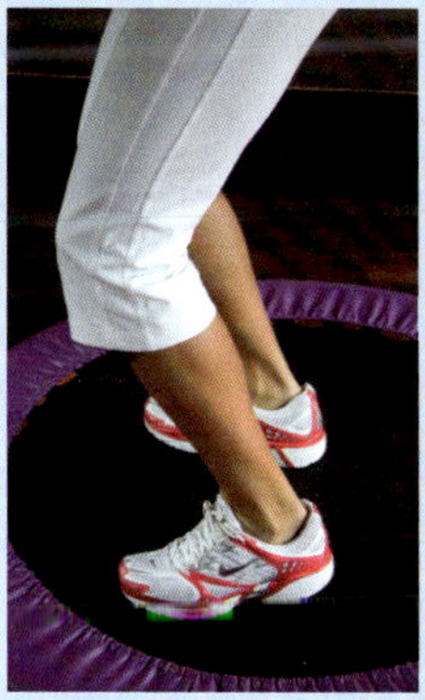

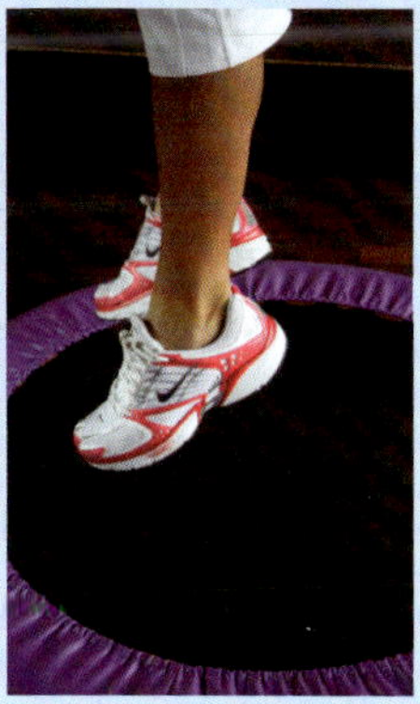

Trainieren Sie auf einem Minitrampolin Ihre Sprungkraft. Federn Sie mit beiden Beinen auf dem Trampolin. Versuchen Sie alle Gelenke durchlässig zu lassen. Sie federn wie eine Sprungfeder und lassen sich von dem Aufwärtsimpuls des Trampolins anstecken. Achten Sie darauf, dass Ihre Fußgelenke, Kniegelenke und Hüftgelenke diesen Aufwärtsdrang mitgestalten und nicht schlaff bleiben. Springen Sie vom Trampolin auf den Boden, wo Sie sich möglichst weich abfedern. Je geschmeidiger Sie dabei sind, desto weniger wird man davon hören. Denken Sie an eine Katze und versuchen Sie, es ihr nachzumachen.

Gehen Sie die Stufen jeder Treppe mit Sprungkraft an. Federn Sie von Stufe zu Stufe, als ob Sie Sprungfedern in den Beinen hätten. Beim Treppe-Hinabsteigen darf man Ihre Tritte nicht hören. Sie federn absolut geräuschlos nach unten.

richtung in eine Überstreckung der Wirbelsäule zu geraten, widerstehen Sie, indem Sie mit dem Steißbein und den Beinen nach unten streben. Sie wollen jedoch keinen starren Stopp, sondern Ihr Halten bleibt durchlässig.

Dieses Gefühl können Sie ohne Pferd auf dem Boden selbst ausprobieren. Gehen Sie zügig vorwärts. Bleiben Sie dann an einem bestimmten Punkt stehen. Versuchen Sie, »starr« anzuhalten, gerade so, als würden Sie gegen eine Wand laufen. Probieren Sie dann aus, wie Sie anhalten können und dabei beweglich bleiben. Bei beiden Versuchen bleiben Sie an einem Punkt stehen, die Körpersprache und das Bewegungsgefühl sind jedoch vollkommen unterschiedlich.

Versuchen Sie nun wieder auf dem Pferd, diese bewusste und zugleich durchlässige Körperspannung auch bei Übergängen vom Trab zum Schritt herzustellen. Probieren Sie jedoch beim Durchparieren zum Schritt, nicht an die langsamere Gangart zu denken, denn dadurch bleiben Sie im Bewegungsfluss stecken. Konzentrieren Sie sich eher darauf, dass Sie mit Ihrem Pferd im Schritt weiterreiten wollen. Ihre Körperspannung fließt im Übergang sofort in eine dynamische Bewegung weiter, so dass hier kein

Stopp entstehen kann. Dabei wandert Ihr Blick und Ihr Bewegungsziel weiter in den Raum nach vorne. Schauen Sie nicht nach unten, denn das Absenken Ihres Kopfes verhindert den Weg nach vorne.

Beim Durchparieren vom Galopp zum Trab führt der Bewegungsweg genauso weiter nach vorne. Hier ist der Reiter jedoch eher versucht, die Bewegung mit einem Zurücklehnen zu verlangsamen, da das Durchparieren nicht mit einem Weiterreiten verbunden wird, sondern mit dem Gefühl, langsamer zu werden.

Für eine positive Körperspannung im Übergang vom Galopp zum Trab haben wir folgenden Vorschlag: Prägen Sie sich das Bewegungsgefühl und die Taktgeräusche der Hufe im Trab gut ein. Übernehmen Sie den Takt, indem Sie still mitschnalzen, und spüren Sie dabei die gleichbleibende Dynamik nach vorne. Versuchen Sie dann beim Übergang vom Galopp zum Trab, nicht an das Ende des Galopps zu denken, sondern an die Dynamik des Trabs. Dabei richten Sie Ihren Blick nach vorne in die Richtung, in die Sie mit Ihrem Pferd reiten wollen.

Was bei einer fehlenden Durchlässigkeit der Wirbelsäule geschieht, können Sie unter dem Thema »Der richtige Sitz des Reiters« lesen.

Übung: Stabilität für die Brustwirbelsäule

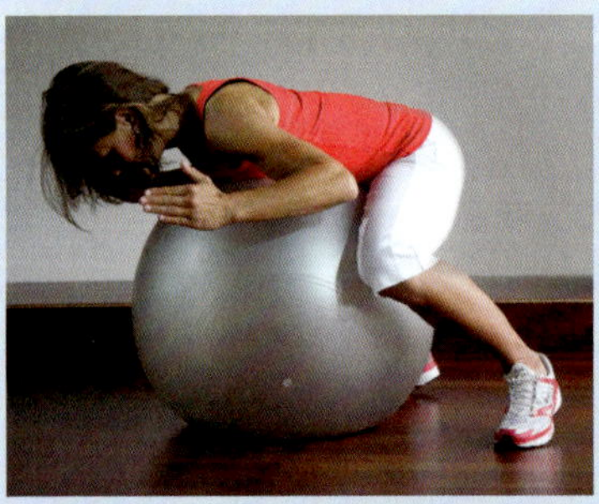

Legen Sie sich über den Gymnastikball, wie auf dem Foto links unten zu sehen. Dabei sollten Ihre Knie seitlich am Ball Kontakt haben und Ihre untere Brustbeinspitze auf dem Ball abgelegt sein. Nun führen Sie beide Ellbogen angewinkelt neben den Körper, so dass die Hände mit den Handflächen zu den Schultern zeigen. Ihre Unterarme befinden sich dabei in Brustkorbhöhe. Auf keinen Fall sollten Sie die Hände tiefer tragen. Sie bilden eine gerade Linie vom Scheitel bis zum unteren Ende Ihrer Lendenwirbelsäule, wobei Ihr Brustkorbgewicht weiterhin auf dem Ball abgestützt bleibt. So können Sie die Muskulatur der Brustwirbelsäule kräftigen, ohne dabei in der Lendenwirbelsäule zu hebeln und in ein Hohlkreuz auszuweichen.

9

Reiten über Gewichtshilfen

Wir haben in den vorherigen Kapiteln den richtigen Sitz des Reiters unter verschiedenen Aspekten betrachtet. Wenn Sie richtig sitzen, sich im Gleichgewicht befinden, über das nötige Feingefühl verfügen, Ihre Bewegungsmuster kennen und diese sinnvoll einsetzen können, dann haben Sie die besten Voraussetzungen für das Reiten über Gewichtshilfen geschaffen.

Zuerst einmal ist das Gewicht des Reiters ein Störfaktor für das Pferd. Wenn Sie auf einer Wanderung einen Rucksack tragen, dann wird Ihr Bewegungsablauf von diesem Gewicht zunächst einmal behindert. Sie können sich jedoch gut damit arrangieren. Dazu muss der Rucksack jedoch auf alle Fälle richtig gepackt sein. Wenn der Rucksack schlecht gepackt ist, und er auf Ihrem Rücken zu einer Seite zieht, bzw. auf Ihrem Rücken herumschlenkert, dann werden Sie sich erheblich durch ihn gestört fühlen. Sie passen sich dem einseitigen Gewicht an, verspannen sich und werden schief.

Genauso ergeht es dem Pferd mit einem schief sitzenden Reiter. Bei einem Reiter, der noch viel mit dem Gleichgewicht zu kämpfen hat, wird sich das Pferd mit ständiger Verspannung helfen. Wenn das Reitergewicht nicht mehr stört, sondern sein Gewicht helfend wirkt, dann kann man von Gewichtshilfen sprechen. Vom einfachen Sitzen auf dem Pferd bis zum sinnvollen Einwirken mit feinen Hilfen ist ein weiter, weiter Weg.

Auch für dieses Thema sind die Übungen aus den vorherigen Kapiteln sinnvoll. Daneben stellen wir Ihnen noch weitere praktische Übungsmöglichkeiten vor, mit denen Sie lernen, Ihr Gewicht genauer im Sattel zu spüren und Ihr Becken gezielt aktiv einzusetzen.

Die einseitigen Gewichtsverlagerungen werden häufig falsch verstanden. Der Reiter verlagert dabei sein Gewicht zu deutlich zu einer Seite und verliert damit den Kontakt auf der anderen. Dadurch entsteht eine Instabilität im Becken, die er anderweitig ausgleichen muss: indem er sich mit dem Bein am Pferd festhält oder im Rumpf verbiegt und mit den Händen fest wird. Eine andere Form der einseitigen Gewichtshilfen ist das Austreten eines Steigbügels nach unten. Dabei passiert oft mehr als nötig. Versuchen Sie dies einmal auf dem Pferd. Was machen Ihre Sitzbeinknochen dabei? Schieben Sie Ihre Hände unter das Becken, so dass Sie Ihre Sitzbeine mit den Händen überprüfen können. Sie werden merken: Je mehr Sie mit dem Fuß den Steigbügel austreten, desto mehr verlieren Sie auf dieser Seite den Kontakt zum Sattel. Was macht Ihr äußeres Bein dabei? Hat es noch einen geschmeidigen Kontakt zum Pferdebauch?

Bei beiden Ausführungen passiert genau das Gegenteil von dem, was Sie erreichen wollten. Wir sehen viele Reiter, die durch eine falsch verstandene einseitige Gewichtsbelastung in der Wendung instabil in ihrem Beckenkontakt zum Sattel werden. Sally Swift hat für dieses Problem in ihrem Buch »Reiten aus der Körpermitte« ein hilfreiches Bild entwickelt:
Der Reiter soll sich vorstellen, er reitet mit seinem Pferd auf zwei Eisenbahnschienen, wobei es wichtig ist, sowohl die äußere als auch die innere Schiene zu belasten.

Reiten Sie am langen Zügel Schlangenlinien. Dadurch können Sie die Gewichtseinwirkungen über das Becken üben, ohne gleichzeitig am Zügel zu wirken. Sie können sich dazu Hütchen in der Reitbahn aufstellen und versuchen, um diese herumzureiten, ohne eines davon umzustoßen. Wiederholen Sie dies und setzen Sie sich dabei auf einen Tennisball oder Handtrainer, um die führenden Sitzbeinhilfen noch deutlicher zu spüren.

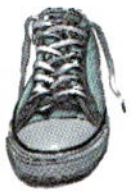

Übung zur Unterstützung der Beckenbewegung

1. Übung: *Diese Übung wird Ihnen helfen, die Beckenbewegung bewusst zu führen und zu unterstützen. Dazu benötigen Sie zwei Pezzibälle, von denen einer weniger aufgepumpt ist. Setzen Sie sich, wie auf den Fotos zu sehen, auf diese Bälle. Ihr Becken wird von beiden Bällen getragen, die Füße behalten Kontakt zum Boden.*

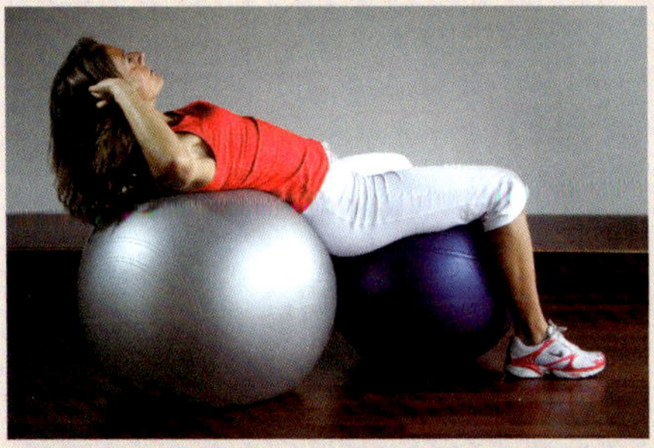

Im ersten Bild liegen Sie hauptsächlich ***auf dem großen Ball und passen sich mit der Lendenwirbelsäule der Rundung des Balles an.*** *Ihr Becken ist auf dem kleineren Ball abgestützt und Ihr Kreuzbein liegt am großen Ball an.*

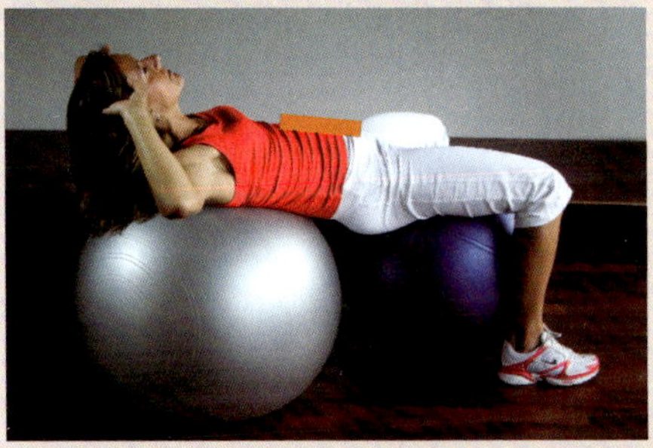

Im zweiten Bild ***verkürzen Sie den Abstand zwischen Schambein und Bauchnabel****. Das Steißbein treibt den kleinen Ball voran, wodurch Sie die Bälle fußwärts ins Rollen bringen.* ***Ihr Becken kippt dabei nach hinten unten.*** *Der orange Balken zeigt die Muskelanspannung der geraden Bauchmuskeln, wobei der untere Anteil mehr gefordert wird.* ***Rollen Sie im Schritttempo die Bälle über die Bewegung des Beckens vor und zurück.*** *Ihr Steißbein ist dabei der Anführer.*

Sie treiben den kleineren Ball nach vorne, indem Sie ihn mit dem Becken an den vorderen Ball schieben. Danach bewegt sich das Steißbein zum hinteren Ball, wodurch eine kleine Rollbewegung der Bälle nach hinten ausgelöst wird. Somit schaukeln Sie mit Ihrem Becken auf den beiden Bällen hin und her.

Arbeiten Sie auf dem Weg zurück nicht mit zu viel Kraft, da Sie dabei zu viel Aktivität in der Lendenwirbelsäule erzeugen. Wenn Sie zu einem Hohlkreuz neigen, dann vernachlässigen Sie die Rückwärtsbewegung, da Sie die Lendenwirbelsäulenmuskulatur nicht trainieren müssen.

Halten Sie dann in der Stellung an, bei der das Becken nach hinten unten gekippt ist und Ihre Bauchmuskeln angespannt werden (Ende des zweiten Bildes). Nun **tippen Sie mit den Füßen wechselseitig auf den Boden**. Wenn der eine Fuß auf den Boden tippt, hebt der andere Fuß ein klein wenig ab. **Dabei bleiben Sie ruhig auf den Bällen liegen** und verhindern, dass sie zur Seite rollen. Auf dem Pferd brauchen Sie dieses Wechselspiel zwischen den vorderen und rückwärtigen Muskeln andauernd. Darüber ermöglichen Sie erst einen stabilen, dynamischen und gleichzeitig mitschwingenden Sitz.

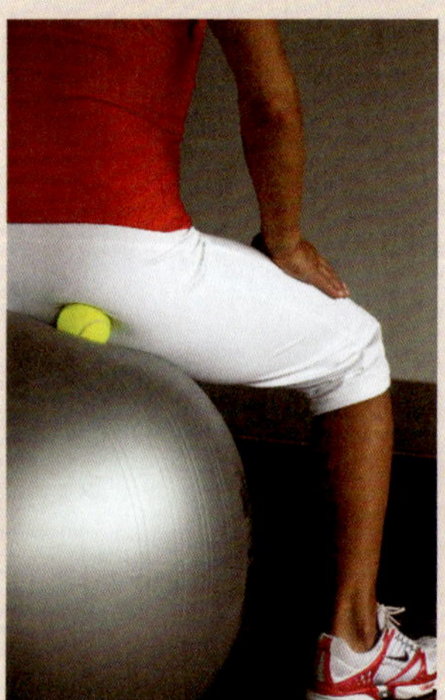

2. Übung:

Setzen Sie sich auf einen **Pezziball** und führen Sie den Ball mit dem Becken auf einer kleinen Kreisbahn. Den Bauchnabel können Sie ruhig halten, denn die Bewegung findet dabei ganz unten statt. Nun schieben Sie sich einen **Tennisball unter eine Beckenseite,** von außen möglichst nahe an den Sitzbeinknochen. Anschließend führen Sie die Bewegung der Kreisbahn erneut durch. Der **Tennisball hilft** Ihnen, die Kreisbahn von diesem Sitzbein aus zu vertiefen, und etwas **mehr Betonung auf diese Beckenseite zu bringen**. Das andere Sitzbein behält dabei Kontakt zum Ball.

3. Übung:

Wippen Sie auf einem Pezziball *in kleinen Bewegungsausschlägen auf und ab. Dabei* ***konzentrieren Sie sich ganz auf die Kontaktfläche zum Ball****. Achten Sie dabei auf Ihre Ausatmung. Sie sollten weiterhin die Luft über die Lippen hinausströmen lassen können. Das Tiefkommen beim Wippen beschleunigt den Ausatemstrom ein klein wenig.*

Wippen Sie nun zweimal. ***Verlängern Sie*** *dann* ***das dritte Einsitzen****. Dabei bringen Sie den Ball mit den Sitzbeinhöckern in eine Rollbewegung in Richtung Ihrer Fersen. Sie kippen dadurch Ihr Becken nach hinten unten und* ***bringen mehr Gewicht tief in den Ball.***

Aufpassen: *Sie bringen mehr Gewicht über die Beckenkippung in den Ball und nicht dadurch, dass Sie sich nach hinten lehnen! (Mehr dazu im Kapitel »Der richtige Sitz«)*

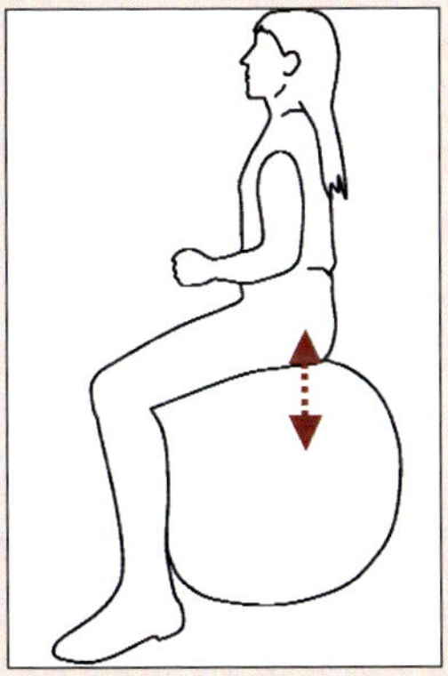

Hopsen auf dem Ball.

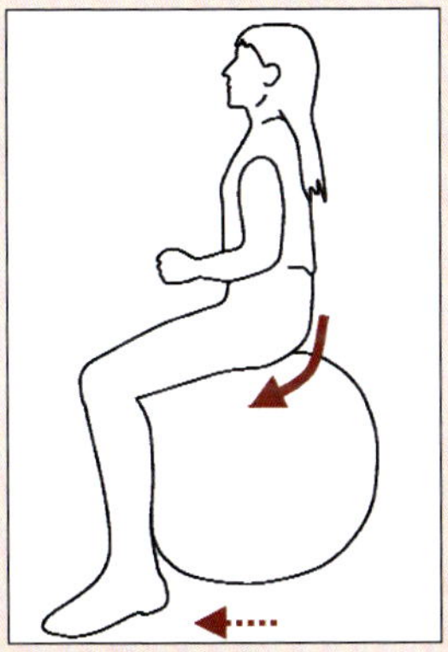

Tief einsitzen, dabei das Becken nach hinten unten führen. Der Ball rollt in Richtung Fersen.

Übungen: Hilfestellung im Sattel

Panieren im Sattel
Stellen Sie sich vor, Ihr Sattel wäre mit Blattgold ausgelegt. Sie möchten sich durch die Beckenbewegungen im Sattel überall mit diesem Blattgold panieren. ***Beschreiben Sie dann kleine Kreise mit Ihrem Becken im Sattel.*** *Betonen Sie mal die rechte Beckenseite, mal die linke. Kreisen Sie von vorne nach hinten und von hinten nach vorne.*

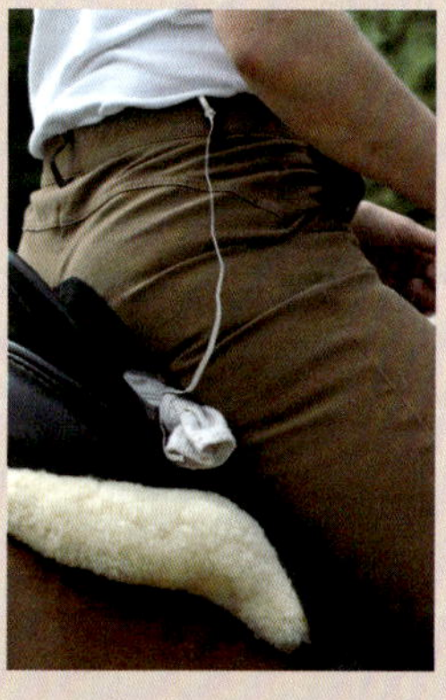

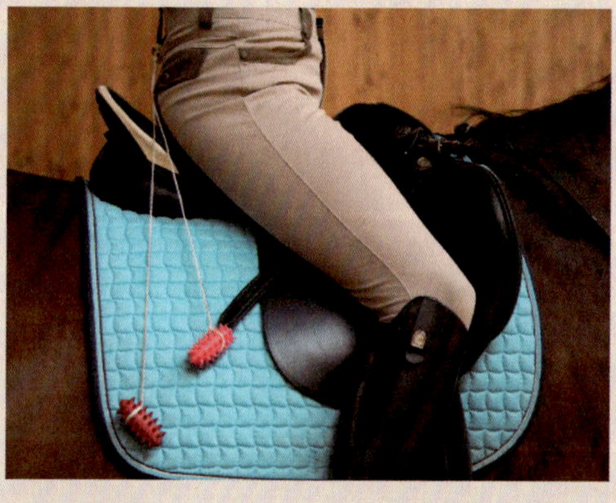

Übung mit dem Tennisball oder Handtrainer
Ein Tennisball kann eine große Hilfe sein, um die Wahrnehmung der Gewichtsverteilung im Sattel zu verbessern. Darüber können Sie dann gezielter und genauer Ihre Gewichtshilfen entwickeln. Einseitige Belastungen werden mit ihm besser wahrgenommen. Stecken Sie einen Tennisball in eine Socke. Mit einem Knoten verhindern Sie, dass der Ball herausfallen kann. Nun binden Sie ein Hosengummi von ca. 60 cm Länge an die Socke. Damit können Sie den Ball an Ihrem Hosenbund befestigen. Stecken Sie ihn in Ihre Jackentasche, solange Sie ihn nicht benötigen.

Bevor Sie den Ball einsetzen, sollten Sie die Übung »Kreisen im Sattel« machen. Dadurch haben Sie Ihre Aufmerksamkeit schon auf die Gesäß-Sattelfläche gelenkt.

Schieben Sie sich nun den Tennisball unter eine Gesäßseite. *Platzieren Sie ihn so, dass er nicht herausrutschen kann. Der Druck durch den Ball ist anfänglich unangenehm, lässt aber mit der Zeit nach. Gehen Sie erst einmal mit Ihrem Pferd Schritt.*

Versuchen Sie, Ihre Atmung dorthin zu lenken, wo der Ball liegt, und öffnen Sie sich in diese Beckenseite hinein. *Versuchen Sie, in den Druck hinein zu sitzen und* ***das Becken im Schritt mitschwingen*** *zu lassen. Konzentrieren Sie sich darauf,* ***Ihr Gewicht in den Wendungen und bei Seitengängen auf dem Ball zu behalten****. Hier ist es sinnvoll, den Ball auf beiden Beckenseiten einzusetzen.*

Mit den ***Handtrainern*** *sitzen Sie etwas bequemer als auf dem Tennisball. Sie können unter jedem Gesäßknochen einen Handtrainer platzieren. Nun werden Sie deutlicher merken, wenn Sie im Sattel schieben, denn dann rollen Sie mit den Gesäßknochen über die Handtrainer.*

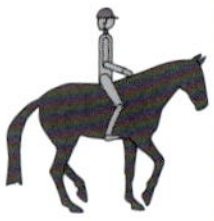

Weitere Vorschläge für Übungen an der Longe

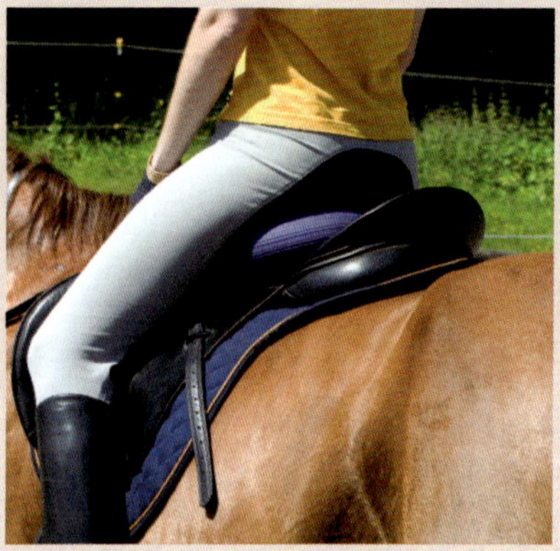

1. Übung: Der Motor liegt unten
*Sie können sich auf einer geraden Bahn führen lassen und dabei das **Ballkissen zwischen Sattel und Gesäß schieben**. Ohne Führperson ist diese Übung nicht empfehlenswert, da Sie keine Gewichtseinwirkungen über das Becken haben. Hier spüren Sie besonders gut, dass der Motor der Bewegung unter Ihrem Becken sitzt und Sie diese Bewegung mit Ihrem Körper aufnehmen. Diese Erfahrung ist besonders wertvoll für Reiter, die zu viel mit dem Bauch oder Brustkorb anschieben. Meist passiert dies, wenn der Reiter zu fest im Becken ist und die Beine nicht in der Bewegung nach unten schwingen können. Mit Hilfe des Ballkissens kann der Reiter die Bewegung des Pferdes im Becken aufnehmen. **Dabei werden die Hüftgelenke für die Bewegung offen**, so dass sich die verschobene **Bewegungsaktivität** vom Bauch oder Brustkorb nach unten ins Becken verlagern kann.*

Diese Erfahrung sollten Sie im Anschluss ohne Ballkissen noch weiter festigen. Lassen Sie sich weiterhin von einem Helfer führen, so dass Sie sich ganz darauf konzentrieren können, wie Sie die Pferdebewegungen im Körper von unten nach oben aufnehmen.

Diese Übung können Sie mit dem auf Seite 28 beschriebenen Sitzkissen auch im freien Reiten durchführen.

2. Übung
*An der Longe geführt **schieben Sie Ihre Hände mit den Handflächen nach oben unter Ihr Gesäß.** So können Sie besonders gut Ihre Sitzbeinhöcker spüren. Lassen Sie sich kreuz und quer durch die Reitbahn führen, so dass Sie die Veränderung an Ihrer Sitzfläche auf unterschiedlichen Wegen spüren können.*

Achten Sie darauf, was Ihre Sitzbeinhöcker machen, wenn Sie mit den Beinen treiben oder in Wendungen geführt werden.

Um besser spüren zu können ist es hilfreich, die Augen zu schließen. Dabei können Sie Ihre Aufmerksamkeit noch intensiver auf Ihre Bewegungswahrnehmung lenken.

3. Übung

Lassen Sie sich an der Longe von einem Helfer führen, so dass Sie beide Hände frei haben und sich ***am Sattelholm festhalten*** *können.*

Versuchen Sie nun, Ihr ***Gewicht mit den Händen in den Sattel zu ziehen.*** *Bleiben Sie dabei aufrecht sitzen. Spüren Sie, wie sich die* ***Hüftgelenke für die Pferdebewegungen öffnen*** *können. Auch hier fühlen Sie, dass der Motor der Bewegung unter Ihrem Becken liegt.*

Diese Erfahrung können Sie in ***allen Gangarten*** *machen. Auch im freien Reiten ist es einem möglich, sein Gewicht über die Hände in den Sattel zu ziehen. Probieren Sie dies immer wieder in kurzen Sequenzen aus.*

4. Übung

Sie reiten an der Longe und haben die Zügel aufgenommen. ***Nun bewegen Sie die Hände wechselseitig auf und nieder, ohne dabei das Pferdemaul zu stören.***

Achten Sie darauf, dass Sie dabei nicht versehentlich mit den Händen nach hinten wirken. Diese Übung ist als Vorübung gedacht. Sie lernen dabei, ***Ihre Hände unabhängig von Ihrem Sitz bewegen*** *zu können. Wenn Ihnen die Auf- und Abbewegung der Hände gelingt, ohne dabei die Verbindung zum Pferdemaul zu verlieren, können Sie diese Übung im freien Reiten probieren. Hier haben Sie jetzt die Möglichkeit,* ***Wendungen durch die Gewichtshilfen über Ihren Sitz zu reiten, während Sie die Hände weiter auf und ab bewegen.***

Versuchen Sie dies auf einer ***Zirkellinie. Sie behalten die gebogene Linie hauptsächlich über Ihren Sitz bei*** *und nicht vorrangig über Ihre Zügeleinwirkung.*

10

Das richtige Treiben

Über das Treiben gibt es seltsamerweise sehr unterschiedliche Auffassungen. Machen wir zuerst einmal einen Ausflug zurück zu Ihren reiterlichen Anfängen. Als Reitanfänger haben Sie vielleicht auch die Erfahrung gemacht, dass man das Pferd auf Teufel komm raus nun endlich einmal vorwärts treiben soll. Dabei haben Sie sich maximal angestrengt, aber das Pferd wurde um kein bisschen schneller. Wenn Sie Pech hatten, wurde es sogar langsamer oder widersetzlich, weil Sie in Ihrer Verzweiflung die Gerte unsanft eingesetzt haben. Beim Galoppieren wurden Sie von Ihrem Reitlehrer mit einem lautstarken »treiben – treiben – treiben« angefeuert, was Sie auch taten – vorwärts kamen Sie dabei aber kaum. Sie wurden nur immer angespannter und kamen sich vor wie ein Zappelphilipp.

Komischerweise ging das gleiche Pferd bei einem anderen Reiter scheinbar mühelos vorwärts. Was machte dieser Reiter anders, der sich sichtlich weniger anstrengte? Später dann saßen Sie auf einem Pferd, dem es nicht schnell genug gehen konnte. Anfänglich haben Sie wahrscheinlich versucht, die Beine möglichst wenig an den Pferdebauch zu bringen, weil das Pferd dann unter

Ihnen noch schneller wurde. Trotzdem wollte der Reitlehrer, dass Sie am Treiben bleiben. Dabei sollte es aber bitte nicht schneller werden. Spätestens an diesem Punkt war Ihnen die ganze Reiterei ein Rätsel.

Auch wenn Sie diese Erfahrungen vielleicht schon lange hinter sich gebracht haben, können wir uns an diesen Beispielen einiges klar machen. Denn das Treiben ist mehr als mit dem Bein gegen das Pferd zu ... na was nun, zu klopfen, zu drücken, zu pressen? Vor allem möchten wir mit Ihnen die Zusammenhänge der treibenden Bewegung verdeutlichen und Ihr Können verfeinern.

Was machen Sie heute anders, wenn Ihr Pferd vorwärts geht? Wissen Sie eigentlich, was Sie genau tun, wenn Sie treiben? Kommt der Impuls aus dem Becken, aus dem gesamten Bein oder aus dem Knie? Was genau machen Sie dabei im Sattel mit Ihrem Gesäß?

Wenn Sie mit viel Kraft gegen das Pferd klopfen, sich damit aus dem Sattel wuchten und gleichzeitig in den Armen starr werden, wird auch Ihr Pferd eher starr, als dass es gerne nach vorne tritt. Was würden Sie machen, wenn man Sie plötzlich nach vorne rempelt oder schubst? Sie drehen sich um, bleiben stehen und fragen, was das soll. Dabei wurden Sie nicht einmal mit einem Zügel gleichzeitig zurückgehalten. Ebenso unangenehm sind zu zaghafte Hilfen. Klare, kurze und energische Hilfen sind auf alle Fälle besser als unklare Hilfen am losen Zügel.

Der richtige Sitz des Reiters ist wieder eine wichtige Voraussetzung, um die treibenden Hilfen wirkungsvoll und gleichzeitig fein einsetzen zu können. Sie müssen in der Lage sein, unabhängige Schenkel- und Zügelhilfen zu geben, ohne dadurch Ihren Sitz zu stören. Beim Treiben ist das Zusammenspiel der einzelnen Impulse, die Sie ans Pferd richten, wichtig. Dabei ist die Ausgewogenheit zwischen einer feinen Hilfe und einer deutlichen Anweisung oder einer übermäßigen Krafteinwirkung ans Pferd von Bedeutung. Beim Treiben können Sie mit weniger Kraft mehr erreichen. Treiben ist nur mit einer Lockerheit möglich, denn mit zu viel Krafteinsatz verlieren Sie Ihre Durchlässigkeit und finden nicht mehr den richtigen Takt. Sobald der Reiter zu fest wird, kann er den richtigen Takt des Pferdes nicht mehr spüren und sich auch nicht mehr mit dem Pferd bewegen, so dass er außerdem nicht mehr richtig treiben kann. Viele Reiter verbinden mit dem Treiben einen Kraftaufwand und eine Anstrengung. Wenn Sie durch zu viel Krafteinsatz an Beweglichkeit und Feingefühl verlieren, sich dabei aus dem Sattel hebeln und starr werden, haben Sie genau das Gegenteil erreicht. Ein Reiter im Stuhlsitz mit festem Becken wird wenig erreichen, wenn er mit den Unterschenkeln an das Pferd klopft, denn seine Körpersprache drückt ein Halten aus. Der ständige Druck am Schenkel macht den Sitz fest. Ein andauerndes Klopfen mit dem Unterschenkel stumpft das Pferd ab.

In diesem Kapitel möchten wir uns mit den Feinheiten des Treibens beschäftigen. Dabei liegt unser Augenmerk beim Reiter und seinen Bewegungsabläufen. Diese betrachten wir unter dem Aspekt der Kommunikation zwischen Pferd und Reiter.

Wenn ein Pferd nicht vorwärts gehen will, sollten Sie zuerst einmal die Ursache herausfinden. Das können ein starrer Reiter, unklare Einwirkungen oder eine lose Führung von Schenkel, Gewicht und Zügel sein. Ebenfalls verhindern Sie beim Pferd die Freude am Vorwärts, wenn Sie sich durch einen unruhigen Sitz am Zügel festhalten müssen. Sie sollten daher die Ursache nicht zuerst oder gar allein beim Pferd suchen, denn Pferde laufen an sich gerne und freudig. Es ist sehr hilfreich, wenn Sie dieses Thema in einer Einzelreitstunde unter Anleitung bearbeiten, um den Grund für die mangelnde Gehfreude mit Hilfe eines Reitlehrers herauszufinden. Dies bringt Ihnen und Ihrem Pferd mehr, als wenn Sie als ersten Lösungsversuch Sporen anlegen. Den Einsatz von Sporen sollten Sie mit einem Reitlehrer überprüfen, denn im Zusammenhang von unklaren Hilfen erhöhen Sie unter Umständen die Qual für das Pferd.

Überprüfen Sie auch Ihre Einstellung zur Vorwärtsfreude Ihres Pferdes. Solange Sie diese verhindern, weil Sie die Lebendigkeit Ihres Pferdes verunsichert, werden Sie versuchen, diese in den Griff zu bekommen. Das heißt, Sie halten es unbewusst am Zügel zurück oder treiben mit mangelndem Durchsetzungsvermögen. Das Pferd spürt außerdem sehr fein, ob Ihre Vorwärtsimpulse ins Leere führen oder ernst gemeint sind.

Die Reihenfolge der Einwirkungen

Immer wieder sollten Sie überprüfen, ob Sie die Reihenfolge der reiterlichen Einwirkungen einhalten. Mit dem Becken spricht der Reiter am deutlichsten mit dem Pferd. Er gibt den treibenden Auftrag durch einen Impuls aus dem Becken und dem Unterschenkel an das Pferd. Der Einsatz des Unterschenkels ist nur sinnvoll, wenn der richtige Sitz dabei erhalten bleibt. Dabei muss mit der Hand eine elastische Verbindung zum Pferdemaul bestehen bleiben. Zügeleinwirkungen sollten möglichst fein und hauptsächlich vom Nachgeben nach vorne geprägt sein.

Der Reiter muss diese Einwirkungen unabhängig voneinander einsetzen können. Dies ist besonders schwierig und es braucht viele Jahre, bis Sie Becken, Bein und Hand fein dosieren können.

Elastische Verbindung zum Pferdemaul

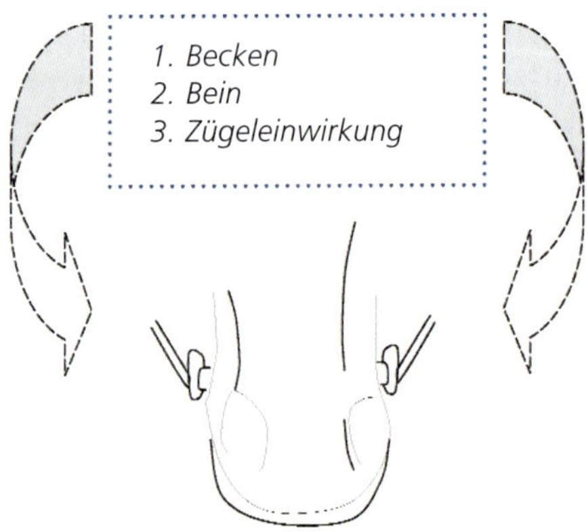

Das Becken

Das Becken bewegt sich im Schritt mit den Bewegungen des Pferdes mit. Dabei senkt sich wechselseitig der Pferderücken, so dass die Bewegung Ihres Becken annähernd die Form einer Acht beschreibt. Nur wenn Ihre Bewegungen dabei geschmeidig mit denen des Pferdes fließen, stören Sie Ihr Pferd nicht in seinem normalen Bewegungsfluss.

Im Schritt können Sie Ihr Pferd mit den Sitzbeinhöckern unterstützen. Dabei begleiten Sie jeden Schritt des Pferdes mit einem Sitzbeinhöcker. Diese Wellenbewegung können Sie auch aktiver einsetzen, indem Sie sie mit Ihrem Becken verstärken. Diese Unterstützung darf jedoch nicht zur Dauereinwirkung werden, sondern nur kurz den Vorwärtsimpuls akzentuieren.

Im ausgesessenen Trab bewegt sich der Reiter weniger in einer achtähnlichen Form im Sattel. Hier bewegen sich die Sitzbeinknochen gleichmäßiger als im Schritt, sie werden gleichzeitig nach vorne gebracht.

Im Galopp unterstützen Sie die Bewegung mit dem inneren Sitzbeinknochen, wobei Sie mit dem äußeren Kontakt behalten. Dieser wirkt deutlicher ein, wenn das Pferd außen begrenzt werden muss. Diese Unterstützung durch das Becken muss unabhängig von den Beinen oder Armen möglich sein.

Sie verlangsamen Ihr Pferd, wenn Sie seine Bewegungen durch Ihr Becken bremsen oder anhalten. Um das Tempo zurückzunehmen, bewegen Sie sich langsamer als Ihr Pferd. Sie setzen sich deutlicher nach hinten in den Sattel, so als ob Sie sich in einem Sessel zurücksetzen. Sie halten Ihr Becken an, wobei Sie die Sitzbeinknochen im Sattel hinten unten positionieren. Mit anderen Worten: Sie setzen sich tief in den Sattel und geben aus dem Becken eine ganze Parade. Natürlich haben Sie Ihr Pferd mit halben Paraden darauf vorbereitet. Ihre Beine behalten dabei den Kontakt zum Pferdebauch. Wenn Sie sich jedoch mit den Beinen am Pferd festhalten, können Sie sich nicht tief in den Sattel nach hinten setzen. Die Spannung in den Beinen macht das Becken fest, so dass Sie sich aus dem Sattel herauszwicken.

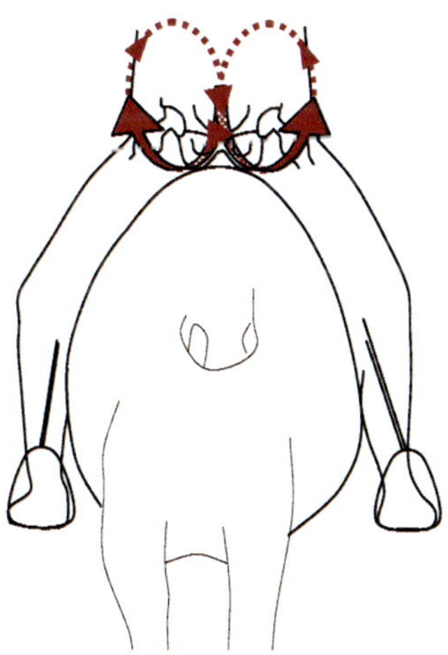

Richtig: Der Reiter begleitet das Pferd mit den Sitzbeinknochen. Dabei unterstützt er abwechselnd rechts und links die Bewegungen des Pferdes im Schritt.

Falsch: Der Reiter setzt zu viel Kraft ein und möchte das Pferd anschieben. Durch den Kraftaufwand wird das Becken fest. Meist gerät der Reiter dabei in Rücklage und wird gleichzeitig starr am Zügel.

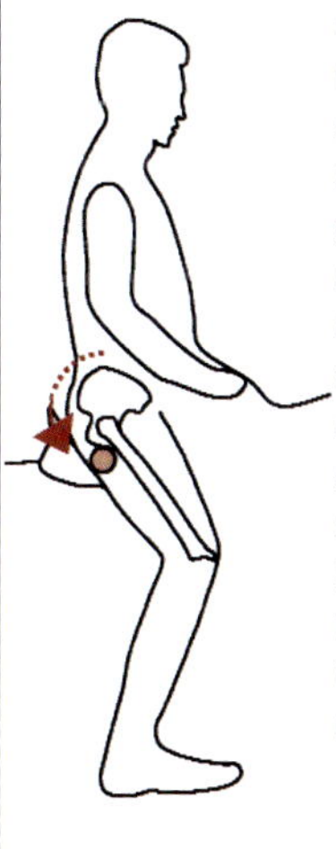

Übergänge werden hauptsächlich vom Becken eingeleitet. Beim Durchparieren verankert es sich im Sattel hinten unten, beim Beschleunigen begleiten Sie das Pferd von dort nach vorn unten (roter Punkt).

Das Bein

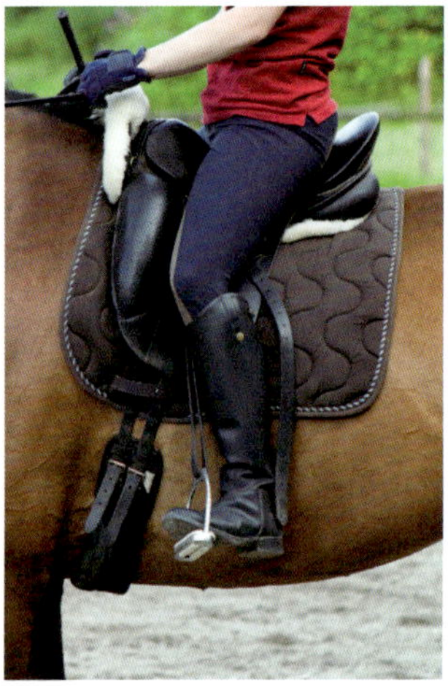

Lage des Unterschenkels bei vorwärts treibenden Hilfen. Fußspitze leicht nach außen gedreht. Knie geöffnet. Zwanghaft eingedrehte Füße belasten die Kniegelenke und machen den Sitz fest.

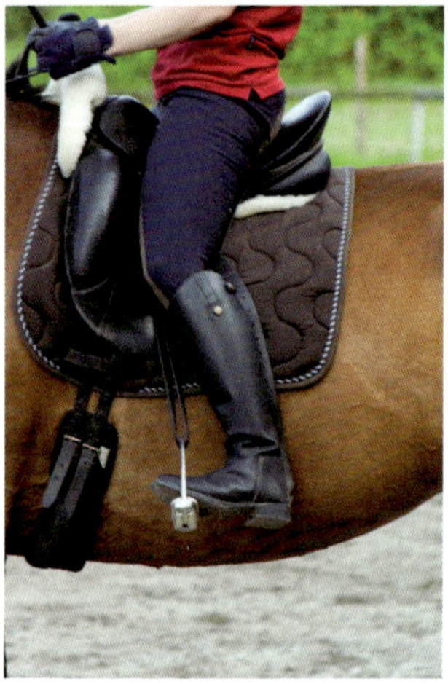

Lage des Unterschenkels bei seitwärts treibenden Hilfen.

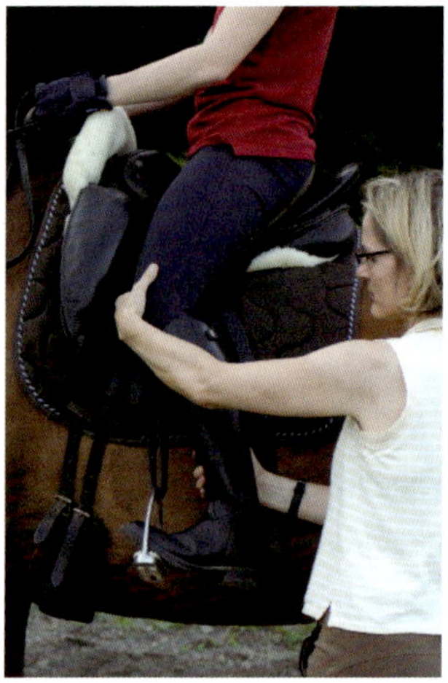

Ein Helfer zeigt mit seiner Hand am Unterschenkel, wo der Druck ans Pferd erhöht wird. Gleichzeitig bleibt das Knie locker anliegend und wird nicht an den Sattel gedrückt.

Das Bein begrenzt das Pferd, rahmt es ein und führt es. Nur wenn es mit dem Becken locker verbunden ist, kann es feinfühlig und sinnvoll eingesetzt werden. Auf keinen Fall sollten Sie mit dem gesamten Bein dabei gegen das Pferd pressen oder klopfen.

Der richtige Augenblick, in dem Sie Ihr Bein vorwärts treibend einsetzen, wird von der fließenden Pferdebewegung vorgegeben. Dies spüren Sie am besten, wenn Sie mit geschlossenen Augen an der Longe reiten. Im Schritt pendelt der Brustkorb des Pferdes nach rechts und links. Wenn das Pferd das hintere Bein belastet, schiebt es gleichzeitig seinen Brustkorb auf dieser Seite zu Ihrem Unterschenkel hin. Das Zurückpendeln unterstützen Sie, indem Sie mit Ihrem Unterschenkel nach-

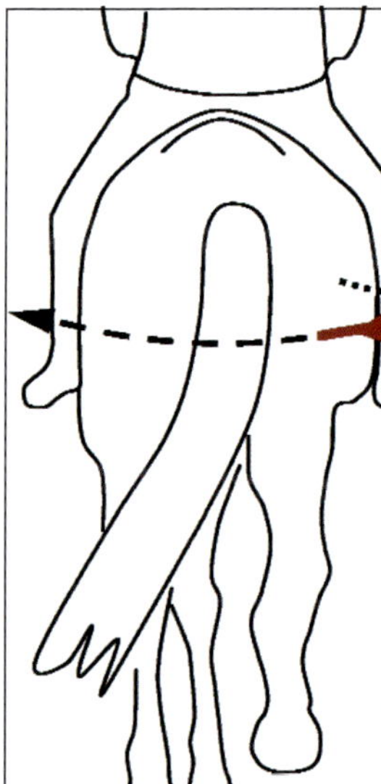

Wenn das Pferd das hintere Bein belastet, schiebt es gleichzeitig seinen Brustkorb auf dieser Seite zu Ihrem Unterschenkel hin.

schieben. Das Bein bleibt dabei geschmeidig und wird nicht starr. Bei einem vorwärts schreitenden Pferd ergibt sich diese Unterstützung von selbst. Das Bein schwingt mit dem pendelnden Brustkorb des Pferdes mit. Solange das Pferd vorwärts geht, bleibt das Bein in dieser mitschwingenden Anlehnung zum Pferd. Das Bein unterstützt aktiv nur dann, wenn das Pferd ungewollt langsamer wird.

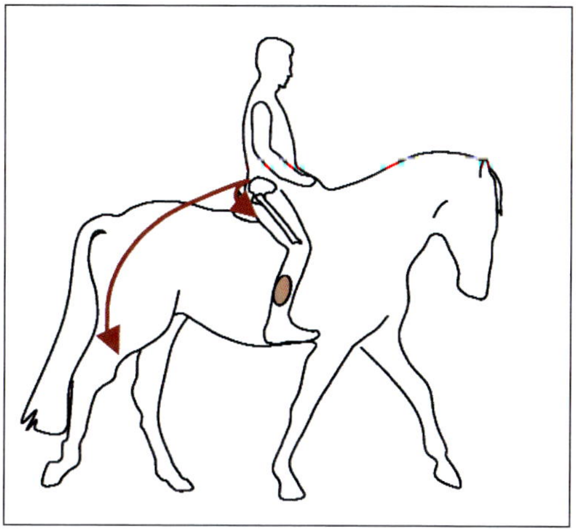

Mit dem Becken und dem Bein unterstützt der Reiter den Vortritt der Hinterhand. Ein durchlässiger und weich anliegender Unterschenkel fördert den Bewegungsfluss und gibt den Impuls von hinten nach vorne weiter.
Ein dominanter oder starrer Unterschenkel stört den Bewegungsfluss von hinten. Das Pferd verspannt sich dabei genau so, wie Sie sich verspannen, wenn Ihnen jemand in die Rippen boxt.

Die Zügeleinwirkung

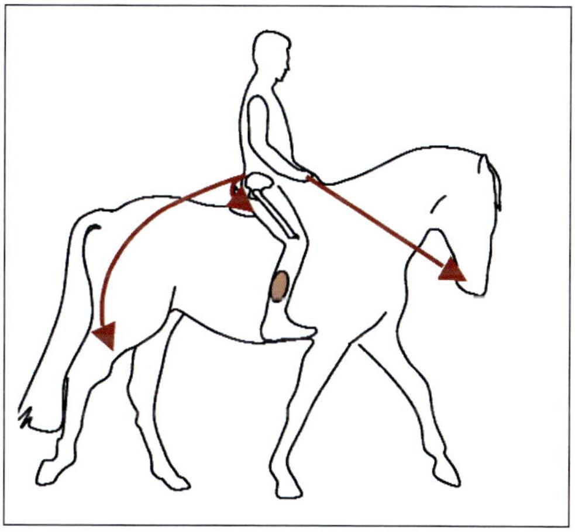

Der Bewegungsfluss muss nach vorne weiterlaufen können. Dies geschieht nur dann, wenn die Reiterhand den Schub von hinten nach vorne fließen lässt. Dazu muss sie mit dem Zügel nach vorne nachgeben und gleichzeitig eine elastische Verbindung zum Pferdemaul erhalten.

Falsch verstandene Einwirkungen

Wenn die treibenden Hilfen nicht mehr fein und durchlässig eingesetzt werden können, sollte der Reiter zuerst wieder die richtige Reihenfolge der Hilfengebung herstellen.
Nachfolgend zeigen wir Ihnen anhand von einigen Beispielen, wie sich die Verschiebung der Hilfengebung auswirken kann.

»Aus dem Sattel zwicken«

Hier treibt der Reiter mit Hilfe der Oberschenkel. Die Knie werden dabei am Sattelblatt fest und können nicht mehr nach unten federn. Die Hüftgelenke sind fest und schwingen nicht mehr mit der Bewegung des Pferdes. Wenn der Reiter dabei gleichzeitig zu viel Kraft einsetzt, wird er sich aus dem Sattel zwicken. Dies spürt man am deutlichsten am inneren Teil der Leiste, zwischen Schambein und Oberschenkelinnenseite. Dort geht der Kontakt zum Sattel verloren. Sie sitzen dann »spitz« und nicht mehr »satt« im Sattel. Stellen Sie sich in diesem Fall vor, Sie würden mit Ihrem Becken, den Sitzbeinknochen und dem Schambein das Sattelleder anwärmen. Sie panieren sich mit Blattgold, welches am Sattel haftet.

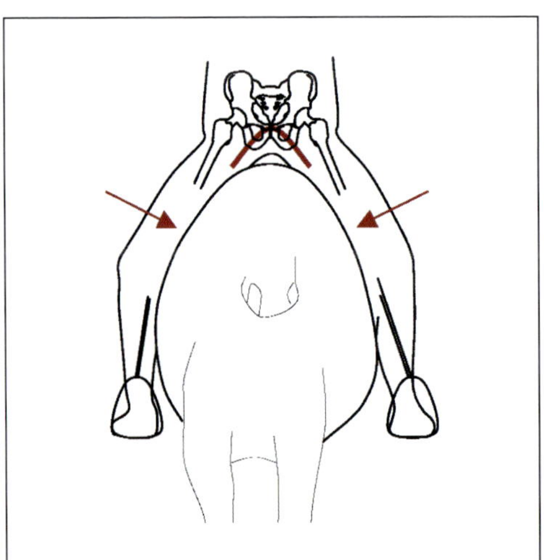

»Aus dem Sattel hebeln«

Dabei ist das Bein der erste und vorrangige Impuls beim Treiben. Das Becken wird bei der Hilfengebung vergessen. Der Unterschenkel kann nicht weich und dosiert das Becken unterstützen. Bei jeder Verstärkung des Drucks an den Pferdebauch hebelt sich der Reiter mit dem Becken aus dem Sattel. Dabei kippt das Becken nach vorne, so dass die Sitzbeinknochen keinen Kontakt zum Sattel haben. Von außen sichtbar wird ein Hohlkreuz.

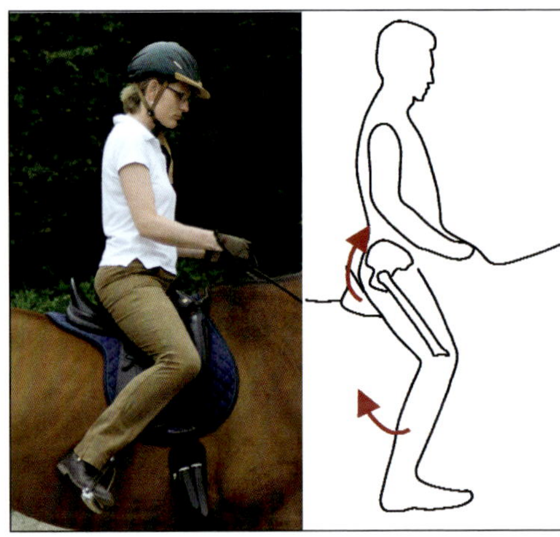

»Mit dem ganzen Körper anschieben«

Hier versucht der Reiter das Pferd mit dem Becken anzuschieben, wobei er mit dem ganzen Körper mithilft. Meist geschieht dies dann, wenn der Reiter mit seinem Becken anschieben möchte, dabei aber die gesamte Wirbelsäule blockiert, weil er zu viel Kraft einsetzt. Dabei rutschen die Beine nach vorne und können nicht mehr wirkungsvoll mithelfen. Der Reiter zieht sich insgesamt zusammen, was sich auch auf die Arme auswirkt. Anstatt die Bewegung des Pferdes nach vorne mit den Händen zuzulassen, werden die Armgelenke fest und die Reiterhand wirkt nach hinten. Das Becken wird hier ungewollt bremsend eingesetzt, denn der Reiter sitzt tief hinten im Sattel und hält sein Becken fest. Sobald Sie im Galopp das Pferd mit zu viel Kraft anschieben wollen, wird Ihr satter, mitschwingender Sitz gestört. Da Sie im Galopp normalerweise mit der inneren Beckenseite deutlicher anschieben, passiert es leicht, dass Sie bei zu viel Krafteinwirkung auch mit der gleichseitigen Schulter mitschieben. Dadurch kommt Ihre innere Schulter vor. Meist wird dabei die innere Hand fest oder zieht nach hinten.

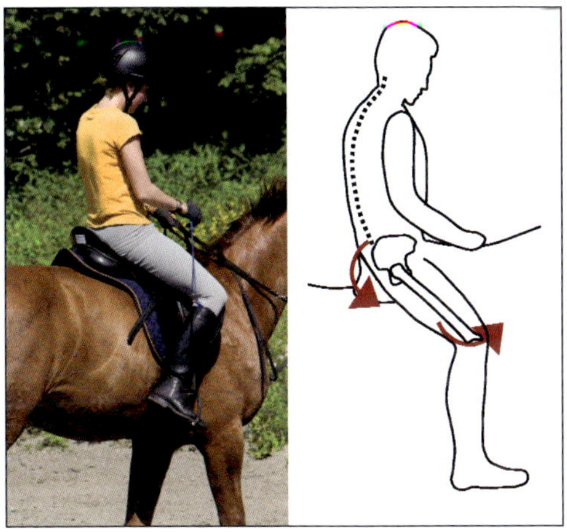

»Mit zu viel Einsatz«

Wenn Sie beim Angaloppieren das Außenbein nicht fein genug zurücknehmen, sondern mit Schwung nach hinten ziehen, dann wird gleichzeitig das Becken nach vorne katapultiert. Somit verlieren auf dieser Seite die Sitzbeinknochen den Kontakt zum Sattel. Ihr Becken kippt nach vorne auf den rechten Gesäßknochen. So kann dieser nicht mehr von hinten anschieben, sondern drückt von vorne nach unten. Damit ist Ihr Sitz im rechten vorderen Bereich Ihrer Kontaktfläche zum Pferd uneffektiv und wackelig. Das rechte Bein wird dabei fest und behindert den Bewegungsfluss nach vorne.

Richtig: Galopphilfe auf dem Voltigierbock mit Ballkissen. Das Becken leitet die Galopphilfe ein. Bei durchlässiger Wirbelsäule dreht der Brustkorb dabei minimal nach innen, um die Drehung nach oben hin zu begrenzen.

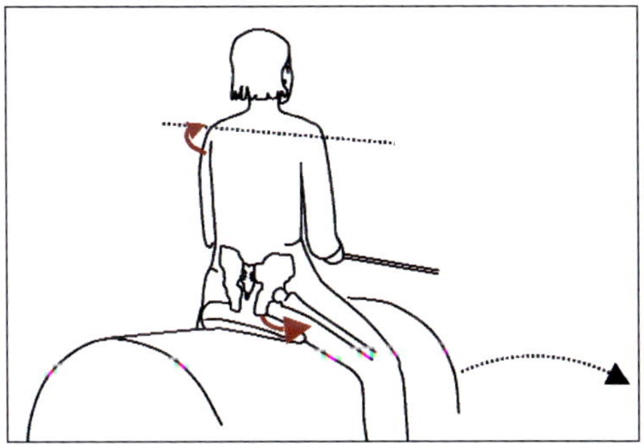

Falsch: Galopphilfe mit zu viel Kraft vom Becken eingeleitet. Das Becken wird nicht isoliert eingesetzt. Der Brustkorb dreht mit. Dadurch dreht sich der Reiter nach außen und zieht am inneren Zügel. Das innere Knie klebt am Sattel und behindert das Pferd.

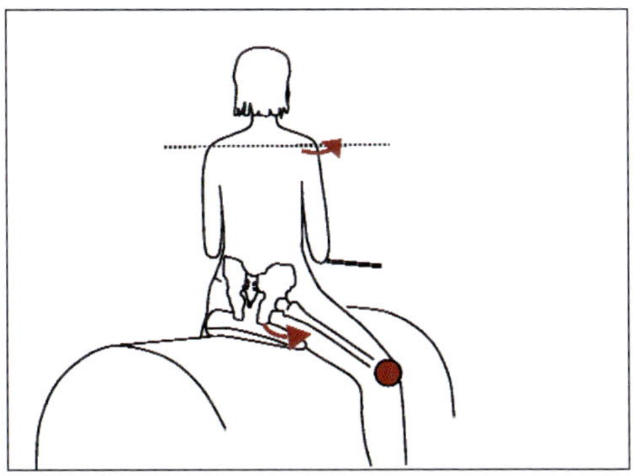

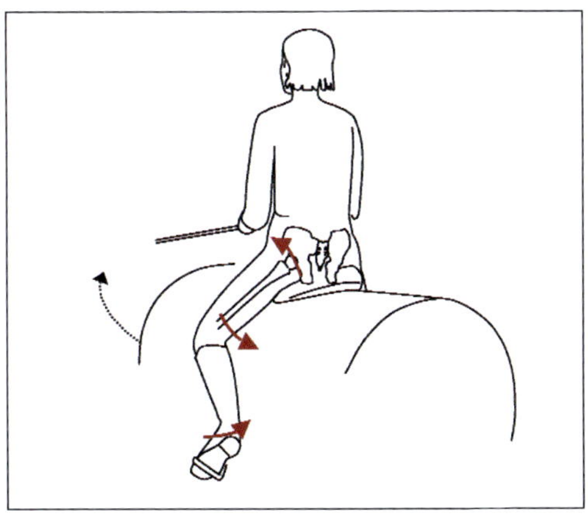

Bei all diesen Hilfengebungen ist der Sitz nicht mehr durchlässig und geschmeidig. Becken, Bein und Hand sind miteinander blockiert. So ist die Reiterhand nicht mehr unabhängig vom Sitz. Meist wirkt sie dabei rückwärts, sie kann nicht mehr weich nach vorne nachgeben. Auch wenn sich diese falsch verstandenen Einwirkungen nur minimal zeigen, so wirken sie sich trotzdem auf die Hand des Reiters aus.

Seitwärts treibende Hilfen

Die seitwärts treibenden Hilfen sollten Sie niemals mit zu viel Kraft einsetzen. Dabei hebeln Sie nur Ihr Becken aus dem Sattel oder ziehen das Knie hoch. Viel hilfreicher ist es, den richtigen Moment herauszufinden: Dann, wenn das jeweilige Hinterbein abfußt, um nach innen zu treten, setzen Sie die seitwärts treibenden Hilfen ein. Der Pferderücken senkt sich beim Seitwärtstreten

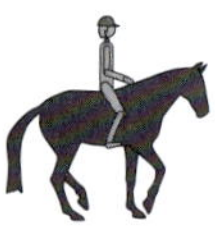

Übung für den verwahrenden Schenkel

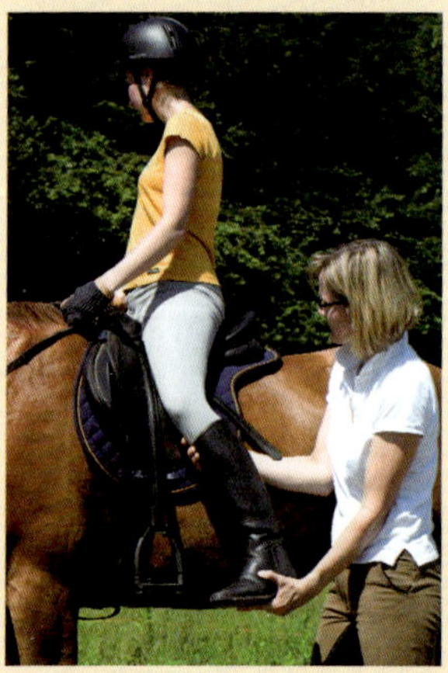

Wenn Sie das ***äußere Bein zurücknehmen,*** *denken Sie weniger an eine Bewegung mit dem Bein nach hinten. Sie* ***schieben vielmehr die Ferse nach hinten unten,*** *wie es die Helferin in unserem Bild zeigt.* ***Das Bein wird am Pferd anliegend lang.*** *Die Bewegung des äußeren Beines üben Sie dann am besten in der Bewegung auf dem Pferd an der Longe. Dabei können Sie an Ihrem Bewegungsfluss arbeiten, so dass Sie herausfinden können, wie wenig Kraft sie zum Angaloppieren brauchen. Auch Ihre Losgelassenheit im Galopp lässt sich am Besten an der Longe üben. Um wirklich satt im Sattel sitzen zu können, müssen Ihre Beine weich am Pferd anliegen. Sobald Sie klemmen, zwicken Sie sich aus dem Sattel. Halten Sie sich immer wieder mit den Händen vorne am Sattel fest und ziehen sich dadurch tief in den Sattel. Wenn Sie wirklich ausbalanciert auf Ihrem Gesäß sitzen, dann können die Knie in der Bewegung frei mitschwingen. Dabei haben Sie Luft zwischen den Knien und dem Sattel.*

Verwenden Sie ein Gummiband als Steigbügelersatz für das Außenbein. *Mit Hilfe des Gummibandes können Sie spüren, dass das Außenbein nicht fest an das Pferd angepresst wird, sondern nach hinten unten federn kann.*

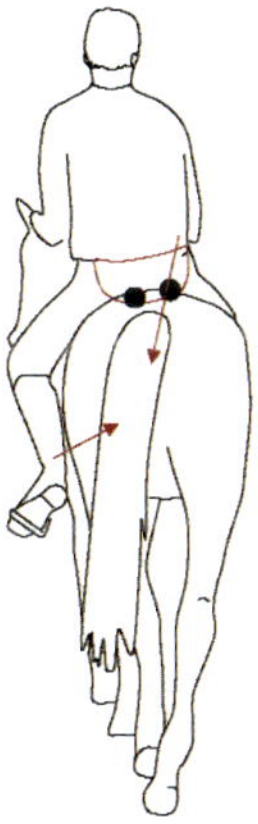

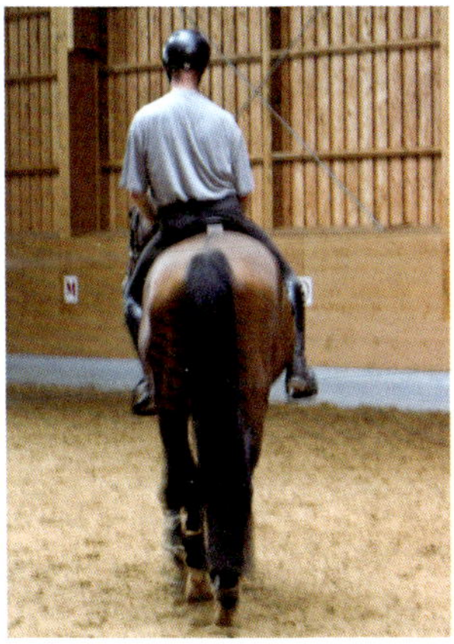

Falsch! Schenkelweichen: Der Reiter versucht das Pferd mit zu viel Kraft im linken Bein zur Seite zu schieben. Dabei wird das Becken fest. Er nutzt den rechten Sitzbeinhöcker als Widerlager. Die roten Pfeile zeigen die falsche Krafteinwirkung.

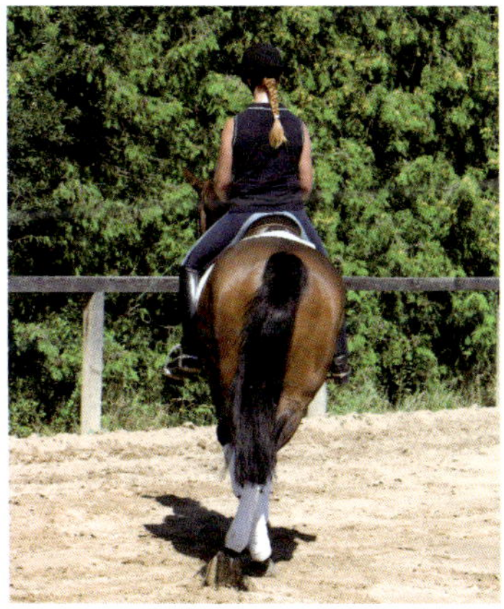

Richtig!
Bei gleichmäßig dosierten Hilfen bleibt die Reiterin im Lot sitzen.

innen ab. Diese Bewegung unterstützt der Reiter mit seinem inneren Sitzbeinknochen. Mit seinem Unterschenkel unterstützt er die Richtung und zeigt dem Brustkorb des Pferdes den Weg nach rechts. Dabei muss der Vorwärtsimpuls unbedingt erhalten bleiben. Erinnern Sie sich: Sobald Sie im Becken fest werden, wirken Sie bremsend. Wenn Sie sich auf dem Pferd von einem Reitlehrer in das Schenkelweichen führen lassen, können Sie am besten spüren, wann der richtige Augenblick der Hilfengebung ist.

Wenn der seitwärtsweisende Schenkel mit Nachdruck eingesetzt werden muss, dann geschieht dies kurz und knapp bei gleichbleibendem Sattelkontakt. Auf keinen Fall sollten Sie dabei in eine Dauerstarre geraten, da dadurch Ihr Sitz wiederum gestört wird. Bei zu großem Krafteinsatz wirkt meist die Hand gleichzeitig rückwärts. Üben Sie die Galopphilfen auf dem Gymnastikball mit einem Ballkissen. Der Impuls kann fein vom Becken in den Ball nach unten und vorne gegeben werden. Die Bewegung kommt wie bei einer Bauchtänzerin aus dem Becken, der Brustkorb bleibt dabei.

Hilfen auf dem Voltigierbock

Setzen Sie sich auf den Voltigierbock und schieben Sie Ihre Hände unter die Sitzbeinknochen. Versuchen Sie nun, verschiedene treibende Impulse zu setzen. Mal spielerisch, dann kraftvoll, mit Schwung oder mit Dauerdruck, mit dem ganzen Bein oder mit dem Unterschenkel. Dabei achten Sie auf den Kontakt Ihrer Sitzbeinknochen. Sie spüren mit Ihren Händen sehr genau, wann Sie den Kontakt mit diesen Knochen nach unten verlieren. Je mehr Kraft Sie gegen den Voltigierbock einsetzen, desto instabiler wird Ihr Sitzbeinkontakt. Ganz besonders dann, wenn Sie mit einem Bein treiben.

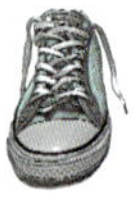

Übung: Unterscheiden Sie zwischen Richtig und Falsch

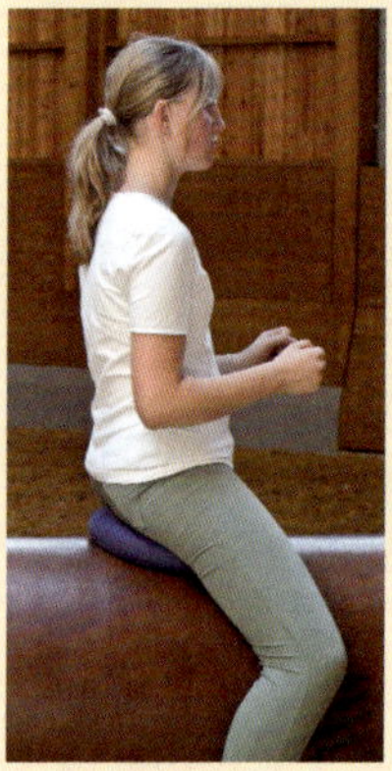

Falsch: *Schieben Sie sich jetzt ein* **Ballkissen** *unter das Gesäß, so dass Sie mittig darauf sitzen können. Nun legen Sie beide Beine an Ihr Holzpferd und wollen Ihr Pferd durch heftiges Pressen gegen den Körper zum »Schritt-Gehen« veranlassen.* **Pressen Sie** *mit einem deutlichen Impuls* **die Unterschenkel gegen das Holzpferd**. *Was passiert dabei? Ihr Becken wird nach vorne katapultiert. Das sieht bei Reitern dann so aus, als wollten sie ihr Pferd mit dem Gesäß vorwärts stoßen. Ein Helfer gibt Ihnen jetzt bei dieser Übung noch zusätzlich Gummibänder als Zügel in die Hände. Jedes Mal, wenn Sie mit einem kräftigen Impuls gegen das Pferd einwirken, soll Ihnen Ihr Helfer sagen, ob Sie dabei an den Zügeln gezogen haben. Sie müssen schon fast ein Bewegungskünstler sein, wenn Sie bei dieser Form der Krafteinwirkung auf das Pferd in der Hand vollkommen unbeteiligt bleiben. Und wenn Ihre Finger oder Ihr Ellbogen dabei starr werden, dann ist dies auch eine deutliche Aussage an Ihr Pferd. Sie haben diese Einwirkung vielleicht gar nicht wahrgenommen, aber das empfindliche Pferdemaul spürt sie sehr deutlich. Ihre Hände sagen in diesem Augenblick nicht, dass es nach vorne gehen soll.*

Richtig: Probieren Sie die Schenkeleinwirkung so lange aus, bis Sie dabei im Becken vollkommen ruhig sitzen bleiben können. *Genauso versuchen Sie es mit einseitigen Einwirkungen. Dabei geben Sie keine Dauerimpulse, sondern kurze knappe Anweisungen an das Holzpferd. Achten Sie darauf, in Ihrem Körper weich und durchlässig zu bleiben. Üben Sie die* **Galopphilfen auf dem Gymnastikball mit einem Ballkissen**. *Der Impuls kann fein vom Becken in den Ball nach unten und vorne gegeben werden.* **Die Bewegung kommt wie bei einer Bauchtänzerin aus dem Becken, der Brustkorb bleibt dabei aufgerichtet und ruhig.** *Ein Wasserkrug auf Ihrem Scheitel sollte dabei nicht ins Wanken geraten.*

Die Einwirkungen auf dem Pferd verfeinern

Auf dem Holzpferd haben Sie eine gute Möglichkeit, um die Bewegungsabläufe einzustudieren. Wobei die Übungen dabei theoretisch bleiben, denn wir sitzen auf keinem Lebewesen. An der Longe haben Sie eine gute Möglichkeit, die Feinheiten zu entdecken. **Setzen Sie sich ohne Sattel auf das Pferd (mit Filzunterlage)**, und **ziehen Sie sich einen Reitstiefel aus**. Wenn Sie Chaps tragen, dann ziehen Sie diese an einem Bein mit dem dazugehörigen Schuh aus. Jetzt können Sie mit Ihrem freien Unterschenkel das Pferd besser spüren. Da Sie am anderen Bein noch den Stiefel tragen, haben Sie jetzt einen Eindruck, was der Schuh von der Berührung mit dem Pferd schluckt. Reiten Sie an der Longe in allen Gangarten mit geschlossenen Augen. **Versuchen Sie, das Pferd in seinen Bewegungen zu erspüren**. Was empfindet Ihr Unterschenkel dabei? Sie haben jetzt kein Holzpferd mehr unter sich. Spüren Sie mit Ihrer Wade den Brustkorb und die Atembewegungen des Pferdes?

Reiten Sie viele verschiedene Pferde. Üben Sie mit Pferden, die von alleine vorwärts wollen und mit solchen, bei denen ohne zu treiben gar nichts geht. Registrieren Sie immer wieder, wenn Sie durch zu viel Krafteinsatz starr werden. Lassen Sie sich unbedingt dabei von einem Reitlehrer korrigieren. Der Einsatz der Gerte sollte im richtigen Moment unterstützen, wobei das Pferd dabei gleichzeitig keinen Ruck im Maul bekommen darf. Das Zusammenspiel zwischen Ihnen und Ihrem Pferd müssen Sie lange üben, bis sie beide mit feinen Hilfen auskommen.

Übung: Einwirkung

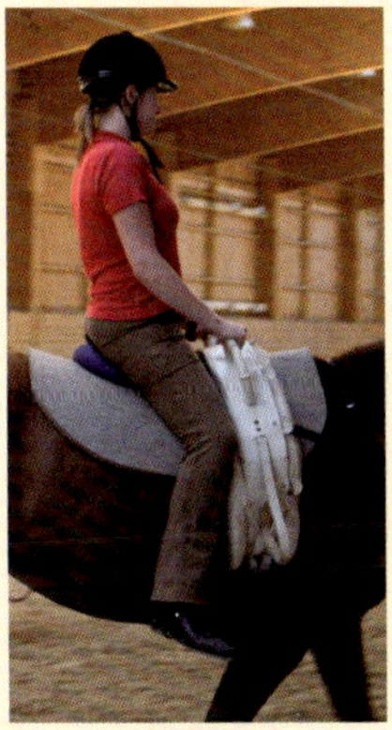

1. Mit Ballkissen an der Longe

*Schieben Sie sich jetzt ein **Ballkissen** unter Ihr Gesäß. Schließen Sie wieder die Augen. Gewöhnen Sie sich erst einmal an diesen wackeligen Zustand. Ihr Helfer sorgt dafür, dass Ihr Pferd im Schritt vorwärts geht. So können Sie die Pferdebewegungen und die Folgen in Ihrem Körper aufmerksam wahrnehmen, ohne dabei den Bewegungsfluss aktiv mitgestalten zu müssen. Sie müssen sich besonders gut über dem Pferd ausbalancieren und werden sofort merken, wenn Sie einseitig auf dem Pferd sitzen. Da Ihr Sitz jedoch durch das Ballkissen erhöht ist, gelingt es nun nicht mehr so gut, Balanceprobleme durch ein Festhalten mit den Oberschenkeln zu lösen, sondern Sie müssen Ihren Schwerpunkt in der Mitte ausbalancieren.*

Über das Ballkissen werden die Bewegungen des Pferdes noch deutlicher an Ihr Becken weitergeleitet.

→

2. Ohne Ballkissen geführt werden

*Nun probieren Sie das Bewegungsspiel zwischen Ihnen und dem Pferd **ohne Ballkissen** aus. Lassen Sie sich weiterhin von einem Helfer führen. Bei dieser Übung geht es darum, dass Sie Beine und Becken zusammen fein einsetzen können. **Versuchen Sie, den Pferdebewegungen mit Ihrem Becken und den Unterschenkeln zu folgen.** Ihr Unterschenkel liegt dabei weich am Pferdebauch an.*

Versuchen Sie nun den richtigen Moment zu erspüren, wann das Pferd die treibende Hilfe bei Ihrem Unterschenkel abholt. Da sich der Rumpf des Pferdes im Schritt rhythmisch von links nach rechts bewegt, holt es sich den Wadendruck beim Reiter selbstständig ab.

***Ihr Unterschenkel folgt dem Brustkorb des Pferdes und unterstützt seinen Schwung zur anderen Seite.** Diese Form des Treibens hat nichts mit Kraft zu tun, sondern mit Gefühl.*

Entdecken Sie, was passiert, wenn Sie Ihr Becken in der Bewegung blockieren. Eine selbstständige wechselseitige Einwirkung mit dem Unterschenkel ist dadurch behindert.

Sie brauchen Ihren Verstand, um den richtigen treibenden Moment zu finden. Lassen Sie sich auch auf einer geraden Bahn führen. Hier sind die Pferdebewegungen auf beiden Seiten gleichmäßiger als auf dem Zirkel.

***Dann beginnen Sie, aktiver am treibenden Einfluss mitzuwirken.** Zuerst probieren Sie **mit dem Becken den Schwung zwei- oder dreimal nach vorne deutlicher werden zu lassen**. Dabei sollen Ihre Bewegungen nicht hektischer werden. Jetzt folgt Ihr Becken nicht mehr passiv der Pferdebewegung, sondern Sie betonen diese Bewegung, ohne das Pferd dabei aus dem Gespür zu verlieren. Gerade so, als ob Sie jemandem zum Gruß die Hand nicht passiv überlassen, sondern den Händedruck intensivieren, ohne die Hand Ihres Partners zu quetschen. Dazwischen lassen Sie sich immer wieder vom Pferd bewegen.*

*Versuchen Sie nun, den **treibenden Impuls vom Unterschenkel aktiv einzusetzen**. Üben Sie immer wieder, die Pferdebewegungen mit Aufmerksamkeit passiv zu erspüren. »Sprechen« Sie dann im Wechsel mit Ihrem Unterschenkel und Ihrem Becken wieder mit.*

3. Mit Sattel

Anstatt die treibende Bewegung mit dem Unterschenkel aus dem Knie heraus nach hinten einzuleiten, machen Sie es nun zur Übung ***bewusst falsch. Probieren Sie das Treiben mit hochgezogenem Knie.*** *Jedes Mal, wenn Sie den Unterschenkel an den Pferdebauch bringen wollen, ziehen Sie das Knie mit hoch. Dieses Verkürzen des Beines muss nicht viel sein, der Bewegungsansatz in diese Richtung reicht. Spüren Sie dabei, was bei dieser Form des Treibens anders ist. Wie fühlt es sich in der Hüfte an? Da Sie das Knie mit hochziehen, ist unweigerlich die Hüfte mit daran beteiligt. Was passiert, wenn Sie dann noch Kraft dabei einsetzen? Wen Sie nun in dieser Haltung bleiben und zwischen den treibenden Impulsen mit dem Knie nicht mehr in die Länge nach unten finden, wird Ihr Becken fest und bekommt die Tendenz, nach hinten zu kippen.*

Versuchen Sie das Treiben jetzt wieder leichter aus dem Unterschenkel heraus. Das Bein bleibt dabei aus der Hüfte heraus lang und locker hängen. Üben Sie die Bewegung so lange, bis sie Ihnen leicht gelingt. Wenn Sie dann wieder zum wirkungsvollen Vorwärtstreiben übergehen, sollten Sie sich auf keinen Fall über die treibenden Impulse in Ihrem Körper immer fester zurren. Suchen Sie auf alle Fälle immer wieder das lange Bein bei mitschwingendem Becken.

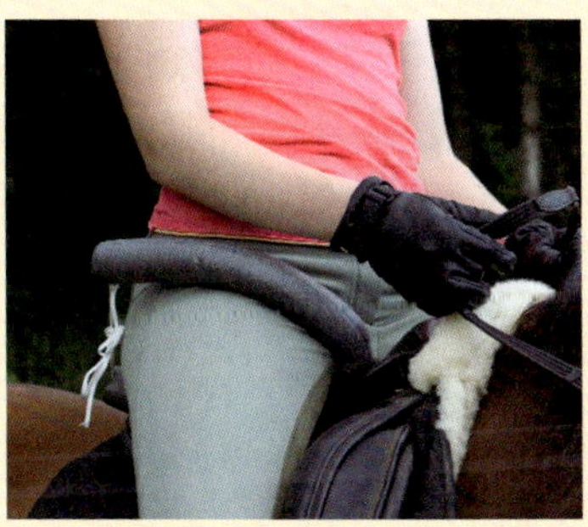

4. Rohrisolierung

Mit Hilfe einer Rohrisolierung können Sie das ***falsche Bewegungsmuster »aus dem Sattel zwicken« wieder umlernen. Der Übergang vom Schambein zur Oberschenkelinnenseite wird durch das Schaumstoffrohr ausgefüllt.*** *Dort behalten Sie den Kontakt, wenn Sie satt im Sattel sitzen. Sobald Sie sich aus dem Sattel zwicken, werden Sie mit Hilfe des Schaumstoffes merken, wie Ihr Beckenkontakt spitzer wird.*

Weitere hilfreiche Übungsvorschläge:

1. Übung: Zuerst an der Longe, dann auch im freien Reiten

In diesem Kapitel möchten wir wieder die Übung mit dem Theraband als Steigbügelersatz aufgreifen. Dieses Mal sollten Sie jedoch keinen Schuh oder Chaps tragen. Das Gummiband liegt an Ihrem Fuß dort, wo normalerweise der Steigbügel Kontakt hat. Sie reiten auf dieser Seite ohne Steigbügel, dieser wird durch das Theraband ersetzt. Nun haben Sie über das Gummiband eine nach unten schwingende Verbindung und spüren gleichzeitig durch den bloßen Unterschenkel die Feinheiten der Pferdebewegung. So können Sie die treibenden Einwirkungen üben, wobei Sie nun die Gelegenheit haben, den Unterschenkelkontakt und dessen Einwirkungen bei federnder Verbindung nach unten in allen Beingelenken wahrzunehmen. Da Sie keinen Schuh tragen, ist die Bewegungsfreiheit im Sprunggelenk deutlicher, die Zehen bleiben unverkrampft und der gesamte Fuß bleibt in sich locker.

2. Übung: So üben Sie das Anreiten

Sie haben dabei wieder beide Reitschuhe an. Versuchen Sie sich an den Eindruck zu erinnern, den Sie mit bloßem Unterschenkel hatten. Auch durch den Stiefel lässt sich einiges spüren. Probieren Sie nun die Übungen von der Longe im freien Reiten. Dazwischen lassen Sie sich und Ihr Pferd im Trab nach vorne reiten. Damit Sie sich beide immer wieder in der lockeren Vorwärtsbewegung entspannen können. ***Üben Sie in einer nächsten Übungseinheit den Impuls vom Becken beim Anreiten.*** *Beginnen Sie damit nicht am Anfang einer Reitstunde, da Sie und Ihr Pferd dabei wach, aufmerksam und eingelaufen sein sollten.*

Üben Sie das Anreiten mit dem Impuls aus dem Becken, wobei Sie in diesem Moment mit der Hand nach vorne nachgeben. Dabei sollten Sie sich beobachten lassen. Ihr Helfer kann Ihnen sagen, ob Sie tatsächlich mit der Hand die Bewegung nach vorne freigeben. Es wäre fast normal oder besser gesagt üblich, wenn Sie am Anfang mit der Beckenaktivität die Hand nach hinten wirken lassen. Wie schon erwähnt, genügt schon ein Starrwerden in den Armgelenken. Üben Sie immer wieder das Anreiten mit nach vorne freigebender Hand. Erst wenn dies tatsächlich möglich ist, können Sie beim Anreiten immer weniger Körpereinsatz bringen, bis nur noch eine Spannungsveränderung im Becken mit feinem Impuls nach vorne reicht.

3. Übung: Über Stangen

*Reiten Sie im **leichten Sitz über am Boden liegende Stangen. Achten Sie dabei auf ein gleichbleibendes Tempo.** Über den Stangen geht die Hand nach vorne unten, um dem Pferd genügend Bewegungsfreiheit nach vorne zu ermöglichen. So müssen Sie vorwärts treiben und haben dabei keine Chance, gleichzeitig mit den Händen nach hinten zu wirken, da Sie **das Nachgeben nach vorne hier ganz bewusst üben.***

Wenn Sie 4–5 Stangen auf einer Zirkellinie legen, können Sie die gleichmäßige Führung mit den Beinen üben. Ihr Pferd bleibt von Ihren Beinen umschlossen, so dass es in einer konstant gebogenen Linie über die Stangen geht und nicht nach innen oder außen abweicht. Dabei haben Sie die Möglichkeit, Ihre treibenden Hilfen einfühlsam und fein einzuüben.

4. Übung: Um Hütchen reiten

*Stellen Sie sich **Hütchen** auf und **reiten Sie in absolut gleichbleibendem Tempo darum herum**. Hören Sie zuerst auf einer geraden Bahn auf den Takt der Pferdehufe. Diesen Takt schnalzen Sie innerlich die ganze Zeit still vor sich hin. Achten Sie nun darauf, dass Sie Ihr Pferd in diesem Tempo um die Hütchen führen.*

11 Die Zügelführung

In diesem Kapitel sollen Sie die Sprache Ihrer Hände kennen lernen und verfeinern, wobei wir besonders Wert auf Ihr Einfühlungsvermögen legen. Die Zügel bilden eine Hilfe für das Pferd, die jedoch immer im Zusammenspiel mit allen anderen Hilfen eingesetzt werden sollte. Dabei erhält die Einwirkung durch die Reiterhand eine untergeordnete Funktion. Die Hilfengebung sollte niemals von einer dominanten Hand bestimmt werden.

Die Grundlage für eine feine Handeinwirkung ist der ausbalancierte mitschwingende Sitz des Reiters. Erst wenn der Reiter darin geübt ist, kann er seine Hände unabhängig von seinem Sitz, bewusst als Hilfsmittel und einfühlsam im Dialog mit dem Pferd einsetzen.

Aus diesem Grunde haben wir bisher in diesem Buch vom Sitz gesprochen und die Zügel vernachlässigt. Mit den Zügeln wirken Sie auf das äußerst sensible Maul des Pferdes ein. Das Pferd spürt hier nicht nur die kleinsten Bewegungen, die Sie mit Ihrer Hand ausüben. Es nimmt auch Spannungen und Unnachgiebigkeit, also eine fehlende Durchlässigkeit von Ihren Händen und Armen wahr. Auch wenn Sie die rückwärts gerichtete Bewegung im Griff haben und nicht unbemerkt am Zügel nach hinten wirken, so ist das Nachgeben nach vorne dadurch noch nicht erreicht. Das Annehmen darf niemals im Vordergrund stehen, sondern ist immer in Kombination mit einem Nachgeben nach vorne unten einzusetzen. Wenn Sie Ihre Hände zwar ruhig stehen lassen können, dabei aber unlebendig in der Hand sind, oder kein Bewegungsspiel nach vorne erfühlen, ist die Kommunikation über die Zügel noch nicht erreicht. Ihr Pferd wird sich noch nicht vertrauensvoll an sie lehnen. Es sollte auf keinen Fall den Eindruck bekommen, dass es durch die Zügel festgehalten oder eingeengt ist.

Stellen Sie sich vor, wie er sich anfühlt, wenn Sie sich mit Ihrem Rücken an einen anderen Menschen anlehnen. Ihr Partner ist dabei starr und unnachgiebig, er hält die Luft an und drückt mit seinem Körper Spannung aus. Sie würden sich sicherlich nicht vertrauensvoll an ihn lehnen, sondern in Hab-Acht-Stellung bleiben, oder sogar den Berührungskontakt vermeiden.

Noch viel beeindruckender ist es, wenn Sie sich blind von einem Menschen im Freien, auf einer Wiese führen lassen. Der Führende fasst Sie am Unterarm und Ellbogen, Sie schließen die Augen. Nach einer Eingewöhnungszeit wird sich Ihre Aufmerksamkeit ganz auf die Körpersprache zwischen Ihnen und dem Führenden richten. Dabei werden Sie sehr überraschende Erfahrungen machen. Es ist erstaunlich, was man alles dabei erfühlen kann. Das Gehör wird feiner und Ihr Bewegungs- und Tastsinn wird wach. Wunderbar ist die Übung in einer Gruppensituation, hier haben Sie die Möglichkeit, sich von verschiedenen Menschen mit verbundenen Augen führen zu lassen. Dies ist eine hervorragende Gelegenheit, mehr über die Vielseitigkeit der Körpersprachen von unterschiedlichen Menschen zu erfahren. Sie merken sehr bald feinste Unterschiede. Sie fühlen sehr schnell, ob Ihr Partner Sie sicher führen kann, Sie sich ihm vertrauensvoll überlassen können. Wenn Ihr Partner Sie mit festen Händen führt, und Sie die Unnachgiebigkeit in seinen Armen spüren, werden Sie in zurückhaltender Spannung bleiben. Noch unangenehmer ist es, wenn Sie eine Person führt, die keinen Kontakt mit Ihnen hat, Sie dabei in der Luft hängen. Da bleibt Ihnen nur die Möglichkeit, stehen zu bleiben oder die Führung selbst zu übernehmen. Diese Übung ist wirklich sehr beeindruckend. Auch werden Sie die Antworten Ihres Pferdes viel besser verstehen lernen. Denn warum soll sich Ihr Pferd nicht genauso wie Sie verspannen, wenn es von einer festen Hand geführt wird?

Übungen für die Hand

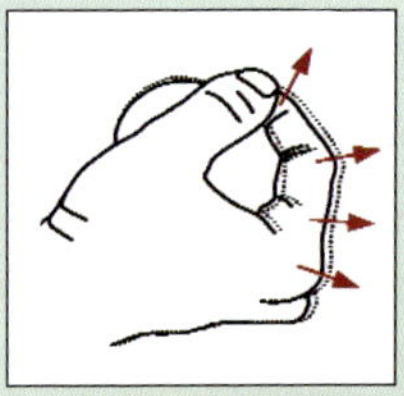

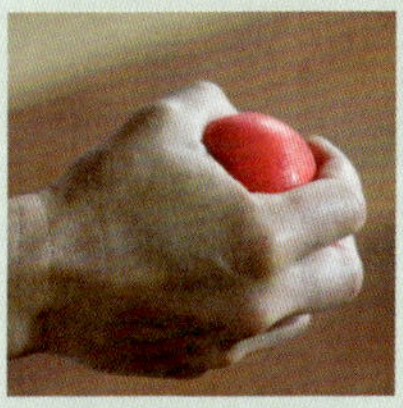

1. Übung: *Nehmen Sie sich einen* ***Schaumstoffball*** *zur Hand, und üben Sie das dynamische Nachgeben in den Gelenken. Dazu* ***drücken Sie den Ball klein und lassen ihn dann ganz bewusst wieder in seine Originalgröße zurückkommen****. Der Ball fordert seine ursprüngliche Form zurück, was Ihre Hand zulässt. Somit lassen Sie die Spannung aus Ihrer Hand nicht einfach plötzlich heraus, was nur einem Lösen der vorherigen Spannung entspräche. Sie führen den Rückweg bewusst als einen eigenen Bewegungsfluss. Gerade so als würde der Ball sich in Ihrer Hand aufblasen und Sie folgen geschmeidig dieser Größenveränderung.*

2. Übung: Machen Sie Ihre Hand geschmeidig in allen Gelenken. *Üben Sie dies in einem Bewegungsablauf. Dazu beschreibt Ihre Hand eine Welle in der Luft, wie auf den Bildern unten zu sehen. Alle Gelenke sind daran beteiligt. Das Handgelenk, die Fingergrund-, Mittel- und Endgelenke Ihrer Finger.*

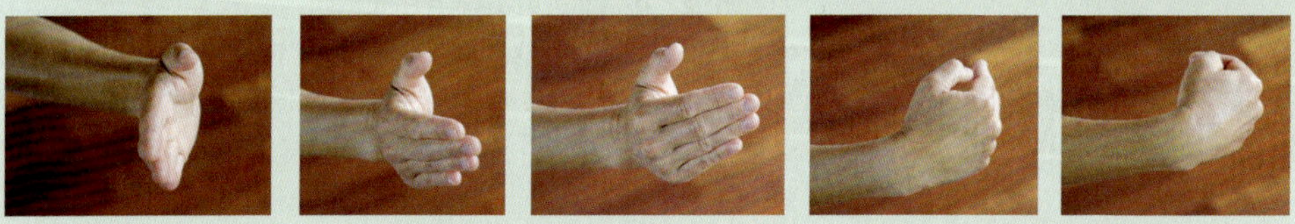

Die Hand

Mit der nächsten Übung werden wir Ihnen eine Möglichkeit geben, das Gleichgewicht zwischen aktivem Einwirken und dynamischem Lösen zu finden. Ihre Hand soll so geschlossen sein, dass Sie die Zügel sicher in der Hand behalten können, dabei aber weich in den Signalen ans Pferd bleiben. Dies ist eine Grundvoraussetzung für eine weiche Zügelsprache. Probieren Sie dazu die Übungen oben aus

Der Weg zum Pferdemaul

Der Arm

Schaffen Sie nun eine Einheit in der Bewegung vom Arm und der Hand. Dazu nehmen Sie sich ein Theraband zur Hilfe. Mit diesem lassen sich wunderbar die Spannung und das Nachgeben in einer Bewegung erfühlen.

Von der Schulter bis zur Hand

Versuchen Sie beim Reiten immer wieder, die bewegliche Gliederkette zwischen Schulter, Ellbogen und Hand herzustellen. Dazu tragen Sie die Zügelhände ruhig vor sich und kreisen dabei entweder beidseitig oder wechselseitig die Schultern nach hinten-unten. Die Hände und Ellbogen bleiben dabei weich und geschmeidig.

Der Mensch neigt dazu, in akuten Gefahrensituationen seinen Körper reflexartig zu schützen, indem er Arme und Beine an den Rumpf heranzieht. Das heißt in solch einer Situation werden die Beugemuskeln angespannt. Wenn neben Ihnen ein Luftballon platzt, was ist Ihr Reflex? Sie zucken zusammen, und zwar nicht, indem Sie Ihre Arme

Das richtige Gefühl für eine feine Verbindung zum Pferdemaul

Übung: Die Hand wird leicht

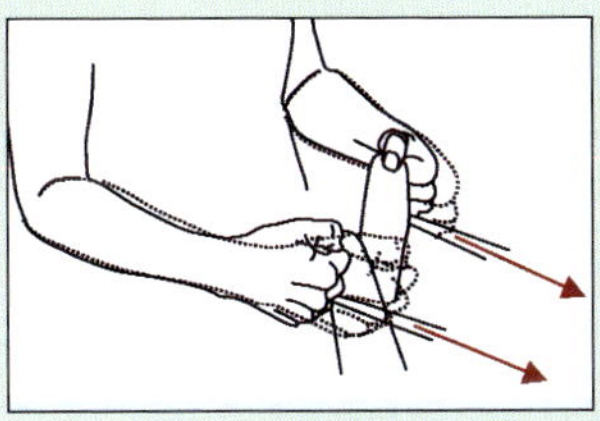

Befestigen Sie das Theraband so, dass Sie es im Sitzen mit der Hand (wie auf dem Pferd sitzend) greifen können. Das Gummiband ist dabei gespannt. Wenn Sie nun die Hände zu sich herziehen, müssen Sie dabei Kraft gegen das Gummiband aufwenden. Diese Einwirkung gibt es nicht auf dem Pferd und bekommt in unserer Übung keine Aufmerksamkeit. Sie ist die Ausgangsstellung, um von da aus das Nachgeben nach vorne zu entwickeln. Machen Sie die Bewegung so langsam, dass Sie jeden Zentimeter davon wirklich in seinen Feinheiten spüren und sich einprägen können. Wenn die Hand nach vorne leicht werden soll, dann ist damit wieder eine Körpersprache gemeint. Es genügt nicht, wenn Sie den Zügel nach vorne führen. Das Gummiband übernimmt die Bewegungsrichtung vom Pferdemaul nach vorne unten. Ihre Arme und Ihr Schultergürtel müssen die Bewegung nach vorne mehr zulassen, als aktiv führen. Dies funktioniert nicht, wenn Sie dabei im Schultergürtel fest bleiben, oder den Bauch eingezogen haben. Probieren Sie aus, wie sich die Spannung in Ihren Armen verändert, wenn Sie den Bauch einziehen und festhalten, oder wenn Sie entspannt sitzen und tief und ungehindert atmen können.

Bekommen Sie ein Gespür für das Falsche

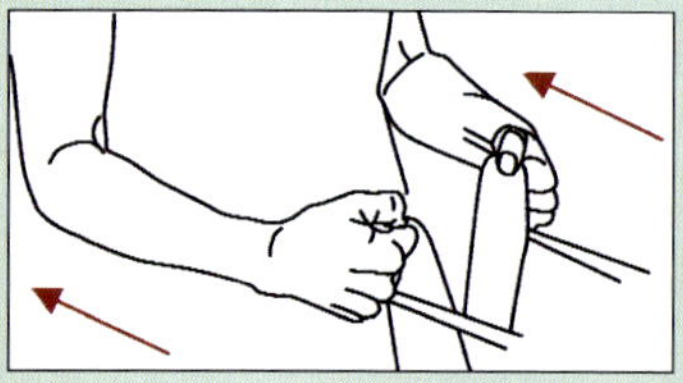

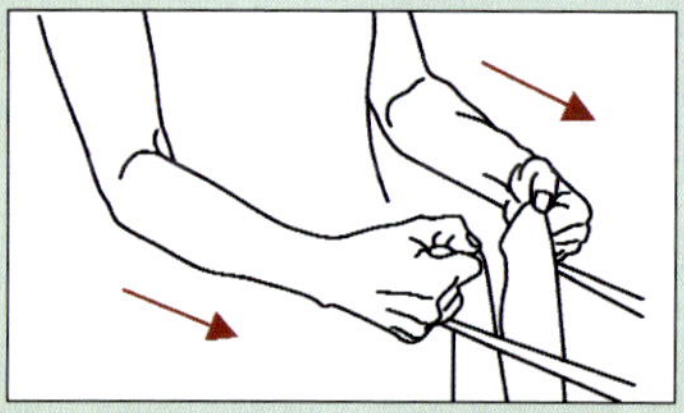

Dazu haben Sie Gummizügel in der Hand. Verwenden Sie – wie auch schon in der vorherigen Übung – dafür ein Theraband. Ziehen Sie nun die beiden Gummizügel bis an Ihren Bauch heran. Sie dürfen dabei die Hände nach innen einrollen.

Auf dem Weg zum Bauch verstärkt sich die Beugehaltung der Arme. Wenn Sie sie vom Bauch wegbewegen, bleiben die Gelenke weiterhin gebeugt. Es kommt dann nicht zum Nachgeben in den Arm- und Handgelenken, wie in der zuvor beschriebenen Übung für den Arm. Die Zeichnung zeigt ein Nachgeben nach vorne unter Beibehaltung der Beugung in den Armen.

Damit der Arm noch leichter wird

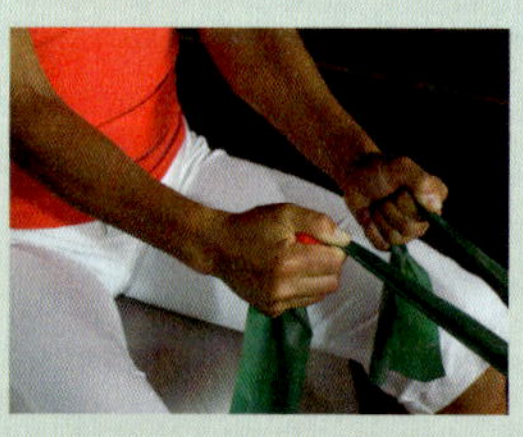

*Nun können Sie **neben den Zügeln noch einen Schaumstoffball in eine Hand nehmen**. Die Bewegung des Herholens und wieder Nachgebens wird jetzt viel kleiner. Sie drücken nun den Schaumstoffball in der Hand aus und lassen ihn wieder in seine Originalgröße wachsen, wobei Sie in den Armgelenken durchlässig bleiben.*

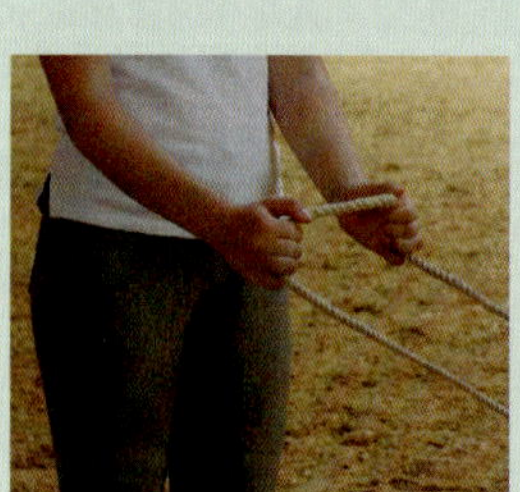

***2. Übung:** Die Bewegung nach vorne unten können Sie auch gut **zu zweit erarbeiten**. Hier reicht es, wenn der Reiter einfach nur sein Armgewicht hängen lässt und die Bewegung des »Pferdes« zulässt. Das »Pferd« macht die Nickbewegung mit den Händen, der Reiter lässt die Arme einfach nur hängen und geht in der Bewegung mit. Wechseln Sie immer wieder zwischen dem Zulassen dieser Bewegung und dem aktiven Zurückholen der Zügel. Als »Pferd« werden Sie merken, dass sich auch ein kleines Zurückholen der Zügel deutlich anders anfühlt. Der Weg nach vorne geht dadurch verloren. Dieser Unterschied kann so klein sein, dass ein Zuschauer davon fast nichts sieht. Für das Pferd ist es aber eine komplett andere Sprache.*

von sich strecken, sondern indem Sie die Arme zu sich herziehen, den Brustkorb und den Kopf einziehen. Dies geschieht kaum sichtbar, die Beuger werden jedoch dabei angespannt. Genauso sind im alltäglichen Leben Bewegungen der Extremitäten zum Rumpf hin vorrangig.

Ein Reiter befindet sich normalerweise zwar nicht in einer akuten Gefahrensituation, doch auch in einem instabilen Zustand werden die Beugemuskeln überwiegend angespannt. Wie sieht so etwas auf dem Pferd aus? Im Reflex, in der Überforderung oder in ihren Anstrengungen bei bestimmten

Übungen für die Schulter

Mit einem ***Luftballon unter der Achsel*** *können Sie wunderbar das Schulterblatt auf dem Brustkorb beweglich machen, ohne dabei im Arm fest zu werden.* ***Verschieben Sie nun das Schulterblatt auf dem Brustkorb, ohne den Luftballon einzuklemmen****. Kreisen Sie mit der Schulter nach hinten und betonen Sie dabei die Kreisbahn nach hinten unten. Damit es nicht zu einer Bewegungskombination von Schulter und Brustkorb kommt, müssen Sie Ihre* ***Brustwirbelsäule stabilisieren****. Es ist sehr verlockend, bei der Kreisbewegung nach hinten unten gleichzeitig die untere Brustbeinspitze zur Decke zu schieben oder mit dem Brustkorb zur linken Seite hin auszuweichen Machen Sie eine Pause, indem Sie Ihren Arm auf dem Luftballon unter der Achsel ruhen lassen. Der Luftballon trägt Ihre Atemwelle weiter in den darauf ruhenden Arm. Ihre Achsel wird bei jedem Atemzug weiter. Stellen Sie sich vor, wie Sie durch Ihre Atmung Luft unter ihren Flügel bekommen. Genießen Sie dieses weite und leichte Gefühl. Nun können Sie wieder die Schulter auf dem Brustkorb verschieben. Das Schultergelenk ist jetzt so gelöst, dass Sie diese Schulterverschiebung machen können, ohne dabei den Luftballon mit dem Arm einzuklemmen. Der Ellbogen und die Hand bleiben die ganze Zeit über locker.*

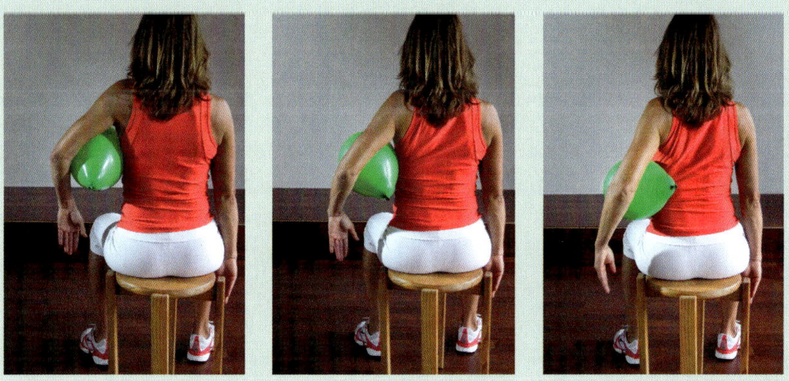

Bahnfiguren überwiegen die Beugemuskeln. Um dies auf dem Pferd wahrnehmen zu können, haben wir die Übungen auf den Seiten 211 bis 213 für Sie zusammengestellt.
Die Übungen dienen dazu, die jeweilige Körpersprache zu erkennen. Dabei handelt es sich wie gesagt nur um kleine Unterschiede, welche jedoch auf dem Pferd bedeutend sind. Das Pferd spürt eine Spannung Ihrer Arme und wird demnach weniger weich im Kontakt sein. Versuchen Sie herauszufinden, wann Sie die Beugesprache Ihrer Hände einnehmen. Beim Treiben, bei schwierigeren Lektionen, oder wenn Sie Übergänge reiten? Probieren Sie auf dem Pferd aus, wie sich die Sprache Ihrer Arme verändert, wenn Sie mit Kraft reiten, oder sich mit den Beinen aus dem Sattel herausklemmen. Versuchen Sie im Schritt die Arme nur minimal in dieser Beugesprache zu halten. Was macht dabei Ihr Ellbogen, Ihre Schulter, der Brustkorb oder das Knie? Nehmen Sie sich ein Gelenk vor, um herauszufinden, wie Sie dort reagieren, wenn Sie mit den Armen in dieser eingezogenen Spannung bleiben. Sie werden merken, dass die Armspannung weit reichende Folgen hat, sogar bis ins Kniegelenk. Auch die Beugemuskeln des Kniegelenks springen mit an. Es ist auch möglich, dass Sie dabei das Knie minimal hochziehen.

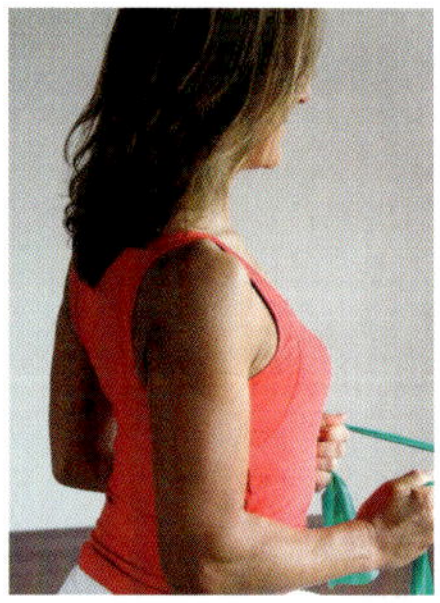

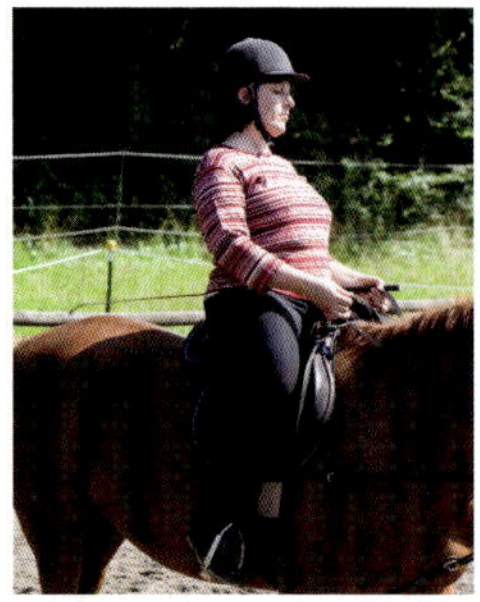

Die Hand in Verbindung mit dem Sitz

Hier sehen Sie eine Kombination aus einem verstärkten Armeinsatz nach hinten und gleichzeitig einer Überstreckung der Brustwirbelsäule. Dies hat häufig eine Auswirkung bis hinunter ins Becken, welches dabei nach vorne kippt. Hier wäre die Störungsursache die Überaktivität im Brustkorb und in den Armen. Diese Reiterin würde somit mehr mit der Hand als mit dem Sitz reiten. Sie sollte mehr Bewegungsaufmerksamkeit auf Ihren Sitz lenken und lernen, die Arme nur nach unten hängen zu lassen. Der Auftrag, weniger die Händen einzusetzen, kann nur Erfolg haben, wenn gleichzeitig die Einwirkungen über den Sitz erlernt werden. Sehr hilfreich ist hier die Arbeit an der Longe mit dem Ballkissen. Hier lernt der Reiter den Bewegungsimpuls, der am Becken beginnt, am besten kennen.

Viele Reiter ziehen unbewusst am inneren Zügel, wenn die Wendung eingeleitet wird. Nicht immer ist der Grund dafür nur eine überaktive Hand. Häufig ist die Hand nur eine Reaktion auf ein ganzheitliches Problem. Ein gut ausbalancierter Reiter kann auch auf gebogenen Linien seine Hilfen getrennt voneinander, fein dosiert einsetzen. Dies ist jedoch nicht so einfach, da die Hilfengebungen auf gebogenen Linien nicht mehr symmetrisch eingesetzt werden. Das Pferd wird in der Wendung vor allem mit dem Sitz und den treiben-

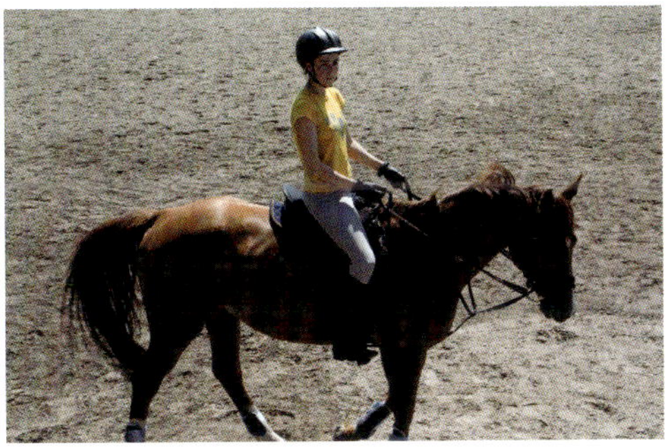

den Hilfen geführt. Der Zügel ist dabei im Zusammenspiel wichtig und muss in feiner Abstimmung mit den Hilfen kombiniert werden. Dies hat Michael Putz in seinem Buch »Reiten mit Verstand und Gefühl« (FN-Verlag) sehr verständlich dargestellt.

Wir möchten Ihnen nun etwas Hilfestellung geben, damit Ihnen die Umsetzung und Feinabstimmung auf dem Pferd leichter fallen. Die Wendung wird auf dem Pferd nicht durch das einseitige Herumziehen am inneren Zügel geführt. Die Hände kommen automatisch in die richtige Stellung, wenn Sie mit dem Brustkorb in die Wendung schauen. Wenn Sie eine Rechtswendung reiten, folgen die Hände der Drehung des Brustkorbes nach rechts mit. Dadurch gelangt die rechte Hand um eine Kleinigkeit nach hinten. Die linke Hand folgt der Drehung nach vorne und um einen minimalen Ausschlag auch nach innen in Richtung Pferdehals.

Somit müssen die Hände Ihre Lage zu Ihrem Körper nicht verändern, sondern weiterhin vor dem Körper getragen werden. Was geschieht, wenn Sie am inneren Arm fest werden, und nicht mehr nach vorne leicht werden können? Um dies spüren und verändern zu können, haben wir Übungsvorschläge für Sie auf Seite 216 und 217.

Übungen auf dem Pferd

- Reiten Sie im Schritt am langen Zügel, gehen Sie dabei mit den Händen in der Nickbewegung des Pferdes mit.
- Wechsel zwischen Zügel länger werden lassen, aus der Hand kauen und wieder aufnehmen.
- Gewicht auf beiden Zügeln bekommen, nicht indem die Hand nach hinten wirkt, sondern indem der Reiter das Pferd nach vorne an den Zügel herantreibt.
- Pferd auf der langen Seite behutsam nach innen und nach außen stellen.
- Übergang Schritt – Stehen – Schritt: Die Nickbewegung des Kopfes zulassen und dabei mit den Fingern spielen. Halten ohne Rückwärtszug. Losgehen mit tatsächlichem Nachgeben nach vorne, ohne den Kontakt zu verlieren.
- Übergang Trab – Schritt: Im Übergang die Bewegung vom Pferd nach vorne zulassen.
- Reiten Sie komplexere Aufgaben wie Schenkelweichen oder Schulterherein, dabei einen zusammen mit dem Zügel in der Hand gehaltenen Schaumstoffball immer wieder ausdrücken.
- Reiten Sie in Schlangenlinien mit vier Bögen im ausgesessenen Trab. Auf der Mittellinie von einer langen Seite zur anderen parieren Sie zum Schritt durch, stellen das Pferd in die neue Richtung um und reiten die Wendung dann im Trab.
- Reiten Sie über am Boden liegende Stangen im Schritt und Trab. Achten Sie darauf, dass Sie mit den Händen weit genug nach vorne mitgehen und dabei die Hände wirklich tief lassen. Dabei behalten Sie im leichten Sitz die Schultern hinten unten und bleiben in der Wirbelsäule gerade. Bei dieser Lektion üben Sie die nach vorne nachgebenden Hände bei aufgerichteter und stabiler Brustwirbelsäule.

Übung für Wendungen

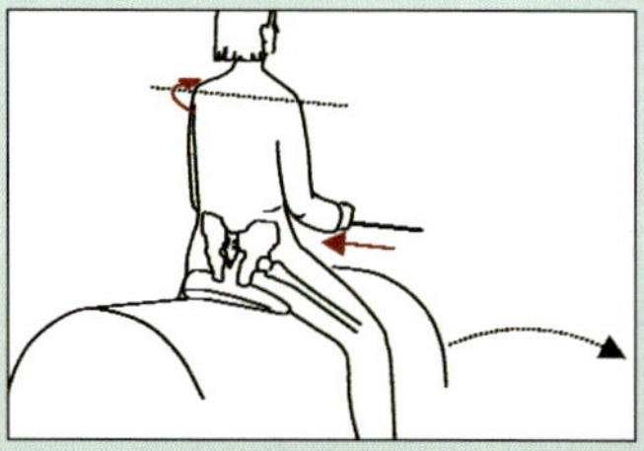

1. Übung: Befestigen Sie ein Gummiband vor sich so, dass Sie es als Zügel benutzen können, wenn Sie dabei auf einem Stuhl oder dem Voltigierbock sitzen. Sie lassen die Oberarme seitlich am Brustkorb herabhängen und tragen die Zügel vor sich. **Nun stellen Sie sich vor, auf einem Zirkel zu reiten.** Sie drehen dabei den Brustkorb und den Schultergürtel etwas in die Wendung. **Die Arme und Hände kommen in der Brustkorbdrehung automatisch mit**. Üben Sie diese Drehung einige Male, damit Sie ein Gefühl dafür bekommen. Dann **spüren Sie das falsche Bewegungsmuster auf**, indem Sie Ihre Aufmerksamkeit auf die Hand lenken. Sie wollen das Pferd in die Wendung schauen lassen und sind dabei mit Ihrer Aufmerksamkeit am inneren Zügel. Automatisch werden Sie mit der inneren Hand rückwärts wirken. Dazu müssen Sie gar nicht extra am Zügel ziehen, sondern es reicht schon, wenn Sie in eine Beugesprache im Arm kommen. **Üben Sie nun das richtige Bewegungsmuster.** Sie drehen sich wieder in die Wendung und lassen die Arme mitkommen. Nun sollten Sie auf dem Pferd die äußere Hand konstant stehen lassen können und gleichzeitig mit der inneren Hand leicht werden. Üben Sie dies mit dem inneren Gummiband. **Die innere Hand kann am Zügel leicht werden, während die äußere Hand stehen bleibt.**

2. Übung auf dem Pferd: Wenn Sie diese Bewegungsspiele auf dem Boden ausführen können, dann können Sie auf dem Pferd weitermachen. Reiten Sie auf dem **Zirkel am langen Zügel**. Da Sie mit langen Zügeln reiten, ziehen Sie nicht so leicht gleichzeitig mit dem inneren Bein auch am inneren Zügel. **Setzen Sie das innere Bein immer wieder verstärkt ein**. Achten Sie darauf, dass Sie **dabei nicht gleichzeitig mit den Armen aktiv werden**. Wenn Ihnen dies gelingt, nehmen Sie die Zügel auf und üben das »Leichtwerden« am inneren Zügel. Das »Leichtwerden« muss auch möglich sein, wenn Sie mit dem Sitz die Zirkellinie verändern.

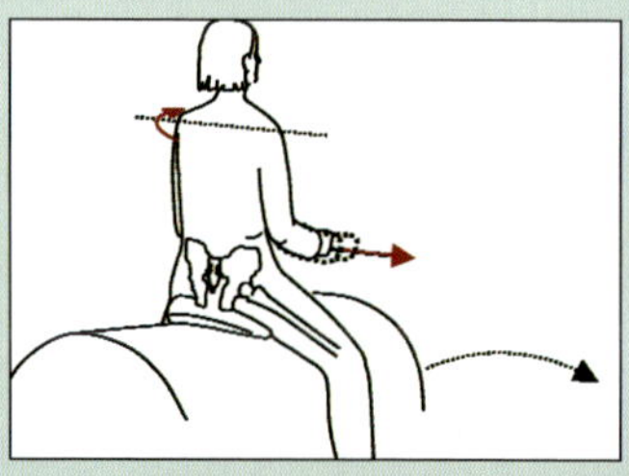

→

__3. Übung an der Longe:__ Auch auf dem Pferd, ist die Durchlässigkeit der Arme ebenfalls mit einem Theraband gut zu erspüren. Das Pferd wird von einem Helfer longiert. __Die Zügel werden durch ein Theraband ersetzt.__ Dazu verknoten Sie jeweils ein Theraband im Trensenring. Wenn Sie es mit einem dreifachen Knoten befestigen, können Sie sicher sein, dass es sich nicht unvermutet lösen kann. Die losen Enden verknoten Sie zu geschlossenen Zügeln. Zur Sicherheit können Sie den eigentlichen Zügel mitbenutzen und ihn bei dieser Übung zusätzlich zwischen Ringfinger und Mittelfinger halten. Er sollte jedoch nur lose mitgeführt werden. __Nun kann der Reiter über die Elastizität des Gummibandes noch feiner die Nickbewegungen des Pferdes spüren.__ Das Pferd gibt die Bewegung vor und die Reiterhand lässt sie zu. Das Gummiband würde die Bewegungen des Pferdekopfes bei einer starren Reiterhand abfangen, so dass diese dabei vollkommen ruhig stehen bleiben kann. Dabei würde sich der Zug auf das Gummiband erhöhen. Wenn Sie dagegen in den Armen elastisch bleiben, erhöht sich die Spannung des Gummibandes nicht. Üben Sie anschließend im Wechsel mit dem tatsächlichen Zügel, während Sie das Theraband einfach hängen lassen. Jetzt sollte der Arm die elastische Federung des Gummibandes übernehmen.

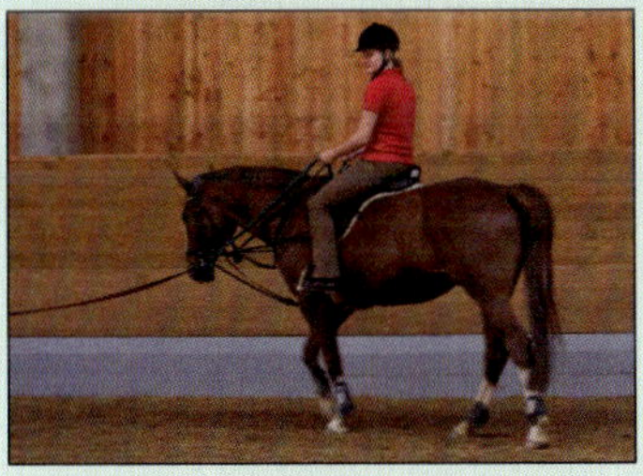

__4. Übung für die Ausgewogenheit der Hände:__ Um die Ausgewogenheit der beiden Hände wahrnehmen zu können, ist die folgende Übung sehr interessant. Sie brauchen dazu einen Partner, der für Sie die Rolle des Reiters übernimmt. __Sie sind in dieser Übung das Pferd.__ Wie auf dem Bild zu sehen, fassen Sie die Zügel (hier zwei Seile) mit den Händen in Hüfthöhe. Ihr Reiter hält die Seile wie die Zügel auf dem Pferd. Nun gehen Sie im Schritt geradeaus und reiten unterschiedlich große Wendungen. Da der Reiter in diesem Fall keine treibenden Hilfen einsetzen kann, übernehmen Sie als »Pferd« das Tempo. Zuerst wählen Sie ein zügiges und gleichmäßiges Tempo. __Der Reiter versucht nun, über die Zügelführung durch__

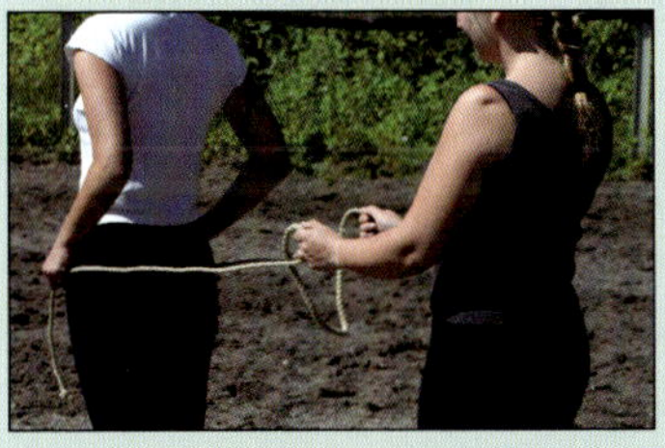

⟶

die Wendungen zu kommen. *Dabei spüren Sie als Pferd sehr genau, ob ein Zügel starr wird oder überwiegt.* ***Lassen Sie einmal den inneren Zügel überwiegen und verlieren dabei die äußere Zügelverbindung. Dann probieren Sie es anders herum, der äußere Zügel überwiegt, der innere wird vernachlässigt.***

Das »Pferd« spürt sehr genau, wann es gut durch die Wendung geführt wird und lehnt sich dabei gerne an den äußeren Zügel, obwohl keine Bein- und Beckenverbindung zum Pferd besteht. Wenn man selbst den Unterschied gespürt hat zwischen einer führungslosen Wendung und einer sicheren Wegweisung, dann werden Sie den Begriff der Anlehnung besser verstehen und ständig danach suchen.

5. Übung für das Schenkelweichen

Auch die Zügelhilfen beim **Schenkelweichen** *können Sie auf diese Art gut erfühlen. Dabei geht das »Pferd« mit zügigem Schritt auf einer Diagonalen vorwärts. Der Reiter beeinflusst den Weg über die Zügel, indem er einmal zu viel Innenzügel und dann zu viel Außenzügel einsetzt. Ihr Pferd wird sich am wohlsten fühlen, wenn es mit beiden Zügeln gleichmäßig geführt wird. Nun geht das Pferd auf der Diagonalen ab der Hälfte nicht mehr deutlich vorwärts, sondern driftet seitlich ab. Jetzt hat der Reiter keine Chance, die Richtung am Zügel zu korrigieren. Es hilft nur ein deutliches Vorwärtstreiben. Da der Reiter nicht mit den Beinen treiben kann, reagieren Sie als Pferd auch, wenn Sie mit der Stimme vorwärts getrieben werden.*
Darüber können Sie erleben, wie wichtig die Kombination von Zügel und Vorwärtsschub ist.

Erste Hilfe:

Wenn Sie im Arm fest werden, helfen Ihnen diese beiden Übungen:
1. Reiten Sie sämtliche Lektionen, indem Sie dabei die Hände wechselseitig hoch und runter nehmen. Passen Sie auf, dass Sie auf keinen Fall rückwärts wirken oder den Kontakt zum Pferdemaul verlieren, wenn Sie die Zügelhand nach unten absenken.
2. Im leichten Sitz traben und ebenfalls Hände wechselseitig hoch und runter bewegen.

Weitere Übungen für die Zügelführung

Trockenübungen

■ Halten Sie einen Becher mit Wasser in der Hand, während Sie auf einem Gymnastikball sitzen. Sie können den Ball hin- und herrollen, ohne dabei Wasser zu verschütten. Wenn Sie in der Wirbelsäule, in den Schultern und im Arm wirklich durchlässig sind, gelingt das Gleiche auch, während Sie auf dem Ball hopsen.

■ Halten Sie eine Schüssel gefüllt mit Wasser in der Hand. Gehen Sie damit viele Wendungen, variieren Sie dabei das Tempo. Wenn Sie ein Meister der Durchlässigkeit sind, wird auch bei einem plötzlichen Stopp das Wasser in der Schüssel bleiben.

■ Jonglieren mit Jonglierbällen eignet sich hervorragend, um die Durchlässigkeit vom Becken bis in die Fingerspitzen zu üben. Das Schöne dabei ist, dass Jonglieren wirklich nur mit Gefühl geht. Der Verstand kann Ihnen dabei nicht weiterhelfen. Gerade Erwachsene packen die Dinge mit dem Verstand an und haben ihr Bewegungsgefühl irgendwo in der Kindheit verloren. Hier eine schöne Übung, um vom Kopf weg in den Körper und ins Spiel zu kommen.

■ Setzen Sie sich auf einen Gymnastikball, wenn Sie am Computer sitzen. Legen Sie eine Hand auf die Computertastatur. Hopsen Sie auf dem Ball oder rollen Sie ihn von rechts nach links, ohne dabei einen Buchstaben zu tippen. Noch schwerer wird es, wenn Sie beim Wippen auf dem Ball mit einer Hand immer wieder die gleiche Buchstabenfolge eintippen.

■ Sie können auch viele andere Dinge erledigen, während Sie auf dem Gymnastikball wippen. Sie können musizieren, einen großen Kreis auf ein Blatt Papier malen und noch Vieles mehr.

■ Zwei Therabänder an einem Fenstergriff befestigen. Mit einer Hand das gespannte Theraband halten. Mit der anderen Hand das zweites Theraband zu sich herziehen und nachgeben.

■ Auf einem Pezziball sitzend, mit der einen Hand ein gespanntes Theraband halten. Mit der anderen Hand einen Luftballon in die Luft tippen.

Für Kinderkurse eignen sich auch folgende Übungen

■ Lassen Sie die Kinder auf einem Trampolin hüpfen und dabei einen Plastikbecher mit Wasser in der Hand halten.

■ Die Kinder laufen über einen Parcours mit verschiedenen Hindernissen und haben dabei eine Schüssel gefüllt mit Wasser in der Hand. Welche Gruppe das meiste Wasser durch den Parcours bringt, hat gewonnen.

■ Jedes Kind hat einen Tennisschläger mit einem Tennisball darauf in der Hand. Zur Musik hopsen sie auf Pezzibällen, ohne den Ball vom Schläger zu verlieren. Wenn die Musik stoppt, darf sich keiner mehr bewegen. Wer sich als letzter noch bewegt, scheidet aus.

■ Stellen Sie einen Balancier-Parcours auf. Lassen Sie die Kinder die Tennisbälle auf ihren Schlägern auf die andere Seite bringen. Welche Gruppe die meisten Bälle schafft, hat gewonnen.

■ Die Kinder sollen sich gegenseitig blind führen, um selbst an sich zu erfahren, wie wichtig eine deutliche und einfühlsame Führung ist.

■ An der Longe hält das Kind in jeder Hand einen zu einem Drittel mit Wasser gefüllten Plastikbecher. Anfangs im Schritt, dann auch im Trab und Galopp sollte noch etwas Wasser im Becher bleiben.

12

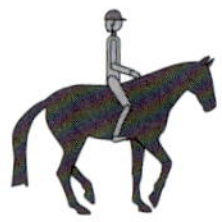 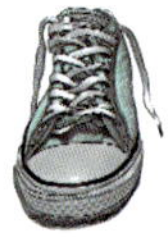

Das Aufwärm-programm

Fit in den Sattel: Übungen am Boden

Für mehr Beweglichkeit im Sattel haben wir für Sie elf Übungen zusammengestellt, die Sie ohne viel Aufwand vor jeder Reitstunde durchführen können.

Aufwärmphase 5–10 Minuten

Wenn Sie die Möglichkeit haben, fahren Sie mit dem Fahrrad zum Stall. So kommen Sie schon gut aufgewärmt an und können gleich starten. Sie können aber zum Beispiel auch in flottem Tempo einmal um den Stall gehen. Oder Sie legen einfach einen Gang zu, wenn Sie Ihr Pferd von der Weide holen, und nutzen so den Weg bis zur Koppel und zurück. Das Wichtigste ist: Sie bewegen sich.

Dehnungsphase

Dehnen Sie niemals ohne Aufwärmphase. Atmen Sie flüssig und natürlich weiter.
Dehnen Sie bis zum ersten Spannungszustand, dabei darf kein Dehnschmerz entstehen! Die einzelnen Übungen werden zehn Sekunden in der Dehnstellung gehalten und, sofern nicht anders angegeben, zwei- bis dreimal wiederholt.

Fit im Sattel: Übungen auf dem Pferd

Diese Übungen können Sie in den ersten zehn Minuten im Sattel durchführen, während Sie Ihr Pferd im Schritt warmreiten.

- **1. Fußgelenke lockern:** Stellen Sie Ihre Füße wie gewohnt in die Steigbügel. Lassen Sie nun

Ihre Fersen so tief wie möglich nach unten sinken. Anschließend heben Sie sie an, so hoch, wie es Ihnen möglich ist. Bleiben Sie für zehn Sekunden in dieser Position. Nun lassen Sie Ihre Fersen wieder langsam, in einer fließenden Bewegung, nach unten sinken. Machen Sie diesen Wechsel fünfmal hintereinander.

■ **2. Beine locker anlegen:** Viermal die Beine seitlich vom Pferd wegnehmen, kurz halten und beim Ausatmen wieder anlegen. Viermal bei stabiler, aufgerichteter Wirbelsäule die Knie nach vorne anheben und ebenfalls mit der Ausatmung lang nach unten sinken lassen.

■ **3. Tief in den Sattel kommen:** Drücken Sie mit den Oberschenkeln an das Sattelblatt, so dass Sie sich mit dem Becken aus dem Sattel zwicken. Halten Sie die Spannung zehn Sekunden lang. Beim Lösen der Spannung lassen Sie sich mit dem Becken tief in den Sattel sinken.

■ **4. Panieren im Sattel:** Stellen Sie sich vor, Ihr Sattel wäre mit Blattgold ausgelegt. Nun versuchen Sie sich überall dort, wo Sie den Sattel mit Ihrem Becken berühren, mit dem Blattgold zu panieren. Dazu müssen Sie das Becken in alle Bewegungsrichtungen mobilisieren.

■ **5. Becken lockern:** Halten Sie Ihr Becken im Schritt an und lassen Sie es dann wieder mit den Pferdebewegungen mitschwingen. Spannen Sie beim Anhalten des Beckens den Bauch an und lassen ihn dann mit dem Ausatmen wieder bewusst los.

■ **6. Oberkörper vom Becken trennen:** Arm nach oben strecken, über den Kopf dehnen und dabei beim Schrittreiten weiter im Becken durchlässig bleiben.

■ **7. Beweglichkeit im Rumpf:** Pferd mit der Hand an beiden Schultern möglichst weit unten klopfen. Pferd an der Kruppe streicheln. Schauen Sie sich dabei um und drehen Sie sich weit über die Schulter nach hinten. Nehmen Sie den Arm mit in die Drehung nach hinten.

■ **8. Beweglichkeit der Wirbelsäule:** Wirbelsäule im Wechsel aufrichten und einrollen.

■ **9. Schultern mobilisieren:** Schultern einzeln kreisen, dabei die Zügelhand ruhig halten. Der Brustkorb bleibt in seiner Position und dreht nicht mit der Schulter mit.

■ **10. Blick in den Raum:** Am besten versuchen Sie, jeden Winkel in der Reithalle (auch an der Decke) anzuschauen. Dabei mobilisieren Sie die Halswirbelsäule und achten gleichzeitig auf Ihre Bewegungen.

Übungen: Dehnen der Muskulatur

1. Dehnen der Wadenmuskulatur an einer Stufe.
2. Dehnen der Wadenmuskulatur in Schrittstellung.
3. Dehnen der Beinrückseite an einer Stufe.
4. Dehnen der Beinvorderseite.
5. Mondsichel-Dehnen der seitlichen Rumpfmuskulatur.
6. Mit dem Becken eine Acht beschreiben. Jede Richtung fünfmal.
7. Mobilisation der Hüftgelenke.
8. Oberkörperdrehung dreimal zu jeder Seite.
9. Dehnen der Brustmuskulatur im Türrahmen.
10. Seitliche Schulter-/Nackenpartie dehnen.
11. Schulter dehnen in der Horizontalen

Wie die Übungen ausgeführt werden, sehen Sie auf der nächsten Doppelseite.

Übungen: Dehnen der Muskulatur

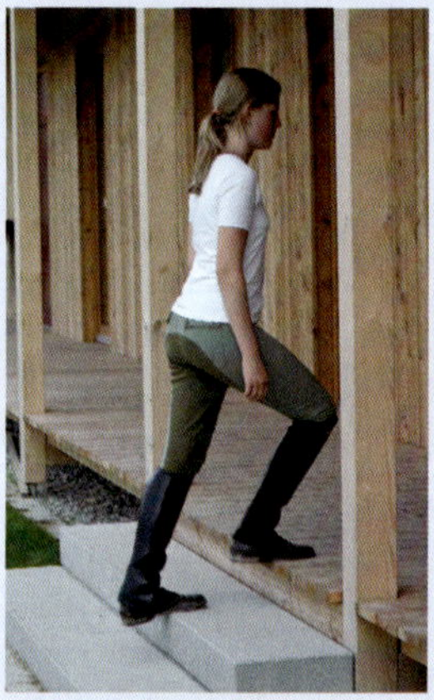

1. Dehnen der Wadenmuskulatur an einer Stufe

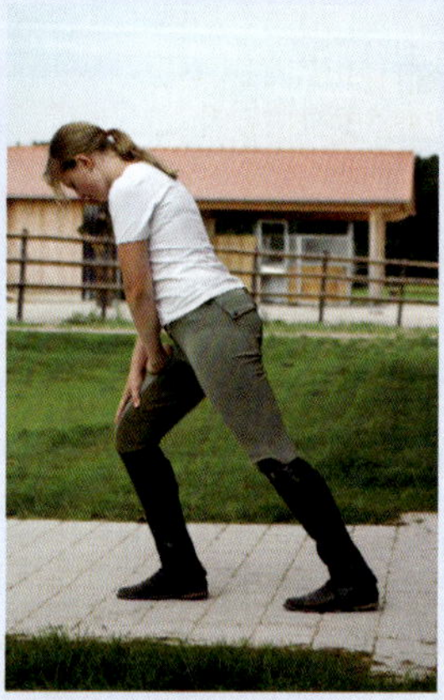

2. Dehnen der Wadenmuskulatur in Schrittstellung

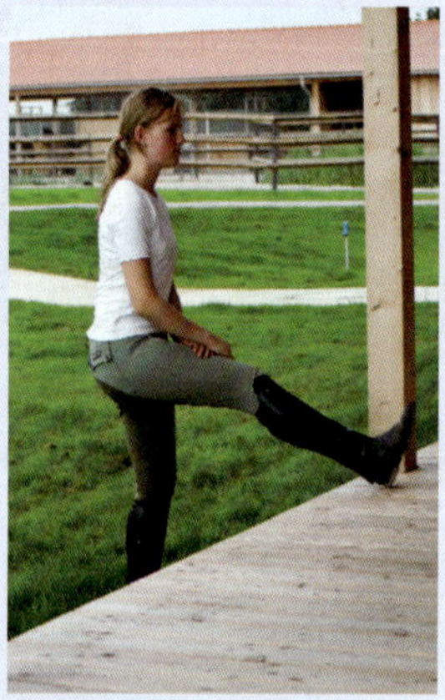

3. Dehnen der Beinrückseite an einer Stufe

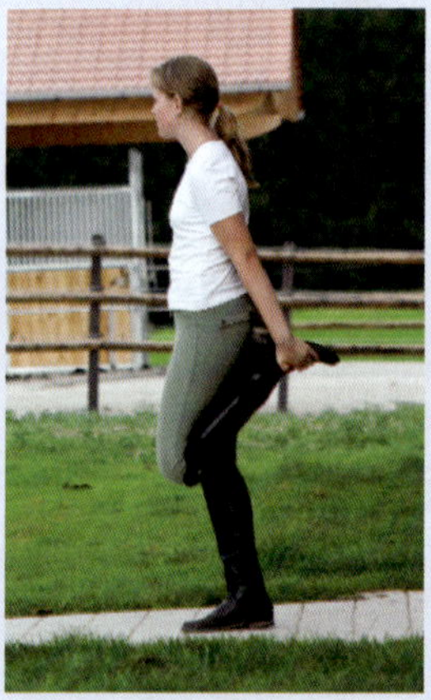

4. Dehnen der Beinvorderseite

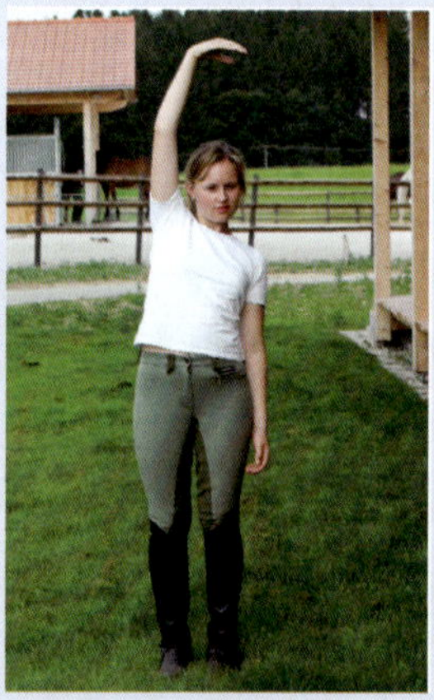

5. Mondsichel-Dehnen der seitlichen Rumpfmuskulatur

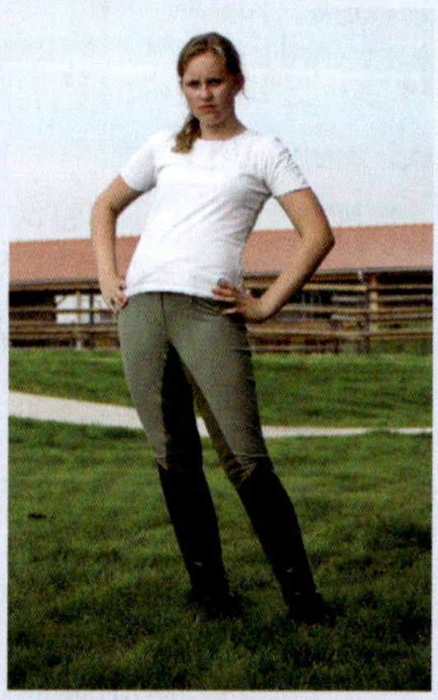

6. Mit dem Becken eine Acht beschreiben. Jede Richtung fünfmal.

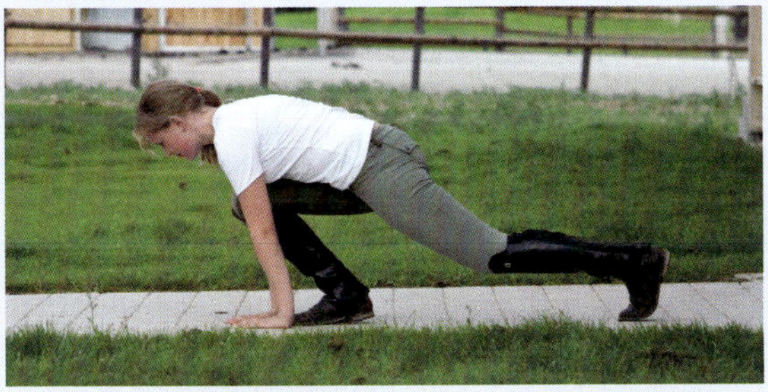

7. Mobilisation der Hüftgelenke

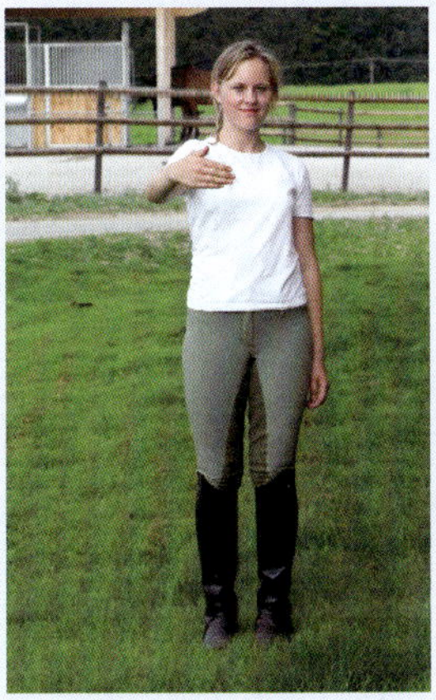

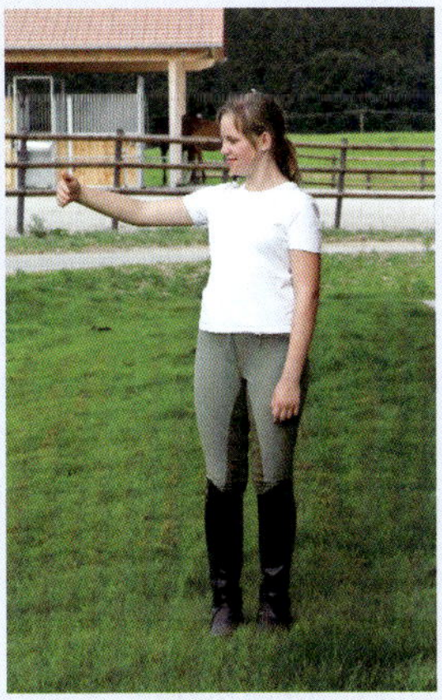

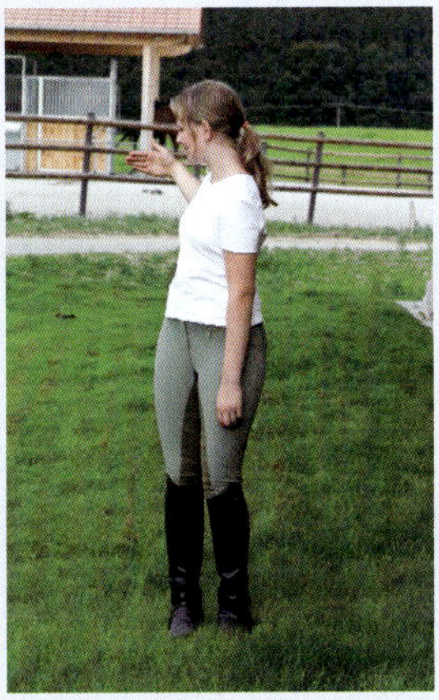

8. Oberkörperdrehung
dreimal zu jeder Seite, langsame und ruhige Bewegung

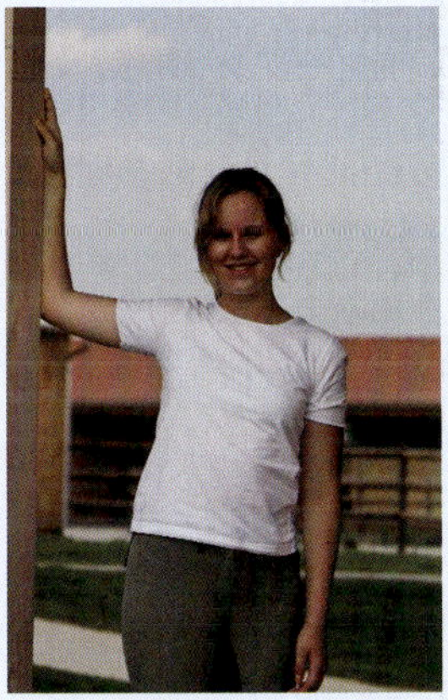

9. Dehnen der Brustmuskulatur im Türrahmen

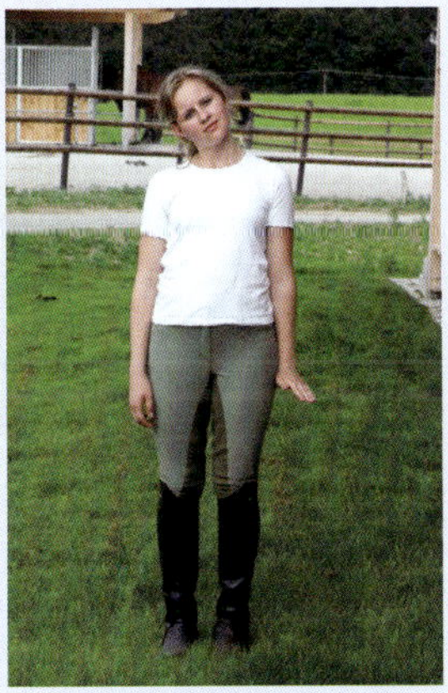

10. Seitliche Schulter-/Nackenpartie dehnen

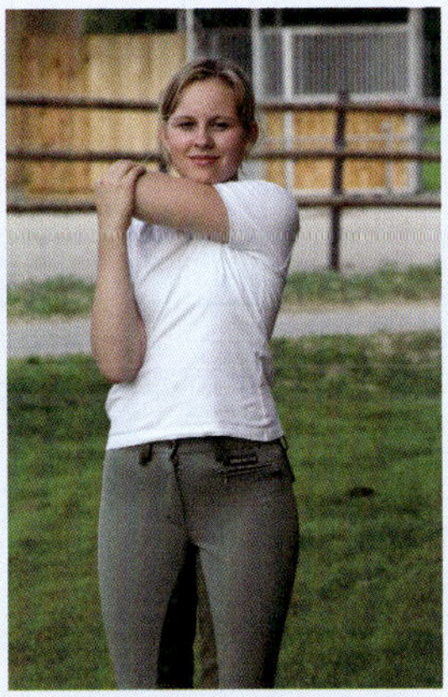

11. Schulter dehnen in der Horizontalen

Nachwort

Wir möchten uns bei allen Reitern bedanken, die an diesem Buch mitgearbeitet haben. Für unsere Analysen brauchten wir viele Freiwillige, die bereit waren, sich in der Rolle des Reiters mit Sitzfehlern ablichten zu lassen. Manche Fehler mussten übertrieben werden, damit sie auf dem Foto zu erkennen waren. Wir nutzen jedoch auch die Übertreibung eines Sitzfehlers, um die Wahrnehmung für das Falsche zu schärfen und daraus das Richtige entwickeln zu können. Unser Dank geht an diese Reiter, die uns das ermöglicht haben. Wir wissen alle, um wie viel leichter es ist, in der Rolle des »guten Reiters« abgelichtet zu werden. Für die Unterstützung beim Schreiben und Korrigieren danken wir allen Korrekturlesern für ihre Geduld und ihre kreativen Anregungen. Frau Katharina Eismann half uns mit ihrem Fachwissen bei den Übungen am Boden, was wir hier anerkennend erwähnen möchten.

Apensionata e.V.
... für ein würdiges Leben der Pferderentner

Unser besonderer Dank geht an die Fotografen:
Thomas Hillgaertner, Martin Kramer,
Celine Magnus, Alfred Montsch

Wir bedanken uns auch bei unseren Pferden! Für sie haben wir einen Verein gegründet, damit unsere tapferen und geduldigen Lehrmeister ihren Lebensabend pferdegemäß und in Würde verbringen können. Da wir das nicht alleine finanzieren können, sind wir auf Spenden angewiesen!
www.apensionata.de

Über die Autorinnen

Marlies Fischer-Zillinger ist Krankengymnastin und Gymnastiklehrerin. Vor einigen Jahren begann sie mit Claudia Weissauer, Berufsreiterin und Leiterin zweier Reitschulen, ein Konzept zur Bewegungsanalyse und Bewegungsschulung für Reiter zu entwickeln. Die Kombination aus dem Wissen der Reitlehrerin und dem Bewegungsverständnis der Körpertherapeutin ergaben dabei eine so spannende Mischung, dass sie von Anhieb damit Erfolg hatten. Beide Autorinnen leben mit ihren Familien im Großraum München.

www.Koerpersprache-des-reiters.de
www.spass-am-reitenlernen.de